Karl Weinhold, Friedrich Hermann Traugott Vogt

Germanistische Abhandlungen

Karl Weinhold, Friedrich Hermann Traugott Vogt

Germanistische Abhandlungen

ISBN/EAN: 9783744607728

Hergestellt in Europa, USA, Kanada, Australien, Japan

Cover: Foto ©Thomas Meinert / pixelio.de

Weitere Bücher finden Sie auf **www.hansebooks.com**

Germanistische Abhandlungen

herausgegeben

von

Karl Weinhold.

IV.

Die Quellen

zum

Alexander des Rudolf von Ems.

Im Anhange:

Die Historia de preliis.

Von

Dr. Oswald Zingerle.

Breslau.
Verlag von Wilhelm Koebner.
1885.

Die Quellen

zum

Alexander des Rudolf von Ems.

Im Anhange:

Die Historia de preliis.

Von

Dr. Oswald Zingerle.

Breslau.
Verlag von Wilhelm Koebner.
1885.

Herrn

Professor Dr. E. Steinmeyer

in dankbarer Verehrung.

Vorwort.

Schon im Sommer 1878 copirte ich auf Anregung Professor Steinmeyers die Münchner Handschrift von Rudolfs Alexander, um eine Ausgabe des Gedichtes zu besorgen. Die Quellenfrage sollte nach meinem ursprünglichen Plane in der Einleitung behandelt werden, doch im Laufe der durch andere Studien mehrfach unterbrochenen Untersuchung entschloss ich mich zu einer selbständigen Veröffentlichung meiner Resultate, zumal es wünschenswerth schien, über die Historia de preliis einmal ausgiebigere Mittheilungen zu machen. Aus diesem Grunde wurde auch der Abschluss der Arbeit bedeutend verzögert, denn, als dieselbe fast vollendet war, gelangte ich erst zur Kenntniss der Grazer (lies S. 20 Nr. 1520 statt 1250) und Seitenstettner Hs., und da erstere wegen ihres hohen Alters, letztere wegen der zahlreichen Interpolationen und ihrer grossen Verwandtschaft mit Rudolfs Vorlage von Wichtigkeit ist, sah ich mich nicht nur zu einer theilweisen Umarbeitung der Abhandlung, sondern auch zur vollständigen Mittheilung beider Texte veranlasst. Um den vom Herrn Verleger zugestandenen Umfang des Buches nicht weit zu überschreiten, musste nun allerdings der Abschnitt über die Art der Quellenbenützung in Ausfall kommen. Mit einer kurzen Darlegung mochte ich mich um so weniger begnügen, als es bei der verschiedenen Darstellungsweise der Hauptquellen (Leo und Curtius) doch von Interesse ist, das Verhalten des Dichters ins Einzelne zu verfolgen.

Wenn es nicht gelang, für jedes Detail den bestimmten Quellennachweis zu erbringen, wird man dies in Hinsicht auf die Schwierigkeiten, welche die Benützung handschriftlichen Materials und für solche Zwecke unzulangender Textausgaben älterer und neuerer Zeit — ich meine in letzterer Beziehung vornehmlich die Mignesche Sammlung, — der Forschung entgegenstellt, hoffentlich entschuldigen. Dass ich die Mühe hierzu nicht gescheut, dürfte wohl die herangezogene Literatur bezeugen und meine Abhandlung scheint mir kaum überflüssig, trotzdem Dr. Ausfeld mit einer Schrift über die Quellen zu Rudolfs von Ems Alexander zuvorgekommen ist.[1])

Während des Druckes erschien als wissenschaftliche Beilage zum Programm des Berlinischen Gymnasiums zum grauen Kloster, Ostern 1884, Zwei Recensionen der vita Alexandri Magni interprete Leone archipresbytero Neapolitano von K. Kinzel, dankenswerthe Mittheilungen über verschiedene Texte der Historia.[2]) Christensens Programmabhandlung, Beiträge zur Alexandersage, Hamburg 1883, sowie Gustave Brunets Aufsatz, une narration fabuleuse de la vie d'Alexandre le Grand, Actes de l'Academie de Bordeaux 1884, (Analyse einer lat. Erzählung von Alexanders Leben) kenne ich nicht näher.

Zu S. 122 meiner Arbeit kann ich nun noch auf die altdeutschen Bearbeitungen der Pseudo-Aristotelischen Secreta secretorum von W. Toischer im Jahresberichte des k. k. Staatsgymnasiums Prag-Neustadt 1884, wo S. 12 ff. der von mir aus einer Brixner Hs. erwähnte Text zu lesen ist, und Mussafias Abhandlung, ein altneapolitanisches Regimen sanitatis, in den Sitzungsberichten der Wiener Akademie phil.-hist. Classe B. CVI, S. 507 ff. verweisen. Ausserdem trage ich noch nach zu S. 56 Anm. 5 Honorius Imago mundi I, 34; S. 64 Anm. 3 Val. Maximus I, 8 Ext. 10; S. 103 Anm. 1 Rumzlant HMS II, 369 b und bezüglich der nachgebildeten Säule Daniel III, 1; S. 110 Anm. 5 Genesis IX, 29; S. 112 Anm. 1 Genes. X, 16, wo aber nur die zwei ersten Namen vorkommen; S. 113 Anm. 3 Judic. VIII, 10; S. 115 Anm. 2 Apocal. XI, 8. Ausfeld bemerkt S. 11, dass Josephus Gorionides II, 8 berichte, Pausanias sei in der Stadt Ioanias von Alexander getödtet worden (s. S. 54), und S. 17, dass ebenda I, 5 von dem Versprechen, die Priestersöhne Alexander zu heissen, die Rede sei (s. S. 72.). Zu berichtigen ist S. 106 Z. 1 cap. V, worin der nachgenannte Artaxerxes sich findet, in cap. IV.[3])

---

[1]) Wissenschaftliche Beilage zum Jahresbericht 1882/83 des Progymnasiums Donaueschingen. S. meine Besprechung im Anzeiger der Zeitschrift für deutsches Alterthum X, 321.

[2]) Kinzel benützte hierzu die bekannte Bamberger Hs., sowie Cod. Monac. 23489, ein Berliner Ms. (Cod. lat. 49 saec. XV) und einige Drucke.

[3]) Leider sind auch mehrere Druckfehler stehen geblieben. So ist zu bessern S. 7 Anm. 1 Jacobs; S. 8 Z. 4 „werder"; S. 9 Z. 38 also; S. 69 Z. 28 (Germ. I, 278; S. 70 Z. 1 mesloc; S. 72 Z. 32 einem; S. 73 Z. 30 kumber,; S. 80 Anm. 2 driu V. 114; S. 97 Z. 17 siniu; S. 109 Z. 9 tiuvels; S. 115 Z. 5 widerstehen und ä.; für Weissmann l. Weismann.

Hinsichtlich der Historia de preliis möchte ich vor Allem constatiren, dass ich keineswegs eine kritische Ausgabe, sondern nur einen einigermassen lesbaren Text zu bieten beabsichtigte. Zur Grundlage nahm ich die Grazer Hs., deren fehlender Anfang aus der Innsbrucker ergänzt wurde. Ab und zu hätte ich vielleicht der Überlieferung gegenüber noch conservativer sein sollen, als ich mich schon verhielt. In manchen Punkten war mir Professor Dr. M. Petschenig mit Rath freundlichst zur Seite. Neben den Varianten der Seitenstettner Hs., deren Abschnitte durchaus mit rother Initiale beginnen, merkte ich auch gleichartige Lesarten von B (Bamberger Codex) an, vorzüglich, um zu zeigen, wie S trotz starker Umarbeitung häufig noch gegen G mit B übereinstimme. Punkte wurden nur notirt, wo wenigstens in einer der beiden Hs. das folgende Wort mit grossem Anfangsbuchstaben geschrieben ist. Für die letzten Druckbogen, deren Text ich nicht mehr selbst vergleichen konnte, besorgte mein Freund Professor F. Khull eine nochmalige Collation mit der Hs. G.

Zum Schlusse spreche ich den genannten Herren und den Vorständen jener Bibliotheken, aus welchen mir Handschriften und Druckwerke zur Benützung überlassen wurden, besonders der Direction der Kgl. Hof- und Staatsbibliothek in München und dem Herrn Stiftsbibliothekar, Professor G. Friess, in Seitenstetten für die gütige Unterstützung meiner Arbeit den wärmsten Dank aus.

Gufidaun, im Herbst 1884.

O. Z.

Bei dem Umstande, dass Rudolf die Hauptquellen für seine Darstellung selbst nennt, mögen die höchst mageren und noch dazu auseinandergehenden Angaben, welche sich in Literaturgeschichten und anderwärts darüber finden, auffallend erscheinen, doch müssen wir die Unzulänglichkeit und Unsicherheit derselben damit entschuldigen, dass sein Gedicht nur in einer Handschrift erhalten ist, die einzusehen nicht jeder in der Lage war, und so fällt die Verantwortlichkeit nur auf jene, welche den Codex zur Hand hatten und sich nicht die Mühe nahmen, ihn ganz durchzublättern. Zu ihnen gehört Massmann, der die Alexandreis des Gualtherus de Castellione als Quelle bezeichnet und in einer Note ergänzend beifügt: neben dem übrigens Rudolf sehr dem Curtius folgt, wie Keiner der anderen Alexander-Dichter.[1]) Derselbe hat später[2]) versprochen, Nachweisungen über die Quellen Lamhrechts, Rudolfs v. Ems, Ulrichs v. Eschenbach, Seifrieds u. a. zu liefern, aber sie blieben aus und seine erste zum einen Theile unbegründete Notiz fand Verbreitung. Auf sie stützt sich z. B. Wackernagel.[3]) Andere dagegen wie v. d. Hagen[4]), Goedeke[5]) und Pfeiffer[6]) lassen

---

[1]) Heidelberger Jahrbücher 1826, S. 1196.
[2]) Denkmäler (1828) 1, 15.
[3]) Geschichte der deutschen Literatur² S. 219.
[4]) Grundriss S. 221.
[5]) Grundriss I, 36.
[6]) Ausgabe des Barlaam S. XII. S. auch Grässe, Die grossen Sagenkreise des Mittelalters S. 454. — In der Besprechung der Historia de la Literatura Española, escrita en Aleman por Bouterwek, traducita al Castellano y adicionada por D. José Gomez de la Cortina y D. Nicoláo Hugalde y Mollinedo, Wiener Jahrbücher B. LVII, S. 169 ff., wo sich der Verfasser über die Alexanderliteratur verbreitet, werden die betreffenden Dichtungen in zwei Klassen getheilt: in occidentale, denen Curtius Hauptquelle war, und in orientale, wofür Pseudokallisthenes oder dessen Paraphrast Julius Valerius als solche dienten. Zu dieser Klasse rechnet er auch den ‚deutschen Rudolf v. Montfort.'

unser Gedicht auf dem ‚Lateinischen des Pseudo-Kallisthenes' beruhen, was, wenn sie darunter die Historia de preliis verstanden, für eine Partie desselben zutrifft. Aehnliche Beobachtungen kann man überall machen, wo von Rudolfs Werken die Rede und die Quellenfrage überhaupt berührt ist. Am ausführlichsten hat darüber bis vor Kurzem noch Gervinus[1]), der eine Abschrift Zachers benützen konnte, gehandelt, indess sind ihm bei dem Gebotenen verschiedene Unrichtigkeiten untergelaufen, wovon Einzelnes neulich Zacher[2]) berichtigte.

Bevor wir an unsere Aufgabe herantreten, wird es gut sein zu erforschen, was Rudolf in seinem Gedichte anstrebte, weil wir erst dann die Wahl seiner Quellen begreifen und beurtheilen können, ob diese von seinem Standpunkte aus eine glückliche war, und weil wir erst dann die Art ihrer Benützung verstehen.

Kam es ihm darauf an, die Leser nur zu unterhalten, oder wollte er ihnen eine der historischen Wahrheit entsprechende Erzählung liefern, sei es nun, um zugleich der Ritterschaft in Alexander das Ideal eines Helden, dessen Charakter und herrliche Thaten ihr als nachahmungswerthes Muster dienen sollten, vorzuführen, oder um an ihm, wie andere thaten, ein Beispiel für die Nichtigkeit ehrgeizigen Strebens, für die Vergänglichkeit irdischer Macht und weltlichen Ruhmes aufzustellen?

Im ersteren Falle genügte, irgend eine Alexandergeschichte in Prosa oder Poesie dem Geschmacke der Zeit entsprechend umzuarbeiten, ihr ein modernes Kleid anzulegen, im anderen war es nöthig, nach den verlässlichsten Quellen Umschau zu halten und, um etwaigen Vorwürfen auszuweichen, auch gerathen, das Material möglichst vollständig zu sammeln: ein Unternehmen, das Mühe, grossen Zeitaufwand und zugleich Umsicht erheischte. Und doch hat Rudolf diesen Weg eingeschlagen. Ob aus eigenem Triebe oder auf fremde Anregung hin lässt sich nicht sagen. Jedenfalls hat sich das Verlangen zu erfahren, was an den wunderlichen und unglaublichen Berichten von Alexanders Leben und Thaten Wahres sei, zeitweilig mehr geltend gemacht, man wollte auch die vielfach zerstreuten Details in eine Gesammtdarstellung vereint zur Hand haben. Der grosse König der Macedonier hat ja von Alters her auch das Interesse des Abendlandes gefesselt. In den Werken

---

[1]) Geschichte der deutschen Dichtung I, 72 f. — Cholevius, Geschichte der deutschen Poesie nach ihren antiken Elementen S. 91 nennt blos Curtius und den Liber de preliis.

[2]) Ztschr. f. deutsche Philologie X, 96 ff.

heidnischer und christlicher Schriftsteller bekam man bald ausführliche Schilderungen, bald einzelne Episoden seines Lebens zu lesen und der gewaltige, wenn auch nicht fehlerfreie Charakter musste auf Jeden Eindruck machen; seine grossartigen Unternehmungen und Erfolge erregten Bewunderung, seine Fahrten und Entdeckungen voll romantischen Zaubers reizten die Phantasie. Als dann die Kreuzzüge, Schifffahrt und Handel den Orient dem Occident näher rückten, ward die Theilnahme natürlich gesteigert, und mancher Ritter mochte nicht so sehr aus heiligem Eifer als vielmehr aus Begierde, die Wunder Asiens zu schauen und dort Heldenruhm und Reichthum zu erwerben, sich zu einer Kreuzfahrt entschlossen haben. So wurde Alexander eine ganz populäre Figur.[1]) Ich sehe von der schon früh erfolgten gelehrten Einflechtung in deutsche Stammsagen ab[2]) und erwähne blos, dass der Macedonier in die Trias der trefflichsten Helden aufgenommen wurde.[3]) Seine Macht und Milde[4]) ist sprüchwörtlich, er steht als

---

[1]) H. v. Trimberg im Renner V. 16169 nennt unter den Stoffen, welche das Publikum verlange, auch den Alexander:
    der zwelfte wil Rûthern besunder
    der drîzehende Künec Alexanders wunder.
s. Grimm, Deutsche Heldensage² S. 173.
Noch in der Verdeutschung des Grobianus Friedrich Dedekinds wird V. 4607 ff. die Anweisung gegeben:
    Hast dann nit materi gnůg,
    Nimb was du wilt ist dein fug.
    Sag ju von alten Römer kriegen,
    (Vnd leug dass sich die balcken biegen)
    Vons grossen Alexanders schlachten,
    Vnd was die Kriechen wunders machten,
    Biss sie die statt Troiam gewunnen,
    Vnd wie sie sey zu letst verbrunnen.
    So werden sie dann schweigend sitzen,
    Die weiten oren auff dich spitzen.

[2]) Originell ist, wie der alte polnische Chronist Vincent Kadlubek die Alexandersage in die Geschichte der Polen einflicht (s. Wiener Jahrbücher B. XXVII (1824), 267 fl.).

[3]) s. J. V. Zingerle, Freskencyclus des Schlosses Runkelstein bei Bozen bl. 1 b.

[4]) s. Simrock u. Wackernagel, Walther v. d. V. II, 129 f.; Erec V. 2821; Der Jungherr und der treue Heinrich V. 922 (G. A. III, 221). Noch Goethe legt in Wilhelm Meisters Lehrjahren dem Friedrich die Worte in den Mund: Er ist grossmüthig wie Scipio, freigebig wie Alexander, gelegentlich auch verliebt, doch ohne seine Nebenbuhler zu hassen.
In Vauqualins Histoire d'Alixandre (s. Jacobs u. Ukert, Beiträge I, 411) wird aber eine gegentheilige Bemerkung gemacht, und so scheint der Ruf

Muster echter Ritterlichkeit da¹), wird als Freund der Weisen, als
gelehrt und in vielen Künsten wohl erfahren gerühmt²); wenn es
gilt, die Macht der Minne recht unwiderleglich darzuthun, dient
der sonst unüberwindliche Held neben Aristoteles, David, Samson,
Salomon u. a. zum Beispiel³), und auch sonst wird der ‚wunderliche'⁴)
zum Vergleiche herangezogen. Wie gerne weist der Vergänglich-
keit und Gebrechlichkeit des Irdischen verkündende Literat oder
Prediger auf ihn, den seine Macht vor dem Tode nicht geschützt,
dem schliesslich von allen Schätzen nur ein Linnentuch, von seinem
ungeheuern Reiche blos sieben Fuss Erde zu eigen blieben⁵),
oder exemplificirt an ihm gewisse Fehler⁶), während andere wieder

seiner Milde sich allmälig verloren zu haben. Ich verweise dazu nur noch
auf eine Stelle in Joh. Cap. Prinzings Candelabrum Apocalypticum (1677)
I, 317, wo dieser Alexander mit Berufung auf Seneca (Epist. 119, 7), der
nebenbei bemerkt gerne des Macedoniers Charakterschwächen hervorkehrt,
‚wegen eines gleichförmigen Vnverstands vnnd geitzigen Gemûths einen grossen
Filtz' nennt.

¹) Wälscher Gast V. 1049 f.; Frauenlob H. M. S. III, 361 b.
²) Wälscher Gast V. 6413 ff., 6493 ff., 9209 ff.; s. auch Muskatblut 96, 3 ff.;
Germ. XII, 468: Probatio Alexandri Magni.
³) U. v. Guotenburg M.F. 73,5; Frauenlob H.M.S. III, 355a und 468k;
Colmar. M.L. XV, 45. LV, 110. LXXXI, 33.
⁴) Die Heidin V. 1134 (G. A. I, 419); Rolandslied (Grimm) 114,10 und
darnach Strickers Karl V. 4902; s. Engelhard V. 838, U. v. Liechtensteins Frauen-
dienst 387,3; Virginal 868,10 ff. und 936,9 ff.
⁵) s. Otto v. Freisingen Chr. II, 25 nach Ekkehard; Wälscher Gast V. 3371 ff.;
Frauenlob H.M.S. III, 376a; Muskatblut 82,5. 86,8; Colmar. M.L. CLXXXIV,
33 und S. 27; Wiltener Meistersängerhandschrift in den Sitzungsberichten der
Wiener Akademie, phil.-hist. Cl. B. XXXVII, 345; Gesta Romanorum cap. 31;
Anzeiger f. K. d. V. 1867 Sp.110 und 1873 Sp.40 f.; Germania V, 64 ff. (Das
Grab und seine Länge von R. Köhler). Dass Alexander nur sieben Fuss Erde
behielt, steht übrigens schon Pseudokallisthenes 3,14. — Ztschr. f. d. Alt. XIII,
406. Der berühmte Wiener Professor Heinrich v. Langenstein ruft am Schlusse
seines Briefes an den Grafen v. Eberstein (s. O. Hartwig, Leben und Schriften
Heinrichs v. Langenstein I, 61 und II, 52 f.), der mir in einer deutschen
Übersetzung aus dem 15. Jahrh. vorliegt: Ob dw werst Clarus, alexander,
darius oder hector, achilles, was dauon. (Cassiodor führt in seiner Chronik
einen Clarus und Alexander als Consulen unter Traian an.)
Cholevius, der a. a. O. S. 90 meint, vanitatum vanitas et omnia vanitas
sei der beständige Refrain aller Alexanderlieder, verweist auf Joachim Rachel
(1618—69), der in seiner sechsten Satyre V. 430 ff. zum Zeugnisse, dass der
Ruhm grosser Eroberer nicht glücklich mache, Hannibal, Alexander und
Xerxes aufführt.
⁶) s. Berth. v. Regensburg Pred. I, 399. 485. 522. 530. 535. — Hans Sachs
in seinem Fastnachtsspiele Buhler, Spieler und Trinker V. 416.

mehr die guten Seiten seines Charakters hervorheben.¹) Neben der Persönlichkeit Alexanders wird auch nicht selten auf einzelne seiner Abenteuer, vornehmlich auf die Greifen- und Meeresfahrt²) und den Zug zum Paradiese³) Bezug genommen, wie auch die Kunst sich des Stoffes bemächtigt hat.⁴)

Am besten zeugen aber für die Beliebtheit des Gegenstandes die zahlreichen prosaischen und poetischen Bearbeitungen in den

---

¹) s. Grässe, Die beiden ältesten lateinischen Fabelbücher des Mittelalters (Bibliothek des liter. Vereins in Stuttgart B 148): Nicolaus Pergamenus Dialogus Creaturarum Nr. 9.

²) Annolied (K. Roth) XIV u. XV (auf die abweichenden Züge hierin wie in der Kaiserchronik und im Basler Alexander unter gleichzeitigem Hinblick auf die Überlieferung der Historia de preliis und des Pseudokallisthenes macht Kinzel in der Ztschr. f. d. Phil. XV, 224 ff. aufmerksam. Entgangen scheint ihm zu sein, dass U. v. Eschenbach die Meeresfahrt wesentlich übereinstimmend mit dem Basler Alexander erzählt. Toischer in seiner Abhandlung Über die Alexandreis Ulrichs v. Eschenbach (Sitzungsberichte der Wiener Akademie, phil.-hist. Cl. B. XCVII, S. 389) bemerkt hierzu: Vollständig stimmt mit Ulrich Jansen der Enenkel überein, nur dass der nicht der Meinung ist, die Königin sei blos zu schwach gewesen, sondern sie wirklich als untreu hinstellt, und dass Alexander nicht den Hahn sondern die Katze erwürgt. Vgl. damit noch die Darstellung in dem Abschnitte Von dem Künig Alexander bei Merzdorf, Die deutschen Historienbibeln des Mittelalters (Bibliothek des lit. Vereins in Stuttgart B. 100 und 101) II, 543 ff. Alexander nimmt da neben den beiden anderen Thieren noch einen Hund mit); U. v. Liechtenstein 387,2 ff.; K. v. Würzburgs Trojaner Krieg V. 14078; Reinmar v. Zweter H.M.S. II, 197a (Str. 100).

³) K. Rother V. 4956 ff.; der Stein, den Alexander von fremdem Lande bringt, wird hier Claugestiân genannt; Frauenlob H.M.S. II, 344b (Str. 34).

Mit den gebotenen Citaten sind natürlich die Anspielungen auf Alexander in der altdeutschen Literatur lange nicht erschöpft. Mitunter treten sie in einem Stücke ziemlich reichlich auf, wie im mitteldeutschen Schachbuche, Ztschr. f. d. Alt. XVII, 166 ff. u. a. Die in der Krone vorkommenden verzeichnet Reissenberger in seiner Schrift Zur Krone Heinrichs v. d. Türlin S. 12; solche in provenzalischen Gedichten hat Bartsch Germ. II, 454 ff. zusammengestellt.

⁴) Über eine plastische Darstellung der Greifenfahrt siehe Ztschr. f. d. Alt. VI, 160; schätzenswerthe Beiträge zur Kenntniss bildlicher Darstellungen der Alexandersage in Kirchen des Mittelalters bietet A. L. Meissner in Herrigs Archiv B. 68, S. 177 ff.; über Wandmalereien A. Schultz, Höfisches Leben I, 61 und Weinhold, Die deutschen Frauen³ II, 94. Aus dem Ende des 16. Jahrh. finden sich auch im Schlosse Eggenberg bei Graz Plafondgemälde, die u. a. Schlachten zwischen Alexander und Darius zum Vorwurfe haben. Teppiche und Tapeten mit Darstellungen aus dem Leben des Helden führt an Francisque Michel in seinem Werke: Recherches sur le commerce, la fabrication et l'usage des étoffes de soie, d'or et d'argent et autres tissus précieux en occident, principalement en France pendant le moyen-âge t. II, 383. 388. 397. 407. 481.

Idiomen der verschiedensten Völker[1]), welche die Bekanntschaft mit den älteren Traditionen vermittelten. Ich sehe vom Oriente[2]), wo die Sage schon in frühesten Zeiten überwucherte, ab und weise aus der gesammten abendländischen Literatur nur auf die zahlreichen Produkte des deutschen Mittelalters von Lambrechts Alexander bis zu den Arbeiten Dr. Hartliebs und des Meisters Babiloth hin, welchen sich noch Hans Sachs mit seinem 1558 gedichteten Alexander Magnus als Nachzügler zugesellte.[3])

Aber je mehr ein Stoff behandelt wird, desto grösseren Wandlungen ist er auch unterworfen und gerade der unsere musste bei seinem wunderbaren Anstriche ganz besonders zu weiterer Ausschmückung reizen; anderseits war jedoch diese Eigenschaft dazu angethan, Zweifel über die Wahrheit der Darstellung zu erwecken.

---

[1]) Wenn Dunger in seiner Schrift Die Sage vom trojanischen Krieg S. 1 sagt: Kein antiker Sagenkreis, selbst nicht der von Alexander dem Grossen, hat so allgemeine Verbreitung gefunden und sich solcher Beliebtheit erfreut, darf man billig an der Richtigkeit dieser Behauptung zweifeln.

[2]) s. Fr. Spiegel, Die Alexandersage bei den Orientalen.

[3]) Zu den allbekannten mittelalterlichen Bearbeitungen ist vor Kurzem eine neue gekommen, die sich in einer Hs. der gräflich Stollbergischen Bibliothek zu Wernigerode erhalten hat und von der Zacher, Ztschr. f. d. Phil. X, 96 Kunde gab. Schon vor diesem war W. Toischer darauf aufmerksam geworden (s. dessen Abhandlung a. a. O. S. 368, Anm. 2), der eine Identität mit der uns aus Rudolfs Alexander bekannten Dichtung Bertholds v. Herbolzheim für möglich hält. Eine andere ist in einem ehemals in der Schlosskapelle zu Wittenberg befindlichen Bücherverzeichnisse, das zuerst im Serapeum 21,299 ff. mitgetheilt und dann von Bartsch mit Beigabe von erklärenden Notizen Germ. XXIV, 16 ff. wieder abgedruckt wurde, erwähnt: Nr. 19 Item alius liber, qui incipit vber alle dink hastu gewalt etc. Et finitur Als mich got gelart. Et est liber regis Alexandri.

Endlich mache ich noch auf das von Diemer Germ. III, 353 ff. mitgetheilte Bruchstück eines Gedichtes aufmerksam, das entweder zu einem der verlornen Alexanderlieder oder zu einer Weltchronik nach Ansicht des Herausgebers zu gehören scheint. Über das wahrscheinlich älteste (lateinische) Gedicht aus dem Kreise der Alexandersage im Occident, das wegen der von der gewöhnlichen Tradition abweichenden Angaben über Alexanders Eltern interessant ist, hat Zarncke in den Berichten der Kgl. Sächs. Gesellschaft der Wissenschaften, phil.-hist. Cl. B. XXIX, 57 ff. gehandelt.

Gesta Alexandri vol. I. werden auch unter den von Hartmut, dem Freunde Otfrids, in die Klosterbibliothek in St. Gallen eingereihten Büchern genannt, wie Erdmann nach den Casus St. Galli (Pertz, Mon. II, 70) zu der bei Otfrid (I, 1,84 ff.) auf Alexander bezüglichen Stelle bemerkt. Welcher Art diese gesta jedoch waren, ist ebenso dunkel, wie die Beschaffenheit jener Historia magni Alexandri, welche Peter venerabilis, der Abt von Clugny, von einem Mönche Nikolaus verlangte (s. Germ. II, 30 f. in Holtzmanns Artikel über den Dichter des Annoliedes u. Weismanns Alexander I, S. LXI).

Lambrecht hält sich bekanntlich schon darüber auf, dass einige den Alexander zum Sohne eines Zauberers machen, er schilt diese Leute ‚lugenere‘, und spätere wie z. B. der Verfasser einer Histoire d'Alexandre[1]) verwerfen gleichfalls die Vaterschaft des Nectanebus als im Widerspruche mit der hl. Schrift (Makk. I, 1) stehend. Rudolf wie die Mehrzahl seiner Genossen hegt gleichwohl nicht das geringste Misstrauen, er erzählt die Geschichte mit grosser Behaglichkeit: Nectanebus führt seine Zauberkünste mit Hilfe des Teufels aus, der damals die ganze Heidenschaft in seiner Gewalt hatte, und Olympias ist eben das beklagenswerthe, betrogene Weib.[2]) Und warum sollte er auch Bedenken hegen, da doch die ‚histôrje‘ davon berichtet! Wären ihr nur auch seine Vorgänger gefolgt: mancher habe schon von Alexander ‚âventiure‘ erzählt ‚mit lüge und ouch mit wârheit‘, aber keiner habe die ‚rehte wârheit‘ gesagt, äussert sich unser Dichter gleich anfangs (V. 62 ff.) und später, wo er der- dasselbe Sujet behandelnden Poeten gedenkt (V. 15592 ff.), ermahnt er seinen Freund Biterolf, ‚die wârheit‘ zu bewahren und nichts anderes zu sagen als, was er geschrieben sehe. Daran hat sich Berthold v. Herbolzheim gehalten, wie Rudolf lobend bemerkt, doch enthält dessen Gedicht bei weitem nicht alles, ‚des diu histôrje von im giht‘. Wahr und erschöpfend soll also die Darstellung sein, und das war auch das Ziel seiner Arbeit:

> V. 15627 Wand ich in tiutscher zungen wil
> ein urhap dirre maere wesen,
> als ich die wârheit hân gelesen:
> vert ez, als ich hân gedâht,
> sit ich hân zesamen brâht
> allez, daz diu schrift uns seit
> mit ungelogener wârheit
> endehafter maere
> von dem wisen wunderaere.

---

[1]) s. Jakobs u. Ukert, Beiträge I, 373.

[2]) So ist nicht nur bei den Autoren sondern auch im Leserkreise der Glaube bald mehr bald weniger stark. Für letzteres bieten einige Randbemerkungen in dem von mir benützten Exemplare der Hystori Euseby von dem Grossen Künig Alexander Als die der hochgelert doctor Johan Hartlieb zu münchen durch lieb des durchlauchtigen Fürsten etc. Herzog Albrechts Saeliger gedächtniss In Teutsch transferirt vnd beschriben hat (Gedruckt zu Augsburg 1472) einen Beleg. Bl. 96 steht nämlich von einer Hand des 16. Jahrh. geschrieben ‚leug nit oder Ich friss dich‘ und bl. 150 ‚leug nit ich friss dich sunst, wozu ein anderer dann die Worte fügte ‚hat wol mehr gelogen.‘ Diesem zweiten scheint auch die Greifenfahrt nicht recht glaubwürdig vorgekommen zu sein, denn daneben bl. 152b lesen wir einen ähnlichen Ausdruck des Aergers.

Habe ein anderer es bereits unternommen, ‚daz maere nâch der histôrjen rihte' zu dichten, und besseres geleistet, ‚âne haz' lasse er ihm ‚diu maere, sint sie ganz und gewaere'; wenn nicht, so möge man ihm gestatten, damit werder Leute Gruss zu verdienen.

Diesen seinen Standpunkt betont er noch einige Male, ich führe nur noch die Stelle V. 12882 ff. an:

> nâch der urkünde wârheit,
> die iegelicher von im seit,
> hân ich gesuochet lange her
> und hân nâch mînes herzen ger
> funden ir aller stiure,
> die sie der âventiure
> gegeben hânt mit wârheit.
> als ir gewaeriu wârheit seit,
> nâch der wil ich vollevarn,
> die wârheit an dem tiutsch bewarn,
> daz ich dar zuo spreche niht,
> wan daz diu âventiure gibt.

Da erfährt der Leser auch wieder, wie sehr sich der Dichter die Quellenbeschaffung angelegen sein liess. Ich sage wieder, weil er schon früher (12796 ff.) Gelegenheit nahm, seiner eifrigen Forschung zu gedenken. Aber darum dürfen wir ihn noch nicht ruhmredig nennen: wenn auch zuweilen eine gewisse Selbstbefriedigung, vielleicht gepart mit der Hoffnung auf Anerkennung durchblickt, so wollte er sich damit in erster Linie doch wohl nur als gewissenhaften Historiker dokumentiren und diesen Namen müssen wir ihm, wenigstens hinsichtlich des Sammelfleisses, zugestehen. Durch eine Reihe von Jahren wurde das Material zusammengetragen in einer Reichhaltigkeit, wie sie kaum in einer anderen Alexandreis zu treffen ist. Er selbst sagt, alle seine Tage, seit er zu dichten begonnen, sei er bestrebt gewesen, ‚diu maere' zu finden, welche Wunderthaten Alexander auf der Erde verrichtet habe. Erzählungen von ihm zweifelhafter historischer Treue mochten in seine Hände gelangt sein, sie lenkten seine Aufmerksamkeit auf den Stoff und gaben den Anstoss, ihn zu bearbeiten (s. V. 62 ff.). Im Vertrauen auf die ‚Saelde', die bisher Rudolfs Kunst zur Seite stand, und auf ‚edeler herzen gunst' ward frohgemuth ‚ûf den süezen wân und ûf des lônes gewin' an die Ausführung des Planes gegangen (V. 29 ff.). Die Arbeit nahm des Dichters volles Interesse in Anspruch und je weiter er darin vorrückte, desto mehr wurde es gesteigert:

> V. 15456 Diz maere und ander wârheit,
> diu von Alexander seit
> sô vil gewârhafter sage,
> liebent mir von tage ze tage
> daz maere und daz getihte,
> diu ich von im berihte.

Aber gleichwohl drängte sich ihm manchmal das ängstigende Gefühl auf, dass seine Kraft zur Bewältigung derselben nicht hinlange. Schon in der Einleitung zum zweiten Buche (V. 2941 ff.), die wegen ihres literarhistorischen Werthes öfters abgedruckt wurde, ist dies Geständniss gemacht:

> ich wil den werden guoten
> tîheeolichen muoten,
> daz sie friuntliche war
> nemen, ob ich hie missevar,
> daz vil lihte muoz ergân;
> wand ich mich an genomen hân
> mit tumbes herzen stiure
> sô rîcher âventiure.
> waere gezwîvalt der sin,
> des ich erlâzen eines bin,
> sie gaebe mir arbeit ze vil.
> dâ von ich lêre suochen wil;
> wand ich mich nicht gelîchen
> mac den künste richen.

Dazu s. auch V. 3147 ff. und besonders 15578 ff., wo nach einem Hinweise auf Alexanders Macht und Grösse eine ähnliche Aeusserung folgt:

> dâ von bedurfte ich des wol,
> ob ich diz buoch berihten sol,
> daz ich besinnet waere baz:
> kranke sinne sint sie laz,
> den sint von im diu maere
> ze lanc, ze starc, ze swaere ....

Doch verspricht er sein bestes Können daran zu setzen (V. 15465). Wenn er es nicht vermöge, ‚langen sin' in kurze Worte zu fassen, die Erzählung kurz und gut zu machen, sei die ‚âventiure', die ‚also manege stiure von mislichen buochen' habe, daran Schuld (V. 7883). Der Forscher könne, fügt Rudolf hinzu, die ‚wârheit' nicht so kurzweg herausschälen; wer einmal über Alexander schreiben wolle, müsse aber ‚den maeren' Genüge thun und die ‚wârheit' so bewahren, dass nicht der eine oder andere, welcher ‚die latîne' geschrieben sehe, den Dichter einen ‚künstelôsen man' schelte.

Die Absichten Rudolfs sind jedenfalls löblich. Ob ihm für

seine Bemühung auch durchaus der erwartete Lohn zu Theil geworden ist? Fast drängen sich Zweifel auf. Am Beginn des sechsten Buches (V. 20387 ff.) ergeht er sich nämlich über die Unbeständigkeit ‚der Saelde', auf deren Beistand, wie wir uns erinnern, er von Anfang an gebaut hatte. Die Reflexion endet mit der Ermunterung, trotzdem ‚nâch saelden' zu werben, da nach der Erfahrung der Mensch doch meist zum angestrebten Ziele komme. In der Zuversicht wird von ihm ebenso sein Werk fortgesetzt. Finde es bei Jemandem nicht Gefallen, ‚daz vil lihte geschiht', dann möge der, wenn er irgendwo es lesen höre, lieber davon gehen als ‚daz maere' zu stören. Bei dem verschiedenen Geschmacke der Leute sei es unthunlich, alle zu befriedigen. Ist diese Bitte, was sich nicht läugnen läst, an zukünftige Tadler zunächst gerichtet, so bleibt doch nicht ausgeschlossen, ja man wird unwillkürlich auf den Gedanken gebracht, dass eine hin und wieder verlautbarte abfällige Kritik über die fertigen Partien hierzu veranlasste. Eine solche war auch nicht ganz ungerechtfertigt: den Leser, welcher nicht nur der Kurzweil halber heute die mehr denn 20000 Verse durchnimmt, beschleicht bei aller Theilnahme ob den weitschweifigen, häufig jedes poetischen Schwunges entbehrenden Reimereien ein Gefühl der Ermüdung und dem damaligen Publikum mag es ebenso ergangen sein. Rudolfs Talent war für die gewaltige Aufgabe, die er sich gestellt, bei weitem nicht zulangend. Doch nun zu dem

Nachweis der Quellen.

Wäre gar keine Quelle namhaft gemacht, auch nicht auf ‚die latine' verwiesen, so müssten doch gleich die ziemlich zahlreichen durch das ganze Gedicht zerstreuten lateinischen Ausdrücke auf in dieser Sprache abgefasste Vorlagen leiten, wie: clementa 1105, stella Erculis 1856, stella Mercurii 1864, stella Jovis 1870, Alexander Macedo 2275. 4235. 5848, Philippus Macedo 2668, dispusim sophismata 3686, terra Cetim 4136, liberales septem artes 2039, castra Ciri 5477, oriens 5903, occidens 5904, meridies 5906, aquilo id., Amanicas pilas 6670, terra Madian 8051, piratici lembi 9438, in monte Garizim 9771, in paludem Mariotim 10297, montes Kordeos 10976, monarchia 12646. 15213. 15519, ligna aloe 13109, Susidas pilas 13465, Darius qui et Notus 15548, monarchus 15482, scorpio 16032, musica 16870, milliarius 16903, (in) oriente 16913, (in) meridie 16926, (gên) aquilone 16934, in ubera aquilonis

17125, Promontorium Boreum 17131, deus venerunt 17243, onager 17268, sesema 20830 u. ä. Rudolf hat aber die Liebenswürdigkeit, den Leser, der nachprüfen will, selbst mit den wichtigsten Quellen bekannt zu machen: es geschieht im Eingang des vierten Buches (V. 12802 ff.). ‚Nû hoeret rehte, wer die sint': das ist einmal der weise Leo, ein Meister zu Rom, der gelegentlich einer ihm von den ‚Richtern' Johannes und Marinus übertragenen diplomatischen Mission sich die Zeit, bis Kaiser Konstantin über die erhaltene Botschaft Rath gehalten, damit vertrieb, in griechischen Büchern Mähren zu suchen, die so ‚gewaere' wären,

> daz er niht taete wider got
> unde wider sin gebot,
> ob er ir schrift berihte
> und in latîne tihte.

Er fand da viel Bücher, die er ‚compilirte'[1]), darunter auch, was Aristoteles über Alexander schrieb: nach diesem dichtete er, wie der Held geboren wurde, welche Wunder er auf seiner Fahrt antraf und wie alle Königreiche von ihm überwunden wurden. Letzteres sage dieser zwar ‚vil kürzeclîche', die Wunder und die Geburt aber ‚gar besunder', von den Kämpfen hingegen werde nichts berichtet.

Der Excurs ist im Wesentlichen dem in verschiedenen Hs. der Historia de preliis vorfindlichen Prologus entlehnt, nicht ohne einige Ausschmückung: dazu gehört gleich die Verlegung von Leos Forschungen in die Zeit der geheimen Ministerrathssitzungen, auch findet sich im Prolog kein den von mir citirten, charakteristischen Versen entsprechender Passus und die Inhaltsangabe ist daselbst nicht so specificirt; es heisst einfach: cepit inquirere libros ad legendum, inter quos invenit historiam continentem certamina et victorias Alexandri regis Macedonie. Eigentlich wird da das gerade Gegentheil gesagt. Möglicher Weise stand in der von Rudolf benützten Fassung etwas ähnliches, für wahrscheinlich halte ich dies aber nicht, bezüglich des letzten Punktes schon wegen des Causalnexus, in den Curtius Geschichte zu der des Leo gebracht wird. Aristoteles als Biographen Alexanders haben wir bereits viel früher kennen gelernt. V. 77 ff. beruft sich unser Dichter auf ihn, dem er (Al.) ‚zaller zît enbôt sîn gelücke und sîne nôt'

---

[1]) Gervinus a. a. O. S. 73 bemerkt: Er (Rudolf) hat wie ein Gelehrter den Stoff zu seinem Werke nach seinem eigenen Ausdrucke compilirt. Irrthümlich, denn das Wort ist einzig an dieser Stelle mit Bezug auf Leo verwendet.

(Brief A's an Arist.), und erklärt sich an dessen autenthischen Bericht zu halten. Aus der vorher angezogenen Stelle ergibt sich, dass offenbar das angeblich auf Aufzeichnungen des griechischen Philosophen fussende Werk Leos gemeint ist. Auffallen muss indess die Bezeichnung dieser einzigen Quelle, was den Anschein gibt, als ob ihm damals blos diese bekannt gewesen wäre, die andern aber erst nach und nach sich ihm erschlossen hätten oder, als ob er anfänglich nur nach dieser zu dichten beabsichtigte. Beide Male ist ein Abschluss im Quellenstudium angedeutet: V. 77 ‚ich bin es nû wol zende komen' und 12798 ‚von swem diu âventiure hât deheine stiure, die hân ich vil nâch funden gar'; ersteres bezöge sich dann nur auf die Lectüre der H. d. p. Von einer solchen Auffassung räth aber der Umstand ab, dass schon im I. und II. Buche sich Benützung anderer Autoren kund gibt.

Leo liess also, wie uns Rudolf belehrt, ‚die strite ungeseit', was freilich nicht ganz zum Titel H. de preliis passt. Der ist aber nicht massgebend und in den Hs. lautet er sehr verschieden. Wenn Kampfesschilderungen dabei gemeint sind, ist viel Wahres daran, denn damit befasst sich der neapolitanische Erzpriester nicht. Diese Lücke nun auszufüllen, hielt sich der ‚wise phaffe' Curtius Rufus für berufen, indem er, ‚ouch in latîne', die ‚strite' beschrieb und wie Al. die Länder bezwang. Grosse Kenntniss der römischen Literaturgeschichte verräth das gewiss nicht und die dürfen wir von ihm füglich auch nicht verlangen. Aber Curtius war ein im Mittelalter sehr beliebter Classiker (s. Eussner im Philologus XXXII, 162 ff.) und kaum wurde er allgemein für einen ‚phaffen' gehalten. Sollte ihn etwa für Rudolf die ‚latîne' dazu gestempelt haben, oder fand eine Verwechselung mit dem Presbyter Rufinus oder Rufus statt? Diese haben zwar auch ein ziemlich Stück vor Leo gelebt, wir müssen jedoch von der Chronologie ganz absehen; unser Dichter zog seine Schlüsse eben nur aus der Beschaffenheit beider Historien: bei Curtius werden wir schnell auf den Kriegsschauplatz in Asien versetzt, da zwei Bücher verloren sind; von Alexanders Geburt und Jugendzeit ist aus ihm nichts zu entnehmen; wohl erzählt darüber ausführlich Leo und darum die Meinung, dass C. absichtlich diese Partien übergangen und dafür die Feldzüge als Ergänzung beschrieben habe. Bestärkend wirkte die breit angelegte Darstellung des Römers und die geringe Zahl von Berührungspunkten mit jenem. Neben diesen zweien geschieht noch Erwähnung des ‚wîsen' Josephus und des hl. Methodius, der über die Einschliessung der verfluchten Könige Gog und Magog sowie über die Abstammung der Frau Olympias und deren

Schicksal nach Alexanders Tode berichtet habe. Sie werden noch einige Male citirt: Josephus 12715. 15893. 16759. 16787, Methodius 16788. 17142. 17153. Ausserdem beruft er sich auf **Hieronymus** 15892. 16803, die hl. **Schrift** 15891, Daniel 15206 (15510), **Matthaeus** 16123, **König David und den Psalter** (deus venerunt) 17240 ff., Paulus 17254, den „wîssagen" 17265, Jeremias 17373 und endlich gleich am Beginne V. 192 bei einer ganz nebensächlichen Bemerkung auf die **Historia Scholastica**.

Selbstverständlich darf man nicht vornherein an eine durchweg direkte Benützung denken, wie damit auch keineswegs die Quellen erschöpfend angegeben sind. Gar manche Details werden ohne irgend welchen Aufschluss über die Herkunft zu geben eingeschaltet, andere Male findet nur eine ganz unbestimmt gehaltene Berufung statt. Letzteres geschieht überhaupt sehr oft, ohne dass man dahinter überall eine bestimmte Absicht, etwa um allenfallsige Zweifel des Lesers zu beseitigen, vermuthen dürfte. Rudolf selbst ist von der wahrheitsgemässen Darstellung seiner Gewährsmänner vollkommen überzeugt — sollen wir uns darüber wundern! — nur einmal drückt er sich mit Reserve aus, wo, Curtius l. III. 1, 22 entsprechend, die Abstammung der „Venediaere" (von den Veneti) berührt wird. Er citirt dabei die „schrift" und setzt bei „doch weiz ich ez von wârheit niht", wozu ihn übrigens die lateinische Fassung bewogen haben mag; es heisst da „huic iuncti erant Heneti (Hs. gr. A. uineti), **unde quidam Venetos trahere originem credunt.**" V. 12708 verzeichnet die Menge der in den Kämpfen gefallenen Perser, nicht weniger als 1500000 Mann. Wohl einsehend, dass diese Zahl dem Leser doch beinahe unglaublich vorkommen dürfte, selbst beim Hinweis auf die Quelle (als ich ez las), setzt er, um jedem Bedenken den Boden zu entziehen, bei: Wer sich darob verwundere, solle glauben, dass es Gott gebot, der durch Alexander die ganze Heidenschaft zwingen wollte, „daz giht der wîse Josephus der rehte und der gewaere und ander buochmachaere, der iegelîches wârheit von im grôziu wunder seit." Da er also mit Gottes Hilfe, der seinen Zorn an der „verworhten heidenschaft" rächen wollte, kämpfte, möge man die Zahl „dester baz" glauben. Ein starker Autoritätsglaube, der Glaube an Alexanders göttliche Mission, nicht etwa hier das einzige Mal ausgesprochen, halfen über das wunderlichste Zeug hinweg. In dieser Beziehung charakterisiren den Dichter auch folgende Verse, die sich der Erzählung von Alexanders Geburt und der Beschreibung seiner Gestalt anschliessen:

V. 1217 Sît ez mit wunder wart getân,
swaz wir von im gelesen hân,

> sô mac ouch des niht wundern mich,
> was er selbe wunderlich,
> und ob er einen gerinc
> kerte an wunderlichiu dinc,
> und ob er sich wundern lie,
> ob ez im wunderliche ergie,
> daz muoz ich âne wunder lân:
> ez muoste im wunderliche ergân.

Phrasen wie ‚ob irz geloubet, ob ir mirz geloubet' (s. V. 841. 1995. 7038. 16230 etc.) würden an sich andeuten, dass er dem Publikum mehr Skepticismus zutraut, aber bei näherem Zusehen verlieren sie allen Werth: das betreffenden Ortes Erzählte klingt keineswegs so absonderlich, dafür lässt uns aber der ständige Reim ‚houbet' darin wohlfeile Lückenbüsser erkennen. Gerade so verhält es sich nun meist mit den vagen Berufungen auf die Quelle und den diesen beizuzählenden Betheuerungen: sie dienen zur Füllung des Verses, sind Nothbehelfe, um einen Reim (häufig für den voraufgehenden V.) zu gewinnen, wobei sich in der Bindung der Worte grosse Eintönigkeit, die sogar ins Formelhafte übergeht, bemerklich macht. Ich biete nur eine Lese aus dem Alexander — die Durchprüfung des Barlaam und Gerhard führte zu einem übereinstimmenden Resultate:

> als ich las 12807. 16217.
> als ich ez las 6674. 10984. 12707. 14322. 14927. 15422. 15489. 19864. 20615. 21104. 21251.
> als ich an den maeren las 12272.
> als ich an der schrift las 15529.
> als ich die âventiure las 106. 5514. 8450.

Mit Ausnahme von 14927 (palas i. l.) und 20615 (Kaukasas: l.) ist damit immer ‚was' gebunden, das meist voraufgeht (nicht 8450. 15422. 21251).

Sprächen nicht andere Gründe dafür, dass Rudolf seine Quellen selbst gelesen und bei Abfassung des Gedichtes vor sich liegen gehabt habe, dann dürften wir auf diese Stellen nicht viel bauen, wie es auch nicht gestattet ist, sobald der Ausdruck ‚vernemen, hoeren' in solchen Wendungen erscheint, auf mündliche Mittheilung zu schliessen:

> und hân von wârheit vernomen 78.
> daz hân ich von im vernomen 1991.
> als ich hân vernomen 6469. 7691. 8070. 18506.
> als ich von wârheit hân vernomen 7489. 8751.
> als ich die wârheit hân vernomen 10194. 20384. 21282.
> als ich daz maere hân vernomen 7933. 8583. 13340.

Ueberall ausser 6469. 8070 reimt ‚vernomen' auf ‚komen' im früheren Verse.

Bei ‚als ich vernomen hân' 322. 10015. 13377. 13742 herrscht mehr Wechsel.

Bei den Wendungen
 als ich daz maere hoere sagen 1979.
 als ich die wârheit hôrte sagen 5283.
 als ich hoere sagen 355. 12612. 14891
wiegt der Reim ‚tragen' (355. 5283. 14891) vor.
 als ich diz maere hoere jehen 310.
 als ich die wârheit hoere jehen 17524
reimt geschehen: j.
 daz hoere ich jehen 10445 (j. : gesehen).
 diu schrift gewaerlîche seit 6110, saget 9162.
 diu schrift uns gewaerlich seit 10874.
 als diu schrift uns seit 5323. 14018.
 als diu âventiure seit 4755. 6858.
 als diu ander âventiure seit 7849.
 als uns daz maere seit 12122.

Hierbei variirt das correspondirende Reimwort, ‚seit' nimmt jedoch durchgehend die zweite Stelle ein.
 diu schrift der rehten wârheit
 hât uns gewaerlich geseit 12694.
 daz giht diu rehte wârheit,
 als uns diu schrift hât geseit 10447. —
 nâch der âventiure sage 1757. 5718. 6498. 7188. 7798.
  10377. 10648. 12660. 13140. 13464. 13608. 18238. 18572.
  19078. 20154. 20641.
 nâch des maeres sage 4908.
 nâch der buoche sage 16927.

‚sage' ist abgesehen von 7188 (klage : s.) immer mit ‚tage' gebunden.
 als uns diu âventiure giht 308. 9940. 20296.
 diu âventiure von in giht 5023.
 wan daz diu âventiure giht 12678.
 der âventiure wârheit giht 9992. 10029.
 daz diu wârheit giht 12242.
 des seit von im diz maere niht,
 wan ez im von wârheit giht 123.
 als im noch diz maere giht 2090.
 diu schrift uns eteswenne vergiht 4968.
 als diu schrift uns giht 15071.

308. 2090. 10029 abgerechnet reimt darauf ‚niht', das nur 4968. 12678 nachfolgt.
> als diu wârheit gibt und jach 16600.
> daz maere gibt, nicht Reim bildend, 5080.

Den Wendungen
> von dem diu schrift seit alsus 5589.
> nû seit uns diu schrift alsus 15513.
> den nennet uns diu schrift alsus 8631.
> uns seit diu âventiure sus 8083.
> diu âventiure seit alsus 9327. 13955.
> nû schribent sumelîche alsus 10809

entsprechen durchweg Namen in -us.
> diu schrift hât ez geheizen sus (: milliarius) 16904.

Namen in -es correspondiren:
> als ich bin bewîset des 13702.
> von den bin ich gewîset des 10354; s. auch 81.

Namen in -is (im vorausgehenden Vers):
> uns tuot diu âventiure gewis 10348.
> diu âventiure uns tuot gewis 15669.
> diu rehte schrift tuot uns gewis 12957.
> uns tuot diu wârheit gewis 17126. —
> diu (âv.) hât mich bewîset sô 107.
> nû seit uns diu schrift alsô 181.
> ouch seit uns daz maere alsô 7454.
> ouch ist von im geschriben sô 10449.
> als diu schrift bewîset mich 4563.
> diu schrift der wârheit wîset mich 5577.
> alsô diu wârheit wîset mich 4996. 20914.
> als uns diu schrift gewîset (bewîset) hât 5715. 14062. 20577;

stets der zweite der gebundenen Verse, wie auch:
> und tuot diu âventiure genant 5520.
> als uns diu schrift tuot erkant 15871.
> als uns diu wârheit tuot erkant 16033 (als erster Vers dagegen 20152).
> als uns diu schrift urkünde gît 8617. 16753. 20858.
> daz mich der schrift urkünde an treit 15381.
> als ich ez gelesen hân 20665.
> ich hân gelesen anderswâ 16765 (18261 an erster Stelle).

Sonst ist noch zu notiren:
> jehent diu maere 3917. 13074.
> giht diu wârheit 5310. 13067.
> nû giht diu âventiure 5456.

daz kündet uns des maeres zal 7679.
uns seit diu wârheit unde schrift 20817.
nâch der wârheit 7466.
die heizet diu schrift (nicht reimend) 10352.
Zur einfachen Bekräftigung leitet über ‚daz ist mir kunt' 5042.
Von solchen sind anzuführen:
diz ist wâr ân allen wân 15215.
mit ganzer wârheit âne wân 16818.
diz ist âne liegen wâr 16617.
daz ist wâr 151. 2031. 2169. 5262. 9278. 12700. 14929. 15520. 15534 16152. 16846. 16871.
al für wâr 15506. 16832. 17667.
für wâr 16915.

Mit Ausnahme von 14929 und 17667 reimt ‚wâr' immer auf ‚jâr.'

Nach den vorliegenden Belegen bezeichnet Rudolf seine jeweilige Quelle als: âventiure, maere, schrift, rehte schrift schrift der (rehten) wârheit, auch kurzweg als wârheit.

1. Die Historia de preliis.

Schon oft ist der Wunsch nach einer Ausgabe der Historia de preliis laut geworden, denn Jeder, der auf dem Gebiete der Alexanderdichtung arbeitete, fühlte den Mangel einer solchen nur zu sehr und den künftigen Forschern wird es ebenso ergehen, so lange das ersehnte Buch aussteht. Warum dasselbe so lange auf sich warten lässt, begreife ich wohl, denn eigene Einsicht in mehrere Handschriften aus verschiedenen Jahrhunderten haben mich davon überzeugt, wie schwierig sich eine allen Anforderungen entsprechende Edition gestaltet. Sie fordert Jahre mühevoller Arbeit, denn nicht nur sind die Hs. sehr zahlreich, sondern es weichen auch die Texte der einzelnen Codices, sowohl im Wortlaute als inhaltlich, oft recht bedeutend von einander ab. Dass sich die ursprüngliche Gestalt nicht lange in voller Reinheit bewahrte, ist leicht abzusehen. Prosatexte sind schon an sich Veränderungen mehr unterworfen und das Interesse am Stoff brachte es mit sich, dass der eine und andere Schreiber noch einwob, was er ausserdem etwa von Alexander wusste, wogegen ein dritter seine Vorlage kürzte, ein vierter die Reihenfolge der Ereignisse nach eigenem Gutdünken oder im Hinblick auf andere Darstellungen alterirte. Es zeigt sich da eine Mannigfaltigkeit, welche gerade nicht erquicklich ist für denjenigen, der sich bei einer Quellenuntersuchung nicht damit begnügen will, im Allgemeinen die Benützung der Historia de preliis zu constatiren, sondern darauf ausgeht, die Fassung zu eruiren, in welcher dieser ‚Proteus' dem betreffenden Dichter oder Prosaisten vorlag. Die Metamorphose muss schon frühzeitig ihren Anfang genommen haben und wurde hinsichtlich des Wortlautes ohne Zweifel durch verderbte Texte — man betrachte nur den des Bamberger Codex — gefördert. Ekkehard von Aura, dessen Excerptum de vita Alexandri in seiner Chronik, von wo es später übrigens auch selbständig ausgehoben wurde[1]), bekanntlich nur die Historia de preliis in etwas verkürzter Wiedergabe ist, hat nicht nur dort, wo er sich enge an den Bamberger Text — nur der Kürze halber sage ich noch so — anschliesst, vorkommende Unebenheiten zu glätten versucht, sondern überdies trotz seines Strebens nach Kürze einige fremde Details eingemengt, und die Alexanderdichtungen des XIII. Jhs, in welchen Leos Werk benützt ist, haben, soweit ich über dieselben orientirt bin, fast durchweg bereits erweiterte Fassungen zur Grundlage.

Mit einer kritischen Ausgabe des Urtextes, die nach heutigem Brauche der Philologen die jüngeren interpolirten Handschriften völlig über Bord wirft, ist uns darum gar nicht gedient, da gerade diese für unsere Untersuchungen den meisten Werth haben. So lange uns über sie keine klare Uebersicht gegönnt ist, bleiben die Resultate der Untersuchung immer mehr oder weniger mangelhaft, man müsste sich denn nicht scheuen, viel Zeit oder Geld der Beschaffung umfangreicher Collationen zu opfern, und dann ist es erst noch ein glücklicher Zufall, wenn einem die Fassung, nach der man fahndet, in die Hände fällt. Aus diesem Grunde sind auch die Lücken und Irrthümer der bisherigen Arbeiten, insofern sie auf die H.d.p. hin angestellt wurden, zu entschuldigen, und ich hoffe, dass man auch meiner Nachsicht angedeihen lässt, wenn sie das vorgesteckte Ziel nicht ganz erreicht.

Die Bedeutung von Leos Bearbeitung des Pseudokallisthenes für die mittelalterlichen Alexandergeschichten hat man längst erkannt und wiederholt wurde auch auf die beträchtliche Abweichung der Texte hingewiesen. Aber Niemand hat darauf sein besonderes Augenmerk gerichtet, bis Toischer in seiner Abhandlung über die Alexandreis Ulrichs von Eschenbach das Verhältniss der ihm zugänglichen Fassungen unter einander und zu verschiedenen Alexanderdichtungen prüfte. Da ich über reichlicheres Material verfüge als er und seine Vorgänger, behandle ich das Thema noch einmal und zwar ausführlicher, indem ich mich hierbei auf folgende Handschriften stütze:

B, cod. Bambergensis sign. E. III, 14.[2])

---

[1]) s. Mon. Germ. script. VI, 16.

[2]) s. darüber Waitz in Pertz Archiv IX, 673 ff. Es ist aber ein Irrthum, den bisher noch Niemand erkannte, dass Ekkehard für die Darstellung der Alexandergeschichte in seiner Chronik diese Hs. benützte. Er hatte vielmehr eine Vorlage, deren Text schon mannigfach von dem des Bamberger Codex abwich. Zum Beweise dessen führe ich hier nur an, dass sein Excerptum verschiedene Male Auslassungen mit anderen Hs. der H.d.p. gegenüber B. gemein hat, wo

G, cod. der Grazer Universitätsbibliothek 1250, saec. XII.
M, cod. Monacensis 23489, saec. XII./XIII.[1])
m, cod. Monac. 14796, anno 1438.
μ, cod. Monac. 12260, saec. XV.
O, cod. Oenipontanus 525, anno 1304.[3])
S, cod. Seitenstettensis XXXI, anno 1433 (bl. 103a ff.).[4])

Ueber M konnte ich mich nur im Allgemeinen während eines kurzen Aufenthaltes in München informiren.[5])

---

der Wortlaut in letzteren absolut eine Abhängigkeit von Ekkehard ausschliesst. Diese Kürzungen, wozu anderseits Erweiterungen und Umstellungen kommen, gehen also auf die beiderseitigen Vorlagen zurück.

Harczyk citirt in seiner Abhandlung über Lambrechts Alexander (Ztschr. f. d. Phil. IV, 1 ff. und 146 ff.) bei Besprechung der Quellen häufig diese Hs. obwohl die Textstellen keineswegs entsprechen. Offenbar verwechselte er den Münchener Codex 23489 damit.

[1]) Der Schreiber nennt sich am Schlusse:
    Hoc descripta libro patet omni vita legenti
    Regis alexandri . uictoria . pugna . uel ortus
    Sripsit ōdalricus . huic premia sorte superna
    Det deus et requiem . mentis uiteque salutem.

Auf bl. 1a befindet sich eine Federzeichnung, welche zwei auf ihren Thronen sitzende Königsfiguren darstellt, über welchen die Legende ‚Magnus Alexander istos bello superauit' angebracht ist. Die eine ist die des macedonischen Königs, die andere gibt die Beischrift ‚Roxa' als dessen Gemahlin zu erkennen. Unter diesen sehen wir zwei andere gekrönte Gestalten. Der einen stösst ein kleiner Mann mit beiden Händen von unten das Schwert in den Kopf, der anderen ein solcher die Lanze in die Seite. Darüber steht ‚Rex porus indorum perseque fuit darius rex' und darunter ‚Indorum pore rex eras et perse darius rex.' Ein zweites Bild enthält bl. 28a.

[2]) geschrieben: per manus Johannis ffuchsen.

[3]) bl. 65b Post incarnatum verbum de virgine natum
    Tunc cum M. Tria C. cū (?) in quarto fuit anno
    qui liber est scriptus sit deus hinc benedictus.

Die Historia sammt Anhängseln reicht bis bl. 69b; bl. 70 incipiunt errores Iudeorum et reprobaciones eorundem. Im Kataloge der Universitätsbibliothek ist verzeichnet: Historia Alexandri Regis Persarum qui cum exercitu venit super Regem Aegypti. So lautet nämlich die erste Kapitelüberschrift, die das vorangestellte Register richtiger gibt: Incipit Alexander. de rege p...... Ein solches Vorkommniss macht die Revision dieses alten Kataloges wünschenswerth.

[4]) Papierhandschrift in Folio. Sie enthält: 1) das Speculum humane saluationis (anno 1433), 2) einen deutschen Tractat über den Adel, 3) die Aurea bulla, 4) Ordo et forma coronationis Regis et Regine Romanorum, 5) Joannis XXIII Schedule de cessione Papatus, 6) endlich die Historia Alexandri (am Ende steht: Explicit hystoria magni Alexandri Imperatoris sub anno domini 1433 in vigilia ascensionis).

[5]) Bei dieser Gelegenheit kam mir auch clm. 11319 in die Hände. Er

Toischer hatte sich neben meiner Copie von B noch nach zwei Drucken, einem Utrechter und einem Strassburger, umgesehen und fand, dass diese, obwohl unter sich wieder divergirend, doch in mehreren Punkten gemeinsam von B abweichen. Als Hauptunterschied stellte sich heraus, ‚dass in D in die ursprüngliche Geschichte die Anhängsel, wie sie sich in der Bamberger Hs. finden, hineingearbeitet sind, wobei nur das Commonitorium wenig Berücksichtigung fand, dagegen der Brief an Aristoteles sowie der an Olimpias vollständig in Erzählung aufgelöst wurden. Von anderen Zusätzen ist namentlich der Einzug Alexanders in Jerusalem hinzugekommen.'

Wir wollen sehen, ob dies Resultat auch für andere Hs. Geltung hat, und ob sich nicht mehr Punkte finden lassen, welche eine Eintheilung in Recensionen unterstützen. Dabei sollen nur hervorstechendere Züge, besonders aus anderen Quellen stammende Interpolationen, sonstige erhebliche Texterweiterungen resp. Kürzungen, Verschiedenheiten in der Anordnung näher in Betracht gezogen werden.

Zuerst fällt auf, dass in B und M der Erzählung ein prologus vorangestellt ist, in dem auseinandergesetzt wird, wie nützlich allen Christen sei, von den Kämpfen und Siegen hervorragender Männer aus der Heidenschaft zu hören, und auf welche Weise Leos Werk zu Stande gekommen sei. Den übrigen Hs. fehlt derselbe[1]), und darnach ergäbe sich also schon eine Gliederung, doch scheint die Vorrede zuweilen auch in die andere Recension Aufnahme gefunden zu haben, so dass wir darin kein Kriterium für das Handschriftenverhältniss wahrnehmen dürfen. Die weitere Untersuchung wird gleichwohl zu demselben Ergebnisse führen: sie weist B M auf die eine, G m μ O S auf die andere Seite. Die Handschriften jeder Gruppe zeigen unter sich grosse Verwandtschaft, aber jede

---

enthält u. a. die Epitome des Julius Valerius, was ich deshalb notire, weil im Kataloge nur der Titel Historia Alexandri Magni angegeben ist und Zacher, wie es scheint, ihn nicht gekannt hat.

[1]) Doctor Hartliebs von München histori von dem grossen Alexander wie die Eusebius beschrieben hat, deren Grundlage schon Toischer in der älteren Textgestalt der H. d. p. erkannte, enthält den ersten Theil. Anfang bl. 2b: Die streyt vnd grossen tat der vngelaubigen dye da waren vor der zuokunfft ihesu cristi, die sind nicht zuoerschweygen wie wol sy heyden gewesen sind Sunder sy seind vast guot allen cristen menschen zuo haben u. s. w. Schluss bl. 3b: O heylige hoche vnbegriffenliche trinitat werder reichtum aller weyssheit vnd kunst wie gar vnbegriffenlichen sind deine vrteyl, vnd wie gar vnerforschlich seind dein weg.

mit Ausnahme von G O, die fast wörtlich zusammenstimmen, hat inhaltlich, ganz abgesehen vom Wortlaute, der besonders in m sehr divergirt, wieder ihre Eigenheiten.

Charakteristisch für die zweite Gruppe sind nachstehende Angaben, zunächst die, welche auf anderweitigen Kenntnissen des Bearbeiters beruhen.

Hier muss zuerst hervorgehoben werden, dass den Nectanebus das Anrücken des Artaxerxes[1]) zur Lekanomantie veranlasst, während es B an den betreffenden Stellen (bl. 193c) heisst ‚Dicunt autem de nectanebo quomodo subito hostes sicut nubes venissent super eum‘ und nachher in der Rede des Kundschafters ‚Magnissime nectanabe . uenit super te multitudo non parua . dena milia inimicorum‘, worauf dann die Völkerschaften aufgezählt werden.

Als der ägyptische König aus dem Experimente mit den Wachsschiffchen sein Unheil erfahren, flieht er verkleidet nach Pelusium, von da nach Aethiopien[2]) (fehlt in μ) und begibt sich dann nach Macedonien. Der zweite Name fehlt in B (bl. 193d): et fugit de egipto per pelusium . induens se linea uestimenta . hoc est sindones . quasi propheta egiptius . atque astrologus . et uenit macedoniam.

Bei den Naturerscheinungen, welche Alexanders Geburt begleiten, wird neben Blitz, Donner und Erdbeben (B) noch erwähnt, dass die Nacht sich über den grössten Theil des Tages erstreckte und Steine aus den Wolken niederfielen.[3])

In dem von Bucephal handelnden Capitel ist nach Schilderung des Pferdes sein Name erklärt (fehlt in μ).[4]) In B (bl. 195c) lautet die Stelle: In ipsis temporibus quidam principes cappadoces adduxerunt philippo polletrum magnum . ligatum . ex omni parte diuersis ligaturis . comedebat enim homines.

Im Eingang der Erzählung, wie Alexander das Ross bändigte, sind die Lehrer genannt, von welchen er die freien Künste erlernte: Aristoteles, Callisthenes und Anaximenes.[5]) Den Anlass hierzu bot

---

[1]) s. Historia scholastica Liber Esther cap. II; Hieronymus Chronik und Beda, De sex etatibus mundi; Chronicon Paschale (ed. Dindorf im Corpus script. hist. Byzant.) I, 819.

[2]) s. Historia scholastica a. a. O., Hieronymus und Beda a. a. O.

[3]) Orosius III, 7.

[4]) Solin 193, 14.

[5]) Die Quelle hierfür vermag ich nicht anzugeben. Die Namen waren

der vorhergehende Satz, in B (bl. 196a) kürzer: **Alexander itaque factus est audax et fortis.**

Von Pausanias, der Philipp tödtet, erfahren wir in den Hs. der ersten Gruppe nur allgemein (B bl. 197b) „**Tunc erat in macedonia quidam homo nomine pausania . uelocissimus uir subiectus philippo**‚ dagegen machen uns jene der zweiten mit dessen **Abstammung** bekannt, und zwar wird er ‚filius Ceraste‘ genannt, wozu S noch fügt: qui trahebat genus ab horeste.[1]

Mannigfache Verschiedenheiten bestehen im Itinerar der von Alexander nach Philipps Ermordung unternommenen Kriegszüge, doch möge zuvor noch die Aufzählung der den anderen Texten gegenüber B M gemeinsamen Zusätze beendigt werden.

Nach dem Kampfe mit den Syrern erobert der macedonische Held **Damascus** und **Sydon**[2]), worauf er bei **Tyrus** lagert[3]) und alsbald ein Schreiben mit der Aufforderung, sich ihm zu verbinden, an den Hohenpriester der Juden, Jaddus, sendet, was dieser unter Hinweis auf den dem Perserkönig geleisteten Eid der Treue abweist. Es folgt dann die Erzählung von Alexanders Traum, der auf die Vernichtung der belagerten Stadt gedeutet wird, welche Auslegung sich durch die Einnahme und Zerstörung von Tyrus und einiger anderer Orte bewährt, und von dem Zuge nach Jerusalem, wo ihn Jaddus auf Geheiss Gottes feierlich empfängt.[4]) Die Mehrzahl der Hs. (nur S und μ nicht) erwähnt auch die Eroberung **Gazas**[5]) auf dem Wege dahin.

übrigens sehr bekannt, vor allem der des Aristoteles, der mit Anaximenes im Jul.Val. und in der Epitome I, 13 unter dem Lehrpersonale Alexanders erscheint, wogegen Solin 74,1 berichtet: peragravit orbem, rectoribus Aristotele et Callistene usus. Siehe über ihn und Anaximenes C. Müller in seiner Ausgabe des Pseudokallisthenes S. 1 und 33.

[1]) Die Angabe in S kommt mit Josephus Flav. Antiqu. XI, 8,1 überein. In der Hist. schol. Liber Esther cap. IV steht nur: Per idem tempus Philippus rex Macedonum per insidias peremptus est a Pausania trahente genus ab Oreste.

[2]) Hist. schol. Liber Esther cap. IV; Josephus Flav. Antiqu. XI, 8,3; Gotfr. v. Viterbo, Panth. Pars XI (S. 261) nennt blos letztere Stadt: Tyrum et Sydonem cepit.

[3]) Die Ueberlieferung in S bl. 109d ‚Deinde veniens sydonem . castrametatus est super ciuitatem illam et misit litteras in ierusalem‘ beruht auf einem Versehen des Schreibers, da nachher steht: sed tamen Tyriam relinquere noluit.

[4]) s. Josephus Flav. Antiqu. XI, 8,3 ff. und Histor. schol. Liber Esther cap. IV.

[5]) s. Arrian II, 26,1 ff.; Curtius IV, 5,10 u. 6,7; Histor. schol. Liber Esther cap. IV; Josephus Flav. Antiqu. XI 8,4.

B berichtet blos von dem Traume im Lager vor Tyrus und dessen Erfüllung, ohne indess den Namen der Stadt zu nennen. Die Partie beginnt (bl. 198b) ‚Inter hec autem mouit hostem. et castra metatus est atque obdormiuit' und schliesst ‚Erexit se . et congregata milicia . cepit pugnare. Et pugnando apprehendit tres ciuitates . et dissipauit eas funditus.' Dass eine der drei Tyrus sei, ergibt sich aus der folgenden Bemerkung: quia eciam qualia mala sustinuerunt tirii usque hodie memoratur.

Nachdem die in der Schlacht mit Amonta Gefallenen begraben sind, zieht Alexander mit seinem Heere weiter und gelangt nach Cilicien (siciliam G O), wo er sein Heer verstärkt, und von da nach Isauria (m in sauinam, O in ysaurina).[1])

In S fehlt diese Partie wie der sich anschliessende Zug über den Taurus nach Persepolis. Das Gleiche gilt von μ, wo die Lücke noch viel bedeutender ist. Dieser Text bricht nämlich in dem Berichte des nach seiner Niederlage zu Darius entflohenen Amonta mit ‚Dominator paucos pugnatores habet alexander sed fortes sunt multosque milites occiderunt' ab, wobei noch zu bemerken, dass der Schreiber desselben schon früher im Briefe Alexanders an Darius von ‚Advicem vero seminis papaveris' auf das Excerptum des Ekkehard 64,68 übergegangen ist. Er sprang dann von 65,10 auf 65,17 ‚Post hec veniens in Macedoniam invenit matrem suam levatam de infirmitate sua et letatus est cum ea' über und reiht dem an ‚Post hec exiens de macedonia per siciliam ingressus est terram persarum. Darius itaque congregans principes et sapientes suos consilium habuit cum eis quid ageret', machte also wieder einen Sprung von 65,19 auf 65,56 und beseitigte damit den ganzen Abschnitt, der von den Kriegsfahrten auf der griechischen Halbinsel handelt. Ursache mag wohl sein, dass ihm eine so lange Unterbrechung des asiatischen Feldzugs befremdlich erschien. Er folgt dann dem Excerptum bis dahin, wo Ekkehard über den Kampf mit Porus einen andern Bericht beifügt (69,44 De hac pugna alii aliter sentiunt sic scribentes), nicht ohne ab und zu Kürzungen vorzunehmen, wie es seine Gewohnheit ist.

---

[1]) Diese Aenderung der älteren Ueberlieferung lag für einen etwas geographiekundigen Bearbeiter nahe, da doch unmittelbar darauf der Uebergang über den Taurus erfolgt. S. Orosius I, 2 In capite Syriae Cappadocia est, quae habet ab oriente Armeniam, ab occasu Asiam, ab aquilone Themiscyrios campos et mare Cimmericum: a meridie Taurum montem, cui subiacet Cilicia et Isauria; Solin 179,11 und App. 238,24; Isidor Etymol. XIV, 3,44.

B liest für ciliciam achaiam und lässt Alexander darauf sogleich den Taurus besteigen. Damit stimmt Hartlieb bl. 34b überein.

Kaum nennenswerth ist der Beisatz in der Rede des Demosthenes (Aeschylus) an die Athener, dass den Xerxes in Hellas[1]) sein Verderben erreicht habe, wogegen B (bl. 202c) liest ‚sed sustinuit perditionem' ohne Localangabe, und die Fixirung der macedonischen Streitmacht (200000 Mann)[2]) bei Wiederaufnahme der persischen Kriegsfahrt (in B (bl. 204b) nur: congregata multitudine hostium . moram faciente in cilicia . uenit ad fluuium oceanum). Die betreffenden Angaben in S sind anderswo entlehnt. Der Schreiber von μ hat wieder gekürzt, indem er von Ekk. 65,68, dem Schlusse von Oxiathers Rede, auf 66,14 überging, wo die Geschichte vom Brückenbau über den Eufrat erzählt ist.

Auf die Schlacht mit den Satrapen des Darius am Tigris, in welcher ein verkleideter Perser Alexander ermorden will, folgt eine zweite mit Darius selbst, der auf die Kunde von der Niederlage über den Taurus gezogen war, aber gleichfalls geschlagen die Flucht ergreift, auf der ihm die Macedonier bis Bactra nachsetzen.

S kommt hierbei in Wegfall, da in dieser Hs. der Gang der Ereignisse ein anderer ist, worüber später Rechenschaft gegeben wird. B kennt nur die erstere und verbindet damit die Verfolgung zur genannten Stadt (bl. 205b): inhierunt fugam . et persecuti sunt eos usque bactram.

Gelegentlich der Erzählung von der Kriegslist mit den Baumzweigen, welche Alexander beim Annähern an die von Darius Heer besetzte Stadt in Anwendung brachte, wird diese mit Namen (Susis, S Persipolis) bezeichnet, wozu ich gleich bemerke, dass sich ebendahin der Perserkönig nach der verlorenen Schlacht am Granicus (Straga) begibt, während B (bl. 208a) sich mit ‚Fugit autem Darius . et ingressus est palatium' begnügt, und dass

---

[1]) Es kann dies eine Reminiscenz aus dem Briefe sein, den Darius nach der Schlacht am Granicus an Alexander richtet: Recordare Xerxen regem fortissimum, unde ego originem duco, quia multas victorias habuit plurimasque prospera. Sed quia ultra modum elevata est mens eius, habuit turpitudinem in Ellada.

[2]) Woher diese Zahl genommen ist, weiss ich nicht. In B (bl. 200c) findet sich die Angabe ‚ibi (i. e. in Achaia) subiugate sunt ei multe ciuitates et superiunxit in milicia sua decem et septem dena milia', wofür andere Hs. ‚decem et septem milia' lesen. S. Jul.Val.(Epit.) I, 42. Vielleicht ist hierbei an die Kriegsvorbereitungen des Philipp zu denken: Justin IX, 5,5 Neque enim dubium erat imperium Persarum his apparatibus peti . Summa auxiliorum CC milia peditum fuere et equitum XV milia.

da endlich den mit dem Tode Ringenden der macedonische Sieger trifft (nach S geschieht das auf dem Wege nach Persepolis).

In der Episode vom Botengange Alexanders zu Darius zeigt sich in der Benennung des zu überschreitenden Flusses genauere Kenntniss: er heisst „granicus, qui persica lingua stragana appellatur" (S allein Tigris). B bietet nur den letzteren Namen (bl. 206d): et habierunt ad fluuium. qui dicitur stragan.

Die Bezifferung der in der nächsten Schlacht am Granicus-Straga auf persischer Seite stehenden Sichelwagen mit „decem milia" dürfte vielleicht auf einem Schreibfehler beruhen: B (bl. 207d) habebat denique falcatos currus. Anders verhält es sich wohl mit der Schätzung der gefallenen Perser auf 300000, uneingerechnet jene, welche der Fluss forttrug. S folgt einer andern Quelle, in B fehlt jede Angabe.

Die Schilderung der Königsgräber beim Palaste des Xerxes ist reicher an Details als B (bl. 208d) „Erant enim in ipsis locis sepulcra mortuorum. Et fodientes ea . inuenerunt ibi uasa aurea et argentea. Et inter eos inuenerunt sepulcrum olouitreum. qui eciam a foris apparebat corpus hominis . et capilli eius", und jene vom Palaste des Cyrus, wo Alexander den sterbenden Darius findet, fehlt in B (bl. 209c) ganz, wie da auch des von dem genannten Herrscher stammenden Thrones, welchen Alexander nach der Bestattung des Perserkönigs besteigt, um vor dem versammelten Volke eine Proklamation ergehen zu lassen, mit keinem Worte gedacht ist.

Nach seiner Vermählung mit Roxane schreibt Alexander an Olympias und Aristoteles über seine Kämpfe, Mühsale und die erworbenen Reichthümer und fordert sie auf, das Hochzeitsfest zu feiern. In B (bl. 210c) finden wir nur den letzten Passus und zwar an die Adresse seiner Mutter allein gerichtet.

Mit dem Zuge nach Indien beginnt nun jener Theil, wo in den Hs. der zweiten Gruppe der Brief an Aristoteles und jener an Olympias, sowie der Briefwechsel mit dem Könige der Bragmanen hineingearbeitet resp. aufgenommen wurde, wobei manches wegblieb und anderseits manches hinzukam, was der Text B nicht bietet. Das Mehr ersieht man aus folgender Zusammenstellung.

In den Angaben über Porus Heeresmacht erscheinen u. a. 400 Elephanten, welche Thürme zur Aufnahme von Kriegern auf ihren Rücken tragen. Jeder Thurm ist mit 30 Bewaffneten besetzt. Möglich wäre, dass in B (bl. 228d) „ubi stabant homines armati ad pugnandum" die Zahl ausgefallen ist. Sie fehlt übrigens auch bei Ekkehard 69,22, der diese Stelle in Uebereinstimmung mit den überarbeiteten Texten nach dem Briefwechsel der beiden Könige einfügt, nur beläuft sich nach ihm die Anzahl der Wagen auf 4800 statt 14800.

Wenn von den Krebsen, welche am Süsswassersee herankommen, gesagt ist, sie seien von erstaunlicher Grösse gewesen und hätten härtere Rücken wie Krokodile gehabt, dessen B (bl. 230d) nicht erwähnt, so stellt sich letztere Angabe wieder zu Ekk. 73: venerunt cancri habentes dorsa dura sicut cocodrilli.

Zweifelhaft steht es mit den ‚loca bactrinarum‘ (S batrianorum, m in der Capitelüberschrift partes luctrinaria und im Text luctimariis), wohin Alexander aus dem Bereiche jener wilden Thiere kommt. Der Name fehlt B (bl. 231b) ‚Dimisimus loca periculosa. ambulauimus iam per bonam uiam. et que erat plena de auro‘ u. s. w., doch scheint nach ‚et‘ eine Lücke zu sein. Auf Unsicherheit des Schreibenden oder Verderbniss deutet auch Rasur vor ‚que‘ und nach ‚et‘ (an ersterer Stelle, wie es scheint, von zwei Buchstaben, an letzterer von einem). Wollen wir nicht einen Ausfall der Ortsbezeichnung annehmen, so kann dieselbe im Hinblick auf das nachher genannte Volk Seres, das nach bl. 229b dort wohnt, erklärt werden.

Bei Schilderung der jenseits des heissen Flusses wohnenden Weiber, unter welchen sich keine Männer befunden haben sollen, wie die überarbeiteten Texte beifügen, ist zu beachten, dass dieselben in B (bl. 217d) Amazonen benannt sind, was den Zusatz wohl veranlasst hat.

Ob der betreffende Bearbeiter aus eigener Phantasie dem flusspferdähnlichen Thiere, das aus dem Sumpfe kommt, schwerfällige Bewegung beigelegt hat, bleibe dahingestellt. Bemerkenswerther als die letztangeführten Zuthaten ist die Einführung der bärtigen, von Jagd lebenden Frauen[1]), welche nach dem Kampfe mit den Elephanten neben den haarigen Weibern und Männern (B bl. 232c) erscheinen, und die ausführliche Beschreibung des Vogels Phönix.[2])

Von den Wasserweibern wird gesagt, dass sie zehen Fuss hoch sind und Hundezähne besitzen, und nach den Thieren mit Sägehörnen kommen noch gehörnte Schlangen[3]) und Kynocephali zum Vorschein. Toischer S. 376 vergleicht zwar mit diesen Schlangen

---

[1]) Sie kennt die Interpolation D des Presbyterbriefes (Zarncke, Der Priester Johannes, erste Abhandlung S. 85).
[2]) Solin 167,15.
[3]) Auch diese finden sich in der Interpolation D des Presbyterbriefes (Zarncke a. a. O. S. 86).

die in B bl. 230 d und 234 d beschriebenen, doch sind eigentlich wenige Berührungspunkte vorhanden, so dass man wohl eine andere Quelle voraussetzen muss, wie bei den Kynocephali, von deren Gestalt hier ein anderes und viel genaueres Bild gegeben ist als bei den früher (B bl. 232 c) vorkommenden. Daran schliesst sich die Geschichte von **Bucephals Tod und Bestattung**[1]), wovon B nicht berichtet.

Endlich sei noch auf die Bemerkung, dass der Königsmörder Jolus auch Jobas genannt worden[2]) und ein Vertrauter Alexanders gewesen sei, auf die Divergenzen in Alexanders Testament und die Charakteristik von dessen Persönlichkeit[3]) am Schlusse der Historia verwiesen.

Möglicher Weise haben wir noch an anderen Orten fremden Einfluss anzunehmen. Ich denke dabei zunächst an die Ausstattung von Candaces Palast, an den Beisatz im Abschnitte von Alexanders Taucherfahrt, dass die Thiere, welche derselbe auf dem Meeresgrunde findet, sich von den Früchten der dort wachsenden Bäume nähren, an den verschiedenen Bericht von den Vögeln im Palaste des Xerxes und an die variirende Gestalt der Missgeburt, die kurz vor Alexanders Vergiftung ein Weib zur Welt bringt.

Mit diesen Interpolationen, zu welchen in den einzelnen Hs. noch andere sich gesellen, sind die Abweichungen zwischen den beiden aufgestellten Recensionen keineswegs erschöpft. Da es mein Zweck nicht ist, den Umgestaltungsprocess ins Einzelne zu verfolgen, beschränke ich mich auf die Hervorhebung wesentlicher **Unterschiede, wozu vor allem jene in der Anordnung des Stoffes gehören.**

Im ersten Theile bis Alexanders Regierungsantritt ist in dieser Beziehung der Gang der Erzählung nur einmal alterirt. B erzählt, dass Bucephal an den macedonischen Hof gebracht wurde, schon nach der Zeichnung von Alexanders Körperbeschaffenheit resp. nach Erwähnung seiner Tüchtigkeit in der Schule, während in der jüngeren Recension dies, offenbar des Zusammenhanges halber, erst nach der tragischen Geschichte von Nectanebus Tode geschieht. Darin stellt sich auch Ekkehard gegen B. Mehrfache Aenderungen treten im zweiten, von Alexanders Kriegsfahrten und Abenteuern handelnden Theile auf. Das Itinerar stimmt nicht einmal in den Hs. der zweiten Gruppe überein, und wenn man noch Bearbeitungen

---

[1]) Solin 193,17.
[2]) Bei Curtius X, 10,14 und Justin XII, 14 heisst der Mörder Jollas.
[3]) Solin 74,6 und, was den Anfang betrifft, das Itinerarium XIV.

der H. d. p. wie die Rudolfs heranzieht, schwindet die Harmonie noch mehr. Darum ist es schon in Hinsicht auf die Darstellung unseres Dichters geboten, eine Uebersicht der ganzen vor der Hand in Betracht kommenden Partie zu geben.

Nach der Fassung B wendet sich Alexander, nachdem er den Thron des Vaters bestiegen[1]) und seine Rüstungen vollendet:
1. gegen Italien (Rom). Die Römer senden Geschenke;
2. von Italien setzt er nach Afrika über. Die ‚principes milicie affrice' bitten um Befreiung von der Herrschaft der Römer[2]);
3. darauf greift er Chalcedon an und bedeutet die Chalcedonier, entweder mannhaft zu kämpfen oder sich zu unterwerfen.

In G O m erobert Alexander erstlich nach heftigem Widerstande Chalcedon und fährt dann über das Meer nach Italien. Auf dem Wege nach Rom empfängt er die Gaben der römischen Consuln, schifft nachher nach Afrika und unterwirft es.

---

[1]) Lambrecht Alexand. V. 641 gibt dessen Alter an: dô alrêrist was er zweinzec jâre alt. Harczyk a. a. O. S. 151 weist nur merkwürdige Aehnlichkeit mit der Epitome nach, aber da findet sich darüber nichts. S. Arrian I, 1; Justin XI, 1,9; Itinerarium XIII; Beda, De sex etatibus mundi u. a.

[2]) Werner in seiner Abhandlung über den Baseler Alexander, Sitzungsberichte der Wiener Akademie, phil.-hist. Cl. B. XCIII, S. 99 sagt: „Von der Aufforderung an die Carthager, sich zu unterwerfen, ihrer Gesandtschaft u. s. w. steht nichts in den Quellen, nur J. V. und Psk. I, 30 erwähnen Carthago überhaupt mit Namen und nur dieser hat im Cod. C eine nähere Parallele καὶ ἔλαβε παρ' αὐτῶν φόρους'. Voraus geht Ἢ κρείττονες γίνεσθε ἢ τοῖς κρείττοσιν ὑμῶν φόρους τελεῖτε als Antwort auf die Bitte ἀποστῆναι ἀπὸ τῆς πόλεως αὐτῶν Καρθαγένης. Das gehört nothwendig zum Verständnisse des Beisatzes in C, denn bei der Fassung, die dem J. V. und der H. d. p. zu Grunde liegt, wo der Wunsch dahin geht, die Macht der Römer von ihrer Stadt fern zu halten (s. Müller zu cap. 80,2), wäre er nicht recht erklärlich. Da können dann die Worte Alexanders auch nicht mehr eine Kriegserklärung sein, sondern er lehnt damit ihr Ansinnen ab. In der einen Bearbeitung, J. V., ist die Darstellung auch dem entsprechend, nicht so in der H. d. p. (B): Principes milicie affrice rogauerunt alexandrum, ut desuper illis tollere(n)t romanorum principes. Verum tamen apprehendit calcedonem et dixit: uobis dico, chalcedones, aut pugnate (hs. pugnare) uiriliter aut suhiugamini sub potestate pugnatorum. Handelte es sich hier nicht um Chalcedon, dann hätten wir eine Parallele zum Lambrecht gewonnen. B schliesst sich hierin an Psk. Cod. A an, wie aus einer früheren Stelle hervorgeht, wo die Römer sich gegenüber Alexander entschuldigen, dass sie ihm nicht mehr Soldaten überlassen könnten: Ἔλεγόν δὲ καὶ πλείονας αὐτῷ δώσειν στρατιάς, εἰ μὴ τὸν πόλεμον συνῆκτον τοῖς Χαλκηδονίοις. Vgl. dazu B: deprecantes illum' ut concederet illis pugnam Calcedonis; dagegen J.V.: eoque amplius fore daturos sese respondent, nisi bellum adversus Carthaginienses intentissimum agerutur. Müller hat demgemäss Καρχηδονίοις für Χαλκ. eingesetzt.

S lässt ihn vor Italien nach Tragacantes kommen, wogegen an Chalcedon erst nach Lacedämon die Reihe kommt.
4. Er begibt sich auf die Insel Faravitida und empfängt einen Orakelspruch des Gottes Ammon. Auf dem Wege zum Tempel begegnet ihm ein Hirsch, den er selbst nach vergeblichem Bemühen seiner Leute mit einem Pfeile erlegt. Der Ort erhält darum den Namen Sagittarius (letzteres fehlt in μ).
5. Darauf kommt er nach Tafosiri. Serapis prophezeit ihm in einem Traume seinen frühen Tod.
6. Bau von Alexandria.[1])
7. Ein Theil der Truppen wird nach Ascalon vorausgeschickt.

In den anderen Hs. geht die Truppenabsendung dem Baue der Stadt voraus.

8. Die Aegypter empfangen Alexander ehrenvoll; er findet die Bildsäule seines Vaters Nectanebus.
9. Zug von Aegypten nach Syrien. Die Syrer bekämpfen ihn.
10. Belagerung und Zerstörung von Tyrus.

In den übrigen Hs. erfolgt zuvor die Eroberung von Damascus und Sydon und nachher die von Gaza, mit Ausnahme von S μ, sowie der Einzug in Jerusalem.

Nun berichten alle gemeinsam von den zu Darius flüchtenden Syrern (tiri B μ) und ihren Aufschlüssen über Alexander, woran sich verschiedene Briefe reihen: Darius schreibt an Alexander und sendet ihm höhnende Geschenke.[2]) Dieser, nachdem er den Muth seiner

---

[1]) Es ist also unrichtig, wenn Harczyk S. 155 sagt: Diese wird im Lib. gar nicht erwähnt, so dass wir auch hier auf Val. als die Quelle zurückgehen müssen.

[2]) Harczyk zu V. 1247—1422 (S. 156) macht auf einen Umstand in der H. d. p. aufmerksam, den Lambrecht übereinkommend mit Psk. u. Val. nicht hat. Er hätte besser gethan zu bemerken, dass einerseits den V. 1267 ff. Entsprechendes sich nicht im Val., wohl aber in der H. d. p. findet und andererseits V. 1297 ff, wo der Geschenke Erwähnung geschieht, nicht mit dieser, sondern mit Valerius (Epit.) übereinstimmt. Nach Lambrecht sendet nämlich Darius ‚einen guldinen bal, zwêne hêrliche scuochbant unde ein lutzil goldis in einer laden' — Val. I, 36 Ad quam rem habenam Scythicam tibi et pilam loculosque cum aureis misi. Berührung mit der H. d. p. zeigt wieder der Brief des Darius an die zwei Satrapen und deren Antwort. Was die Namen Marius und Tybôtes betrifft, halte ich ihren Zusammenhang mit Primus und Antilochos nicht für unmöglich. Im Val. heissen die zwei Fürsten Hystaspes und Spinther.

darob verzagenden Soldaten wieder aufgerichtet und den verrätherischen Antrag der Ueberbringer abgewiesen, antwortet. Die Satrapen Primus und Antilochus erhalten Befehl, ihn gefangen zu nehmen, in einem Schreiben geben sie aber Nachricht von dem siegreichen Vordringen der Macedonier und bitten um Succurs. Zugleich meldet ein Bote, dass Alexander den Straga überschritten habe, worauf Darius wieder einen Brief und Mohnsamen dem Macedonier überbringen lässt, der seinerseits ein Pfefferkorn zurückschickt und, da ihm Botschaft von der Krankheit seiner Mutter zugekommen war, sich dann auf den Heimweg begibt, was in S jedoch nicht zum Ausdrucke gebracht ist.

11. In Arabien stellt sich Amonta entgegen, wird aber geschlagen und flieht zu Darius.
12. Alexander kommt hierauf nach Achaia und unterwirft sich da viele Städte,
13. besteigt den Taurus und gelangt dann
14. nach Persepolis, von da
15. nach Phrygien, wo er im Sonnentempel opfert,
16. an den Fluss Scamander und endlich
17. nach Macedonien, wo er seine Mutter gesund antrifft. Von da zieht er
18. nach Abdira, das ihm die Thore öffnet;
19. über Ostia nach Olynth,
20. Chaldeopolis,
21. an den Fluss Xenis,
22. nach Locrus,
23. Tragachantes (fehlt hier natürlich in S),
24. Theben,
25. Korinth,
26. Platea,
27. Lacedämon, worauf er durch Cilicien in das Land der Barbaren zurückkehrt.

Was die Divergenzen von 12 ab in den anderen Hs. betrifft, brauche ich nur auf S. 24 zu verweisen. Im Weiteren bis zur Heerfahrt nach Indien, wo dann in den jüngeren Recensionen der Brief an Aristoteles eingeflochten wird, herrscht im Allgemeinen Gleichförmigkeit der Reihenfolge, die Abweichungen ersieht man aus der späteren Besprechung der einzelnen Hs.

Ich gebe nun den Theil der Erzählung, wo die Historia und Epistola verbunden ist, unter stetem Hinweis auf die Fassung B.[1])

---

[1]) Was gesperrt gedruckt ist, stammt aus dem Briefe an Aristoteles,

Nachdem Alexander seine Soldaten, welche nach Beendigung des persischen Feldzugs nach der Heimkehr verlangten, zum Weiterziehen bewogen, gelangt er mit seinem Heere Ende Juli ,in indiam phasiacen'¹), wo ihm Boten mit einem Briefe des Porus begegnen, in dem derselbe auf seine Macht pochend zur Umkehr auffordert. Alexander ermuthigt die darob bestürzten Krieger und schreibt an den König der Inder, worauf dieser mit einem grossen Heere heranzieht (bl. 210 d₂₉). Es folgen nun Angaben über dessen Stärke²) und die Schilderung der Schlacht, in welcher die Elephanten, der Schrecken der Macedonier, durch glühend gemachte Statuen unschädlich gemacht und die Inder nach zwanzigtägigem Ringen in die Flucht geschlagen werden.³) Nach Bestattung der Todten fällt die Stadt des Porus mit dem prächtigen Palaste, von dem wir eine ausführliche Beschreibung zu lesen bekommen, in die Hände der Sieger, die dann zu den portae caspiae, bei welchen gutes Land, aber viele Schlangen und anderes Ungethier angetroffen wird, marschieren⁴) und dort ein Lager beziehen, von wo aus Alexander an die Königin der Amazonen (schreibt (bl. 216 a₅).⁵) Als er hört, dass Porus in Bac-

welcher bl. 228 a beginnt. Die klein gedruckten Zahlen geben die Zeilen in der betreffenden Spalte der Hs. an.

¹) bl. 228 d₄ Mense iulio deficiente. uenimus in indiam fasiacen ubi cum magna celeritate porum regem uicimus. Dagegen die H.d.p. bl. 210 d₂₉ Et post aliquantos dies. uenerunt in finibus indie . et obuiauerunt ei missi u. s. w.

²) bl. 228 d₁₁ eingeleitet mit den Worten: Et ut semper in memoria teneatur . rectum mihi uidetur ut scribam de multitudine exercitus eius.

³) s. bl. 211 c₂₂, doch findet sich hier nicht dieser Abschluss, sondern Alexander bietet, durch den langen unentschiedenen Kampf bewogen, dem Porus den Zweikampf an: bl. 211 d₁₅ Et per continuos uiginti dies pugnabant inter se. Videns autem alexander . quia defecerat populus . stetit solus ante hostem . et locutus est poro regi. Non decet imperatori sic inuacuum perdere uictorialem populum suum u. s. w., wovon die Hs. der zweiten Gruppe erst später gelegentlich einer zweiten Schlacht gegen Porus erzählen. Die Ursache einer solchen Trennung ist offenbar darin zu suchen, dass im Briefe an Aristoteles (bl. 229 a₂₂) von der Flucht des Porus aus dem Eingangs (bl. 228 d₈) kurz erwähnten Kampfe die Rede gebt, wie denn überhaupt derselbe nach der Epistola nicht fällt, sondern schliesslich noch zum guten Freunde Alexanders wird. Der Bearbeiter der H.d.p. wollte also die beiden Berichte möglichst in Einklang bringen.

⁴) bl. 228 d₁₆.

⁵) Der Briefwechsel mit der Amazonenkönigin schliesst sich in B an die Begebenheiten mit Candacis und in der Göttergrotte an.

triacen sei und ein neues Heer sammle, zieht er mit
150 wegkundigen Führern in der brennendsten Sonnen-
hitze durch sandige, wasserlose Gegenden mit vielen
Schlangen und wilden Thieren, weshalb er den Soldaten
bewaffnet zu gehen befiehlt. Das Heer glänzt Sternen
gleich, weil alle Waffen mit Gold bezogen sind. Den
ganzen Tag gebricht es an Wasser, bis Zephirus eine
mässige Menge in einer Felsenhöhlung entdeckt und
davon einen Helm voll seinem Gebieter bringt, der ihn
denselben aber Angesichts des Heeres entleeren lässt.[1]
Am andern Tage gelangen sie an einen Fluss mit von
hohem Rohr bewachsenen Ufern, dessen Wasser aber
wegen seiner Bitterkeit ungeniessbar ist. Alexander
und seine Leute sind in grosser Sorge, vornehmlich
für die Thiere, welche der Durst sehr entkräftete

---

[1] Die Erzählung ist in B bl. 229a,₁₂ weitläufiger: Sed ego uolendo per-
sequi porus regem . qui de prelio fugerat. antequam in desertas solitudines
abiret . tuli centum quinquaginta duces (bl. 229b) qui ipsam uiam nouerant . et
mense augusto perreximus per ardentissimum solem . et per loca arenosa . et
promisi premia illis qui me portabant per incognita loca indie . si me per-
ducerent in bactriacen cum omni exercitu meo saluo . ubi sunt gentes que
nominantur seres . et sunt ibi arbores habentes ipsa folia uelud lanam . quam
homines loci illius colligunt. et uestimenta sibi exinde faciunt . nam et ipsi
duces nostri ceperunt de eadem lanugine colligere. Illi namque qui nobis uiam
ostendebant. sicut ego cognoscere potui. uolebant nos portare per loca mor-
talia . ubi erat multitudo serpentium . et ferarum et beluarum . quod ego ut
uidi . ex parte pro culpa mea hoc euenire dixi. quia despexi consilia de amicis
meis . et de hominibus de loco caspie . qui dixerant mihi ut non sic festi-
narem uincere . precepi militibus meis . ut omnes se armarent . eo quod time-
bam . ne forte superuenirent hostes. et tollerent diuitias auri . et gemmarum .
quas milites mei portabant . tantum enim erant diuites facti. qui uix ipsum
aurum portare poterant. insuper et ipsa arma grauabant multum. quia omnia
ego feceram includere in auro . et resplendebat totus exercitus meus ad simili-
tudinem stellarum . et erat magna (bl. 229c) ammiratio uidere talem exercitum .
quia et in ornamento et in uirtute supra . erant quam alie gentes . Ego certe
uidendo prosperitatem meam nimium gaudebam de nobilissimo numero iuuen-
tutis . Sed quia solet aliquando . ubi habet homo prosperitatem . secuntur illum
aduersa. cepimus sitim habere maiorem. Quam cum non potuissemus durare
tunc quidam miles zefirus nomine . inuenit aquam in una petra causata . im-
pleuit exinde ipsum capsidem suum et adduxit illam mihi quia plus amauit
uitam meam . quam se ipsum. Ego uero conuocaui exercitum meum . et coram
omnibus effudi ipsam aquam in terram . ne forte dum uideret ipse exer-
citus quia biberem ego ipse aquam . plus inciperent illi sitire . Laudaui
bonitatem zefili quam habuit in me . et dona ei optima feci . Ista namque
causa que facta est de ipsa aqua . confortauit ipsum exercitum . et deinde
cepimus ire.

(folgt die Aufzählung des Trains).[1]) Die Soldaten suchen denselben auf verschiedene Art zu stillen.[2]) Auf dem Weitermarsche werden sie auf einer Insel im Flusse eines Castells, das von Rohr erbaut ist, gewahr. Der Fluss ist vier Stadien breit. Die Bewohner desselben verbergen sich und können auf keine Weise bewogen werden heranzukommen. Als eine Anzahl von Leuten hinüberschwimmt, tauchen Flusspferde auf und verschlingen sie.[3]) Darauf sind Löwen, Bären und andere wilde Thiere zu bekämpfen[4]), und endlich gelangt das Heer zu einem Süsswassersee, wo Lager geschlagen wird. Alexander

---

[1]) Die hierauf angebrachte Bemerkung, dass die Macedonier ihr Gold kaum zu tragen vermochten, hatte B schon bl. 229b$_{24}$.

[2]) Die nochmalige Erwähnung der allgemeinen ängstlichen Stimmung findet sich auch B, nur zum einen Theile weiter ausgeführt: bl. 230a$_4$. ‚Precepi ut omnes armati sequerentur . et talem legem dedi . ut uindictam darem in illum quem armatum non inuenissem. unde omnes mirabantur quia ubi nullus appareret inimicus . quid necesse esset in tali siti pergere armatos . sed ego sciebam quia per loca deberemus abire que plena erant de bestiis et serpentibus' und dann bl. 230b$_{27}$: Ambulauimus tota nocte fatigati de siti . et erat angustia quia ibant omnes armati.

[3]) Diese Geschichte findet sich auch in dem Schreiben, welches Alexander nach dem Besuche bei den Oxydraken an Aristoteles richtete, und lautet da: bl. 212c$_{26}$ et cepimus ire ad caspias portas . uenimus ad quendam fluuium . qui habebat in medio ciuitatem coopertam. Barcelle erant in ipso fluuio . applicauimus ibi hora diei tercia . aqua ipsius fluuii erat amara nimis uelut elleborum in circuitu ipsius ciuitatis . erat fluuius (bl. 212d) quasi stadia quattuor. Quidam audaces ex nostris iuuenes euaginatis gladiis nudi ingressi sunt fluuium triginta septem . surgentes bestie ipsius fluuii qui dicitur yppopotami. et deuorauerunt eos. In der Epistola bl. 230a$_{13}$ ist sie ausführlicher, und dieser hat sich der Bearbeiter mit Ausnahme weniger Stellen angeschlossen.

[4]) bl. 230b$_{27}$ Ambulauimus tota nocte fatigati de siti. et erat angustia quia ibant omnes armati. Insuper et alia nobis angustia aduenit. occurrebant nobis leones (bl. 230c) ursi pardi . tigres . et tota nocte pugnauimus cum eis. Die in den andern Hs. nach den Bären genannten Rinocerose kennt in B nur die Hist. bl. 212d$_{16}$, wo sie unter den am Süsswassersee auftauchenden Thierarten angeführt werden. An die Hist. bl. 212d$_6$ schliesst sich im Wortlaute auch das nächst folgende an, nur fehlt in B die Zeitangabe ‚circa horam undecimam', wozu ebenso die Ep. nichts entsprechendes bietet: bl. 230c$_9$ Alio uero die cum iam lassi essemus . erat quasi octaua hora . quando peruenimus ad ipsum lacum . Cumque bibissem aquam dulcem . gaudio magno repletus sum . et bibit totus exercitus et omnia animalia . tunc iussi alipergum figere . in latitudine et longitudine ad tria miliaria. Dieselbe Bestimmung der Lagerausdehnung in den andern Fassungen

lässt den das Wasser umgebenden Wald umhauen und
viele Feuer anzünden, worauf bei Aufgang des Mondes
Scorpione, Schlangen und Drachen zum Wasser kommen,
um zu trinken. Nachdem diese bewältigt, erscheinen
grosse Krebse, später Löwen und Schweine, dann
Waldmenschen, ein Ungeheuer Namens Odontotirannus, Mäuse,
Fledermäuse und grosse Vögel. Aus dieser gefahrvollen

führt uns wieder auf die Ep., deren Bericht aber gekürzt und stellenweise
anders angeordnet wurde: bl. 230 c₉ deinde fecimus incidere ipsam siluam.
que erat de giro in girum super ipsum lacum. ipse lacus erat spatiosus ad
unum miliarium. Tunc fecimus poni elefantos in media parte de
ipso alipergo. ut bene continere se posset ipse exercitus. si
aliquid nobis nocte superueniret. Tunc accenderunt focos mille quin-
gentos. quia ligna ad sufficiendum habebamus de ipsa silua.
hora deinde undecima sonante bucina. manducaui ego. et feci
cenare omnes milites meos et accenserunt lucerne auree. prope
duo milia. Cumque luna lucere inciperet u. s. w. Wie der Bearbeiter die hier
namhaft gemachte Anzahl der Feuer unbestimmt liess, so hat er auch nachher
die in B bl. 230 c₁₂ angeführten Farben der „magne bestie et serpentes' (alii
rubicundi. alii nigri. et candidi coloris. alii aureum habebant colorem) bei
seinen „serpentes et dracones' verschwiegen. Dafür hat er auf letztere be-
zogen, was in B bl. 230 d₁₂ von anderen Schlangen gesagt ist, und sich nebst dem
noch andere Freiheiten erlaubt, weshalb ich die Stelle im vollen Wortlaute
von B her setze: bl. 230 c₂₀ et tota ipsa terra resonabat de sibilis illorum
(bl. 230 d) et magnum nobis pauorem miserunt. In fronte uero de ipso alipergo
feci ponere scuta per ordinem et tenebamus in manibus lanceas longas. et
sic recipiebamus serpentes qui ueniebant contra nos. aliquantos occidebamus
ex eis ad ignem. stetimus in ista pugna cum serpentibus. Cumque de eadem
aqua bibissent ipsi serpentes. abire ceperunt. nos uero magnum ex hoc ha-
buimus gaudium. Erat autem tertia hora noctis. quando sperabamus habere
requiem. et ecce ueniebant serpentes alteri. qui habebant cristas in capite.
et erant grossiores sicut columne. exierant enim de montibus qui erant prope
nos. et ueniebant ad ipsam aquam. adducebant pectora erecta. buccas apertas.
et de illorum oculis scintillabant uenenum. alitus eorum erat mortalis. pug-
nauimus cum eis. plus quam unam horam noctis. occiderunt nobis triginta
seruos. et uiginti milites. Rogabam ego macedones. ut non deficeret animus
illorum in tali periculo. Postquam abierunt serpentes. uenerunt cancri u.s.w.
Von diesen weiss der Umarbeiter, dass sie von erstaunlicher Grösse waren
und einen härtern Rücken als Krokodile besassen, was in B fehlt. Dafür
hat er nach Erwähnung des Kampfes mit den weissen Löwen die in B
bl. 231 a₅ stehende Bemerkung „Pro his omnibus aduersis. magna perturbatio
crescebat in ipso alipergo' fortgelassen, auch haben die Schweine nicht „diuersos
colores' (bl. 231 a₉), sondern lange Zähne, welche Angabe der Hist. bl. 212 d₂₃
entnommen ist, wie das auf die homines agrestes (B bl. 212 d₂₃ h. siluatici) Bezügliche.
Nachdem berichtet worden, wie Alexander zum süssen Wasser gekommen,
dort Lager geschlagen und Feuer gemacht habe, fährt die Hist. bl. 212 d₁₉
fort: Hora uero tertia noctis. exeuntes subito fere siluestres uenerunt ad
ipsum stagnum bibere aquam erant ibi scorpiones longitudine cubiti unius.

Gegend führt sie der Weg in die mit Reichthümern gesegneten ‚loca bactrinarum', wo ihnen die Einwohner freundlich entgegenkommen und ein zwanzigtägiger

mixti inter se aluei et rubei . uidentes autem eos . uenit super nos maxima angustia . qui etiam quidam ex nostris mortui sunt . uenerunt ibi et leones mire magnitudinis . et rinocerotes . Omnes iste bestie exiebant ex arundineto ipsius stagni . Et erant inter eos porci siluatici magni ualde . forciores leonibus . habentes dentes per longum cubitum unum . Erant ibi pardali . et tigrides . et scorpiones atque elefanti . et homines siluatici . habentes sex manus . similiter et femine eorum . Inter hec habebamus maximas angustias . quia occurrerunt super nos cum lanceis et sagittis . eiecimus eas a nobis . Posuimus focum in ipsis siluis . ut fugerent ipse fere. Entsprechend der Hist. kommt hernach das Ungethüm Odontotirannus, während die Ep. vorerst die Fledermäuse aufführt. Der Bearbeiter hat dabei die Züge der beiden Darstellungen vereinigt. Die Hist. bl. 212d$_{31}$ sagt von ihm: Venit super nos bestia mire mag (bl. 213a) nitudinis fortior elefanto odontotirannos et fecit impetum ueniendi ad nos Nos autem discurrentes huc atque illuc confortando milites ut adiuuarent se . Ex alia parte irruens bestia. occidit ex nostris uiginti sex quidam autem milites armati occiderunt eam, die Ep.: bl. 231a$_{15}$ Interea apparuit una bestia fortior de elefanto . habebat in fronte tria cornua armata . et secundum indicam linguam. nominabatur. ipsa bestia dende tyrano . erat similis caballo. caput habebat nigrum . antequam de ipsa aqua biberet . subito uidens ipsum alipergum dedit impetum contra nos . posui macedones ad resistendum ei . illa uero occidit de ipsis uiginti quattuor . quinquaginta . et duos ex eis conculcauit . tamen occidimus illam. Dasselbe gilt von den zwei folgenden Thierarten. Von den Mäusen, deren sowohl in der Ep. wie in der Hist. nach dem Odontotirannus Erwähnung geschieht, erzählt erstere bl. 231a$_{27}$:

Deinde uenerunt in ipso alipergo . sorices maiores sicut uulpes . quantas de nostris animalibus mordebant statim moriebantur . homines autem non nocebat morsus illorum (bl. 231b) sic. ut morerentur inde, die Hist.: bl. 213a$_7$ Sequenti uero nocte exeuntes uulpe (!) ex arena . et corcodilli ex arundineto et comedebant corpora mortuorum.

Von den Fledermäusen sagt die Hist.: bl. 213a$_{10}$ Volabant ibi et uespertiliones tam magni ut columbe . dentes eorum ut dentes hominis . tollentes illis nares et aures . atque digitos manuum, die Ep.: bl. 231a$_{11}$ Deinde uenerunt uespertiliones . sic maiores sicut palumbes . habebant dentes sicuti homo . feriebant in facies nostras . etiam aliquantos milites plagauerunt.

Die Vögel, magne ut uultures, (B similes de uulturibus) finden sich nur in der Ep. bl. 231b$_1$. Den Schlusssatz ‚nec fecerunt contra nos aliquid . nec nos contra illos' hat die Bearbeitung nicht und ebenso, was dann folgt: Tunc ego iratus sum contra illos . qui mihi uiam trahebant . et per talia dura loca nos portabant . fecimus illis frangere crura . que uulgo gambas dicimus . ut uiuos eos comederent serpentes . similiter et manus illis abscidere fecimus . ut digna merita pro suis factis reciperent. Deinde locutus sum cum militibus

Aufenthalt genommen wird. Daselbst treffen sie das Volk Seres und Wollbäume. Das Heer fasst frischen Muth.¹)

Auf dem Weitermarsche erfolgt der zweite Zusammenstoss mit den Streitkräften des Porus²) und nachher der Besuch bei

---

meis ut fortes essent . et non deficerent in aduersis sicut femine . Sonante bucina mouimus alipergum . quia collecti barbari . et indi in unum . nouam pugnam contra nos committere cogitabant . Milites autem mei fortissimum habebant animum . propter uictorias . et prospera . que prius habuimus.

¹) Die Ortsangabe fehlt in der Ep. bl. 231b,₂₅. S. dazu S. 27. Von dem Volke Seres wird schon bl. 229b₈ berichtet. Der letzte Passus steht an etwas früherer Stelle (bl. 231b₂₂).

²) Der Ep. gehört nur der erste Satz an: bl. 231b,₃₁ et postea in (bl. 231c) septem dies uenimus in illo loco ubi prius porus consederat cum collecto suo exercitu . antequam cum eo pugnaremus. Im Uebrigen liegt der Schilderung, zu der, soweit sie sich mit der eigentlichen Schlacht befasst, frühere Kampfscenen die Details gaben, die Hist. bl. 211d zu Grunde. Es ist jener Theil, der vom Bearbeiter beim ersten Kampfe mit den Indern aus dem schon angegebenen Grunde übergangen worden war und vom Zweikampfe der beiden Könige handelt (s. S. 32.). Bemerkenswerth ist, dass der Vorschlag hierzu nicht von Alexander, wie in B, sondern von Porus ausgeht, weshalb auch nicht mehr gesagt werden konnte: bl. 211d₁₉ Audiens hec porus . gauisus est . et promisit se ita esse facturum . indignum ducens u. s. w. Nebstdem sei noch auf eine bedeutend abweichende Stelle in B aufmerksam gemacht. Als die Inder nach dem Tode ihres Königs die Macedonier angreifen, ruft ihnen Alexander zu ,miseri post mortem regis uestri . ut quid pugnatis?' und diese antworten: quia nolumus subdere uobis terram nostram . ut depredetur . Quibus alexander . cesset nunc pugnatio et ite liberi ac securi in domos uestras . quia non presumpsistis uos pugnare populum nostrum . sed rex uester . Hec dicente . castra metatus est . et fecit sepelire porum . Dem Ueberarbeiter schien die Darstellung zu knapp und er erweiterte. Die Ep., welche von ihm verlassen worden, erzählt dafür bl. 231c₄ folgende Episode: Habebat autem desiderium scire me . et interrogabat milites meos . ubi essem ego uel quid facerem . tunc milites mei dixerunt ei . nescimus quid alexander faciat . et uenerunt . et nuntiauerunt mihi hoc. quod eos porus interrogauerat. Quod cum ego audissem. expoliaui me uestimenta regalia . et uestiui me uestimenta de milite et finxi me ire in castellum . ad comparandum uinum . et carnem . et cum uidisset me porus . fecit me ire ad se . et interrogauit me quid faceret alexander . et quantos annos haberet . Tunc ego mentitus sum et finxi me dicere . de annis illius sapio . quia est senex . et forsan sedet ad focum sicut senex solet facere . Tunc ille gaudio repletus est . quia cum homine sene debuisset pugnam committere . et cum esset ille iuuenis . eleuatus est in gloria et dixit . qua re ergo non uidet suam senectutem . et uult pugnare cum iuuene? Iterum dixi ei . quid facit alexander . ego nescio . quia pastor sum de uno milite macedonico . Tunc ille statim dedit mihi unam epistolam plenam de minis . ut (bl. 231d) darem eam regi alexandro . et premium mihi exinde promisit dare. cui ego iuratus sum et dixi , scias quia certissime in manus alexandri uenient

den Oxydraken oder Gymnosophisten[1]), worauf Alexander zu den
Säulen des Hercules gelangt[2]) und von da durch eine öde, finstere
Gegend an den heissen Fluss, jenseits dessen ‚mulieres speciosae‘
wohnen, zu denen sie jedoch wegen der Breite des Wassers und
des darin sich aufhaltenden Ungethieres (B liest: plenusque erat
reptilibus. et bestiis magnis ualde) nicht übersetzen können.[3])
Nun begegnen wieder verschiedene Monstra. Beim Eintritt
in eine schilfbewachsene Sumpfgegend stellt sich ein
flusspferdartiges Ungeheuer entgegen, das nur mit
Eisenhämmern getödtet werden kann. Am Flusse Bu-
hemar ist ein Kampf mit Elephanten zu bestehen,
die durch grunzende Schweine vertrieben werden, und
nachher gibt es in den indischen Wäldern bärtige

isto litere . Presentialiter redii in ipso alipergo . et antequam legerem
ipsam epistolam . et postquam legi eam . magnum habui risum . et proinde
exemplum de eadem epistola mandaui tibi magistro meo . et matri meo . et
sororibus meis . ut miraremini de superbia . et presumptione ipsius barbari .
Tunc puguaui cum indis . et uici eos sicut uolebam . et tuli regna . que
tenuerat porus rex . et postea reddidi ea illi . Postquam uidit quia reddidi ei
honorem suum . manifestauit mihi thesauros suos quos ego nesciebam . unde
et ego me ipsum et comites meos . et uniuersum exercitum diuitem feci .
Tunc porus rex factus est amicus macedonibus. quibus fuerat antea inimicus.

[1]) Hist. bl. 212a,₁₃, wo der Wortlaut grösstentheils übereinstimmt mit Ab-
zug des ersten Theiles der Unterredung, welcher in B bl. 212b,₂₁ lautet:
Alexander uero interrogauit unum ex illis . non sunt sepulcra uobis . ostendit
eis habitationem suam dicens . hic ubi habito sufficit mihi . Et dixit omnibus
alexander. querite quod uultis. et dabitur uobis . Cui illi . da nobis inmorta-
litatem. Quibus alexander u. s. w. Schliesslich heisst es dann: Dicens hoc
alexander cepit ire . et fatigatus est multum in ipso itinere . quia orant ibi
loca inambulatoria.

[2]) Schliesst sich im Allgemeinen der Hist. bl. 217d,₂ an, wo Alexander
aber in anderem Zusammenhange seiner Mutter davon berichtet: A babi-
lonia cepi ire eo (bl. 217d) adunato populo meo numero centum milia ueni-
mus ad columnas eraclii . Inuenimus columnas duas unam auream et aliam
argenteam habentem in longitudine cubita duodecim . et in latitudine cubita
duo . Perforans eas inuenimus eas ex auro penituit me quod perforaui eas et
clausi foramen illarum et posui ibi aurum pensante solidos mille quingenti.
Nach der Ep. bl. 231d,₂, führt Porus, nachdem er Alexanders Freund geworden,
diesen dahin: et deinde portauit me ubi erant statue. de auro. quas ibi
posuerat liber pater. et hercules. qui fuerunt dii . apudp (a)ganos . Cumque
uoluissem scire si fusiles essent ipse statue. omnes eas perforare feci. cumque
inuenissem quia fusiles essent . feci implere ipsa pertusa de auro.

[3]) Auch das erzählt die Hist. an gleicher Stelle (bl. 217d,₂), nur werden
die Weiber Amazonen genannt (inuenimusque ibi mulieres amazonas speciosas
nimis), wofür die anderen Hs. nachher bemerken, es seien keine Männer
darunter gewesen.

von Jagd lebende Weiber und auf dem offenen Lande borstige Männer und Frauen zu sehen, die beim Nahen des Heeres sich in den Fluss stürzen. Nachdem noch Kynocephali in dem abermals zu passirenden Waldesdickicht den Weg verlegt, kommt Alexander in ‚campos desertos‘, wo Lager geschlagen wird. Ein Aequinoctialsturm richtet indess grosse Verwüstung in demselben an, was die Soldaten dem Zorne der Götter zuschreiben, und als in einem Thale ein anderes Lager bezogen, stellt sich grosse Kälte und mächtiger Schneefall ein, dessen sie sich durch Feststampfen und durch Erhaltung von Feuern zu erwehren suchen. Die Gefahr des Verschneitwerdens beseitigt ein heftiger Regen, doch überziehen dunkle Wolken den Himmel und Feuer fällt aus demselben nieder, bis auf die Opfer und das Gebet Alexanders die Heiterkeit des Firmamentes wiederkehrt.[1]) Nach der

---

[1]) Quelle für diese ganze Reihe von Abenteuern ist die Ep., welche nach Erwähnung der Herculessäulen zunächst berichtet: bl. 231d$_{21}$ abiens inde . nihil iam (bl. 232a) aliquid nouum inuenire potui . nisi uidimus desertos campos . et siluas . et montes . contra oceanum . ubi dicebantur habitare elefanti et serpentes . Tamen perrexi usque ad mare . ut si possem nauigare orbem terrarum per oceanum . et quō homines loci ipsius dicebant . ut tenebrosa loca illic essent . et quod hercules et liber pater non fuissent ausi ad illas partes accedere . tunc ordinaui ut circuirem sinistram partem indie . ut non esset locus qui mihi incognitus remaneret . et non absconderet mihi porus bona regni sui. Für den letzten Passus war natürlich in der Bearbeitung kein Platz, aber dann kommt Alexander auch nach der Ep. zum Sumpfe. In der Beschreibung des daraus hervorkommenden Thieres sind die Details etwas anders angeordnet (habebat in dorso sicut serra . similis erat ipsa bestia ippotamo . pectus habebat sicut corcodillus . dentes habebat fortissimos) und der Langsamkeit seiner Bewegungen wird nicht erwähnt, dafür jedoch der Eindruck, den dessen Erscheinung machte (Obstupefacti de tali noua bestia quam uidimus . peruenimus deinde ad ultimas siluas de india), was in den anderen Hs. fehlt, wie auch die Angaben von der Grösse des Lagers am Flusse Buhemar (bl. 232a$_{22}$ fecimus alipergum in longum miliaria sex . et in latum miliaria duo . et medium). Weitläufiger ist in B ebenso die Geschichte von den Elephanten erzählt: bl. 232b$_1$ Erat hora diei undecima . et uolebamus iam comedere . et ecce subito ueniebat fugiendo pastor . et illi qui ligna trahebant nuntiantes nobis . eo quod ueniret de siluis contra nos multitudo elefantorum . Precepi caballicantibus de thessalia . ut caballicarent . et tollerent secum porcos . et occurrerent contra eoedem elefantos . quia sciebam ego . quod stridorem porcorum odirent elefanti . deinde post ipsos mandaui alios caballicantes armatos . et omnes tubicines . pedones omnes dimisimus in alipergo . Procedens ego cum poro rege . et caballicantibus omnibus . uidemus multitudinem elefantorum . tendentes promoscides contra nos quos habent in bucca .

Episode mit den Bragmanen folgen neue Abenteuer. Im Gefilde Actea werden die Lagernden von den in den umliegenden Wäldern wohnenden homines agrestes angegriffen, die endlich auf das

sicut dentes . et erant dorsa illorum . nigra . candida . et rubea . Dicebat autem porus rex . quia poteremus uincere eosdem elefantos . si non cessarent stridere ipsi porci . quos ipsi caballicantes portabant . quod et factum est. Von hier ab herrscht dann ziemliche Uebereinstimmung, nur ist in B die Zahl der getödteten Elephanten genannt, wogegen die übrigen Texte die hierzu verwendeten Waffen (cum ucnabulis et ensibus) bezeichnen. Diesen fehlt weiter der Abschluss: bl. 232c₉ Tunc iussit de giro in girum circumdari fossatum de ipso alipergo de armis . ne uenirent ipsa nocte elefanti . seu alie bestie . et facerent nobis damnum . Habuimus quietam noctem usque ad diem . omnes dormiuimus. Schliesslich sei noch die Lesart ‚cornua' in B für ‚coria' der andern Hs. angemerkt.

Die erweiterten Texte erzählen darauf von den bärtigen Weibern, in B folgt gleich ‚alia uero die. cepimus ire in alias partes de india. Cumque ambularemus. inuenimus campos patentes. et uidimus ibi feminas. et masculos. qui habebant totum corpus pilosum sicut bestie' u. s. w., wobei auch die Länge dieser Leute (longi erant nouem pedes) angegeben ist.

Von den Kynocephali sagt B: bl. 232c₁₆ Deinde uenimus in siluas plenas de cinocefalis . cumque nos percutere uellent, nos illos cum sagittis fugere faciebamus . cinocefali dicuntur . homines . qui capita canina habent. Neben anderem unterscheidet sich die Ueberlieferung der zweiten Handschriftengruppe durch den Abgang der Namenserläuterung. Daselbst fehlt ebenso der sich anschliessende Satz: Intrantibus nobis in deserta loca. dixerunt nobis indi. qui nobiscum erant. quia iam in illis partibus non esset aliquid nouum. quod uidere deberemus.

Die Geschichte von den Widerwärtigkeiten im Lager ist in B den andern Hs. gegenüber ausführlicher behandelt und zwar ist hier auch die Landschaft bezeichnet: bl. 232c₂₆ Post hec cepimus redire in fasiacen unde ueneramus . et precepi . ut ab illo loco usque ad duodecim miliaria in longitudine extenderetur ipsum alipergum. ut essemus prope aquam. Jam omnes ten (bl. 232d) das erectas habebamus . et multos focos accensos . cum subito tanta uirtus . euri uenti flare cepit . qui omnes tendas ad terram dedit . et ipsa animalia multum uexabantur . quia cintille de ipso foco et ittiones feriebant in dorsa illorum . et incendebant illos . Tunc confortaui milites meos . dicens illis . quia non accidisset ipsa tempestas propter iram deorum . sed pro equinoctiali tempore accidisset . Recollegimus omnia que ipse uentus disperserat . et inuenimus unam uallem . et ibi posuimus alipergum . Postquam omnia ordinauimus . precepi ut omnes milites manducarent . nam et flatus uenti ceciderat . et magnum frigus accrescebat. Ceperunt cadere niues tantum maiores sicut lana . ego uero timens . ne crescerent ipse niues multum in eodem alipergo . precepi militibus ut calcarent eosdem niues . adiuuabant et nos multum quia habebamus focos . quamuis ab ipso niue aliquanti ex eis extinguerentur . Una autem causa salutis nobis fuit . quia superuenit fortissima pluuia . et cessarunt ipsi niues . Statim autem superuenit obscura nubes . et uidimus cadere de celo ardentes nubes . sicut faculas . ita ut totus campus arderet de incendio illarum. (bl. 233a) Timbeant dicere milites mei quia de ira deorum talia nobis accidissent quod ego homo uoluissem transire plus. quam liber pater et hercules

Geschrei der Soldaten die Flucht ergreifen.¹) Ein solcher homo agrestis, mit Borsten bedeckt, geräth nacher mit Hilfe eines nackten Mädchens in ihre Hände und wird verbrannt.²) Dann kommt Alexander zu den Bäumen, die bis zur sechsten Stunde wachsen und dann wieder verschwinden und deren Früchte ein unsichtbares Wesen zu pflücken verbietet.³) In derselben Gegend werden auch feuersprühende Vögel gesehen. Weiterziehend besteigt er nun den Adamantberg, wo er bei den heiligen Bäumen der Sonne und des Mondes sein Schicksal erfährt.

In dieser Geschichte sind Theile aus der Hist. u. Ep. verbunden. Die erstere berichtet nach den feurigen Vögeln von den griechisch sprechenden Leuten und vom Baume ohne Frucht und Blätter, auf dem der Vogel Phönix sitzt, sodann vom Besuche auf dem Berge: bl. 213c₃₁ Deinde uenimus ad montem . et erat sub eo ripa in qua pendebat catena aurea . et habebat ipse mons grados duo milia quingenti . ex saffiro . ascendi autem ipsum montem cum aliquantis militibus meis . Et inueni ibi palacium . habentem limitarem

---

abierunt(l). precepi tamen militibus . ut rupta uestimenta obponerent ad ignem qui ipso campo ardebant . Inter hec . orantibus nobis . serenitas celo reddita est . fecimus omnes focos accendere . sed desuper obscure nebule erant . et per tres dies sine claro sole fuimus. eo quod nubes desuper pendebant. Sepeliuimus ibi quingentos milites . qui de ipso niue mortui fuerant . et moti sumus ex eodem loco.

¹) Dies und die nächstfolgende Partie bis dahin, wo Alexander zum Adamantberg kommt, ist der Hist. bl. 213a₁₄ ff. entnommen.

Die Darstellung ist in B etwas conciser: Mouimus inde . et uenimus in campum qui dicitur actia . et applicauimus ibi . Erat in circuitu eius condensa silua. et erant ibi arbores fructiuere. ex quibus nutriebantur homines agrestes . habentes formam ut gigantes. induti uestimento pellicio. Exeuntes cum longis contis . occiderunt ex nostris . uidentes autem defecisse nostros . precepimus nostris militibus ut uociferarent. Nos autem magnis uocibus acclamantes · quia non erat illis cognitum audire uocem hominum . timuerunt . et fugerunt in ipsam siluam . Nos autem insequentes illos etc.

²) In B heisst es Eingangs: deinde uenimus ad quendam fluuium in quo erat ciuitas locuples ualde, wofür die anderen Texte ‚et castra metatus est ibi' haben. Dass Alexander die Gestalt des Waldmenschen anstaunte, fehlt B.

³) Die allgemeine Bemerkung über den Wachsthum der Bäume fehlt B, wo die Darstellung noch dem Psk. näher steht: Precepique quibusdam hominibus meis ut tollerent ex liquore ipsarum arborum . Illi autem accedentes propius exierunt demones et flagellarunt eos . Audiuimus uocem de celo allatam precipientem nobis ut ne unus quidem incideret aliquid ex ipsis arboribus . quia si factum fuerit . moriemini. Nach der überarbeiteten Fassung beauftragt Alexander einen Soldaten, Früchte von den Bäumen zu nehmen. Dieser stirbt auf die Schläge des Geistes, der dann jedem das gleiche Geschick androht, welcher sich den Bäumen nähere.

et superlimitares. et fenes (sic!). et timpana. et cymbala ex auro. Et erat templum ibi (bl. 213d) totum aureum. Et erat ibi lectus cum preciosa lectisternia. iacebat ibi unus homo magnissimus atque clarissimus. Indutus ueste alba bambicea ornata ex auro et lapidibus preciosis. uidi ibi et auream uiniam ferentem botros ex lapidibus preciosis adorauique ipsum hominem et descendi. Soweit schliesst sich mit Abzug des letzten Passus und einiger unbedeutender Abweichungen die Ueberarbeitung an die Hist. an, von der dann auf die Ep. bl. 233b$_{15}$ übergegangen wird, doch ist da der Zusammenhang ein anderer. In den jüngeren Fassungen fragt der Greis, nachdem ihn Alexander und seine Begleiter begrüsst, ob sie die heiligen Bäume sehen wollen, was der Macedonier bejaht, und als sie ihn noch ihrer Reinheit versichert, fordert sie derselbe auf, die Kleider abzulegen und ihm dann zu folgen, welchem Geheisse Alexander, der die übrigen warten lässt, mit Ptholomeus, Antigonus und Perdiccas nachkommt (s. B bl. 233d$_3$ ff.). Der Wald, den sie darauf durchwandeln, besteht aus lorbeer- und olivenähnlichen hundert Fuss hohen Bäumen, aus welchen Weihrauch und Balsam fliesst (s. bl. 233d$_{19}$, doch wird da jenes Aussehen anderen Bäumen beigelegt). Ein Baum ist blätter- und früchtelos und ein farbenprächtiger Vogel sitzt auf demselben, den der Alte als Phönix bezeichnet (dies aus der Hist. bl. 213c$_{16}$ hereinbezogen, wo die Beschreibung des Vogels indess nicht so ausführlich ist: Abinde uenimus ad quendam locum in quo erat arbor que non habebat fructum neque folia et sedebat super auis. que habebat super caput suum lucentes radios sicut sol que uocabatur fenix). Bei den Bäumen der Sonne und des Mondes angelangt, fordert dieser Alexander auf, aufwärts zu schauen und, was er wünsche, zu fragen (bl. 234a$_{10}$), indem er ihm auf dessen Wunsch noch bedeutet, dass der Sonnenbaum in indischer Sprache anfange und in griechischer aufhöre zu sprechen und umgekehrt jener des Mondes (s. bl. 234a$_{13}$). Alexander küsst darauf die Bäume (s. 234a$_{10}$, wonach die Aufforderung an ihn ergeht, dies zu thun) und forscht nach seinem Geschicke, was ihm zuerst der Sonnenbaum (bl. 234b$_4$ ff.) und dann der Mondbaum offenbart (bl. 234b$_{27}$ ist der Vorgang weiter ausgesponnen. So erkundigt sich Alexander auch um das Ende seiner Mutter und Schwestern, und dem entspricht auch die Antwort des Baumes). Als dies geschehen, warnt der Greis vor weiteren Fragen und mahnt zur Rückkehr. Beim Palaste trennen sie sich: dieser geht in seine Behausung, Alexander mit den Seinen steigt den Berg hinab, wie die Hist. schliesslich berichtet (B bl. 234d$_{15}$ geht die Mahnung, wieder zu Porus (!) sich zu begeben, vom Baume aus und der Priester wiederholt sie). Mehr denn anderswo macht sich in dieser Geschichte die überarbeitende Hand bemerklich, weshalb ich den Text B beifüge: bl. 233a$_{15}$ (nach Erzählung von den Verwüstungen im Lager) Post hec uidimus speluncam. ubi liber pater iacebat. dictum est nobis. quod si aliquid in eandem speluncam intraret. in die tertia de febre moreretur. tunc homines perditos ibi misimus et inuenimus quod ita esset sicut audiuimus. Cepi rogare ipsos deos. ut me qui essem rex totius mundi. facerent me redire in macedoniam cum uictoria. ad olimpiadem matrem meam. Cognoui autem sino causa de tali ratione. Denique interrogaui indos qui mecum erant. si uel una causa esset ammirabilis. quam uidere deberemus. omnes negauerunt nihil esse nouum quod uidere deberemus. Inde (bl. 233b) apprehendi uiam ad eundum in fasiacen. tunc in obuiam uenerunt nobis duo senes. interrogauimus illos. si aliquid nouum scirent quod nos uidere deberemus. dixerunt nobis. qui scirent causam mirabilem quam nobis ostenderent. sed esset ipsa uia longa.

ubi in ambulando decem dies mitteremus . et esset uia districta et aque multe . et loca serpentibus plena . Blando itaque sermone percontaui eosdem senes dicens. quid est hoc tam nobile. et magnificum quod nobis monstrare promittitis. Unus uero ex eis cum gaudio dixit mihi uidebis rex duas arbores. unam solis . et alteram lune . arbor solis . loquitur indica lingua . et arbor lune. greco sermone. et ab ipsis poteris scire. que bona. aut que mala tibi euenire debeant . Cumque tam incredibilem causam audissemus . cogitaui quod per iocum talia mihi dicerent . feci eos impingere . et aliquam contumeliam illis facere. et dixi . sicut peruenit gloria mea ab occidente usque ad orientem . ut isti senes de me risum facerent . ipsi uero senes affirmabant iurando . quia nullam falsaciam dicerent . sed per ueritatem ostenderent quod dicebant (bl. 233 c). Rogabant me amici mei et comites. ut nullo modo pretermitteremus . quatenus non iremus ad uidendam talem causam . Tuli mecum triginta milia caballicantes . alium uero exercitum cum aliquantis prefectis et poro rege . et omnibus diuitiis . transmisimus in fasiacen . Nos uero cum electa iuuentute secuti sumus iam dictos senes . qui nos sicut dixerunt per districta et dura loca portauerunt . usque ad locum ubi ipse arbores erant . Vidimus autem multos serpentes. et feras. de quibus proinde non tibi scripsimus . eo quod secundum indicam linguam nominabantur . Cum appropinquaremus prope ipsum locum ubi ipsi senes nos portabant . uidimus feminas et masculos pellibus uestitos. interrogauimus illos qui essent. dixerunt ut indi essent . Venientes ad locum ubi ipse arbores erant. uidimus locum qui erat largus . libanum et opobalsamum habebat multum . eo quod ibi erat silua ubi nascebantur . et homines loci illius . ipsum manducare consueuerant . Itaque intrauimus in predictum locum sacratum et uidimus antistitem (?) loci ipsius cuius statura erat altior. plus decem pedibus. habebat nigrum corpus. dentes caninos (bl. 233 d) aures illius perforate erant. et pendebant ibi gemme. qui cum salutaret me . interrogauit me pro qua causa uenissem . ego uero dixi ei . ueni ut uideam sacras arbores solis et lune . Tunc barbarus mihi respondit . si mundus es a fornicatione masculi et femine. licet ut intres in diuinum locum. Secuti sunt me amici mei trecenti. imperauit ipse sacerdos ut poneremus anulos. uestes. et calciamenta . obediuimus illi . et fecimus quod uoluit . Erat undecima hora diei . et expectabat sacerdos . ut poneret sol . nam dicebat ut sic loqueretur et responsum daret . Item dicebat de arbore lune . quia quando luna inradiaret . sic daret responsum . mihi uero plus uidebatur esse salsum quam uerum . Iigitur . cepimus perambulare ipsam siluam . que erat inclusa intra maius edificium parietum . uidimus largissime currere opobalsamnum de ramusculis arborum . tunc ego et comites mei cepimus tollere cortices de ipsis arboribus. quia optimus erat ipse odor. In media parte de ipsa silua . erant arbores similes cipressis . alte pedes centum . Cumque mirarer de ipsa altitudine . et dicerem . quia de multa pluuia tantum creuisset . dicebat sacerdos . quod numquam in ipsa loca (bl. 234 a) pluerent. sed neque. fera neque auis. neque serpens in ipsos terminos intraret . quia antiquitus a maioribus indorum locus ipse consecratus esset soli et lune . Volui ibi immolare uictimas . sed non dimisit me ipse sacerdos . dicens . non licere in ipso loco aut incensum de libano facere. aut qualecumque animal occidere . sed precepit ut basiarem ipsas arbores . et rogarem solem et lunam. ut uera responsa mihi darent. Interrogabam sacerdotem. si lingua indica . an greco sermone ipse arbores nobis respondere

deberent. Respondit ille. et indica lingua et greca. sed arbor
solis. prius indico sermone adnuntiat futura. arbor lune. greco
sermone incipit loqui.indico.finit. Post hec uidimus radios solis re-
splendere sursum in cacuminibus arborum. et sacerdos ait. sursum in-
quit respicite. et de quali causa interrogare quisque uoluerit. in
corde suo cogitet. palam non dicat. Tunc cum magna cura cepimus
respicer. ene forte inter ramos arborum essent pica aut psithacus. quia solent
quasi uocem humanam mittere. postquam non uidimus. aliquam fraudem inter
ramos arborum. (bl. 234 b) cogitare cepi in animo meo. si triumphans
reuerti possem in patriam meam. ad olimpiadem matrem. et sorores carissi-
mas. Cum subito indico sermone respondit arbor. sicut inter-
rogasti nomen meum alexander. eris dominus orbis terrarum.
sed uiuus in patriam non reuertens. quo modo fata tua sic defi-
nierunt de te. Tum ego cum nescirem qualis esset ipsa arbor. interrogaui
exinde indos quos mecum portaueram ut mihi ipsi uerba interpretarent.
dixerunt mihi. quia esset arbor solis. amici mei ceperunt plangere de tali
responsione. quia mecum erant tres fidelissimi mei amici. id est. perdica.
et clitona. et philotan. quia nullum hominem timebam nec erat causa pro
qua timere deberem in eo loco. ubi non erat licitum aliquem occidere.
Mouimus nos inde. et hora uespere uoluimus intrare ad interrogandam
arborem lune. sed luna nondum apparebat. Intrauimus postea in eundem
sacrum locum. et cum stetissemus iuxta arborem lune. adorauimus. et inter-
rogaui ubi mori deberem. Postquam splendor lune tetigit cacumen arboris
respondit ipsa arbor. et dixit mihi greco sermone. alexander.
plenam iam finem etatis habes. sed isto anno adueniente (bl. 234 c)
mense magio. in babilone morieris. et deceptus habebis esse a quo
minime speras. Tunc plangere cepi. similiter et amici mei flebant. ego
autem non cogitabam de eis. ut aliquam fraudem mihi facerent. quia parati
erant mori pro mea salute. Exiuimus de eodem loco. animus meus nimium
erat tristis. et non uolui comedere. Rogabant me amici mei ut non angusti-
arer. et affligerem corpus. ieiunio. tunc contra uoluntatem de animo meo
manducaui modicum. et collocaui me in ipso sacro loco. ut paratus essem
quando primum exiret sol. Alia die ualde diluculo surrexi. et amicos meos de-
somno excitaui. ipse autem sacerdos inuolutus pellibus iacebat. et erat ante
illum posita magna gleba de libano. in tabula ebena. que illi de cena reman-
serat. et ibi possitus culter nam. ere. et ferro. et plumbo. et argento. et auro. abun-
dat. opobalsamum. et libanum manducant. et bibunt aquam que de uicino
monte exit. Excitauimus sacerdotem. et tertia uice intrauimus. ad interro-
gandas ipsas arbores. Dic mihi sacratissima arbor. cuius manus me
occidere debeant. et quali morte mater mea. et sorores mee mori de-
(bl. 234 d) beant. Arbor grece dixit. si dixero tibi quis te occidere
debebit. tu occides illum. etiam mutatur quod de te ipsa fata
ordinauerunt. et irascentur mihi tres sorores. id est. clotoh. la-
chesis. atropos. eo quod impedimentum fecerim in eo quod illi
statuerunt. Igitur. ad unum annum et octo menses. babilone morieris.
non per ferrum sicut speras. sed per uenenum. mater tua turpissima
morte morietur. et non sepelietur. sed aues. id est aucelli et fere comedent
illam. sorores tue bene esse habebunt. tu autem in paruo tempore eris
dominus terrarum. Nunc uero. noli amplius interrogare nos. sed
exi de isto loco nostro. et reuertere in fasiacen ad porum. Sed et sacerdos

monuit ut abiremus . dicens quia de planctu et ululatu nostro irascerentur . Tunc ego locutus sum ad uniuersos milites et dixi. ut ad porum in fasiacen reuerteremur . de interrogatione autem uite mee . dixi militibus meis qui mecum fuerant ut nulli dicerent quod audierant. sed per meum consilium. in sua fide secretum tenerent . quod audierant.

Nach fünfzehntägigem Marsche wird das Land Prasiaca erreicht, dessen Bewohner Geschenke bringen.[1]) Von da schreibt Alexander an die Königin Candacis, die in einer Stadt dieser Landschaft herrscht.[2]) Diese antwortet[3]) und sendet Geschenke, zugleich auch einen Maler, der ihr ein Bild des macedonischen Königs anfertigen soll. Nach vollzogenem Auftrage kehren die Boten mit dem Bilde, worüber Candacis hoch erfreut ist, zurück.[4]) Darauf wird Candaulus, einer ihrer Söhne, überfallen und seiner Gattin beraubt.[5]) Hilfe suchend begibt er sich in das macedonische Lager: Alexander zieht als Pseudo-Antigonus zur Befreiung der Entführten mit ihm und, nachdem diese gelungen, auf dessen

---

[1]) Hist. bl.213 d$_6$. Vom Lagerschlagen keine Rede.

[2]) Die Episode von Candacis ist wie das Vorhergehende wieder der Hist. bl. 213 d$_{15}$ entlehnt. Die Namen ihrer Söhne werden in B erst später angeführt. Im Briefe selbst ist auch nicht erwähnt, dass die Ammonstatue aus Gold war.

[3]) Das Schreiben der Königin fasst B im ersten Theile kürzer, im zweiten ist die Aufzählung der Geschenke eine andere: bl. 213 d$_{26}$ Rescripsit et illa mihi . candacis regina merois. Regi alexandro gaudium . Reuelatum tibi fuit ab ammone deo tuo ut ires et pugnares egyptum . concessum enim tibi fuit ab ipsis diis . Nos itaque claras ac lucidas habemus animas plus quam hi qui apud te sunt (bl. 214a) dirigo tibi aureos uipedes centum . set et infantulos etthiopes centum et intelligibiles aues psittachos. ducenti. et spingas ducentas. Ammoni itaque deo dirigo coronam ex lapidibus preciosis uidelicet ex smaragdine et margaritis sed et insertas catenas decem. ex preciosis lapidibus. Mandauimus et uobis cluuias decem ex auro . Cantras aureas triginta et elefantos quadringenti quinquaginta . Rinocerotes octoginta . Pantheros tria milia . pelles pardoleonis. quadringentis (sic!). Vectes ebenos mille quingentos . Et dirigo nobis dicendo si subiugasti totum mundum.

[4]) fehlt B.

[5]) Davon erfahren wir in B erst später aus der Erzählung des Candaulus, indem hier gleich folgt: unus ex filiis candacis regine cui nomen candaulus cum paucis equitibus abiit ad tabernaculum alexandri. Auf die Fragen des Ptholomeus, vor den er geführt wird, berichtet er dann von seinem Unfall, was in den anderen Fassungen nunmehr mit wenigen Worten abgethan wird. Im Uebrigen ist die Darstellung von B fast durchweg knapper und auch im Wortlaute mitunter beträchtlich geändert. So gleich nach der Rede des Candaulus: bl. 214b$_6$ Cui ptolomeus . expecta . Interim exiliens de tabernaculo suo abiit ad tabernaculum regis in quo dormiebat. excitans eum. referens illi omnia que audierat ab ipso iuuene . Quo audito surrexit tollens diadema capitis sui . coronauit ptolomeum cui et dixit . Reuertere tabernaculum tuum et sede in

Bitten an den Hof der Candacis, welche ihn als Alexander erkennt.¹) Wegen des ihrem Sohne erwiesenen Dienstes geniesst er gleichwohl ihren Schutz vor Carator, der seinen Schwiegervater an dem Boten rächen will, und kehrt dann reichlich beschenkt in Begleitung Candaulus zu den Seinen zurück.²) Auf dem Wege dahin besuchen sie die

---

solio regali u. s. w. Die Ausführung von Alexanders Befehl ist nur durch ,et ita factu'm est' angedeutet, woran sich gleich schliesst: Cui alexander astante candauli dixit . domine. precipe mihi et ego pergo hora noctis et superuenio ipsam ciuitatem ac succendam eam igni et facio ut per uim reddant uxorem eius. Abweichend heisst es dann u. a. auch bl. 214 c₂ ,Abiit hora noctis silentio et succendit ipsam ciuitatem igni' und von den Bäumen, welche Alexander auf dem Wege zu Candaulus sieht ,Viditque excelsas arbores . portantes poma grandia. ut cedrus. habentes et botros uue magnos ualde', wogegen die anderen Texte Bäume und Reben unterscheiden.

¹) Ueber den Empfang bei der Königin macht B blos die Bemerkung: bl. 214 d₂ Et post paucos dies uenimus in ciuitatem candacis regine . Exiit ad nos foras portans auream coronam longa atque pulcra nimis. Die Beschreibung des Palastes weicht mannigfach ab: bl. 214 d₃ palatium uero eius erat optimum et fulgebat tectum ipsius palatii quasi aureum esset . Lectisternia eius erant ornata ex puriessimo auro . Fiale erant ibi ex lapidibus preciosis . sed elefantinas mensas uidimus ibi . Triclinia uero ipsius palatii erant constructa ex lapide onihino . Columne ipsius palacii erant ex ebeno . Falcatos currus ibi uidimus sculptos in lapide porfiretico . apparentes nobis quasi currerent . Vidimus ibi et elefantos sculptos in eadem petra quasi conculcantes homines cum pedibus suis. Von den Gemächern, in welche Candacis den Alexander führt, wird berichtet: bl. 214 d₂₅ Alio namque die apprehendit me candacis regina per manum introducens me in cubiculum quod erat constructum ex lapidibus habentes aureum colorem . Lucebatque intus quasi sol refulsisset ibi . Vidi et ibi triclinium ex lignis asiptis . qui non incenduntur ab igne . Vidi ibi (bl. 215 a) et aliud cubiculum constructum super ligna maxima cum rotis et trahebant eum uiginti elefanti. Dixique regine. iste cause, digne fuerant ammirari si apud grecos fuissent . Irata est regina et dixit ueritatem dicis alexander . Qui ubi audiuit nomen suum expauit. Der Ueberarbeiter hat diesen Moment entschieden abgeschwächt, dagegen ist jener, wie Candacis dem Alexander sein Bild zeigt, wirkungsvoller. In B erwidert diese, nachdem jener seinen wahren Namen verläugnet: ego ostendo tibi quomodo alexander es. Introduxitque eum cubiculum suum et monstrauit illi imaginem suam et dixit.

²) Nach dem Dialoge zwischen A. und C. fährt B fort: bl. 215 b₁₄ Et exiit foras iterum tenens me per manum et dixit filiis suis . O fili candauli et tu o filia marpissa . demus aliquod bonum huic misso alexandri. Dagegen erhebt Carator Einspruch: O mater uerum quia alexander direxit abstrahens uxorem fratris mei de manibus inimicorum et reddidit eam illi . sed uxor mea compellit u. s. w. Den Streit zwischen den beiden Brüdern, von welchen Candaulus für ihn eintritt, sucht Alexander auf kluge Weise zu schlichten, indem er sagt: bl. 215 c₁₉ carator si me occidis hic . habet alexander rex multos missos meliores mei . si uultis ut tradam uobis ipsum inimicum uestrum date mihi quod

Göttergrotte¹), worauf Alexander von seinem Begleiter Abschied nimmt und, wieder mit dem Heere vereint, am andern Tage weiter zieht.²) Dabei stösst er abermals auf allerlei wundersame Thiere. Zuerst sind es Schlangen, die Smaragde am Kopfe haben und von Pfeffer leben.³) Dann kommen Thiere mit Schweinsköpfen und Löwenschwänzen und Greife.⁴) Nachdem diese Gefahren glücklich überstanden, erreicht er einen Fluss, setzt auf Rohrkähnen über und

postulo . et iuro uobis quia hic in palacio uestro adduco alexandrum Pacificati sunt inter se fratres et crediderunt hoc . atque promiserunt ei per singulos facturos mihi dona. Darüber berichtet B nachher Folgendes: Quando autem dimiserunt me ire fecerunt mihi dona regalia . et coronam ex precioso lapide adamantino seu et broniam . et stellatam clamidem.

¹) Die Darstellung weicht in einigen unwesentlichen Punkten ab. B bl. 215c₃₀ erzählt: Moui me inde (bl. 215d) et profectus sum . et abii in criptam quam monstrauit mihi candaulis dicens quod ibi comedissent dii . Et antequam ingrederer ipsam criptam. feci diis offertionem et ingressus sum. Et uidi ibi caligines et inter ipsas caligines uidi lucentes stellas et apparitiones idolorum . Vidi et quidam recumbentes lucidos habentes oculos sicut lucernas. unus autem ex illis dixit mihi . aue alexander. Dieser Gott nennt sich Sesonchosis und fügt nachher hinzu: nomen autem mihi non est sicut tu habes . qui in tua (sic!) fabricaberis alexandria. Tamen ingredere amplius. et tunc uidebis. In den anderen Texten ist der Name der gegründeten Stadt verschwiegen. Hier spricht dann Alexander die zweite Erscheinung wie die erste an, dagegen beginnt in B diese zu reden: bl. 215d₁₆ et dixit mihi . quid est hoc? a diungens. natiuitas sum ego deorum u. s.w. Die Auskunft über die Lebensdauer verweigert Serapis dem Alexander und prophezeit nur: Fabricaturus eris ciuitatem pergloriosam que exstat in toto mundo . Plurimi enim imperatores pugnaturi sunt (bl. 216a) eam sed nullus ibi aliquid nocere poterit. Nach den anderen Fassungen ist die Gründung der Stadt schon vorhergegangen, und nur die darauf bezüglichen Aussagen gehören der Zukunft an. Dass Niemand derselben schaden könne, fehlt.

²) Damit verlässt der Bearbeiter die Hist., welche nun den Briefwechsel mit der Amazonenkönigin bringt, und geht auf die Ep. bl. 234d₂₁ über.

³) B enthält mehr hievon: Peruenimus deinde in uallem iordaneam . ubi erant serpentes . habentes in collo lapides . qui smaragdi appellantur . Predicti serpentes non dimittunt ut aliquis (bl. 235a) ipsam uallem apprehendat. uiuunt de lasere et pipere albo .... inde tulimus nos paucos smaragdos . qui magnam formam habebant.

⁴) B bl. 235a₆ liest „Per magna deinde pericula uenimus in loca, que erant fortissima', und in der Beschreibung der ersteren Thiere kommt zuerst der Kopf, dann Schwanz und Klauen, von welchen es heisst: ungulas duas latas pedibus sex; zu den Greifen bemerkt B ‚qui habebant pizzos sicut aquila', wogegen die anderen Texte erwähnen, Alexander habe seine Soldaten zur Vertheidigung ermuthigt: B nos uero cum sagittis et contis defendebamus nos ab eis.

empfängt von den Bewohnern des Landes Geschenke.¹) In demselben Flusse wohnen zehn Fuss hohe, schneeweisse Weiber mit langen Haaren und Hundezähnen, welche die hinüberschwimmenden mit sich ins Wasser ziehen. Zwei derselben werden gefangen.²) Als Alexander mit dem Heere an das Ende des Oceans kommt, hören sie auf einer Insel Leute griechisch sprechen, eine Anzahl von Soldaten schwimmt auf Geheiss des Königs dahin, doch werden sie von auftauchenden Krebsen erfasst.³) Nun folgt die Greifen- und Meeresfahrt⁴), nach welcher der Marsch am Gestade fortgesetzt

---

¹) B bl. 235a,₁₇ gibt an: Inde peruenimus ad flumen qui currebat in oceanum. erat latus miliaria duo. et medium. Die am Ufer desselben wachsenden ‚canne‘ sind ‚tantum alte et grosse. de quibus uix possent triginta milites unam portare‘, und daran schliesst sich: habitabant in eodem loco multi elefanti. qui nescio qua re factum fuisset. nullum malum nobis fecerunt. In den anderen Texten wird die Grösse des Rohres nicht genauer bestimmt und von den Elephanten findet sich gar keine Erwähnung. Kürzer spricht indess B von der Ueberfahrt: fecimus naues de ipsis cannis. et uaricauimus (!) illa parte ipsum flumen. Von den Einwohnern und ihren Geschenken berichtet diese Hs. wieder mehr: inuenimus ibi homines. qui habebant uestitas pelles de ballenis. dederunt nobis spongias albas. et purpureas. et concas marinas. que capiebat (sic!) duos (bl. 235b) et tres congios. dederunt et tunicas de uitulis. factas de uitulis marinis. et cocleas que capiebant sextarium. Item posuerunt ante nos uermes. quos de ipso flumine traxerunt. erant grossiores sicut coxa hominis. melior erat sapor illorum de omni pisce. dederunt et fungos rubicundos. posuerunt nobis ad murenas pensantes ducentas quinquaginta libras. et dicebant. quia plus fortiores de illis essent in ipso oceano qui erat illis uicinus ad uiginti tria miliaria. Pisces qui nominantur sacri. posuerunt ante nos pensantes libras centum quinquaginta.

²) Die Länge der Haare erwähnt B erst am Schlusse: et habebant capillos longos spasos per dorsa. Am Anfange steht nur ‚Erant in eodem flumine femine capillate‘, worauf wir ‚sie gleich von ihrer gefährlichen Seite kennen lernen, und zwar erscheint hier noch ein Zug: aut trahebant eos inter ipsas cannas. et quia erant nimium formose aut per nimiam iram occidebant illos. Von der Grösse und ihren Hundezähnen erfahren wir nichts.

³) Das brachte die Hist. schon nach den feuersprühenden Vögeln bl. 218c₄: Venimus in fines oceani maris in quo sunt cardines celi. audiuimus in ipso mari loquentes homines linguam grecam. Quidam uero ex militibus nostris exuentes se uestimentis suis uoluerunt ingredi per mare ad ipsam insulam. surgentes bestie que uocantur carcyni et apprehenderunt uiginti milites u. s. w.

⁴) Die Hist. lässt dies nach den Erlebnissen beim warmen Flusse geschehen. Die kürzere Darstellung in B weicht sehr oft im Ausdrucke und auch inhaltlich einige Male ab: bl. 217d₂₄ Abinde uenimus ad mare rubrum. Et erat ibi mons altus ascendimus eum et quasi essemus in celo. Cogitaui cum amicis

wird. Auf demselben sind die Angriffe von Thieren mit Sägehörnern[1]), gehörnten Schlangen und von Kynocephali abzuwehren, auch stirbt Alexanders Pferd Bucephal, zu dessen Andenken dieser eine Stadt gleichen Namens gründet.[2]) Am Flusse Tytan beschenken ihn die Eingebornen mit Elephanten und Wagen[3]), und nachdem er noch an dem Palaste des Xerxes, in dem sich wundersame, den Kranken Genesung oder Tod anzeigende Vögel befinden, vorübergekommen[4]), nimmt ihn Babylon auf. Daselbst

meis ut instruerem tale ingenium quatenus ascenderem celum et uiderem si est hoc celum quod uidemus. Preparaui ingenium ubi sederem et apprehendi grifas atque (bl. 218 a) ligui (!) eas cum catenis. Et posui uectes ante eos et in summitate eorum cibaria illorum et ceperunt ascendere celum. diuina quidem uirtus obumbrans eos deiecit ad terram longius ab exercitu meo iter dierum decem in loco campestri. et nullam lesionem sustinui in ipsis cancellis ferreis tantam altitudinem ascendi ut sicut area uidebatur esse terra sub me. Mare autem ita uidebatur mihi sicut draco girans ea. et cum forti angustia iuntus (!) sum militibus meis uidentes me exercitus meus acclamauerunt laudantes me. Ebenso frei, wenigstens in der Beschreibung der Zurüstungen verhalten sich die anderen Texte gegenüber B in der zweiten Geschichte. B bietet: Venit iterum in cor meum ut mensurarem fundum maris feci uenire astrologos. et geometricos precipique illis ut construerent mihi uasculum in quo ualerem descendere in profundum maris et perquirere ammirabiles bestias que ibi habitant nisi tali modo Faciamus doleum olouitreum et ligetur catenis et regant eum fortissimi milites. Hoc audito alexander (sic!) precepi cito talia facere et tali modo perquisiui profundum maris. Vidi ibi diuersas figuras piscium atque ex diuersis coloribus uidi ibi et alias bestias habentes imagines terrenarum bestium ambulantes per fundum maris quasi quadrupedia. Veniebant usque ad me et fugiebant. Vidi ibi et alias ammirabiles caussas quas recitare (bl. 218b) non possum. Der letztere Theil ist in den anderen Texten ziemlich conform, nur fressen da die Thiere die Früchte der auf dem Meeresgrunde wachsenden Bäume.

[1]) Diese gehören der Ep. an, welche nach Erwähnung der Wasserweiber bl. 235b fortfährt: Vidimus in gangen flumine. que si dicere noluissemus miranda fuissent. sed ne dicatur quia causa fabulosa sit. propterea nolui nobis inde aliquid scribere. Venimus inde ad castellum quod indi colunt. ubi suscepimus optima monita a senibus illis. qui nos reuocabant et ducebant per caspias portas in fasiacen. (bl. 235c) ad porum regem. non uoluimus ausculta (!) monita de ipsis senibus quia sperauimus. ut per fraudem darent nobis consilium secuti sumus flatus euri uenti. et inde uenimus in loca ubi erant fere de quarum capitibus exiebant ossa serrata u. s. w.

[2]) Dafür hat der Bearbeiter eine andere Quelle benützt. Dasselbe gilt vielleicht auch hinsichtlich der Schlangen und Kynocephali, wenn deren Anführung nicht auf Reminiscenzen von B beruht, was ich aber stark bezweifle (s. S. 27 f.).

[3]) B in der Hist. bl. 217b$_{30}$ nach Alexanders Testament.

[4]) Hist. bl. 216c$_{27}$ von den Amazonen weg. Ueber die Vögel wird hier berichtet: erantque coturnices (bl. 216d) tam magne sicut columbe. et loquebantur regibus linguam humanam atque dicebant illis quantos annos uiuerent.

schreibt er seiner Mutter und seinem Lehrer Aristoteles Briefe und empfängt von letzterem Antwort.¹) Eine Missgeburt deutet nach dem Ausspruche des Sehers seinen nahen Tod an²), der ihn auch bald erreicht, indem er auf Anstiften Antipaters von Jolus-Jobas bei einem Gelage vergiftet wird.³) Sterbend macht er sein Testa-

---

¹) Den Brief des Aristoteles erhält Alexander in der Hist. nach Empfang der Geschenke am Flusse Tytan. Von einem vorhergegangenen Schreiben des Königs steht aber da kein Wort ausser bl. 217a, das an Aristoteles gerichtete Testament, das mit den Worten eingeleitet wird: Alexander autem consiliauit cum amicis suis . et scripsit epistolam aristoteli continentem ita. Dies Testament ist in den anderen Fassungen an das Ende gerückt. Der Brief an Olympias folgt dem des Aristoteles: bl. 217c₂₂ deinde perrexit babiloniam . Exierunt babilonii et magno honore honorauerunt eum . Statim fecit offertionem diis et scripsit epistolam matri sue . Olimpiadi dilecte matri gaudium . quantum facim a usprincipio usque dum uenissemus asiam significatum est tibi . Iterum notum sit tibi quantum fecimus in antea . A babilonia cepi ire eo (bl. 217d) adunato populo meo numero centum milia uenimus ad columnas eraclii u. s. w. Da der erzählende Inhalt vom Bearbeiter in früheren Partien untergebracht worden war, gedenkt er hier nur der Thatsache.

²) Das Kind hat vom Kopfe bis zum Nabel Menschengestalt und ist todt, die Theile unter dem Nabel gleichen verschiedenen Thieren und besitzen Leben. Sowohl hierin wie in anderen Punkten weicht B ab: bl. 216d, antequam exissem de hoc seculo uidi mulierem que genuit filium qui erat ab umbilico et sursum ut homo ab umbilico usque ad pedes erat bestia similitudinem habebat canis . Cum autem peperisset hec filium mulier cooperuit eum adduxitque eum alexandro regi mandans ut loqueretur illi aliquid secretum . Ille autem erigens se a somno iussit eam uenire . At illa iube exire omnes . Secretum habeo indicare tibi . disco operiens infantulum monstrauit eum illi . Cum uidisset eum alexander miratus est . Et iussit uocari ariolos . dicens illi . dic mihi quod signum est hoc . suspirans dixit . O rex appropinquabit tempus tuum ut exeas de hoc seculo . Cui alexander . dic mihi quo modo . dixit illi . potentissime rex . medietas corporis que habet aspectum hominis tu es . pars autem que uersa est in bestiam homines sunt qui post te ueniunt . Ex quare plora homines quia pro te factum est hoc signum . Audiens autem alexander tristis affectus est . et dixit . o iuppiter oportuerat enim (bl. 217a) ut dies obitus mei in pace finiretur ut hoc quod consideraui perficerem . et quia sic placet tibi recipe me tercium mortalem.

³) Die Geschichte von Alexanders Vergiftung und die Veranlassung hierzu erzählt B nicht im Zusammenhange, sondern es ist das an Aristoteles gerichtete Testament, dessen Brief und das Schreiben an Olympias eingeschoben, und zwar nach dem Abschnitte, welcher die Vorbereitung des Mordes enthält. In diesem ersteren Theile weicht am meisten die Einleitung und, wie sich Antipater das Gift verschafft, ab: bl. 217a, Mater uero illius multis uicibus scripserat alexandro de antipatro et angustiabatur . Considerauit antipater facere causam et fecit (coniurationem) offerens illi malum nomen dubitauit pro hac causa antipater ad alexandrum uenire . mittensque ad maleficum fecit eum uenire ad se . rogans eum ut daret ei uenenosam potionem . quod et fac-

ment, und als auf die Kunde von seinem nahenden Ende die Krieger unter Drohungen fordern, ihnen den Herrscher zu zeigen, befiehlt er die Thüren des Gemaches zu öffnen, mahnt sie fried-

tum est . talem illi potionem dedit . quia non erat uas quod sustineret fortitudinem eius . Fecit cantrellam ferream et posuit eam . intus et dedit eam cassandro filio suo u. s. w. Ueber Jolus wissen die Bearbeitungen, dass er Jobas genannt wurde, jung und schön war und Alexander sehr nahe stand. Im Uebrigen ist die Variation geringfügig. Die Fortsetzung folgt dann bl. 218b$_2$: Yolus quem superius diximus acquisiuit sibi socios et confederatus est eis ut uenenum bibere daret alexandro et moreretur. Dies fehlt in den anderen Texten, die gleich erzählen, wie Alexander eines Tages fröhlich beim Gastmahle gesessen habe. B fügt dem bei: Yolus autem caput tanti mali cogitauit in fiala porrigere uenenum alexandro . exspectauit qua hora hoc faceret . Es heisst dann, dass Alexander immer heiterer geworden sei, und, während er mit seinen Soldaten sprach, plötzlich zu trinken begehrt habe: Yolus infector tanti mali porrexit ei uenenum et dum bibisset subito clamauit uoce magna quasi lanceam dedesset (!) illi aliquis in iecore. Die anderen Texte bemerken, dass Jobas das Gift mit Wein vermischt habe, und dass Alexander, nachdem er getrunken, mit einem lauten Schrei sich auf die rechte Körperseite geneigt habe. Auch begibt er sich darnach in ein Gemach, und dort reicht sein Mörder die vergiftete Feder, während nach B dies Angesichts der Theilnehmer am Mahle geschieht: bl. 218b$_{31}$ Alexander autem uoluit uomere quesiuit pennam ut mitteret eam in guttur suum ut uomeret. Yolus autem inuenit (bl. 218c) pennam ac liniuit eam ueneno et porrexit illi et misit in guttur suum . Ex quare uenit eum urgere uenenum amplius atque amplius. Cum autem in tali dolore uexaretur alexander totam noctem duxit insomnem. Nun steht in B: Alia uero die cum intellexisset alexander dolorem suum et uidisset se positum esse in malo quia etiam et lingua eius arcacebat. Fecit uenire omnes milites suos et cepit monere eos ut pacifice et bene inter se uiuerent. Cassander uero pergebat per homines ipsos cum quibus coniurationem fecerat pro interitu alexandri . Confortans eos ac dicens scitote . Quia male habet alexander et expectabant aduentum Yoli ut intellegerent mortem alexandri . Facta uero ora noctis precepit omnibus exire de cubiculo suo pariter et roxani uxorem suam . Cum autem existent omnes precepit cuidam familiari suo ut aperiret regiam que erat super descensum fluuii eufraten et nemo stetit ibi. Was dem letzten Satze vorausgeht, hat der Bearbeiter übergangen. Während Alexander zum Flusse kriecht, um sich zu ertränken („ut non inueniretur" nach den anderen Texten) bemerkt ihn seine Gemahlin: bl. 218d$_1$ Abiens autem prope fluuium uoluens caput suum uidit roxani uxorem suam sequentem se cursu ualidissimo . Tunc enim illa uigilabat et uidit eum quando exiuit adproximans illi ieicit se super eum amplexans atque dicens u. s. w. Die anderen Fassungen erwähnen nicht, dass Alexander den Kopf umwendete und Roxane gewacht habe, dagegen ist der Ton ein wärmerer, insoferne sie bitterlich weinend ihren Gemahl hier und später im Palaste nochmals und zwar unter Küssen umschlingt und dieser sie mit „mi cara plurimaque dulcissima" anspricht. Bemerkenswerther ist indess das nachherige Auftreten des Notars Simeon, den Alexander durch Jobas rufen lässt, um sein Testament zu schreiben . B hält sich hier (im Testament erscheint der Name) allgemein: Statim fecit uenire notrium et precepit scribere testamentum. Das Testament selbst brachte B

fertig zu sein und übergibt auf ihr Verlangen dem Perdiccas die macedonische Herrschaft. Laut beklagen die Macedonier das Schicksal ihres Königs, mit dem das ihre so enge verbunden ist.

schon früher im Briefe an Aristoteles. In Einzelheiten divergirt es. So befiehlt Alexander dem Aristoteles, ihm die tausend Talente für die ägyptischen Priester zu schicken, wogegen in den überarbeiteten Texten die Sendung an die Priester angeordnet wird. In diesen findet sich auch eine Bestimmung, der zufolge das Vermögen des Königs Roxanen zufällt. Ferner erhält da Arideus den Peloponnes. B (bl. 217b,₁₉) liest „Arideus filius filippi sit princeps in terra' und nachher für ‚Casandro et iobas' ‚Cari et casandro', als deren Vater aber nicht Antipater bezeichnet wird. Nebstdem nennt B den Lisimachus und Nicanor nicht, bezeichnet auch nicht die Abkunft des Ptholomeus, dem ausser dem Besitz von Aegypten noch andere Ehren zugedacht sind: detur ei uxor cleopatra et sit princeps super omnes satrapas babilonie et usque bactriam. Seleucus (B seleucion) bekommt nur Babylonien. Nach Abfassung des Testamentes donnert und blitzt es: et contremuit totus hostia. An jener Stelle, wo in den übrigen Hs. das Testament eingerückt ist, berichtet B: bl. 218d,₁₆ Tunc erat ibi quidam homo perdica nomine uidit quia moreretur alexander. Cogitauit in corde suo quod ptolomeo dimitteret regnum tradens illi in coniugium olimpiadem matrem suam que uidua est. Abiit et dixit ei si facturus fueris rex in regno alexandri quid mihi bene facturus es. At ille dixit facio dans illi sacramentum. B weicht auch nachher zu verschiedenen Malen von der späteren Textgestaltung ab: bl. 218d₂₂ diffamatum est per cunctum populum mors alexandri. Presentaliter erexerunt se cuncti macedones et ceperunt uociferari dicentes. Scitote quia omnes occidemus si non monstratis nobis seniorem nostrum. Ille autem in stratu suo in quo iacebat audiuit turbationem eorum interrogauit quid hoc esset. Illi autem qui erant cum (bl. 219a) eo dixerunt congregati omnes macedones cum armis uolunt nos occidere dicentes. ostendite nobis seniorem nostrum. Quid fecit alexander? precepit militibus suis ut tollerent eum cum ipso lecto et ponerent eum in eminentiore et spatioso loco. ut posset ab omnibus uideri et tunc fecit introire omnes ante se cum uno uestimento. Introierunt per unam partem et exierunt per aliam unusquisque osculans eum suspirans ille fortiter. Fletus ingens ac ploratus magnus erat in eo loco quasi tonitruus. Credo interim quia non soli homines plorauerunt ibi sed etiam pro tam magno rege sol tristatus est. Quidam macedo naspeleucos nomine manens in simplicitate sua stans prope lectum alexandri dixit illi. Alexander filippus pater uester bene gubernauit regnum quod tenuit. Sed bonitates tuas quis estimare poterit. Tunc erexit se alexander et sedit percuciens pectus suum cepit flere amariter. Et uoce magna lingua macedonica cepit dicere. Heu me alexander moritur. et macedonia minuetur. Tunc macedones qui astabant melius fuerat nobis omnibus mori tecum. Quia post mortem tuam regnum macedonie non stabit. Ve nobis. ubi nos dimittis. Alexander sepius suspirans et plorans dixit. (bl. 219b) O macedones nomen uestrum a modo super barbaros non dominabitur. Tunc direxit athena in templum apollinis peploni id est trabem auream et auream sedem. similiter et omnibus templis direxit. Jussit afferri meldinosia (?) terra et precepit ut post mortem illius ut ex eo unguerentur corpus eius. et murram terre trocloditice. hec due cause. incorrupta seruant corpora mortuorum.

Alexander selbst kann sich der Thränen nicht enthalten. Bevor er stirbt, bestimmt er noch Weihegeschenke für alle Tempel und sorgt für die Einbalsamirung seines Körpers, sowie für seine Bestattung. Seine Leiche wird dann nach Alexandrien geführt.[1]) Den Schluss der Historia bildet eine kurze Charakteristik von Alexanders Person und Anlagen [2]), sowie seines Lebenslaufes[3]) und endlich die Aufzählung der zwölf von ihm gegründeten Alexandrien.

Damit schliesse ich die allgemeine Charakteristik. Sie wurde zum einen Theile so ausführlich gehalten, weil mir bei der Untersuchung, wie sich Rudolf seinen Quellen gegenüber verhielt, nicht Gelegenheit geboten wird, wieder auf jene Partie des Liber de preliis zurückzukommen; sein Gedicht bricht ja schon früher ab.

Es erübrigt nun, die Texte der zweiten Handschriftengruppe auf ihre Besonderheiten durchzunehmen: doch muss ich mich des Raumes wegen mit dem Hinweis auf die wichtigern sachlichen Interpolationen begnügen.

Weitaus am reichlichsten ist S mit solchen versehen, und hierin liegt der hervorragende Werth dieser Hs. Sie allein enthält eine Menge Details, die bei U. v. Eschenbach, im nordischen Konung Alexander, in der französischen Prosa und auch bei Rudolf von Ems begegnen, woraus man entnehmen kann, dass diese Fassung im Wesentlichen weit älteren Ursprungs als die vorliegende Hs. ist.

Die erste eigenthümliche Interpolation findet sich nach der Erzählung vom Kampfe Alexanders mit dem Könige Nicolaus: in der Nacht nach dem Schlachttage soll jenem geträumt haben, er halte, die Krone des Nicolaus auf dem Haupte, ein Schwert und

---

[1]) Dass dieselbe mit den königlichen Gewändern und der Krone geschmückt wurde, fehlt B.

[2]) fehlt B.

[3]) B bl. 219 b 30. Fuerunt anni uite illius triginta tres ac decem et octo annis cepit committere bellum u. s. w., schliessend: Fabricauit ciuitates duodecim . quo usque actenus habitantur. Natus est mense tinbia primus. Obiit mense (bl. 219 c) farmuthi ingrediente die . IIII. . Milites itaque sui habuerunt post mortem eius maximam tristitiam . Talis interim fuit uita magni alexandri regis.

einen aus Erde geformten Apfel in der Rechten, was von den Traumdeutern auf seine künftige Weltherrschaft bezogen wird.[1])

Mehrere neue Züge bietet auch die Geschichte von Pausanias: er erscheint hier als König von Bythinien, führt sein Heer gegen Philipp nach Egeae[2]) und, nachdem dieser von seiner Hand gefallen, in die Stadt Jon, um daraus dessen Gemahlin zu entführen.

Einige Aehnlichkeit hat noch μ: bl. 161a „Erat enim in hybernia tunc temporis rex quidam nomine pausanias filius ceraste vir audax velox subiectusque phylippo, und dann ‚pro quo elevatus est pausania in audaciam et intravit audacter civitatem et ingressus in palacium regis, ut abstraheret olimpiadem.'

So variirt auch in den Bearbeitungen der Name des Landes: in einer ‚Canonica Alexandri' (s. Jacobs u. Ukert, Beiträge I, 433) ist Pausanias König von Britonia und in Vauqualins Histoire d'Alixandre (ebenda S. 395) von Bethunien; die andere französische Prosa (s. Herrigs Archiv I, 290 und Weissmann II, 385) entspricht ganz der Ueberlieferung in S. Zum Vergleiche gebe ich die betreffende Partie, deren Abschrift ich meinem Bruder verdanke, nach dem Exemplare der Pariser Nationalbibliothek (Sign. Y_2 161), welchem noch L'histoire d'Olivier de Castille und Histoire de la fleur des batailles Doolin de Mayence, ebenfalls bei Nicolas Bonfons gedruckt, beigebunden sind.

En ce temps auoit au Royaume de Betinie un Roy, qui fut fils de Arestez, qui estoit descendu de la lignee de Forests: Cestuy Roy estoit hardy et ysnel, et auoit nom Pensama, et avoit tousiours esté subiect au Roy Philippe: mais il y auoit long temps qu'il auoit enuie de la Royne Olimpias, et la conuoitoit auoir. Si fist une commotion contre le Roy Philippe par le consentement d'une partie de ceux du pays, et assembla grant peuple, et s'en alla sur le Roy Philippe en Egee. Quand le Roy Philippe entendit que le Roy de Betinie venoit contre luy en armes, il en eut tel despit, que

---

[1]) Von einem Apfel, den Alexander zum Zeichen seiner allgebietenden Macht verfertigen liess, berichtet das deutsche Volksbuch von den hl. drei Königen (s. F. Liebrecht, Des Gervasius von Tilbury Otia Imperialia S. 54 Anm. 3).

[2]) Nach dem Itinerarium cap. XII wird Philipp Aegensi theatro ermordet, wozu Zacher Psk. S. 51 auf Arrian 1, 11 verweist. Aegae als Ort der That nennt auch Josephus Flavius Antiqu. XI, 8, und dem entsprechend ist in einer deutschen Uebersetzung des Josephus Flavius vom Jahre 1530 XI, 7 (S. 206) angegeben: Eben zur selbigen Zeit ist auch Philippus, der Macedonier Künig, bei den Egeern von Pausania des Ceraste sun, der von Oreste her geborn war, heimlichen mit aufsatz erschlagen worden; Solin 72,14 nennt Aegae als Begräbnissstätte der macedonischen Könige.

par son grand courage, et auec si peu de gens qu'il auoit, il alla al encontre de ses ennemys. Quand les deux osts s'entrerencontrent ils bataillerent mout fort l'un contre l'autre, comme ceux qui s'entrehayoient de mortelle hayne, et tant que grand nombre y en eut de mors et de naurez, et les Macedoniens se defendoient si merueilleusement que aucunes fois faisoient reculer leurs ennemis par bonne exemple qu'ils prenoient du Roy Philipe leur seigneur, qui vaillament se portoit: car il n'estoit nul qui le vist, qui ne dist qu'il estoit le plus preud'homme de tous: car il s'abandonnoit si vigoureusement en tous endroicts qu'il sembloit qu'il n'eust nulle doute de ses ennemys.

Comme le Roy Philippe de Macedone fut abbatu et nauré à mort, et s'enfuyrent ses gens.

Aduint enuiron l'heure de midy qu'il rencontra un cheualier du royaume de Bitinie, et comme celuy qui le hayoit d'une mortelle haine, ferit son cheual des esperons et courut à luy et le cheualier contre luy et commença entr'eux deux un grand estrif mais ainsi qu'il se combatoient le Roy Pensama choisit le Roy Philippe, puis ferit son cheual des esperons, et vint droit à luy, et luy donna si grand coup par derriere du Glaiue de fer fort trenchant, qu'il luy fist une grand playe mortelle, et cheut à terre ainsi nauré. Quand les Macedoniens virent leurs Seigneurs cheoir ils cuiderent qu'il fust mort: et hors de toute attente de victoire ils s'enfuirent, et ny en eut nul qui mist la main à luy pour luy aider: mais commencerent à fuir vers la Forest pour sauuer leurs vies. Adonc le roy Pensama commanda à ses gens que nul ne les suiuist et attendirent long temps au champ, tant que les ennemis s'en furent fuis. Et quant il vit qu'il n'estoit demouré nul de ses ennemis, il cheuaucha luy et ses gens vers la cité de Lom. Quant il y fut arriué il trouua les portes ouuertes, si entra dedans et alla au Palais ou il cuidoit trouuer la Roine Olimpias: mais elle estoit en une forte Tour qu'elle auoit garnie de gens d'armes et de vituaille au mieux qu'elle auoit peu, selon le petit espace de temps qu'elle auoit eu. Quand Pensama vit qu'il ne pouuoitauoir la Roine sinon à force il fit assaillir la tour, et les gens de la Roine se defendirent vigoureusement: mais à tant l'histoire se taist du roy Pensama, et retourne à parler d'Alexandre, qui est en Armenie.

Bevor Alexander sich nach Italien begibt, zieht er nach Illiricum und Salona, womit μ insofern in Einklang steht, als der König vor der italienischen Fahrt nicht Chalcedon sondern ‚illiricum et salonam' botmässig macht (s. die französ. Prosa, Weissmann II, 387).

Bei Gründung der Stadt Alexandrien wird die bekannte Fabel eingefügt, dass Alexander den Umfang derselben durch ausgestreutes Mehl bezeichnete[1]) und, um von der Ansiedelung Schlangen ferne zu halten, die Gebeine des Jeremias herbeischaffen liess.[2])

---

[1]) Plutarch, Alexander 26; Arrian III, 2; Strabo 17, 1; wegen Pseudocallisth. Zachers Schrift S. 120; Curtius IV, 8,6; Valer. Maximus 1,4 ext. 1. Den Architekten Dinocrates erwähnt auch Solin 164,11 u. 184,10.

[2]) Die Bekanntschaft mit dieser Geschichte vermittelte wohl die Historia

Beides lesen wir im Konung Alexander V. 936 ff. und in der französischen Prosa (Herrigs Archiv I, 292 und Weissmann II, 388), wo aber erstere Sage variirt und in der zweiten an die Stelle des Jeremias der hl. Hieronymus getreten ist. Siehe ausserdem Jacobs und Ukert, Beiträge I, 396 und Merzdorf, Die deutschen Historienbibeln II, 543.

In Syrien bringen viele Könige Alexander Geschenke dar, werden jedoch nicht durchaus huldvoll aufgenommen.[1]

Bemerkenswerth ist nachher auch die Schilderung der zur Einnahme von Tyrus getroffenen Anstalten, worüber unter meinen Texten der H. d. p. nur noch m, doch nicht übereinstimmend berichtet.

Nach Zerstörung dieser Stadt durchzieht Alexander, bevor er nach Jerusalem gelangt, Cilicien und Rhodus.[2]

In Phrygien wird Gordium oder Sardis, dessen Einwohner sich nicht unterwerfen wollen, erobert.[3] Im Sonnentempel daselbst bringt der macedonische König den Göttern Opfer, wobei einem Edelknaben eine glühende Kohle auf den Arm fällt, was diesen nicht hindert, seinen Dienst weiter zu versehen.[4]

Erstere Begebenheit enthält auch Konung Alexander V. 1489 ff. (S. noch Vintlers Pluemen der Tugend V. 4742 und die Anmerkung zu dieser Stelle).

Von Gordium zieht das Heer an den Fluss Scamander (die Breite gibt S nicht an) und setzt bei Abydus über den Hellespont[5] nach Europa über.

---

schol. Liber Tobiae cap. III. Auf Zonaras Annal. III, 117 B und Chronicon Paschale I, 293 ist schon bei Jacobs u. Ukert, Beiträge a. a. O. hingewiesen. Vincentius Bellov. berichtet im Spec. hist. darüber schon II, cap. 116.

[1] Justin XI, 10, 6 und Orosius III, 16.

[2] Justin XI, 11, 1 und Orosius III, 16.

[3] Justin XI, 7, 3 und Orosius III, 16.

[4] Val. Maximus III, 3 Extr. 1, wo indess kein Lokal namhaft gemacht ist. Vicentius Bellov. III, cap. 41 verlegt den Schauplatz nach Babylon und ebenso Antoninus von Florenz, der zu seinem grossen Werke Summa historialis (s. Wetzer, Kirchenlexicon I, 302 f.) nicht nur das Speculum historiale zum Vorbild genommen, wie es auch Maerlant beim Spieghel historiael that, sondern, was wenigstens den Abschnitt über Alexander anlangt, mit verhältnissmässig geringen Aenderungen denselben dort abgeschrieben hat.

[5] Es ist darnach derselbe Weg, den Alexander nach Asien eingeschlagen. N. Droysen, Gesch. Alexanders S. 102. Arrian berichtet davon I, 11, 3 ff., s. Itinerarium XVII f. Die unmittelbare Quelle vermag ich nicht anzugeben. Dass auf dem Hinwege der Uebergang über den Hellespont bewerkstelligt

Vor der Rückkehr nach Asien unterwirft sich Alexander bekanntlich verschiedene Städte Griechenlands. Auch an die Athener ergeht die Aufforderung, ihn als Herren anzuerkennen. Bei deren Berathung tritt nun ausser Demosthenes und Aeschylus noch Demades[1]) als Redner im Sinne des letzteren auf. Ueberdies weicht S noch darin ab, dass nicht Aeschylus, sondern der durch persisches Gold bestochene[2]) Demosthenes für den Widerstand ist.

Mit dem Besuche Athens ist die Episode verknüpft, wie der um das Schicksal der Stadt besorgte Anaximenes, Alexanders einstiger Lehrer, die Zerstörung derselben durch seine Klugheit abwendet (Es sind hierbei die bekannten Geschichten von Diogenes und Anaximenes[3]) nicht sonderlich geschickt vereinigt worden.), und schliesslich lesen wir noch von einer Disputation des Democritus und anderer athenischer Philosophen.

Auf die Unterwerfung der Lacedämonier folgt die Einnahme von Cyzicus und Byzanz, worauf Alexander seinen Weg durch die Propontis nach Calcedon nimmt.

Aus Versehen ist dann der vom Zuge nach Abdira, Bihostia, Olynth und Chaldeopolis handelnde Abschnitt wiederholt, und daraus mag sich vielleicht erklären, dass mit Übergehung des Marsches durch Cilicien sofort der Kriegsrath des Darius zur Sprache kommt.

Die macedonische Heeresmacht wird nicht mit 200000 Mann, sondern 32000 Fussgänger, 4500 Reiter und 180 Schiffe beziffert, woran sich die Bemerkung schliesst, es sei schwer zu entscheiden,

---

wurde, steht zwar auch in der Hist. schol. Lib. Esther cap. IV und bei G. v. Viterbo P. XI (S. 263), und über die Lage von Abydos belehrt u. a. Solin 79, 10 (nach Plinius), Marcianus Capella 225, 3.

[1]) Zacher, Pskall. S. 126 und J.V. Epit. (J.V.) II, 2 f., wo aber Demades die Athener gegen Alexander aufreizt. Dem entspricht die Darstellung Hartliebs bl. 23b, nach der Estimes zur Unterwerfung räth, Damates den Krieg will und Damascenus sich auf die Seite des ersteren stellt.

[2]) Justin XI, 2,7 und Orosius III, 16, nach dem Ado in seinem Chronicon von Alexander erzählt (s. Migne, Patrol. lat. B 123, Sp. 56 f.). Vincentius Bellov. im Spec. hist. III, cap. 8 erwähnt gleichfalls diese Thatsache, belässt aber trotzdem dem Demosthenes die Stellung, welche er in der Epitome einnimmt.

[3]) Valerius Max. III, 3 Ext. 4 und VII, 3 Ext. 4. Die eine hat übrigens Korinth, die andere Lampsacus zum Schauplatze. S. Gesta Roman. germ. 15 und Spec. hist. III, cap. 18. Im Liber de vita ac moribus philosophorum poetarumque veterum des Walther Burley, wo davon erzählt wird, ist die eine Oertlichkeit wie bei Valerius Lampsacus (in der von mir benützten Incunabel zu lausatum entstellt), doch heisst es am Schlusse: quod athenis similiter accidisse fertur.

ob im Hinblick auf die kleine Schar der Erfolg oder Muth Alexanders mehr Bewunderung verdiene.[1]

Dieselben Angaben bieten Konung Alexander V. 1910 ff., die französische Prosa an späterer Stelle (s. Weissmann II, 391); Hartlieb bl. 20a variirt nur hinsichtlich der Reiter (40000).

Während nach den anderen Hs. Alexander nun nach Cilicien kommt und im Flusse Oceanus badet, wendet er sich hier gleich nach Armenien (Medien ist nicht genannt, wie nachher in der Notiz über den Lauf des Eufrat und Tigris), und so wird die gewöhnliche Anordnung noch mehrfach verlassen. Nach dem Brückenschlag über den Tigris folgt nicht die Schlacht an diesem Flusse, sondern das Schreiben Nostadis an Darius, der Antrag eines vornehmen Persers seinen König gefangen auszuliefern, dann Darius Briefwechsel mit den zwei Satrapen Stapsy und Spchichir und mit Alexander, der sich darauf als Bote an den persischen Hof nach Persipolis begibt und nach glücklicher Rückkehr an seine Krieger eine ermuthigende Ansprache hält. Schlacht (am Granicus), wie in den übrigen Fassungen, doch stimmt die Beschreibung zum kleinsten Theile mit jenen überein. Der Wortlaut führt uns anfänglich dahin, wo dort eines Treffens, dass Darius auf die Niederlage seiner Satrapen (am Tigris) den Macedoniern in Cilicien liefert, Erwähnung geschieht, und der vorangehenden Darstellung vom Kampfe am Tigris sind die übrigen Züge zumeist entlehnt. Der Schluss ist aus einem späteren Capitel herübergenommen. Der H. d. p. fremd sind die Daten über die beiderseitigen Streitkräfte und Verluste.[2]

Alexander schreibt nun an seine Statthalter, der nach Persipolis geflohene Darius wendet sich an Porus um Hilfe, wird aber auf spätere Zeit vertröstet. Auf die Kunde vom Anrücken der Perser überschreiten die Macedonier mit unglaublicher Schnelligkeit den Taurus und gelangen nach Tarsus.[3] Jetzt erst lesen wir von Alexanders Bad im Cyg-

---

[1] Justin XI, 6,1 und Orosius III, 16. Die Anzahl der Schiffe erweist letzteren als Quelle. Vgl. noch Gualtherus in seiner Alexandreis V. 246 ff., O. v. Freisingen, Chronik II, 25 u. a.

[2] Die H. d. p. au etwas früherer Stelle schätzt Alexanders Heer auf 120000; S lässt diese Zahl dort fort und wiederholt hier mit Weglassung der Schiffe die Ziffern des Justin XI, 6, 2 und Orosius III, 16. Betreff der Perser s. Just. XI, 6,11 u. Oros. a. a. O. Beide geben indess nur über die auf macedonischer Seite Gefallenen Aufschluss.

[3] s. Justin XI, 8, 1 und Orosius a. a. O. Aus einem Zusatze kann man

nus¹) und Rettung durch den Arzt Philipp, worauf ein abermaliger Zusammenstoss beider Heere erfolgt. Die Macedonier bleiben Sieger und das persische Lager sammt der königlichen Familie fällt in ihre Hände.²) Parmenion wird gegen die feindliche Flotte abgesandt.³) Mit der eben angeführten Schlacht bringt S auch das von einem verkleideten Perser auf Alexander ausgeübte Attentat in Verbindung, was sich nach den übrigen Texten in jener am Tigris ereignet, und geht dann auf die dort der Niederlage am Granicus folgenden Begebenheiten über: Darius flieht verwundet nach Persipolis (für Susis), klagt daselbst über sein Missgeschick, bietet Alexander Lösegeld für seine gefangene Familie an und rüstet sich, da dieser es ablehnt, zum dritten Male⁴), indem er noch einmal von Porus Unterstützung fordet, wird jedoch von seiner Mutter in einem Briefe vor weiterem Widerstande gewarnt. Alexander zieht mittlerweile gegen Persipolis heran und täuscht den Gegner durch aufgewirbelten Staub über seine Streitkräfte. Dies wie der Brief von Darius Mutter fällt nach der gewöhnlichen Darstellung der H. d. p. vor die Schlacht am Granicus (resp. Alexanders Botengang an den persischen Hof), an deren Stelle S eine solche am Tigris setzt. Die Beschreibung ist sonst eine getreue Copie jener, nur sind wieder mehrere Zusätze gemacht worden⁵), wie in den folgenden Abschnitten bis zum Hochzeitsfeste mit Roxane: Alexander lagert am Tigris und gelangt zu den Palästen des Xerxes und den Königsgräbern, dann nach Befreiung

entnehmen, dass der Interpolator den in der H. d. p. erwähnten, von Darius unternommenen Uebergang über den Taurus damit in Verbindung brachte.

¹) Auch da ist Orosius (s. Justin XI, 8, 3), soweit er dies Ereigniss berührt, benützt, das weitere gehört der H. d. p. an.

²) In der Hauptsache ist für diese Partie Orosius (s. Justin XI, 9), der wenigstens in der mir vorliegenden Ausgabe nur die Zahl der Getödteten höher anschlägt, Quelle. Auf die Schilderung der Schlacht haben die vorausgehenden Kampfscenen der H. d. p. eingewirkt.

³) Justin XI, 10, 4 und Orosius III, 16.

⁴) Vgl. Orosius a. a. O. tertio cunctis Persarum viribus sociorumque auxiliis contractis bellum instaurat.

⁵) Dazu gehört die Angabe über die Grösse des Perserheeres, die Bemerkung, dass die Macedonier mit Siegeszuversicht, die Perser mit dem Muthe der Verzweiflung in den Kampf zogen, und dass Darius auf Zureden der Seinen floh, endlich die Schlussbetrachtung: In hoc itaque bello persarum omnis fiducia attrita est u. s. w. Orosius a. a. O., doch variirt die Zahl der Fussgänger, und auch hinsichtlich des Berichtes über die Gesammtsumme der Gefallenen herrscht nicht volle Uebereinstimmung. Vgl. auch Justin XI, 12, 5 und 14, 1, 3 und 6.

einer Schar verstümmelter Gefangener nach Persipolis, wo er grosse Schätze vorfindet.¹) Der zu den Parthern flüchtende Darius wird von seinen Verwandten Bysso und Ariobarzanes in goldene Fesseln geschlagen und, nachdem sie ihn zu Tode verwundet, auf dem Felde liegen gelassen, wo ihn Alexander, der auf die Kunde von seiner Gefangennahme mit sechstausend Reitern nachsetzte, sterbend findet.²) Daraus, dass der Mord auf dem Marsche und nicht im Palaste, wie die H. d. p. überliefert, verübt wird, erklärt sich nachher die Modifikation, dass Alexander nach Persipolis zurückkehrt, um den Palast des Cyrus zu bewundern.

Nach Beendigung der Vermählungsfestlichkeiten nimmt Alexander seinen Eroberungszug wieder auf. Zuerst unterliegen ihm die Hircani, Angli und Parthi.³)

Die letzteren zwei Völkerschaften, Magli und Parthes, kennt auch U. v. Eschenbach, für dessen Dichtung diese Fassung der H. d. p. überhaupt viele übereinstimmende Details bietet. Toischer (a. a. O. S. 371) konnte sie nirgends nachweisen, doch begegnen sie uns, von den Quellen abgesehen, auch in anderen Alexandergeschichten, wo allerdings die Namen mitunter noch mehr entstellt sind; Konung Alexander V. 3926 ff.:

> tw landskap lago ther saman nær
> magla ok hyrcania
> the fera badhin kallat swa
> in y the land alexander foor
> stridde ther fast som iak troor
> han wan the land badhin tw
> til parthis land foor han nw
> the stodho honum fast a moot
> stridde medh honum til litla boot
> ther misto marghe liiff ok goȝ
> swa wan han alla parthos.

Nach der einen französischen Prosa zieht er in das Land Iremel und zu den Artaniern, Pygnolen und Armeniern. Hartlieb erzählt: Nach dem tod dary bezwang Allexander gar zwey mäch-

---

¹) Orosius a. a. O. (Justin XI, 14, 10).

²) Orosius, der wohl in einer Textgestalt benützt wurde, wo auch die Richtung der Flucht (vgl. Justin XI, 15, 1) angegeben war.

³) Justin XII, 3 Hac oratione velut ex integro incitatis militum animis Hyrcaniam Mardosque subegit und XII, 4 Parthis deinde domitis praefectus his statuitur ex nobilibus Persarum Andragoras; Orosius III, 18; auch in Hieronymus Chronik: „Alexander Hyrcanos et Mardos capit, revertensque in Hammone Preatonium condidit" und darnach Beda, De sex etatibus mundi.

tige land, eins hiess **Hyrania**, das annder **Mandas**. Darnach tät er gar einen grossen streit mit dem volck **pratha** u. s. w. Darauf wird **Scythia** unterworfen. Ostwärts von diesem Lande trifft er ein unreines Volk, das von ihm in ‚terram aquilonis' geführt und da mit dem Beistande Gottes zwischen zwei Gebirgen, permunctorium boreum, eingeschlossen wird.[1]) Damit kommt Konung Alexander V. 3937 ff. überein. Der letztern Begebenheit wird in den meisten Alexanderliedern gedacht, jedoch nicht durchaus in gleicher Art. Zuvörderst ist die

---

[1]) Quelle hierfür sind die Revelationes Methodii. Im Eingange derselben wird aber abweichend berichtet: Hic magnam condidit Alexandriam et regnavit in ea annos duodecim (al. XIX). Iste descendens in etham (al. eoam) occidit Darium regem Persarum et dominatus est multarum regionum et civitatum et demultavit terram et descendit usque ad mare, quod vocatur regio solis, ubi conspexit gentes immundas u. s. w. Auch sonst bietet S einige Varianten: Alexander erhält nämlich in einem Traumgesichte den Befehl, diese Völkerschaften einzuschliessen, und als er demselben nachkommt, wird allnächtlich des Tages Arbeit ‚demoniaca voluntate' zerstört, bis auf sein Gebet die Berge selbst zusammenrücken. In den Revelationes heisst es dagegen: Hec vero universa contemplatus Alexander magnus ab eis immunditer et sceleriter fieri, timens, ne quando eant exilientes in terram sanctam et illam contaminent [a] pollutionibus et iniquissimis affectionibus, deprecatus est dominum deum, ut coniungeret montes, et precipiens congregavit eos omnesque mulieres eorum et filios et omnia scilicet castra eorum et eduxit eos de terra orientali et conclusit minans (!) eos (al. eos omnes), donec introissent in finibus aquilonis; et non est introitus nec exitus ab oriente usque in occidentem, per quem aliquis posset ad eos transire vel ipsi exire. Continuo ergo supplicatus est dominum deum Alexander, et exaudivit eius obsecrationem. Et precepit dominus deus duobus montibus, quibus est vocabulum ubera aquilonis, et adiuncti proximaverunt ad invicem usque ad duodecim cubitos u. s. w.

Wie wir daraus ersehen, lautet auch der Name der zwei Berge anders. S meint das promontorium Boreum, worüber nachzusehen Orosius I, 2 und Solin 131, 11 (Isidor 14, 7, 7) Mit diesem Abschnitte vergleiche man die Interpolation C des Presbyterbriefes § 15, wozu Zarncke auf Psk. III, 26 verweist, und die Darstellung in einem syrischen Alexanderliede, abgedruckt in der syrischen Chrestomathie von Gustav Krös, Göttingen 1807, übersetzt von P. Pius Zingerle in der Zeitschr. des Benedictinerordens 1882, wie denn überhaupt die Sage von der Einschliessung der wilden Völker (Gog und Magog) im Oriente sehr verbreitet war: vgl. Liebrecht, Gervasius von Tilbury Secunda Decisio III und Anm. 17 mit der dort verzeichneten Literatur; ferner Weissmann II, 463 ff. (Anm. zu Kyng Alisaunder V, 6230 ff.); dann Wiener Jahrbücher B LVII S. 182 Anm., wo auch auf die Nachweise über die verschiedenen Behandlungen dieser Sage in Webers Metrical Romances I, 248 ff. und III, 321 ff. hingewiesen ist; endlich Cholevius S. 86 Anm. Davon u. s. auch in H. v. Langensteins Martina, wozu die Quelle das 7.—20. Capitel des VII. B. vom Compendium theologicae veritatis (s. Germ. VIII, 24) ist.

oft citirte französische Prosa (Weissmann II, 394) und Vauqualins Histoire (Jacobs u. Ukert, Beiträge I, 119) zu nennen, ferner Gualichinus und Seifried (Wiener Jahrbücher B. LVII, Anzeigeblatt S. 16 f. und 23), von welchen ersterer auch in Prosa die Namen der Völkerschaften aufzählt. Daran reihen sich U. v. Eschenbach, der ausserdem über den Feldzug gegen die Scythen an anderer Stelle ein par hundert Verse gedichtet hat, ferner der Baseler Alexander, das Poema de Alejandro magno u. a.

Von den Portae Caspiae wendet sich Alexanders Zug nach Albanien, dessen Einwohner sich beim Kampfe grosser Hunde bedienen, die durch vorgeworfene Schweine unschädlich gemacht werden. Von den besiegten Albaniern erhält Alexander einen solchen Hund zum Geschenke.[1])

Dasselbe lesen wir bei U. v. Eschenbach, in der Bearbeitung des Meister Babiloth und in der altfranzösischen Prosa, was schon Toischer notirt (S. 371), überdies bei Gualichinus, Seifried (Wiener Jahrbücher a. a. O. S. 15 und 23), Vauqualin, welcher sich hinsichtlich der Lage von Albania auf das Buch de propriétés beruft, ohne Zweifel des Bartholomaeus de Anglia, bei dem sich diese Nachrichten B. XV cap. VII finden, wie der Berichterstatter beifügt, und im Konung Alexander V. 4045 ff.; s. auch Kyng Alisaunder (Weissmann II, 449).

Zu den Portae Caspiae zurückgekehrt, zieht Alexander mit seinem Heere nach Indien, zuerst durch öde, heisse Gegenden, wo das geschöpfte Wasser gleich zu kochen anfängt. Von da ab schreitet die Erzählung gleichen Ganges wie in den übrigen Hs. bis nach dem Zweikampfe mit Porus fort; nur sind den homines agrestes statt der sechs Hände ‚prolongissima rostra admodum canina' beigelegt, und am Schlusse wird gesagt, Alexander habe beim Grabe des Porus eine Stadt Namens Alexandria Yepiporum anlegen lassen[2]) (dasselbe im Konung Alexander V. 5413 ff. und in der französ. Prosa, Weissmann II, 396), womit nun wieder der Anfang weiterer Interpolationen gemacht ist. Er kommt darauf nicht zu den Oxydraken, sondern zu den zwei Statuen, die er mit Gold ausfüllen lässt, nimmt dann die Felsenburg, deren Eroberung Hercules nicht zu Stande brachte, ein[3]) und besiegt eine Reihe von Völkern: chorasmos et dachas; (ad)-

---

[1]) Zu letzterem Passus vgl. Solin 93, 9 ff. mit Mommsens Note u. Aelian, De natura animalium VIII, 1.

[2]) So wird im Städteverzeichnisse der H. d. p. die zweite genannt.

[3]) Orosius III, 19 (Justin XII, 7, 12).

restas, cantenos, perridas et gangaridas; cophides; (d)rancus et enegetas, pariniasque et parapomenos et adaspios.¹)

U. v. Eschenbach kennt von diesen Völkern die ersten sieben, der Name Choviun ist ihm eigen und vielleicht aus Cleophis (Orosius III, 19 und Justin XII, 7, 9) entstellt. Toischer a. a. O. S. 372 f. citirt hierzu Meister Babiloth und Ekkehard; s. noch die französ. Prosa (Weissmann II, 397) und Konung Alexander V. 5417 ff.

Nach dieser Abschweifung kehrt S wieder in das alte Geleise der H. d. p. zurück, indem zunächst von den kalten, dunkeln Gegenden erzählt wird. Verschiedene Abenteuer folgen, und da bringt S wieder Neues: die bärtigen, von Jagd lebenden Weiber halten sich wilde Thiere statt der Hunde²), und nach ihnen erscheinen andere, die lange Zähne und Haare, sowie Ochsenschwänze haben, und die schönen Lamie mit Pferdefüssen.³) Toischer bemerkt zu U. v. Eschenbach S. 363: Die Beschreibung der ersteren stimmt aber ziemlich überein mit jenen Weibern (nach D), welche im Flusse wohnen und viele Soldaten zu sich hineinziehen, und die Weiber mit Pferdefüssen kommen auch in der altfranzösischen Prosa vor, vgl. Weissmann II, 397. Alle diese Zusätze finden sich im Konung Alexander V. 5543 ff. und 5590 ff.

Mit Beiseitelassung der Kynocephali erzählt S nun gleich von den durch die Aequinoctialstürme verursachten Verheerungen, und wie Alexander einem alten erschöpften Krieger Hilfe leistet⁴), was auch verschiedene Drucke (s. Toischer a. a. O. S. 373) enthalten, ferner von der Unterredung mit den Oxydraken, den mit der Sonne wachsenden und niedergehenden Bäumen und feuerathmenden Vögeln, worauf der in den anderen Hs. schon vorher eingeflochtene Briefwechsel mit dem Könige der Bragmanen folgt.

Dieselbe veränderte Anordnung mit obiger Interpolation zeigt U. v. Eschenbachs Gedicht und Konung Alexander V. 5616 ff., vgl. auch die französ. Prosa (Weissmann II, 397 f.). Das gleiche gilt von der folgenden Partie.

Alexander kommt dann in die Landschaft Actea. Kampf

---

¹) Die ersten zwei begegnen Orosius III, 18 am Ende (Justin XII, 6, 18), die letzten fünf in demselben Capitel an früherer Stelle (Justin XII, 5, 9) und die übrigen cap. 19 (Justin XII, 8, 9).

²) Dasselbe steht in der Interpolation D des Presbyterbriefes § 14 d.

³) Erstere kann ich nicht nachweisen, letztere nennt der Presbyterbrief § 14, und der Uebersetzer desselben in der Berliner Hs. (bei Zarncke a. a. O. S. 124, 5) gibt eine ausführliche Beschreibung.

⁴) Val. Maximus V, 1 Ext. 1 und darnach Vinc. Bellov. im Spec. hist. III, 34.

mit homines agrestes und dem borstigen Menschen, dem ein Mädchen zugeführt wird. Besteigung des Adamantberges mit den Orakelbäumen. S berichtet, dass der Vogel Phönix im Paradiese sich aufhalte.

Von da ab werden die Interpolationen wieder reichlicher: Candacis führt noch einen zweiten Namen Cleophilis¹), und das hohe Gebirge, zu dem Alexander auf dem Wege dahin kommt, nennt S ‚dydalos montes'²) (s. Konung Alexander V. 7697 ff. und 8087 f.), wozu man in dieser Geschichte noch die Ausstattung des königlichen Palastes mit einem Gemache aus unverbrennbarem Holze (s. Konung Alexander V. 8224) rechnen kann.

Bevor Alexander zu den griechisch redenden Leuten kommt, unterwirft er ‚gessonas uideque' und nachher ‚Mardos et subagras', deren König Calamus gefangen wird. Bei der Belagerung von dessen Hauptstadt springt Alexander allein von der Mauer in dieselbe hinab und geräth in grosse Gefahr, und als er die Hauptstadt des Königs Ambira belagert, thun die vergifteten Geschosse der Feinde grossen Schaden, bis ihm im Traume ein heilsames Kraut gezeigt wird.³)

Die beiden letzten Ereignisse kennt U. v. Eschenbach, und es ist also die Vermuthung Toischers, dem die beiden Belagerungen sonst nur aus Ekkehards Chronik, die eine auch aus der altfranzösischen Prosa (Weissmann II, 400), welche übrigens auch die anderen Details enthält, bekannt waren, richtig, dass auch diese Geschichten in der Vorlage des Dichters gestanden haben. Vgl. Konung Alexander 8803 ff. und die französ. Prosa (Weissmann II, 399).

Von weniger Belang sind einige neue Züge in der Greifen- und Meeresfahrt. Nach den Kynocephali begegnen erst die gold-

---

¹) Orosius III, 19 (Justin XII, 7, 9).

²) Orosius und Justin a. a. O.

³) All das findet sich Orosius III, 19, blos lauten, die Namen der beiden letztgenannten Völker anders (Hinc ad Mallos et Oxidracas navigat), auch vermissen wir deren König Calamus. Justin XII, 9 zeigt hierin mehr Uebereinstimmung: per hunc in Oceanum devehitur, ubi Acensanas Sibosque, quos Hercules condidit, in deditionem accepit. Hinc in Mandros et Sudracas navigat u. s. w. Von der Bedrängniss Alexanders in einer indischen Stadt erzählt noch das Itinerarium und die Hs. A des Psk. III, 4; wahrscheinlich ist der König Calamus auf den Calanus, der uns im Briefwechsel mit Dindimus (s. Psk. III, 11 ff.) und in den Fragmenten des Onesicritus, Nearchus und Cares, sowie im Plutarch begegnet, zurückzuführen. Bei Justin XII, 10, 2 und Curtius IX, 9, 13 heisst der andere König Sambus.

grabenden Ameisen, einäugige Cyklopen, Menschen, die Augen und Mund auf der Brust haben[1]), und pferdeähnliche Ungethüme mit Löwenfüssen, ehe des Todes von Alexanders Pferd Bucephal und des Baues der nach ihm benannten Stadt Erwähnung geschieht. Darauf empfängt dieser beim Flusse Sol von den Einwohnern des Landes Geschenke. Damit kommt im Wesentlichen noch die Hs. μ der H. d. p., wo nur die letzten Ungeheuer mangeln und die Cyklopen mit einem Zahne statt des Auges ausgerüstet sind, überein. In meiner kurzen Anzeige von Toischers Arbeit habe ich bereits auf diesen Text hingewiesen, jetzt stellt sich der von S näher (s. Toischer a. a. O. S. 376). Neben U. v. Eschenbach vgl. noch Konung Alexander V. 9353 ff. und die französ. Prosa (Weissmann II, 400).

Der Ankunft in Babylon geht voraus, dass die Macedonier in ‚terra babilonie' grosse, zweiköpfige Schlangen mit leuchtenden Augen[2]) und affenähnliche, gehörnte Thiere mit acht Augen und ebenso vielen Füssen antrafen, worauf der Gesandtschaften, welche Alexander aus Karthago, Spanien, Italien und anderen Ländern empfieng, Erwähnung geschieht. So gross war nämlich, wie es weiter heisst, die Furcht vor dem gewaltigen Eroberer. Nach seinem Tode aber bekämpften sich seine Führer wie die Jungen über der vom grossen Löwen hingestreckten Beute.[3])

Mit Abzug der letzten Bemerkung, welche S am Ende noch

---

[1]) Die einäugigen Cyklopen erinnern an die Arimaspi, welche mit den darauffolgenden kopflosen Leuten unter den Wundererscheinungen Indiens oft angeführt sind. S. Augustinus, De civitate dei XVI, 8; Solin 96,14; Honorius, Imago mundi I, 12; Gesta Romanorum lat. 175 mit Oesterleys Anmerkung; Interpolation D des Presbyterbriefes § 14 u. s. w.

Sie kommen mit anderen auch im Herzog Ernst vor, wo sie, wie Haupt in der Ztschr. f. d. Alt. VII, 293 ff. nachwies, aus Isidors Etymologien entnommen sind. Auf herzogen Ernestes buoch beruft sich auch ein anderes Mal U. v. Eschenbach (s. Toischer a. a. O. S. 395 f.), wo ich ebenfalls in dem Citat nur einen gelegentlichen Hinweis auf das bekannte Gedicht (s. Reinmar v. Zweter str. 100 H M S II, 197a) sehe.

Bezüglich der Picmei, von welchen nach Ulrichs Darstellung nur die Männer klein, die Weiber aber gross und stark sind, um ihre Männer vor den Greifen zu schützen, glaube ich, dass eine Vermischung stattgefunden habe, denn von den Pygmaeen berichtet z. B. Honorius nur, dass sie klein, kurzlebig sind und gegen die Kraniche sich zu wehren haben, doch stimmt zu den Angaben über die Pygmaeen weiter im Wesentlichen, was von den Macrobiern gesagt ist: Item Macrobios duodecim cubitorum longos, qui bellant contra gryphes.

[2]) Sie kennt die Interpolation D des Presbyterbriefes § 25.

[3]) Orosius III, 20 (Justin XII, 13).

einmal wiederholt, finden wir die gleichen Angaben auch in der Fassung μ, nur zum einen Theile kürzer: Inde ingressus est alexander ciuitatem magnam Babyloniam In qua inuenit ex prouinciis tocius mundi apocrisarios expectantes eum. Qui omnes timore perterriti erant audientes que fecerat. Hier ist dann nach dem Briefe des Aristoteles an Alexander, der mit wenigen Worten abgethan wird, auch von der Errichtung zweier Gedenksäulen in Babylonia und Persida[1]), entsprechend S, die Rede.

Obige zwei Gattungen von Ungeheuern nennt auch U. v. Eschenbach (Toischer a. a. O. S. 377) und Konung Alexander V. 9575 ff., der auch im Folgenden mit S geht. Über die Stellung der französ. Prosa hierzu vgl. Weissmann II, 400.

Endlich ist noch zu verzeichnen, dass Alexander vor seiner Vergiftung träumt, er werde von Cassander mit dem Schwerte durchbohrt[2]), und dass sein Testament inhaltlich reichhaltiger ist. Hingegen fehlt hier das Verzeichniss der Städtegründungen, das auch μ abgeht.

Zum Vergleiche ist wieder U. v. Eschenbach, Konung Alexander V. 9975 ff. und die französ. Prosa (Weissmann II, 401 ff.) heranzuziehen.

Die Hs. O bietet im Wesentlichen dieselbe Textgestalt wie G, doch sind am Schlusse noch zwei Capitel, betitelt: Documentum Aristotilis ad Alexandrum und de Instructione alexandri regis per Aristotelem, angefügt.

Sehr starke Ueberarbeitung zeigt der Text m. Der Verfasser liess seinem Redestrom freien Lauf und kümmerte sich wenig um die Ueberlieferung, was den Wortlaut anlangt. Nicht selten gibt er erläuternde Bemerkungen oder stellt gar Betrachtungen an; aber er ist nicht nur geschwätzig, sondern auch belesen, wie die ziemlich zahlreichen Interpolationen bekunden.

Auf die Beschreibung der Belagerung von Tyrus habe ich schon hingewiesen. Sie ist aber nicht allein eingeschoben, sondern wir finden da auch eine ziemlich ausführliche Erzählung von einer Schlacht gegen die Juden im Thale Josaphat, die auch Gualichinus Gedicht enthält, wie später die Angaben über den Thron des Cyrus. Ausserdem sind noch folgende Capitel dieser Fassung zu nennen:

bl. 113b Quomodo Alexander ascendit in montem excelsum et descendit in vallem obscuram et basiliscum occidit.

---

[1]) Aus der Epistola ad Aristotelem B bl. 235c.
[2]) Dasselbe erzählt Vincentius Bellov. III, 43 nach Val. Maximus I, 7 Ext. 2.

bl. 116 b Quomodo Alexander vocauit milites suos et ostendit eis interitum basilisci.

bl. 120 b Quomodo Alexander non potuit ultra procedere sed reuersus ad planiciem erexit titulum (nachdem Alexander mit dem Greise von den Orakelbäumen zurückgekehrt ist).

bl. 132 b Quomodo Alexander inclusit XII reges tartaros in montibus.

bl. 137 f. Quomodo Alexander fecit fieri thronum mirabilem in babilone et in eo fecit scribi nomina provinciarum sibi serviencium.

Qualiter Alexander fecit in babilone coronam auream fabricari.

Nach Abschluss der historia Alexandri pueri (Hs. peueri) magni de natiuitate et actibus suis et morte eius sind nach einer Lobeserhebung noch verschiedene Zusätze vorhanden:

Hos versus scripsit ptholomeus philosophus in pyramide gestorum regis Alexandri.

Quomodo inuenit apud Grecos demoste (!) philosophum conposuisse magnum cedi Al.

Hos versus scripsit Demosthenes in sepulchro Alexandri.

Quibus uiciis auctus fuit Alexander.

Versus exhortacionis ad vicia expellenda.

Forma epistole, quam Mardocheus princeps iudeorum misit Alexandro, ipsum a cultura ydolorum cupiens reuocare.

Die Zusätze in μ wurden zum grösseren Theile schon bei der Besprechung von S angemerkt. Der Rest beschränkt sich nur mehr auf einige wenige Interpolationen, von welchen eine allerdings ziemlich umfänglich ist.

Nachdem der Verfasser Ekkehards Darstellung verlassen hat — es geschah beim Kampfe mit Porus —, erzählt er von der Gründung der Stadt am Grabe des Inderkönigs und von dessen Palaste. Dann aber fährt er fort: Quadam vice alexander veniens ad montem capsios uel caspios, miserunt ad eum filii captivitatis X. tribuum postulantes ab eo egrediendi licenciam u. s. w. Es ist die bekannte Geschichte von der Einschliessung der Juden (eine Variante der schon besprochenen, wie sie die Historia scholastica enthält). Daran ist die Beschreibung Indiens nach Isidors Etymologien gereiht, worauf der Briefwechsel mit der Amazonenkönigin folgt; ferner der Marsch durch wasserlose, sandige Gegenden, wo sich Löwen, Bären, Drachen, Tiger, Scorpione und andere Thiere entgegenstellen; die Ankunft bei den wundersamen mit der Sonne wachsenden Bäumen und den feuerathmenden Vögeln, von wo Alexander zum Adamantberg kommt; es folgt die Greifen- und Meeresfahrt; hernach berichtet dieser Text gemeinsam mit S von den Kynocephali u. s. w. (s. S. 64) vor den zweiköpfigen Schlangen wird aber erzählt, dass Alexander vom Flusse Sol zum Palaste des Xerxes gelangt. Es folgen die

Ankunft in Babylon (s. S. 65), die Missgeburt, Alexanders Vergiftung, Testament und Begräbniss. Den Schluss machen die Daten über Alexanders Charakter, Gestalt und Lebenslauf. Doch heisst es hier abweichend: fuit autem alexander statura breui, longa ceruice, ferox natura, vir magnianimi, quietis inpaciens, semper ad alciora tendens, crudelis et sanguinis siciens, und über seine Körperbildung ist das schon bei Alexanders Geburt Gesagte wiederholt.

Man sieht aus dieser kurzen Zusammenstellung, dass wir es auch in diesem Theile mehr mit einem Auszuge zu thun haben.

Welches war nun Rudolfs Vorlage der Historia de preliis?

Dass unser Dichter eine nach Art der zweiten Handschriftengruppe mit Interpolationen versehene Vorlage benutzte, davon kann man sich bald überzeugen.

Auch bei ihm V. 181 ff. vertreibt Artaxerxes den Nectanebus aus Aegypten, und zwar wird sogar das Motiv angegeben. Rudolf erzählt: Um dieselbe Zeit war Persien die erste Grossmacht. Artaxerxes, dessen König, hatte Nectanebus vor Zeiten ein seinem Reiche naheliegendes Land abgenommen, was ersterer nicht verschmerzen konnte. Er rüstete sich zum Kriege, und als eben der Feldzug begonnen werden sollte, kam zu Nectanebus ‚ein sin man' und brachte die Botschaft vom Einfalle des persischen Heeres. In dem Berichte der H. d. p. ist von einer Gebietsoccupation keine Rede, doch legt die Ueberlieferung (Erant autem tunc ad custodiam principes milicie positi a Nectanebo in partibus Persarum) den Schluss, dass eine Annexion vorhergegangen sein müsse, nahe, und dann erscheint auch der Angriff des Perserkönigs gerechtfertigt.

Auf seiner Flucht gelangt Nectanebus wie dort nach Pelusium und dann in ‚der môren lant' d. i. Aethyopien.

In seiner Vorlage wird wohl auch vom Eintreten der Nacht und dem Steinhagel gestanden haben, was allerdings nicht so deutlich ausgesprochen ist. Man vergleiche

V. 1121 der luft begunde truoben,
  ertbidemen sich dô huoben,

> es wart ein ungewiter grôz.
> ein grôzer dunre lûte erdôz,
> der manegen dunrestrâle
> liez an dem selben mâle.
> dicke ân mâze dicke
> wurden grôze blicke,
> **hagel**, starker winde vil,
> regen sunder mâze zil,
> **vinster nebel**, manc ungemach
> man ûf der erden herten sach.

Von meinen Fassungen der H. d. p. ist keine so reich an Details wie Rudolfs Darstellung, und es wäre gewiss unrecht, in dieser Schilderung eine ins Kleinliche gehende Anlehnung anzunehmen. Zum Ueberflusse verweise ich wegen V. 1129 auf I. V. (I. V. Epit.) cap. XII: Motus protinus terrae insequitur, et tonitruum crepor **ventorumque conflictus** und noch auf Lamprecht V. 132:

> die erde irbibete ubir al.
> der donre wart uil grôz.
> ein starkiz weder nider gôz.
> der himel uerwandelôte sih.
> unde die sunne uertunkelôte sih
> unde hete uil nâh irn schin uerlorn.

Miller (Zs. f. d. Phil. X, 2) glaubt, dass die ganze Darstellung der Erscheinungen bei Lambrecht, besonders V. 135 f. auf einer Reminiscenz aus der Bibel (Ev. Matth. 24, 29) beruhe. Diese wäre immerhin schon auf seinen Gewährsmann Alberich, dem er da fast wörtlich nachdichtet (s. A. Rochat in Germania I, 268), zurückzuleiten:

> V. 46 Reys Alexander quant fud nas
> per granz ensignes fud mostraz:
> crollet la terra de toz laz,
> toneyres fud et tenpestaz,
> lo sol perdet sas claritaz,
> per pauc no fud toz obscuraz
> canget lo cels sas qualitas.

Aber ich möchte, abgesehen davon, dass neben Matthäus noch andere Bibelstellen (s. z. B. Joel II, 10) in Betracht kämen, doch glauben, dass sich bereits auch in der vom Franzosen benützten Fassung der H. d. p. der Zug, das plötzliche Eintreten der Nacht, vorfand.

An Alberichs Gedicht erinnert Anfangs beinahe die Prosa (Weissmann II, 373):

> Et quant li enfans obey sur terre, et la terre croulla, et foudra tonnoirie,

et signes grans furent veus par tout le monde. La noif mestee avec gresil chey du ciel et ouvry le terre comme des pierres. La nuit targa à venir et celle fu plus longue des autres.

Aus targa ergibt sich nebenbei bemerkt, für ihre Grundlage die Lesart dilata anstatt dilatata.

Ueber Bucephal berichtet Rudolf V. 1978:

> Ez was dâ bî den selben tagen
> ein fürste in Cappadociâ,
> der kam ze Macedonje sâ
> und brâhte an dem selben zil
> dem künege richer gâben vil
> und ein ors, das ê nieman
> schoeners kunde nie gewan
> noch daz sterker waere erkant,
> daz was Buceval genant.

und nachher V. 1993 ist in der Hs. zu lesen:

> Ime was gebrant an einē bûg
> Eines fröschen houbet
> Ime was ob ir es glöbet
> Gewahsen ufs der stirnen sin
> Ein gefüge hörnelin.

Dass dem die Interpolation aus Solin zu Grunde liegt, ist zweifellos und es kommt nur darauf an, den Ursprung der Verschiedenheit zu finden. Bei Solin steht: Alexandri Magni equus Bucephalus dictus sive de aspectus torvitate seu ab insigni, quod taurinum caput armo inustum habebat, seu quod de fronte eius quaedam corniculorum minae protuberabant. Meine Texte lesen, wiewohl sonst manche Varianten vorkommen, durchaus ‚taurinum caput‘, und so halte ich dafür, dass der Frosch dem Kopfe des flüchtigen Abschreibers entsprungen ist, indem er ‚ûrohsen‘, in seiner Vorlage vrohsen geschrieben, als vroschen las. Das eine ‚hörnelin‘ dürfte dagegen auf einem leicht verzeihlichen Irrthume Rudolfs beruhen, wenn nicht schon in der ihm vorliegenden Hs. ‚protuberabat‘ stand.

Keinen Aufschluss vermag ich über die Quelle zu V. 1988 ff. zu geben, wonach Bucephal von Ross und Greifen abgestammt wäre. Oder basirt das auf I.V. (I.V. Epit.) I, 14: aiunt que illum armenti quidem regalis genus (tum) forma tum pedibus ad Pegasi fabulam opinabilem.

Von Alexanders Lehrern und seiner Erziehung handelt Rudolf V. 1227 ff. im Anschlusse an die allgemeine Bemerkung der H. d. p., dass der Knabe allen seinen Genossen in der Schule überlegen war. Es macht sich da eine ausgibige Verwerthung anderer Quellen bemerklich. Weniger Gewicht lege ich noch darauf, dass schon gleich die Fixirung des Alters, in dem er in die Schule geschickt wurde — es geschah mit sieben Jahren —, sich in der H. d. p. nicht nachweisen lässt, indem das ganz wohl eine Zuthat des Dichters sein kann. Aber es werden dann seine Lehrmeister genannt, unter denen sich Aristoteles besonderen Lobes erfreut (er wird genannt: der künste bluome an wisheit, von dem alliu phafheit seit), aufgezählt und in extenso die weisen Lebensregeln, die dieser seinem Pflegebefohlenen gab, vorgeführt. Die wahrscheinlichen Quellen für diese Zusätze nachzuweisen, gehört nicht hierher; wohl interessiren uns aber die zwei Namen, welche an die Spitze des Erziehungspersonals gestellt sind. Schon dadurch, dass ihnen kein bestimmtes Lehrgebiet zugetheilt ist, sondern sie sich von der übrigen Gruppe; und sie waren ursprünglich auch nicht Glieder derselben, sondern erst Rudolf hat die ‚wisen meister zwêne' dazugesellt. Es sind der ‚wise Kalestenâ' und ‚Naximeneâ von Athêne', die zwei, welche neben Aristoteles in einem der folgenden Abschnitte der jüngeren Recension genannt sind. Den zweiten Namen hätte er hier wohl weggelassen, wenn er nicht schon in seiner Vorlage in entstellter Form überliefert gewesen wäre, denn es ist derselbe Anaximenes, der nach V. 1255 ff. den Unterricht in der Redekunst besorgte.

Ueber Pausanias erhalten wir V. 2920 ff. gleichfalls nähere Auskunft: sein Vater hiess Ceraste, der grosse Minnelast von werthen Frauen trug und ein Sohn des Oreste war.

Ob auch die übrigen den jüngeren Recensionen der H. d. p. gemeinsamen Interpolationen in Rudolfs Vorlage sich fanden, lässt sich nicht durchaus nachweisen, weil sie zum grossen Theile schon jenem Theile der Erzählung angehören, für den nicht mehr die H. d. p., sondern Curtius Hauptquelle ist. Rudolfs Bestreben war ja aus den beiden Berichten zu schöpfen, und darum musste auch Manches, was er sonst sowohl in dem einen, wie in dem anderen fand, hier oder dort wegbleiben, Anderes an einem verschiedenen Orte untergebracht werden. Hierbei war ihm nicht Leo, sondern der ausführlich schildernde Curtius massgebend. Deshalb übergeht er in der H. d. p. auch die Belagerung von Tyrus und fügt den da erzählten Traum nachher in den Bericht des anderen Autors ein. Deshalb musste auch der Zug nach Damascus und Sydon, wenn dessen in seiner Vorlage Erwähnung geschah, in Wegfall kommen (s. Curt. III, 12, 27 und IV, 1, 15), und es setzt uns nur ein Versehen von Seite des Dichters in die Lage, über das Vorhandensein oder Nichtvorhandensein dieser Zusätze in seinem Texte der H. d. p. urtheilen zu können. Er sagt nämlich V. 4016 ff.

dass Alexander einem Theile seines Heeres geboten habe, gegen
Ascalon (Hs. stalon) und Libyen (so ist wohl lilia der Hs.
zu emendiren) zu ziehen, während er selbst ‚gen ytomen' fuhr
und die Stadt bezwang. Ytome kommt aber nirgends vor, und so
glaube ich, dass Sydon dahinter steckt. Der Irrthum lässt sich
durch falsche Trennung des s erklären. Neben Sydon dürfte dann
jedenfalls auch Damascus genannt gewesen sein.

Von Alexanders Botschaft an die Juden und seinem Einzuge
in Jerusalem lesen wir V. 8616 ff. im Anschlusse an Curtius (IV,
2, 15), doch nicht in unmittelbarer Aufeinanderfolge. Denn
nach dem Briefwechsel mit Jaddus folgt noch der Traum im
Lager vor Tyrus, dann aber, was Curtius weiter über die Kämpfe
um diese Stadt, deren Eroberung und die Unternehmungen einiger
Unterbefehlshaber Alexanders bis IV, 6 erzählt, und erst dann der
Besuch Jerusalems, ohne Gaza zu berühren. Dass diese Partie
in Rudolfs Text der H. d. p. einbezogen war und darnach ge-
dichtet ist, dafür zeugt nicht nur die allgemeine Anordnung,
sondern auch das Resultat der Textvergleichung mit Josephus Flav.
und der Hist. scholastica. Da findet sich nicht, dass Jaddus den
Juden eine dreitägige Fastenzeit anbefohlen, da steht auch nichts
von Tetragrammaton, dem Namen Gottes, abgesehen von anderen,
meist weniger in die Augen fallenden Abweichungen. Was Rudolfs
Darstellung mit jenen gegenüber der H. d. p. gemeinsam hat,
ist eigentlich blos der Name des vor Jerusalem liegenden Bühels,
Saphin, wofür jene Scopulum liest. Es ist das entweder eine
Reminiscenz (sowohl des Josephus als Comestors Werk ist ihm
ja bekannt) oder die Lesart seiner Vorlage der H. d. p. Möglicher
Weise fand er in einem der genannten Werke auch den Zusatz,
dass die Juden, über deren Abkunft und Geschlecht V. 8636 ff.
einige für den Leser ziemlich überflüssige Mittheilungen gemacht
werden, Alexandern aus Dankbarkeit für die gewährten Freiheiten
versprachen, fortan bis zum jüngsten Tage einen Spross des Stammes
Levi seinen Namen zu geben.

Unerwähnt bleibt in unserem Gedichte Alexanders Zug durch
Cilicien und Isauria nach der Schlacht mit Amonta, und man darf
wohl annehmen, dass Rudolfs Vorlage diese Interpolation wie S
nicht hatte, was um so wahrscheinlicher ist, da die Ueber-
einstimmung sich noch weiter erstreckt. Alexander besteigt näm-
lich nicht den Taurus, sondern gelangt nach V. 4650 ff. gleich
‚durch die minren Asiam' nach Phrygien. Der Grund dieser
Auslassung in S liegt darin, dass später nach Orosius von einem
Taurusübergang erzählt wird, was auch Rudolf (s. V. 5525 ff.)

in seiner Vorlage gelesen haben muss. Dagegen besagt auch unser Gedicht in Aeschylus Rede (V. 3530), dass Exerses ‚wart sigelôs in Elledâ'; es beschreibt V. 13005 ff. die persischen Königsgräber mit den Details der jüngeren Recension und V. 14914 den Palast des Cyrus, von dem nach V. 15010 f. ebenso ‚des riches stuol', welchen Alexander nach des Darius Tode besteigt, gemacht ist. Endlich schreibt Alexander nicht nur an Olympias, sondern auch an Aristoteles über seine Erlebnisse (V. 15096 ff.). Was daneben an gemeinsamen Zusätzen in der H. d. p. noch abgeht, ist wenig und so beschaffen, dass wir bei der Stellung, die Curtius als Quelle einnimmt, wohl begreiflich finden, wenn der Dichter die betreffenden Daten der H. d. p. nicht berücksichtigte, abgesehen von der Bezifferung des macedonischen Heeres, wofür seine Vorlage nachweislich andere Zahlen bot.

Also auch Rudolf hatte eine interpolirte Fassung vor sich, ja nicht nur eine mit den gewöhnlichen Interpolationen versehene, sondern eine, die mit solchen noch reicher ausgestattet war und der durch S repräsentirten sehr ähnlich gewesen sein muss. Leider ist Rudolfs Gedicht nur bis dahin erhalten, wo sich den Redactoren der H. d. p. eigentlich erst recht ein fruchtbares Gebiet ihrer Thätigkeit eröffnete, und darum erhalten wir auch nur einen theilweisen Einblick in die von ihm benützte Textesformation. Er ist aber ergebnissreich genug.

Uebereinstimmend mit S ist zuvörderst die Geschichte von Pausanias erzählt. Rudolf gibt denselben Aufschluss über dessen Abkunft, er macht ihn gleichfalls zum Könige von Bithynien und lässt ihn, als er erfahren hat, dass die Besten mit Alexander ausser Landes waren, gegen Aegea ziehen, wo Philipp sich aufhielt, und dann gegen die Hauptstadt Jonas, wo die schöne Olympias war, deren Minne ihm ‚allen sinen lip kumberarbeit unde nôt' bereitet hatte.

Pausanias begegnet übrigens im deutschen Gedichte schon früher V. 790 ff., wie auf Veranstaltung des Nectanebus dem im Felde liegenden Philipp träumt, dass Ammon seine Gemahlin schwängere. Ueber den Aufenthaltsort des macedonischen Königs entbehrt da die H. d. p. jeglicher Angabe. Rudolf lässt ihn mit grosser Ritterschaft in Bithynien Pausanias, dem Könige des Landes, gegenüber stehen und bemerkt: den twanc er sider, swie sin wer grôzes widersatzes phlac. Es fragt sich nun, wie er dazu kam, den Pausanias zum Gegner in diesem Kriege zu machen. Als solcher tritt er in der H. d. p. erst bei obigem Anlasse, während Alexander mit der Unterwerfung des rebellischen Armeniens beschäftigt war, auf, und da ist denn in unserem Gedichte seine feindliche Haltung damit motivirt: V. 2737 den muote sêr diu sicherheit, die Philippus an im erstreit, als ich iu hân hie vor gesaget, was sich nur auf V. 803 ff., die hier zu besprechende Stelle, wo uns die Quelle im Stiche liess, beziehen kann. Ich glaube, es ist da nur ein Rückschluss möglich. In der H. d. p. erscheint nämlich Pausanias durchgängig als ‚subjectus (subditus) Philippo', d. h., um es mit Rudolf zu übersetzen, dieser hat an ihm ‚sicherheit' erstritten. Der einzige (siegreiche) Krieg, den er früher führte, ist aber der, während dem ihm Nectanebus die Traumerscheinung vorzauberte. Mithin muss der dort in der Quelle nicht namhaft gemachte Gegner und Besiegte Pausanias gewesen sein. Nur so können wir den Gedankengang des Dichters annehmen, bevor er die fraglichen Verse niederschrieb.

Ferner findet sich V. 10423 ff. die Sage von der Vertreibung der Würmer aus Alexandrien durch Jeremias Gebeine.

Ich erinnere dann an die schon S. 72 bemerkte Congruenz im Itinerar und die dort ausgesprochene Ansicht, welche eine noch stärkere Stütze dadurch erhält, dass im Anschlusse daran V. 4655 ff. ebenso von der Bekämpfung der widerspenstigen Stadt Sardis und beim Opfer im Tempel von der Standhaftigkeit des dienenden Edelknaben berichtet wird.

Vom Flusse Samandro kehrten die Macedonier

> V. 4747 In Asiam von Asiâ.
> Schiere wart daz her gesant
> In Ellespontam daz lant.

Im ersten Verse ist das sinnlose Asiam wohl in Europam zu ändern, obgleich Rudolf nirgends von der Krankheit der Olympias und von der Rückkehr Alexanders nach Macedonien spricht, und das nicht etwa in Folge von Oberflächlichkeit, sondern, wie uns andere Modifikationen erkennen lassen, in voller Absicht. Er hätte dann freilich die Macedonier auch nicht mehr Europa betreten lassen sollen; wenn er in diesem Punkte doch der H. d. p. folgt, sind seine unklaren geographischen Vorstellungen daran Schuld. Er hält nämlich den Hellespont, der wie in S auch in seiner Vorlage genannt gewesen sein muss, für ein Land, zu dessen Eroberung ihm eine Expedition nach Europa wohl erforderlich schien. Aus der Stelle in S ‚Tunc dicit illis hominibus habitantibus troyade' erklärt sich auch V. 4728 ff., dass Alexander am Samandro eine Schar Leute gefunden habe, die von Troie dahin gekommen waren. Dagegen halte ich die Schlussbemerkung V. 4744 f., Clitomedus, der sich eben darunter befand, habe ‚sider' viel über Alexander geschrieben, für eine irrige Folgerung aus den in der H. d. p. dem Clitomedes in den Mund gelegten Worten.

Mehrfache Berührung zeigt der Bericht über die Verhandlungen mit den Athenern. Demades erscheint zwar nicht unter den Rednern, doch räth zuerst Demosthenes, den die Perser durch Geld gewonnen hatten, ‚daz sie ungehôrsam waeren' (V. 3538), während Aeschylus sich für Nachgibigkeit ausspricht. Ausserdem wird V. 3611 ff. die Geschichte von Anaximenes auf ganz gleiche Art erzählt, und ähnlich heisst es V. 3685 ff., dass Alexander beim Besuche der Stadt von den Meistern ‚dispusim sophismata' hörte. Da war Anaximenes, Demosthenes, Demetrius und Aeschylus, deren er sich als Rathgeber bediente. Rudolfs Vorlage muss hier allerdings etwas ausführlicher gewesen sein als S.

Ferner ist noch anzuführen der Zug gegen Cyzicus, Byzanz und Ponte nach Besiegung der Lacedämonier (V. 3835 ff.,) wobei dem Dichter wieder ein geographischer Schnitzer begegnet ist, wie wir aus S ersehen: Et exinde amoto exercitu venit cizicum et inde bicanzium, ubi nunc constantinopolis dicitur, subiugansque eas et transfretans per propontum calcedoniam. Dann die Angaben über Alexanders Kriegsmacht mit der daran geknüpften Bemerkung (V. 3929) und wohl auch die Mittheilung V. 12660 ff., wo Rudolf sagt, dass ‚nâch der âventiure sage' am Tage der Schlacht bei Arbela die persische Herrschaft vernichtet wurde und Alexander durch dreissig Tage den ‚gewin' vertheilt habe, sowie die Zahlangabe der in den bisherigen Schlachten Gefallenen:

> V. 12704 Swaz in den selben ziten
> in allen disen striten
> liute tôt gelegen was,
> daz sage ich iu, als ich ez las:
> fünfzehen stunt tüsent hundert.

Letztere Daten sind zwar in die Darstellung des Curtius eingeschaltet, doch halte ich nicht für nöthig, auf Orosius oder Justin zurückzugreifen, sobald man die anderen vorhin verzeichneten Details als Interpolationen der H. d. p. und daraus entlehnt betrachtet, wozu man besonders im Hinblick auf die Uebereinstimmung in ihrem localen Auftreten ohne Zweifel berechtigt ist. Damit ergibt sich denn überdies die für die Geschichte von Leos Werk nicht unwichtige Thatsache, dass es spätestens in der ersten Hälfte des 13. Jahrh. einer neuerlichen Redaktion unterzogen wurde. Da indess Rudolfs Gedicht unvollständig ist, und die Hs. S bei aller Verwandtschaft nicht den daraus hervorgegangenen Text in identischer Gestalt wiedergibt, muss erst abgewartet werden, ob sich nicht vermittelnde Glieder zwischen der Fassung, welche G und jüngere Hs. vertreten, und der durch S repräsentirten finden, ehe man die Grenzen genauer ziehen und diese dritte Recension auf ihre Eigenthümlichkeiten hin mit mehr Sicherheit characterisiren kann.

Trotzdem kann man aber noch im Allgemeinen die weitere Behauptung aufstellen, dass sie sich nicht nur durch Interpolationen, sondern durch eine theilweis andere Composition auszeichnet. Dass diese nicht erst vom Schreiber der Hs. S durchgeführt, sondern bedeutend früheren Ursprungs ist, ergaben Parallelen aus U. v. Eschenbachs Dichtung, und wird durch den noch älteren Rudolf bezeugt, freilich nur in wenigen Punkten.

Ich habe gelegentlich erwähnt, dass unser Dichter die Rückkehr nach Macedonien und in Folge dessen auch den in der H. d. p. hierfür angegebenen Grund verschweigt. Und nicht nur das: er gibt auch die damit in Verbindung stehenden Ereignisse in anderer Reihenfolge als seine Quelle. Nach ihm wendet sich Alexander, nachdem er sein Heer gesammelt, nicht zuerst gegen Italien, sondern nach Tragachantes, was auch S und damit übereinstimmend die altfranzösische Prosa und der Konung Alexander V. 859 als erste Station bezeichnen. Im Folgenden weicht seine Darstellung aber auch von S ab, indem sich sofort der Zug nach Theben (V. 3298 ff.), Korinth (V. 3385 ff.), Platea (V. 3460 ff.), Athen (V. 3487 ff.) und Lacedämon (V. 3710 ff.) anschliesst. Darauf wird mit S Zizicus, Bizanz und Ponte genannt (V. 3835 ff.), dann, ebenso dieser Hs. entsprechend, Calcedonie, was die anderen Texte der H. d. p. unter den ersten Oertlichkeiten im Itinerar anführen, nun aber wieder im Gegensatz zu allen Texten Abdira (V. 3853 ff.), die Inseln (!) Ostia (V. 3858) und Olinth (V. 3861), Saldeopildan (V. 3864), der Fluss Zonis, ein Wasser, ‚daz durch die selbe insel (Olinth!) flôz' (V. 3870), und die Wildniss Loonus (V. 3903). Da stossen Eumilio, der gegen Italien gesandt ward, und dort italische Reiche erobert hatte, und alle andern ‚durch twingen' ausgesandten Scharen wieder zum Hauptheere. Es zählt im Ganzen 4500 Mann, zu Ross, 32000 ‚sarjande' nebst 180 Schiffen. Damit fährt Alexander gegen Africa und bezwingt ‚daz selbe rîche' (V. 3967), von da auf die Insel Ephranitida (V. 3972), wo er einen Theil des Heeres nach Scalon und gegen Libyen entsendet, während sein eigenes Ziel Ytome ist (V. 4016 ff.).

Damit tritt in dem Berichte über die kriegerischen Unternehmungen eine Unterbrechung ein, denn wir bekommen nun zu lesen (V. 4025 ff.), wie die vor den Macedoniern flüchtenden ‚lantfürsten' zu Darius kommen und diesem über Alexander Auskunft geben, woran sich der erste Briefwechsel mit letzterem und jener mit den Satrapen Primus und Antiochus und, was S ferner bis zum Uebergang über den Hellespont berichtet, reiht. Dabei ist jedoch zu bemerken, dass nach der dem Darius überbrachten Botschaft, dass Alexander den Granicus überschritten habe, Rudolf von einer Schlacht der Macedonier gegen Memnon spricht, auf die ich an späterer Stelle zurückkommen werde. Auf die Heimkehr nach Macedonien folgt in der H. d. p. der Feldzug gegen die griechischen Städte. In unserem Gedichte dagegen V. 4756 ff. versammelt Darius ‚mâge, man und fürsten gar' zum Kriegsrathe. Wir stehen damit nicht nur am Beginne der Kämpfe gegen Darius, sondern werden mit diesen zugleich auf die zweite Hauptquelle, den Curtius, gelenkt, neben der Rudolf immerhin noch die H. d. p. zu Rathe zieht. Bevor wir aber auf diesen zweiten Theil des Gedichtes übergehen, haben wir noch einen Blick auf den Gang der Ereignisse im ersten, soweit dieser mit der H. d. p. nicht harmonirt, zu werfen. Dabei beobachten wir eine gruppenweise Umstellung. Rudolf bringt zuerst das, was sich in der H. d. p. erst nach der Rückkehr aus Asien ereignet, und zwar noch mit dem Unterschiede, dass Theben, Korinth u. s. w. vorangestellt sind und Abdira mit den anderen Oertlichkeiten auf Chalcedon folgt; er lässt also die Kreuz- und Querzüge in Griechenland und den nördlichen Gebieten vor der grossen Heerfahrt gegen Persien, zu der Alexander den Weg über Afrika nimmt, geschehen, und hierin kommt er in der Hauptsache mit der historischen Wahrheit überein. Ob ihn hierbei die Kenntniss anderer Berichte beeinflusste oder blos der Eindruck der Unwahrscheinlichkeit, dass Alexander, der bereits in Asien ist, nach Macedonien zurückkehrt, nicht nur um seine kranke Mutter zu besuchen, sondern auch um Krieg zu führen, bleibt zweifelhaft. Nicht möchte ich aber annehmen, dass er diese Anordnung schon in seiner Vorlage der H. d. p. vorgefunden habe, da weder die französische Prosa noch der Konung Alexander, welche auch Tragachantes an die Spitze stellen und sonst ähnliche Vorlagen voraussetzen, hierzu eine Parallele bieten. Nach beiden Darstellungen kommt Alexander von Italien nach Afrika, wie in der H. d. p., der gemäss sie denselben später auch nach Macedonien heimkehren lassen. Doch gibt letztere die nachfolgenden Ortsangaben in gleicher Ordnung wie unser Gedicht, wobei zwar Manches übergangen ist, und darnach müssen wir schliessen, dass dem Rudolf hierfür allerdings sein Text der H. d. p. Vorbild war.

Keinen Bescheid vermag ich zu geben, warum er die Begegnung mit dem Hirsche und den Ort Taphosiri übergieng, und ebenso ist die Frage nach der Herkunft einiger bisher noch unberührter nebensächlicher Details nicht zu beantworten, so lange das handschriftliche Material der H. d. p. nicht möglichst vollständig vorliegt. Damit will ich aber keineswegs die Ansicht vertreten, dass Rudolf ganz und gar von seiner jeweiligen Quelle abhängig war und nichts weiter schrieb, als was darin stand. Vielmehr halte ich es für sehr wahrscheinlich, dass ein so belesener Mann gelegentlich etwas von seinen Kenntnissen einfliessen liess. Und gelegentlich ist manches zugefügt, so die Bemerkung V. 174 ff., dass Abraham den Aegyptern die Kenntniss der Astronomie und Astrologie beigebracht habe, was überdies eine dem Mittelalter sehr geläufige Lehrmeinung ist, so dass es ganz zwecklos ist, eine bestimmte Quelle fixiren zu wollen. Aehnlich verhält es sich mit V. 312 ff., wo er sagt, das Ebenholz, dessen beim Zauberverfahren des Nectanebus Erwähnung geschieht, sei unverbrennbar.[1])

---

[1]) Dasselbe finden wir in dem von Rudolf in seine Weltchronik aufgenommenen Abschnitt über die Erd- und Völkerkunde, der zuerst von meinem Vater in den Sitzungsberichten der Wiener Akademie phil.-hist. Cl. B. L, 371 ff. und dann mit eingehenden Quellenuntersuchungen von O. Doberentz in der Zeitschr. f. d. Phil. B. XII und XIII veröffentlicht wurde. V. 1566 (bei Doberentz, im Texte meines Vaters V. 1477) steht:

Sinalt an der möre lant
ist gelegen Méroë
ein insel wit, dâ in den sê
fliusset der grôse Nilus.
ein hols haisset Ebenus,
dem man der art mit wârheit gliht
das es mûge verbrinnen niht;
das gebirt dis selbe lant.

Mein Vater hatte in der Anmerkung zur Stelle auf Flore 2071 und Megenberg 321, 6 verwiesen, und Conrad Fleck citirt auch Doberentz a. a. O. B. XIII, 218, da die Quelle, des Honorius Augustodunensis Imago mundi, mit der einfachen Angabe ‚In hac est lignum Hebenum' ihn im Stiche liess, und B XII, 435 sagt er ausdrücklich: In den Versen 1570 ff. finden wir eine Beziehung auf Flore und Blanscheflur V. 2071 fgg., denn dass letztere Dichtung Rudolf von Ems sehr wol bekannt gewesen ist, ersehen wir ja aus dem Lobe, welches er in seinem „Wilhelm" ihrem Verfasser gespendet hat. Ich läugne nicht die Möglichkeit, halte aber die Benützung einer anderen Quelle — eine solche hat auch Conrad Fleck ohne Zweifel gehabt, was Doberentz wohl zugestehen wird —, für wahrscheinlicher. Da der Alexander vor der Weltchronik gedichtet ist,

Wenn nach V. 3260 ff. Alexander bei seinem Abzuge den Aristoteles als Berather zurücklässt und dem Antipater die Regierung anvertraut, so beruht das möglicher Weise nur auf einer Folgerung aus späteren Angaben der H. d. p. Man denke nur an die Schreiben Alexanders an seinen Meister und, was über Antipaters Theilnahme am Morde des Königs gesagt wird.

Dass Constantinopel dem König Constantiu seinen Namen verdanke (V. 3841 f.) war im Mittelalter auch den minder Belesenen bekannt. Dagegen scheint die geographische Notiz über die Insel Ephranitida auf den ersten Blick grössere Gelehrsamkeit vorauszusetzen: sie ist

> V. 3974 gelegen bi Africâ
> in eime gebirge hôch,
> daz sich gên grôzer hoehe zôch.

Ich halte sie gleichwohl nur für eine Erfindung des Dichters. V. 4134 lesen wir

> Alexander lag mit crafft,
> Er hatte grosse Ritterschafft
> Bracht in terre Tetim.

So die Hs. Dass hier Alexander den ersten Brief des Darius mit den Geschenken erhalten habe, ist weder aus meinen Texten der H. d. p. noch aus anderen mir bekannten Alexandergeschichten ersichtlich, doch enthält in der Hs. m jener Brief neben anderen Erweiterungen folgende Stelle: Egressus es de terra tethyn et spaciosa loca perside credis saltus et ludos agere tamquam mures in domibus, vbi catule non consistunt. Der Anfang stammt offenbar aus Maccab. I, 1, und darnach ist tethyn wie Tetim aus Cethim entstellt. Darüber sagt nun Rudolf im geographischen Abschnitte seiner Weltchronik V. 1024:

> Dô man Criechen êrst began
> stiften, dô nandez nâch im
> Japhêtes sun mit namen Cêtim,

---

haben wir uns zunächst in der H. d. p. umzusehen, ob sich derlei darin findet, und da ist von unverbrennlichem Holze nur in der Schilderung des Palastes der Candace die Rede. B bl. 214d,20 schreibt ‚Vidi et ibi triclinium ex lignis asiptis, qui non incenduntur ab igne, wofür die Hs. der jüngeren Recension bieten: Deinde ingressa est cum eo in alium cubiculum ex lignis ebenis et buxinis et cipressinis, ohne weiteren Beisatz, was wenigstens andeutet, dass diese Holzarten als jener Gattung angehörig bekannt waren. Hartlieb legt dann in der gleichen Beschreibung bl. 92a — es werden an früherer Stelle Ebenholzsäulen angeführt — dem Ebenholze ausdrücklich diese Eigenschaft bei. Weit wichtiger ist indess die Angabe im Presbyterbrief des Johannes § 57: Coopertura eiusdem palacii est de ebeno, ne aliquo casu possit comburi.

> den ich ouch hân genennet ê.
> diz was der zît, dô nâch Nôê
> ez stifte des geslehtes her.
> von den anz grôze Mittelmer
> sint al diu rîche und diu lant
> Criechen mit einem namen genant,

wozu übrigens Honorius Imago mundi I, 27 als Quelle nicht ausreicht: A Mediterraneo mari est Graecia, a Graeco rege dicta, terra Cethim olim vocata, et versus austrum Magno mari terminatur. Aber was sollen wir an unserer Stelle mit Griechenland anfangen, nachdem Alexander längst nach Afrika gekommen ist? Es bleibt nichts anderes übrig als ‚von‘ für ‚in‘ zu schreiben, oder mit Cetim einen anderen Begriff zu verbinden, wie es z. B. Gotfr. v. Viterbo P. III (S. 102) und O. v. Freisingen in seiner Chronik I, 4 thun, wornach, wie ersterer sich ausdrückt, Cyprus insula et omnia loca maritima olim in Graeco dicta sunt Cethim (s. Josephus Flav. Antiqu. I, 6, 1).

V. 4867 wird unter den Heerfolge leistenden Völkern, welche ein Fürst im Kriegsrathe des Darius aufzählt, auch die Ritterschaft aus der Stadt Ninive genannt. Die H. d. p. enthält zwar neben den von Rudolf angeführten noch andere Namen, aber diesen nicht und ebenso Curtius III, 2. Eine Parallele hierzu findet sich in Lambrechts Alexander V. 1199. Eine andere Quelle verräth ferner der auf den Wohnsitz der Apolloniades deutende Vers 4871 ‚die solt dû hân von über mer‘[1]) und, was über des Porus Herrschaft V. 7991 ff. gesagt ist.[2])

---

[1]) Solin 103, 19.

[2])
> Ueber Indiam daz lant
> sach man in dô bî den tagen
> der drîer lande krône tragen.

Im geographischen Abschnitte der Weltchronik V. 112 lesen wir bei Doberentz:

> Daz ander lant ist Indiâ
> dâ sint gewalteclîche
> diu grôsten küniкrîche
> der ieman künde ie gewan.

[3] Vergleicht man Honorius Imago mundi I, 11 Deinde est India, ab Indo flumine dicta u. s. w., so ergibt sich wieder die schon einmal vermerkte und noch anderwärts nachweisbare Unzulänglichkeit. Im Hinblick auf die angezogenen Verse im Alexander wird aber zugleich sehr zweifelhaft, ob es richtig war die Lesart drin in V. 115 zu beseitigen. S. Presbyterbrief § 12.

Ueber das Verhältniss Rudolfs zur H. d. p. und Curtius werde ich in einer eigenen Abhandlung genauere Rechenschaft geben. Hier genüge die Bemerkung, dass der von Rudolf benützte Text der H. d. p., was den Wortlaut betrifft, der Fassung G (O S) am nächsten stand.

Und nun eine kurze Uebersicht, wie Leos und Curtius Werk compilirt wurden. Ersteres diente als Grundlage, soweit Curtius Schrift defect ist, dann folgte Rudolf dieser, nicht ohne aber Episoden aus jener einzuflechten, entweder um die Erzählung des Römers zu ergänzen oder weil ihm jene Darstellung aus irgend einem Grunde angemessener schien. Ein solches Verfahren musste bei den grossen Verschiedenheiten, wie sie zwischen den beiden Autoren bestehen, Verwirrung anstiften, und es war in vielen Punkten überhaupt der Willkür Thür und Thor geöffnet. Der Uebergang von einem zum anderen ist noch motivirt. Rudolf verfuhr nicht unüberlegt. Die letzte der H. d. p. entlehnte Partie handelt darüber, wie Boten dem Darius die Annäherung Alexanders verkünden, wie der Perserkönig darauf hin seine Verwandten und Fürsten zum Rathe beruft, in dem beschlossen wird, die Heeresmacht des Reiches aufzubieten; zu welchem Zwecke sich sofort Boten in die Provinzen begeben. Sodann folgt die Geschichte vom Bade des Macedonierkönigs im Flusse Oceanus (Cydnus), dessen Erkrankung und Heilung durch den Arzt Philipp. Sie ist bei Curtius in cap. V des III. Buches zu lesen und damit war ein Anhaltspunkt gegeben. Da aber die vier ersten Capitel nichts enthalten, was schon in der H. d. p. vorgekommen wäre, setzt er nicht mit oder nach cap. V ein, sondern gleich mit dem Anfang dieses Buches (s. V. 4886 ff.), um jedoch bald wieder davon abzuspringen, denn Alexanders Rettung durch den Arzt Philipp (Curt. cap. VI) ist nach Leo erzählt. Beweggrund hierfür mag die Kürze der Darstellung bei diesem gewesen sein, wie schon im vorhergehenden Capitel bei Schilderung der durch den Unglücksfall im Heere hervorgerufenen Bestürzung die mannigfachen Reflexionen, welche Curtius den Leuten in den Mund legt, übergangen sind und dafür der weit einfachere Bericht der H. d. p. substituirt erscheint. Hier zeigt sich nun gleich die gefährliche Seite der Compilation. Rudolf liess sich durch die Namensform täuschen: Parmenius, von Hass gegen den von Alexander geliebten Philipp erfüllt, verdächtigt diesen durch einen Brief beim Könige, dass er, von Darius bestochen, ihn vergiften wolle. Es stellt sich die Unschuld des Arztes heraus, dagegen wird Parmenius des verbrecherischen Planes überführt und in Folge dessen enthauptet. So in Kürze die H. d. p. Bei Curtius ist der Sachverhalt ein etwas anderer. Da spielt Parmenion nicht die Rolle des Bösewichts und wird darum auch nicht mit dem Tode bestraft. Dass Parmenius und Parmenion dieselbe Figur ist, hat der Dichter nicht erkannt, darum tritt letzterer auch nicht vom Schauplatze ab. Uebrigens taucht Parmenius selbst in der H. d. p. später wieder auf, er ist es, der das Angebot des Perserkönigs für die gefangene Familie anzunehmen räth.

Leos Schrift ist ferner ausser V. 5525 ff. (s. S. 72) benützt:

I. V. 5781 ff. Nostadi lässt dem Darius durch Boten Nachricht von den bisherigen Niederlagen zukommen, dass die Besten zu Alexander abgefallen seien, der die Stadt Mutridat verbrannt habe und die Länder verwüste. Der Perserkönig fordert darauf den Satrapen zur Gegenwehr auf, bis er ihm Succurs sende.

II. V. 5827 ff. Ein unzufriedener Perser erbietet sich, seinen Herrn todt oder lebendig in die Hände Alexanders zu überliefern. Dieser weist den Antrag entrüstet zurück. Zu Darius kommen zwei Fürsten, Spicher und Saptesi, und klagen ihre Noth. Derselbe schreibt Alexandern, von seinem Uebermuthe abzulassen u. s. w. Antwort des Macedoniers.

III. V. 6003 ff. Alexander begibt sich auf Geheiss des Gottes Ammon selbst als Bote zu Darius, wird schliesslich erkannt, entkommt aber glücklich den Verfolgern und hält dann vor seinem Heere eine ermuthigende Ansprache. Nach der Flucht stürzt im persischen Königshause die Säule des Xerxes, worüber grosse Bestürzung entsteht.

Mit V. 6601 ff. wird die Erzählung des Curtius (cap. VIII) wieder aufgenommen, die R. mit VII, 11 verlassen hat. Die Ursache, warum er den letzten Theil dieses Capitels nicht wiedergibt, ist wohl die, dass Alexander da eine That verrichtet, die ihm ungerechtfertigt schien, es ist die Ermordung des Sisenes ‚haud dubie iussu regis.' Qualtherus II, 270 sagt: eumque Mors iniusta ferit, non ignorante tyranno. Dadurch würde ein Schatten auf den Charakter des Helden gefallen sein, was der Tendenz des Gedichtes zuwiderläuft. Ich verspare mir den Nachweis, wie der Dichter alles derartige unterdrückt, auf später. Weshalb er aber gerade die oben angegebenen Stücke aus der H. d. p. dafür einschiebt, erklärt nur S, ebenso, warum hierbei die sonst überlieferte Reihenfolge geändert ist: sie ist nämlich in den mir bekannten Hs. II, I, III und zwar schliessen sich diese Partien nicht unmittelbar an einander. Nach II lesen wir einen Brief Alexanders an seine Statthalter, worin er denselben befiehlt, Kleidungsstücke und Felle nach Antiochia zu liefern, damit sie von da an den Eufrat geschafft werden. Nach I erfahren wir, dass Darius sich wieder an Porus um Hilfe wandte, es wird dessen auf die Zukunft vertröstendes Antwortschreiben mitgetheilt und eines von der Mutter des Perserkönigs, in dem sie diesen vom Kampfe gegen Alexander abzulassen ermahnt. Dies alles ist gleich S bei Seite gelassen.

IV. V. 7283 ff. Ein verkleideter Perser macht sich während der Schlacht an Alexander, um ihn zu tödten. Der Plan misslingt. R. schiebt diese Episode in die Schilderung der Schlacht bei Issos ein (s. Curt. cap. XI), die H. d. p. (doch s. S. 59) lässt sie in einem Kampfe am Tigris vor sich gehen. Dort wie hier knüpft sich an den Sieg die Gefangennahme der persischen Königsfamilie. Wenn diese nach der H. d. p. auch erst in Bactra, bis wohin die Feinde verfolgt werden, stattfindet, war dies Grund genug Identität anzunehmen, und die Notiz bei Curt. XI, 10, dass Alexander leicht verwundet worden sei, mag der Dichter auf den tückischen Angriff des Persers, durch den der König am Kopfe — dort freilich am rechten Oberschenkel — verletzt wird, bezogen haben. Curtius erzählt erst bei der Belagerung von Gaza (l. IV. c. VI, 15) Ähnliches.

V. V. 7950 ff. Darius klagt über sein Unglück. Vorher ist nach Curt. l. IV, c. I, 3 erwähnt, wie er nach der Schlacht bei Issos fliehend nach Oncha kommt und von da an den Eufrat zieht. In der H. d. p. geht die Niederlage am Granicus (Straga) vorher, auf die hin sich der persische König gegen Susis wendet und da im Palaste sein Unheil bejammert. Anders indess S (s. S. 59).

VI. V. 7987 ff. bringt Rudolf nun wie S den früher übergangenen Brief an Porus und dessen Antwort, sowie den an Alexander gerichteten, um diesen gegen hohes Lösegeld zur Herausgabe der Mutter, Gemahlin und Kinder zu bewegen. Letzterer schliesst sich in der H. d. p. sonst an V an, hier ersetzt er die in einiger Hinsicht knapperen Angaben bei Curtius c. I, 7 ff. Im Folgenden sind beide Berichte verbunden, die sich zu ergänzen scheinen. Der eine (s. c. I, 10 ff.) kennt nur die Rückschrift an Darius, der andere schildert den Eindruck von dessen Vorschlag im Heere; welche Aufnahme derselbe bei Alexander gefunden, sollen die Ueberbringer ihrem Herren verkünden. An Stelle der schriftlichen Mittheilung ist hier die mündliche getreten. Unser Gedicht hält sich zuerst an die H. d. p., wobei jedoch die Rede des Parmenius weggeblieben ist, und damit wurde der Widerspruch, in dem sein abermaliges Auftreten zu dem früher Erzählten steht, aufgehoben.

VII. V. 8616 ff. Alexander sendet während der Belagerung von Tyrus Botschaft an die Juden, sich ihm zu unterwerfen. Jaddus, deren Hoherpriester, schlägt dies ab, was jenen heftig erzürnt. In der Nacht träumt ihm von der Traube, aus der er mit den Füssen Wein stampft. Deutung des Traumes durch Ariolus.. Zug nach Jerusalem.

VIII. V. 10207 ff. Alexander findet in Aegypten die Bildsäule des Nectanebus und bekennt sich als dessen Sohn. Diese Geschichte, in der H. d. p. nach der Gründung von Alexandrien, bringt Rudolf mit dem Zuge nach Aegypten bei Curtius cap. VII, 1 ff. in Zusammenhang. Da hätte er aber auch erkennen können, dass die Alexandria des Curtius (cap. VIII) und die der H. d. p. dieselbe sei. Dem ist jedoch nicht so: er schreibt V. 10449 ff., Alexander habe auch in Aegypten (!) eine Stadt gebaut: der ist der selbe name erkant. S. dazu S. 73.

IX. V. 10706 ff. lesen wir vom Bau der Brücke über den Eufrat, die nach dem Uebergang des Heeres zerstört wird u. s. w.; vgl. Curtius cap. IX, 12, der dessen nur mit wenigen Worten gedenkt.

X. V. 10798 ff. geben Notizen über den Lauf des Eufrat und Tigris und die Abhängigkeit des Wasserstandes von dem des Nil. In der H. d. p. stehen sie vor IX.

XI. V. 10990 ff. Die Kriegslist mit den Baumzweigen, die Alexander die Seinen nachziehen heisst, um den Feind durch den aufgewirbelten Staub über die Stärke seines Heeres zu täuschen. Die H. d. p. berichtet davon nach dem Briefe, den Darius Mutter an diesen schreibt. Rudolf schaltet es bei Curtius nach cap. X, 8 ein, was damit motivirt werden kann, dass X, 10 zu lesen ist ‚qui speciem magni agminis fecerant‘, die ‚moratores Persarum‘ nämlich. Wir haben wieder einen Beweis vor uns, wie oberflächlich er zu Werke geht.

XII. V. 12053 ff. Schlacht bei Arbela (Curtius cap. XV f.). Dabei sind manche Züge aus der Schilderung jener am Granicus (S: Tigris) in der H. d. p. herübergenommen. Hierzu verleitete ohne Zweifel XVI, 16 f., eine Scene, die mit der dort beschriebenen Flucht über den Fluss, dessen Eisdecke unter der Last der darauf befindlichen Heereshaufen einbricht, Aehnlichkeit hat. Nebenbei mag dem Dichter auch aufgefallen sein, dass hier wie dort die Sichelwagen eine bedeutende Rolle spielen. S. ausserdem S. 75.

XIII. V. 12803 ff. Was da über den Verfasser der H. d. p. gesagt ist, basirt, wie schon oben bemerkt wurde, auf dem in mehreren Hs. derselben vorfindlichen Prologus.

XIV. 12985 ff. Alexander naht Babylon (Curtius l. V. cap. I, 17), es werden die Paläste des Xerxes und die Grabstätten der assyrischen Könige aufgefunden. Die H. d. p. lässt dies am Granicus (S: Tigris) geschehen. Auf Babylon mochte Rudolf die Erwähnung des Ninus gewiesen haben.

XV. V. 13738 ff. Die Macedonier treffen auf eine Schar gefangener und verstümmelter Griechen (Curtius cap. V, 5 ff.). Am Beginne der Erzählung zeigt sich Benützung der H. d. p., die darüber nach Beschreibung von Ninus Grab berichtet.

XVI. V. 14709 ff. Alexander beim sterbenden Darius. Bestattung desselben. Rudolf füllt damit eine Lücke im Curtius (s. Ende von lib. V) aus.

XVII. V. 14909 ff. Vermählung mit Roxane. Sie ist gerade nicht unpassend an Curtius lib. VI, cap. II, 9 angeknüpft. Was da gesagt ist, hat freilich unter der Hand des Dichters einige Veränderung erfahren und folgt unmittelbar auf die Leichenfeier: V. 14897 ff. wird Hephestion nach den gefangenen Frauen gesendet. Sie kommen und erhalten ihre Freiheit. Der König nimmt darauf die Huldigung der persischen Mannen entgegen und heirathet ‚Rosûmen die schoenen'. In der H. d. p. entwirft Alexander, nachdem er der Pietät gegen den verstorbenen Gegner Genüge gethan, vor einer Versammlung der Vornehmen sein Regierungsprogamm, führt die Mörder der verdienten Strafe zu und überträgt die Verwaltung von Persis einem nahen Verwandten des Darius: erst dann feiert er die Hochzeit. Was da voraufgeht, wird später untergebracht. Vorerst entwirft Rudolf

XVIII. V. 14914 ff. dem Leser ein Bild von dem Palaste des Cyrus, worüber die H. d. p. schon früher unterrichtet in dem Capitel, das den Mord des Darius erzählt, denn dieser geschicht in der Königsburg, nicht wie bei Curtius auf freiem Felde, und darum konnte jetzt erst dem Alexander Gelegenheit gegeben werden, die Pracht desselben zu bewundern. So auch S.

XIX. V. 15008 ff. Krönung des neuen Gebieters und dessen Gemahlin, worauf derselbe den Landfrieden gebietet und eine ‚hôchgezît' anordnet. Trotz sehr freier Behandlung lässt sich doch die H. d. p. als Substrat deutlich erkennen. Es ist da theilweise verwerthet, was sub XVII als später untergebracht bezeichnet wurde. Dahin gehört auch der V. 15080 genannte Guritus, der nicht nur mit dem ‚riche' belehnt, sondern darüber noch zum Pfleger des persischen Prinzen designirt wird. Rudolf weiss auch, dass des Königs Bruder Medien zu Lehen erhielt und dies führt uns auf Curtius cap. II, 11 zurück, nur müssen wir die Stelle mit gleichem

Unverstand wie der Dichter lesen, dann ist so etwas herauszubringen. Gleich darauf wendet er sich wieder der H. d. p. zu:

XX. V. 15096 ff. Alexander schreibt seiner Mutter und Aristoteles über seine bisherigen Erlebnisse und fordert sie auf, seine Vermählung auch in Macedonien zu feiern.

Damit nehmen wir nun auf kurze Zeit von Leo und Curtius Abschied: in der Folge ist allerlei aus anderen Quellen interpolirt. Ich hebe nur die weitläufige Geschichte von Nabuchodonosors Traum und das trockene Königsregister der asiatischen Weltreiche am Beginne des fünften Buches hervor. Einen Brief des Aristoteles, den Alexander zugleich mit Geschenken der Olympias erhält und in dem der Meister weise Lebensregeln gibt, erspart uns der Schreiber zu lesen. Er bricht nach den ersten Versen schon ab (V. 15120 ff.) und lässt eine Lücke, woraus wir schliessen dürfen, dass er ziemlich lang gewesen sei und der Copist sich seine Arbeit abkürzen wollte. Wäre letzteres auch nicht der Fall und der Defect schon in der Vorlage vorhanden gewesen, so gienge dies doch aus V. 15130 f. hervor, wo der Dichter mit den ‚maeren' wieder auf Alexander zurück zu kommen verspricht.

Erst V. 15656 leitet in das alte Geleise, den Curtius cap. II, 12, ein, welchen nach cap. IV, 17 die Geschichten von den Juden und über Gog und Magog (15876—17395) abermals unterbrechen. Der das Caspische Meer betreffende geographische Excurs (cap. IV, 18—20) lenkte darauf. Die H. d. p. ist noch einmal zu Rathe gezogen.

XXI. V. 17565 ff., wo über Alexanders Zusammenkunft mit der Königin der Amazonen berichtet wird, und zwar deshalb, weil sie manche Curtius (cap. V, 24—VI) ergänzende Züge bietet.

Ueberschauen wir zum Schlusse die H. d. p. von da ab, wo Rudolf von ihr auf Curtius als seine Quelle übergeht, bis zur letzterwähnten Episode, so zeigt sich, dass mit wenigen nennenswerthen Ausnahmen der ganze Hauptinhalt in das Gedicht aufgenommen wurde, und das wird in Niemanden Verwunderung hervorrufen, der eine oberflächliche Vergleichung der beiden Autoren anstellt: das meiste deckt sich nicht und wenn die Grundrisse einander auch gleichen, ist dann doch die Detailausführung eine andere. Wollte der Dichter also seinem Vorsatze, eine die Quellen erschöpfende Darstellung zu geben, treu bleiben, so gab es, wenn wir uns auf seinen Standpunkt stellen, nicht leicht einen anderen Ausweg. Vermisst wird einzig der Brief Alexanders an seine Satrapen und der von Darius Mutter; jener an Porus mochte in Folge Identificirung mit einem früheren unbeachtet geblieben sein, und von der Bestrafung der Königsmörder und dem Feldzuge gegen Indien war in Curtius noch keine Rede. Letzteren verlegt die H. d. p. zwischen die Hochzeit Alexanders und seine Begegnung mit den Amazonen, erstere erfolgt nach Statuirung des Landfriedens.

Ueber die Art und Weise der Compilation brauche ich wohl kein Wort mehr zu verlieren. Wie leicht Rudolf einen Anknüpfungspunkt fand, wie kopflos er zuweilen dabei zu Werke gieng, lehren genugsam die obigen Nachweise der der H. d. p. zugehörigen Abschnitte.

2. Curtius Rufus.

Schon Zacher a. a. O. S. 103 hat Gervinus irrthümliche Angabe, dass Rudolf einen vollständigeren Text des Curtius, als er auf uns gekommen ist, benützt habe, berichtigt. Seine Vorlage war ebenso lückenhaft wie die noch vorhandenen Curtiushandschriften. Gervinus hat sich durch die Bemerkung ‚hier im Curt. eine Lücke (folgt b. VI); Rudolf hatte den latein. Text noch vollständig vor sich‘, welche am untern Rande von bl. 133a der Alexanderhandschrift steht und die auch in der Abschrift Zachers wahrscheinlich eingetragen ist, verführen lassen. Sie ist jedoch falsch: Rudolf hat das fehlende aus der H. d. p. ergänzt.

Bei der Untersuchung auf die Textgestalt hin, in welcher Curtius dem Dichter vorlag, kommt vorzüglich die Ueberlieferung der nomina propria, mitunter auch die von Zahlen in den einzelnen Hs. in Betracht. Die übrigen Varianten sind, da Rudolf nicht wörtlich übersetzt, sondern sich zumeist eine sehr freie Behandlung erlaubt, wenig förderlich. Ich will den Leser mit der Aufzählung der Fälle, in welchen sich Uebereinstimmung mit dieser oder jener Hs. zeigt, verschonen und blos das Resultat mittheilen: es ergab sich, dass seiner Vorlage keiner der bekannten Texte vollkommen entspricht, der Codex Parisinus 5716 (saec. IX) ihr jedoch sehr nahe steht.

Ueble Streiche spielte unserm Rudolf häufig das Latein des Curtius, dessen Sprache und Stil freilich ein ganz anderes Gepräge haben als Leos Darstellung, in der er sich leidlich zurecht fand. Um das gewandte, elegantere Latein eines Römers zu verstehen, fehlten ihm die gehörigen Sprachkenntnisse und dazu kommt noch, dass er mit grosser Flüchtigkeit las, oft lange Partien, wie seine Nachdichtung klar darthut, nur cursorisch durchnahm. So macht er fort und fort sprachliche und sachliche Fehler, von welchen eine Reihe hier angeführt werden möge.

V. 4888 ff. berichtet er: Alexander habe den Cleander nach

Lycien gesandt, um Söldner aus dem Peloponnes und Pamphylien zu werben. Curtius III, 1, 1 heisst es aber: Inter haec Alexander ad conducendum ex Peloponneso militem Cleandro cum pecunia misso Lyciae Pamphyliaeque rebus conpositis etc. Er verbindet also misso L. Wenn zudem noch ‚Pamphyliaeque' zu Pel. gestellt wird, so mag vielleicht ein Abirren des Auges daran Schuld sein.

V. 4938 ff. wird Amphoter mit der Flotte nach dem Hellespont gesandt, während die zwei Herren Hegeloch und Lesbus Alexanders ‚helfaerc' im Nothfalle schirmen sollten. Vgl. III, 1, 19 Amphoterum classi ad oram Hellesponti copiis autem praefecit Hegelochum, Lesbum et Chium Coumque praesidiis hostium liberaturos. Die Insel Lesbos ist zum Herrn geworden[1]), welche Metamorphose sich um so leichter erklärt, da Rudolf ‚praefecit' nicht auch zu ‚classi' bezieht, sondern das als Ablativ (= cum classe) fasst und zu ‚ad oram' ‚misit' ergänzt. Im zweiten Satze musste wegen ‚liberaturos' zum Hegeloch natürlich noch ein zweiter, Herr Lesbus, kommen. Der Ausfall der zwei andern Inselnamen ist auf Verderbniss in der Vorlage zurückzuführen, wie denn auch P für ‚Coumque' ‚quoumque' liest und V. 4949 swâ es dürftic waere zunächst auf ‚quacumque' leitet, in das ein unverständiger Abschreiber möglicher Weise sogar beide Namen verquickt haben mochte. ‚praefecit' verbindet er auch nicht mit dem nächststehenden ‚copiis' — die Truppen werden dem Amphoter zugewiesen —, sondern mit ‚praesidiis' (in der Bedeutung helfaere!) und ‚hostium' mit ‚liberaturos.' Man muss gestehen, dass die Stelle nicht verkehrter hätte aufgefasst werden können. Aber wir sind noch nicht zu Ende. Nach Curtius erhalten die beiden (Amphoter und Hegeloch) zu Kriegszwecken 500, Antipater und jene, welchen der Schutz der griechischen Städte (in Kleinasien?) anvertraut war, 600 Talente. Bei Rudolf bekommt Hegeloch und Lesbus 500, Antipater, der ‚ze Kriechen' war, 60000 Pf. Goldes, als ob stünde: ad A., qui Graecas urbes tuebatur. Die abweichende Zahl ist wohl auf Rechnung einer Abbreviatur und des Verlesens von ‚missa' in ‚milia' zu schreiben.

V. 4959 ff. Alexander kommt nach Ancyra: dâ wart guotes vil genomen, daz die geste funden. Vgl. III, 1, 22 ubi numero copiarum inito (Paphlagoniam intrat); ‚numerus' und ‚copia' ist eine hier unzulässige Bedeutung beigelegt, ‚inito' wahrscheinlich als ‚invento' gelesen.

---

[1]) Schwerlich in Folge Uebersehens der Interpunction, wie Gervinus meinte!

V. 4994 ff. Darius wartet in Babylon, wohin er Nachts mit einer Schar von 10000 Helden kommt, die Sammlung seines Heeres ab, das am andern Morgen bei Sonnenaufgang herbeiströmt. Eine solche Entstellung ist nur bei sehr oberflächlicher Lectüre möglich. III, 2, 2 ist nämlich von einer Heereszählung die Rede, welche Darius nach dem Beispiele des Xerxes, um den Muth seiner Soldaten zu erhöhen, anstellt. Zu dem Zwecke lässt er einen Platz, der für 10000 Raum bietet, umwallen und da hinein ziehen nun die Scharen, bis er gefüllt ist; dann rücken sie heraus und andere nimmt die Umwallung auf.

Das Heer beläuft sich demnach schliesslich auf x. 10000 Mann. Diese 10000 hat Rudolf zum Gefolge des Königs gemacht. Um seine Zeitangaben herauszubekommen, muss man ansetzen: numerum copiarum iniit (= zuo sigen) orto sole. Ad noctem agmina, sicut discripta erant, intravere vallum[1]), wobei „numerus copiarum" auf die gesammte Macht, „agmina" dagegen auf die angebliche Begleitung des Darius zu beziehen wäre. Am Nominativ „numerum" darf man nicht Anstoss nehmen, denn um derlei Dinge kümmert sich unser Dichter wenig; man kann ihm auch ganz leicht zumuthen, dass er „in conspectum dedit" mit „exspectavit" identificirte.

V. 5021 ff. findet sich die den Barcani geltende Bemerkung:
    diu âventiure von in giht,
    sie wæren muotes riche.

Die „âventiure" sagt aber nur: (III, 2, 5) armati bipennibus levibusque scutis cetrae maxime speciem reddentibus. Wollen wir hierin nicht eines jener lobenden Epitheta, die so oft uns begegnen, sehen, so ist anzunehmen, dass „armati" in „animati" verlesen wurde. Auffallend wäre auch die Uebersetzung von „bipennibus" mit „phil", V. 5028 (sie fuorten) phile in ir handen, während doch nur zweischneidige Aexte gemeint sind. Man müsste an eine Verwechslung mit dem Adj. „bipennis" denken, ich glaube indess, dass „pfile" nur eine Entstellung von „pihel" der Vorlage ist.

V. 5075 f. wird nach Aufzählung einiger Landschaften, deren Heerescontingente wegen der grossen Entfernung und des raschen Anrückens der Macedonier nicht mehr aufgeboten werden konnten, noch erwähnt, bî dem grôzen lebermer vil manic wildez einlant: II, 2, 9 ceterosque rubri maris accolas. Stand in Rudolfs Hs. etwa „incola", das er für insola = insula las?

---

[1]) Darauf folgt: Inde emissa occupaverunt Mesopotamiae campos. Auch Lambrecht weiss V. 1799 „ze Mesopotamie in der breiten ouwen wolder daz here bescouwen" und führt dann die einzelnen Völkerschaften auf.

V. 5254 ff. lässt Rudolf die ‚wissagen' die Capelle dem Heere vorantragen. III, 3, 9 Ignis ... argenteis altaribus praeferebatur. Magi proximi patrium carmen canebant. Er verbindet also ‚Magi' mit dem vorauffolgenden Verb.

V. 5299 ff. Wenn er da von den Harnischen der sogenannten Unsterblichen spricht, wurde ‚torques' (III, 3,13) mit ‚toraces' verwechselt.

V. 5358 ff. Den Königswagen haben 10000 der Edelsten in ihrer Hut. Nach III, 3, 20 folgen ihm: decem milia hastatorum... Dextra laevaque regem ducenti ferme nobilissimi propinquorum comitabantur. Die Identificirung lässt sich aus Uebersehen der letzten Zahlangabe erklären.

V. 5741 ff. werden wir an den Herrn Lesbus erinnert; Alexander erhält nämlich Botschaft, dass sich der Perser Halicarnasus mit Leib und Gut ergeben habe. Vgl. III, 7, 4 Spectanti nuntius laetus adfertur Halicarnaso Persas acie a suis esse superatos.

V. 7423 ff. werden des Darius Mutter zwei Töchter zugesprochen: III, 11, 25 At in gremio anus aviae iacebant adultae duae virgines.

V. 7454 ff. nennt Rudolf unter den Gefangenen die Frau von des Königs Bruder und ihre Tochter, sowie Ilion, den Sohn des Artabazus. III, 13,13 Oxathrisque — frater hic erat Darei — filia et coniunx Artabazi, principis purpuratorum, filiusque, cui Ilioneo fuit nomen. Der Irrthum wird durch die handschriftliche Lesart filius(que) begreiflicher. Bald darauf (7465) lesen wir auch von drei Töchtern des Memnon, Curt. dagegen: Mentoris filiae tres ac nobilissimi ducis Memnonis coniunx et filius.

V. 8188 ff. sendet Alexander den Tersippus nach Phönizien, wo dieser Bibelo erobert. IV, 1, 14 Ad hanc (epistolam) perferendam Thersippus est missus — In Phoenicen (deinde) descendit et oppidum Byblon traditum recepit, aber nicht Thersippus, sondern Alexander.

V. 8193 wird Strato, der Beherscher von Sydon, mit dem früher genannten Fürsten von Aradus gleichen Namens in einen Topf geworfen.

V. 9358 ff. fängt Pharnabazus die, welche dem Alexander Zins von manchem Lande bringen wollten. IV, 5, 14 Chium incolis ultro vocantibus statuerant occupare (i. e. Amphoter und Hegeloch): sed Pharnabazus, Darei praetor, conprehensis . qui res ad Macedonas trahebant, d. h., die macedonisch gesinnt waren.

V. 10253 lesen wir von einem Flusse Memphi. IV, 7, 5 A

Memphi eodem flumine vectus ad interiora Aegypti penetrat,
d. i. auf dem Nil.

V. 10466 ff. erscheint Apollonius beauftragt, „der lande zins'
nach Alexandrien zu bringen. IV, 8, 5 Africae deinde, quae
Aegypto iuncta est, praepositus Apollonius: vectigalibus
eiusdem Africae Aegyptique Cleomenes. Ex finitimis urbibus
commigrare Alexandriam iussis novam urbem magna multitudine
implevit. Abgesehen von der unrichtigen Construction, an der theil-
weise die Lesart „clemens' (für Cleomenes) Schuld sein mag, fasst
Rudolf den folgenden Satz ganz falsch auf.

V. 10263 ff. zieht Alexander weiter (zum Heiligthum Ammons),
da Niemand in den nächsten Landen gegen ihn war. Dagegen
IV, 7, 5 conpositisque rebus ita, ut nihil ex patrio Aegyptiorum
more mutaret, adire Jovis Hammonis oraculum statuit. Wurde
der von „ita' abhängige Satz nicht ignorirt, so muss er gänzlich
missverstanden worden sein. Stand in der Hs. „mo re mutaret', so
konnte gelesen werden „modo (mo) remutaret', dem die Bedeutung
von „renutare' beizulegen wäre. Eine solche Lesung, die das vorher-
gehende unverständlich machte, musste dann weitere Abänderungen
nach sich ziehen.

V. 10321 zeigt die Bestimmung „unmâzen grôz', dass Rudolf
IV, 7, 13 obductae caelo nubes condidere solem, ingens aestu fati-
gatis auxilium das Adjectiv „ingens' unrichtig bezieht.

V. 10928 ist IV, 9, 25 ex equo praecipitavit (i. e. Satropaten)
mit „erbeizen' übersetzt.

V. 11545 ff. begegnet neben den Gortue auch eine Heerschar
Namens Euboice. IV, 12, 11 Post hos ibant Gortuae, gentis
quidem Euboicae, Medos quondam secuti, sed iam degeneres
et patrii moris ignari. Dieser Fehler ist noch verzeihlicher, da die
Vorlage wahrscheinlich mit den älteren Hs. die Lesart „gentes' ge-
mein hatte.

V. 11559 f. heisst es, dass nach den Phrygiern die Parther
und Scythen geschart waren. IV, 12, 11 Parthyacorum deinde
gens, incolentium terras, quas nunc Parthi Scythia profecti
tenent, claudebant agmen.

V. 11790 ff. erscheint Meleager als Befehlshaber der Phalanx.
IV, 13, 27 Ultima Meleagri ala stabat. quam phalanx sequebatur.
Rudolf hat darnach „quem' gelesen.

V. 11801 ff. entspricht IV, 13, 28 post eum Orestae Lynce-
staeque sunt (positi). Die ältesten Hs. lesen „orestes', woraus Rudolf
einen Fürsten macht.

V. 11823 ff. passirt ihm Aehnliches, indem er Malcon an die

Spitze der Achäer stellt. IV, 13, 29 In laevo Craterus Peloponnensium equites habebat Achaeorum et Locrensium et Malieon turmis sibi adiunctis.

V. 12948 ff. marschiren die Macedonier linker Hand gegen Arabien in eine fruchtbare Gegend. V, 1,11 Euntibus a parte laeva Arabia, odorum fertilitate nobilis regio: campestre iter est (in terra) inter Tigrin et Euphraten iacenti tam uberi et pingui...

V. 13062 theilen die zwei Herren (Mazeus und Alexander) beim Einzuge in Babylon die ganze Schar in vier Rotten. V, 1, 19 ceterum quadrato agmine, quod ipse ducebat, velut in aciem irent, ingredi suos iubet.

V. 13163 werden 6000 thracische Fussknechte erwähnt. V, 1, 41 cum his DC Thracas adiunctis peditibus suae gentis III milibus D.

V. 13333 ff. lässt Alexander die persische Königin in der Stadt Satrapea unter der Hut des Burggrafen zurück. V. 2, 17 satrapea regionis Susianae restituta Abulitae. Matrem quoque Darei et liberos in eadem urbe deponit. Diese Stadt ist Susa (s. 2, 16).

V. 13931 ff. theilt Alexander den versammelten Fürsten mit, dass keine Veste in Persien fester sei, als Regia und Persagada. V. 6, 1 Postero die convocatos duces copiarum docet, nullam infestiorem urbem Graecis esse, quam regiam veterum Persidis regum.

V. 14017 sagt Rudolf von den Mardi: ir hâr was lanc, vil rûch ir kleit, verbindet also V. 6, 18 comae prominent hirtae, vestis super genua est.

V. 14512 f. gelangen die Macedonier von Laconte nach Taba. V. 13,2 Tabas — oppidum est in Paraetacene ultima — pervenit. Die ältern Hs. lesen, der Namensform in unserm Gedichte näher stehend, partelacene, woraus leicht (in) parte lacene (laconte) werden konnte. Damit erklärt sich nun zwar die Verstümmelung des Namens bei Rudolf, aber der Sinn der Stelle wird nicht alterirt, solange ‚est in‘ intact bleibt. Rudolfs Uebersetzung verlangt ‚a‘ oder ‚ex‘ (e) und es wäre nicht unmöglich, dass er ‚est‘ (e) verlas.

V. 15733 ff. weist Alexander in einer Rede u. a. darauf hin, dass ihm manches Land vom Hellespont bis Jonas diene; Eolides, die Ritterschaft, sei bezwungen u. s. w. VI, 3, 3 ecce orsum bellum ab Hellesponto: Jonas, Aeolidem servitio barbariae inpotentis eximimus.

V. 18483 überlässt Alexander dem Craterus, der die Stadt Artana belagern sollte, 13000 Mann. VI, 6, 24 XIII milia armata erant. In quorum obsidionem Cratero relicto ipse Satibarzanen sequi festinat. Diese Anzahl steht auf Seite der Feinde.

V. 18568 ff. veranstaltet er seinen Göttern zu Ehren ein achttägiges Fest: VI, 7, 1 Iam nonum diem stativa erant. Rudolf verwechselt ‚stativa' mit ‚festiva.'

V. 18703 erscheint Peculaus, wieder in Folge falscher Beziehung, als custos corporis: VI, 7, 15 quod fortissimis iuvenum non dubitasset se adiungere, Demetrio, corporis custodi, Peucolao, Nicanori.

V. 18909 ff. wird die Rede Alexanders Cebalin in den Mund gelegt: VI, 7, 31 Rex Philota venire in regiam iusso, ‚Cebalinus', inquit, ... Ursache des Missverständnisses ist das eingeschobene ‚inquit.'

V. 19198 ff. steht das gerade Gegentheil von VI, 9, 7 Nullius eorum indicio Philotas ut particeps sceleris destinabatur. Es ist das nur durch ein Verlesen von ‚ut particeps' in ‚inparticeps' möglich.

V. 19859 bemerkt Rudolf, dass der Bruder des Polemon vorher entflohen sei: VII, 1, 10 rex introduci iussit Amyntam et Simmiam: nam Polemon, minimus ex fratribus, cum Philotan torqueri conperisset, profugerat. Als ob ‚minimus ex fratribus' eine andere Person als Polemon wäre!

Schliesslich erwähne ich noch die Stelle (20844 ff.), wo Rudolf von Fischen ‚ûz dem Tîle' (daz was ein bach, diu aldar ran) spricht, ein Missverständniss, auf das schon Gervinus, durch Zacher aufmerksam gemacht, hinwies und welches letzterer in seiner Zs. X, 103 nochmals anzieht, um daran eine Vermuthung über das Alter der vom Dichter benützten Curtiushandschrift zu knüpfen. Halten wir nämlich den lateinischen Text VII, 4, 24 In quarum penuria milites fluviatili pisce et herbis sustinebantur dazu, so erklärt sich der Irrthum sehr leicht dadurch, dass in der Vorlage ‚fluvia tili', also getrennt, geschrieben war. Da solche sinnlose Wortabtheilung in Manuscripten des IX. Jhs. ganz gewöhnlich ist, meint Zacher, dass die benützte Handschrift diesem Zeitraume angehöre. Ich sage nichts gegen die Möglichkeit, möchte aber auf diese Erscheinung, die uns auch in den folgenden Jahrhunderten begegnet, nicht zu viel Gewicht legen. Müssen wir nicht auch bei ‚der Ponensen strit' V. 2223 Trennung des Namens voraussetzen? Leo hat aber seine Schrift erst im X. Jh. verfasst und Rudolf hatte zudem eine bedeutend umgearbeitete und demgemäss auch aus späterer Zeit datirende Fassung vor sich. Ich führe daraus noch ein Beispiel an. Nach V. 4016 sendet Alexander einen Theil des Heeres gên Scalon: B Dedit comitatum militibus suis . ut irent ascalonam;

m: precepit ut pars exercitus sui peterct ascholonia. In Rudolfs Vorlage muss aber ‚scalonam' für sich gestanden haben und so liest M G S ad scalonam, O ad Scolomam (μ in scaloma), was wahrscheinlich aus der Schreibung ‚a scalonam' hervorgegangen ist. Ich sage nur wahrscheinlich, weil in diesem Falle eine andere, der von Zacher angezogenen gerade entgegengesetzte Erscheinung zu berücksichtigen ist, die nämlich, dass Worte zusammengeschrieben werden, besonders gerne die Praepositionen mit den zugehörigen Ausdrücken, und so könnten etwa Abschreiber ‚ascalonam' als eine solche Verbindung angesehen, und a in ‚ad' corrigirt haben. Zachers Altersbestimmung ist jedenfalls mit Vorsicht aufzunehmen, da falsche Wortabtheilung eben nicht ein Handschriften des IX. Jhs. ausschliesslich zukommendes Merkmal ist.

Diese Sammlung von Verstössen, welche nach dem von mir angelegten Verzeichnisse vollständig aufzuzählen ich für überflüssig erachtete, kennzeichnet genugsam Rudolfs Wissen und bestätigt die an ihm gerügte Oberflächlichkeit.

3. Josephus Flavius, Hieronymus und die heil. Schrift.

Dem Namen des Josephus Flavius begegnen wir zuerst in der Einleitung zum vierten Buche, wo Rudolf, nachdem er über seine zwei Hauptquellen gesprochen, dann sagt:

V. 12870 Swaz er mit den Juden ie
grôzer wunder begie,
daz seit die wîse Josephus.

Damit werden wir aber V. 15876 ff. im Anschlusse an Curtius VI, 4, 17, der darauf einige Nachrichten über das Caspische Meer gibt, bekannt gemacht. Statt nun den diesbezüglichen Mittheilungen zu folgen, erwähnt unser Dichter der Gesandtschaft der in Caspia gefangenen Juden, welche von Alexander ihre Freiheit erlangen wollten, und da den Lesern möglicher Weise unbekannt war, wie diese dahin gekommen seien, sah er sich veranlasst, darüber Aufschluss zu geben, wobei V. 15888 ff. auf die heil. Schrift, Hieronymus und den weisen Josephus verwiesen wird. Die Sache hätte in Kurzem abgethan werden können, dafür ist jedoch ein langer Excurs über jüdische Geschichte vom Auszuge aus Aegypten angefangen, eingeschoben worden. Ausführlicher behandelt ist allerdings nur die Zeit des Königthums bis zum Untergange der Reiche Juda und Israel und der Abführung der Juden in die Gefangenschaft, auf die eigentlich die ganze Abschweifung hinzielt und die schliesslich den Anknüpfungspunkt gibt, um die Einschliessung der zehen Stämme durch Alexander zu erzählen. Am Ende V. 16785 lesen wir dann

> mit endehafter wârheit
> sus die gevencnis hât geseit
> der gewaere Josephus,

doch wird sich herausstellen, dass auf diese Berufung ein geringer Verlass ist. Beim jüdischen Historiker findet sich überhaupt diese Episode gar nicht, und wenn derselbe V. 16758 ff. abermals citirt ist (von disem wunder sprichet sus der vil wîse Josephus), so werden wir die Quelle hierfür noch kennen lernen. Sein Name erscheint endlich noch V. 12715, wo Rudolf bemerkt, wer sich über die grosse Anzahl der Gefallenen verwundere, möge daran glauben, weil Gott durch Alexander die Heidenschaft bezwingen wollte: daz giht der wîse Josephus. Betreff der dort angegebenen Zahl verweise ich auf S. 59, der weitere Zusatz kann sich nur auf Antiqu. II, 16, wo vom Durchzuge Alexanders durch das pamphylische Meer die Rede ist, beziehen. Da heisst es, das Wasser wich zurück, weil Gott den Untergang des persischen Reiches beschlossen hatte.

Wenn Rudolf schon die Antiquitates benützt hat, so kann das selbstverständlich nur auf Grundlage einer lateinischen Uebersetzung geschehen sein. Keineswegs fällt ihnen aber die Rolle zu, welche man denselben in Hinsicht auf die wiederholten Citate zuzutheilen geneigt ist; das Gleiche gilt von der heil. Schrift und von Hieronymus, von dem Rudolf wohl wusste, dass er die Bibel übersetzt und verschiedene Commentare hierzu verfasst hat. Darauf wollte er wahrscheinlich auch nur hindeuten, denn es lassen sich keine Belege für wirkliche Entlehnungen aus den in Anschlag kommenden Commentaren beibringen, und anderseits dürfen wir schwerlich glauben, dass er dessen Bibelübersetzung, die Vulgata, der Septuaginta gegenüberstellen wollte oder mit anderen Worten, dass er etwa neben der Vulgata die Septuaginta noch zum Vergleiche herangezogen habe. Eine solche Genauigkeit in ganz nebensächlichen Partien der Darstellung wäre schon an sich wunderbar, um so mehr, da er hierin nachweisbar einem anderen Werke hauptsächlich folgt. Es ist

IV. die Historia scholastica.

Im ganzen Gedichte wird sie zwar nur einmal, gelegentlich der Bemerkung, dass Artaxerxes auch Ochus heisse (V. 191 ff.), mit Namen angeführt, doch macht sich ihr Einfluss auch anderwärts ersichtlich, in hervorragendem Grade eben in dem oben bezeichneten Abschnitte.

Worauf am Anfange bis zur Theilung des Reiches die Darstellung basirt, bleibt bei deren skizzenhafter Ausführung unentscheidbar. Rudolf erwähnt nur, dass die Juden nach ihrer Niederlassung in dem von Gott verheissenen Lande sich Richter wählten, bis Samuel auf ihr Verlangen den Saul als König einsetzte. Von diesem erfahren wir, dass er wider Gott und sein Gebot handelte, ‚unz er in von der krônen treip‘, und nicht viel mehr von dessen Nachfolgern David und Salomon, von welchen ersterer mit Gottes Beistand die verfluchten Heiden überwand und von Gott ‚sînin tougen‘ erfuhr, letzterer bis zum Tempelbau auf Davids Wegen wandelte, dann aber des Herrn Huld verlor.

Nun wird die Erzählung partienweise breiter, und wir können die Quellen zum Vergleiche heranziehen, wennschon auch da die Untersuchung einestheils durch die Aehnlichkeit der Berichte, andererseits durch die freie Wiedergabe beeinträchtigt wird. Trotzdem ergeben sich aber Momente, welche die Benützung der Historia scholastica (Liber Regum III und IV) ausser Zweifel stellen. Dazu gehört gleich in der Geschichte von Roboam die Beschreibung des Scorpions (V. 16032 ff.), womit dieser seine Unterthanen zu züchtigen droht, und später (V. 16090 ff.) die Bemerkung, dass ein Theil des Stammes Levi bei Juda und Benjamin blieb. Was anschliessend daran über das kirchliche Amt des Leviten in ‚unser ê‘ gesagt wird — es ist, ‚der daz êwangeljum liset‘ — vermissen wir allerdings bei Comestor, der ausserdem auch die Rede der sich lossagenden Stämme kurz in die Worte ‚Quae nobis pars in David, vel quae hereditas in filio Isai‘ fasst, mit der Erläuterung ‚quasi diceret: quaeque tribus portionem suam hereditariam habet a Domino, quae necessitas est, ut ex una eligatur, qui regat alias. Quaeque tribus regat hereditatem suam‘, während sie nach V. 16054 ff. dem Geschlechte Jesse nicht mehr dienen wollen, da Jakobs zwölf Söhne einander ebenbürtig gewesen seien:

> Wes was edeler Judas,
> dan der elteste was,
> Ruben, der billicher
> gewaltec waere und richer
> dan der brüeder dehein,
> der iegelicher jünger schein?

Abweichend wird ferner als Versammlungsort der Stämme V. 15978 Jerusalem (Hist. schol.: Porro Jeroboam, audita morte Salomonis, reversus est de Aegypto, et venit in Sichem cum omni multitudine Israhel) genannt und V. 16086 heisst es, Judas und Benjamin blieben in Israhel, was nur ein aus ähnlicher Abbreviatur entsprungener Lesefehler für Jerusalem sein kann. Zu erwähnen ist endlich noch, dass nach V. 16076 ff. Jeroboam die ihm folgenden Stämme nach Samaria führte, worüber wir bei Comestor nichts lesen. Diese Verschiedenheiten sind aber nicht der Art, dass wir auf eine andere Quelle, die auch Josephus Flav. und die Bibel an diesen Stellen nicht sein kann, schliessen müssten. Es ist auch gerade nicht nöthig, eine darin übereinstimmende Textgestalt der Hist. schol., deren Wortlaut in den Hs. sicherlich mehr oder minder variirt, vorauszusetzen, sondern wir dürfen sie wohl Rudolf zumuthen, der da ihm und Andern geläufige Dinge zur weitern Ausschmückung verwerthete und Manches nach eigenem Gutdünken sich zurecht legte, wie er das auch anderswo gethan hat.

Dafür, dass er nebenbei vielleicht den Bibeltext zum Vergleiche heranzog, scheinen einige nähere Berührungen mit diesem zu sprechen. So V. 15993 Dô wurden dar für in (Roboam) gesant, an den sîn's vater rât ê stuont (Hist. schol.: Interim consuluit senes, Sadoc scilicet et Banaian et Joiadam et reliquos principes Salomonis) und V. 16021 Dînes vater rucke mohte niht sô grôz gesîn sô der kleinest vinger dîn, wo in der Hist. schol. allein dem Roboam in den Mund gelegt ist: Digitus meus minimus grossior est humero patris mei.

Comestors Werk erweist sich auch im weiteren Verlaufe, zunächst in den folgenden Königsregistern der Reiche Juda und Israel als Hauptquelle, doch finden wir damit allein kein Auskommen, wenn auch verschiedene auseinandergehende Angaben sich als Irrthümer des Dichters herausstellen. Schon in den ersten Versen (16102 ff.), wo er ankündet, er wolle nun in Kürze die Könige nennen, die ‚beidenhalp' in 240 Jahren, 8 Monaten und 6 Tagen herrschten, läuft ihm ein solcher unter, da bekanntlich nicht beide Reiche gleich lange Dauer hatten. So lange, wie oben angegeben ist, bestand das Reich Israel nach der Hist.

schol., die nur in den Monaten und Tagen um eine Einheit divergirt: Migraverunt autem decem tribus de Juda, post annos nongentos et quadraginta septem ab exitu de Aegypto. A divisione vero regni fluxerant anni ducenti quadraginta et menses septem et dies septem secundum Josephum (Antiqu. IX, 14, 1).

Seiner Flüchtigkeit ist wohl gleichfalls in der Reihe der Könige Judas der Ausfall des Ochozias zwischen Joram und Joas zuzuschreiben, den mit seinen nächsten Nachfolgern auch Matthäus (I,8) nicht nennt. Dieser Lücke bei dem Evangelisten gedenkt Rudolf, indem er bemerkt, Joas und Amasias seien ,durch ir ungancheit' von jenem ,ungeschriben und ungeseit' geblieben und Ozias (Hs. asias) werde als Sohn des Joram bezeichnet, was wieder an einen Beisatz in der Hist. schol. erinnert: Et regnavit Ochozias vel Azarias filius eius pro eo. Hunc regem et reliquos usque ad Oziam praetermittit Matthaeus.[1]) Wenn dann in der Hs. Joachim (statt Joathan) als Sohn und Nachfolger des Ozias erscheint, so halte ich das nur für ein später hineingetragenes Schreibversehen. Dagegen ist auffallender, dass auf Josias gleich Jechonias folgt, unter dessen Regierung zudem Nabuchodonosor die Juden in die babylonische Gefangenschaft abgeführt haben soll. Was erstern Punkt anlangt, möchte ich den Sprung aus dem Schwanken der Namen in der Ueberlieferung erklären. Nach der Hist. schol. nämlich hatte Josias drei Söhne: Eliacim, qui et Jechonias, primogenitum, medium autem Joachaz, qui et Sellum dictus est, et tertium Mathaniam, von welchen zuerst Joachaz, darauf Eliacim (Joakim), Joakim (Jechonias) und Mathanias (Sedezias) den Thron besteigen. Sehen wir vom erstgenannten, welcher nur wenige Monate regirte und darum übergangen sein kann, ab, so wäre wohl denkbar, dass Eliacim-Jechonias und Joakim-Jechonias identificirt worden wären.

Etwas mehr als eine blosse Aufzählung von Namen bietet Rudolfs Bericht über die Könige Israels. Zuerst sind hier seine Mittheilungen über die Belagerung Samarias durch Benadab unter Achab und Joram zu verzeichnen. Der Name des assyrischen Königs harmonirt wieder mit der Hist. schol. (Bibel: Benadad), dagegen nicht der Name des Propheten, der Achab zum Wider-

---

[1]) Ausführlicher bei Beda, De sex etatibus mundi: Azarias cum filio suo Joas et nepote Amasia ob enormitatem scelerum, et quia nec patrem filiumve quispiam eorum bonum habebat, Evangelista Matthaeus a domini Salvatoris genealogia secludit.

stande auffordert. In unserm Gedichte ist es Elias, in der Hist schol. wird Micheas namhaft gemacht und die Bibel enthält nur unbestimmte Angaben. Vergebens sehen wir uns auch in beiden Quellen um den V. 16227 erwähnten Preis, welchen bei der zweiten Belagerung unter Joram das Brod erreichte, um. Jener für ein Eselshaupt beträgt bei Rudolf fünfzig Pfennige, in der Hist. schol. und Bibel ‚octoginta argentei.' Dann aber sagt er noch, dass man für einen Taubenmagen fünf Pfennige zahlen musste, wozu die Hist. schol. eine Parallele gibt: et quarta pars cabi stercoris columbarum quinque argenteis. Hac, ut ait Josephus, condiebant cibos pro sale. Tradunt quidam nomine stercoris dici vesiculam columbae, in qua reperiebantur grana de foris allata. Dieser schliesst sich auch die weitere Darstellung im Allgemeinen an, doch fehlt es nicht an einzelnen Stellen, die wieder auf die Bibel deuten, wie deren mehrere sich von V. 16302 ab finden.

Von den Nachfolgern Achabs bis auf Joachaz erfahren wir nicht viel mehr, als ob sie fromm oder gottlos waren, nur von Jeu, welcher ‚der rehteste' war, wird erzählt, dass er vom Propheten beauftragt wurde, Jorams Geschlecht bis zum vierten Gliede auszutilgen, und dass er die Baalsdiener verbrannte und den Götzentempel zerstören liess. Es ist das zwar nicht alles ganz richtig, denn Jeu bekommt den Befehl, das ganze Haus Achab auszurotten, während jene Bestimmung, bis ins vierte Glied, den Nachkommen des Jeu gilt, und auch vom Verbrennen der Baalsdiener ist in der Hist. schol. keine Rede (dixit militibus suis: ingredimini et percutite eos, nullus evadat), doch widerführt dies nach der Bibel der Statue des Baal, und daraus erklärt sich der Irrthum. Diese berichtet denn auch, dass Joachaz liess ‚ûz siner phlege gotes gebot und sîne wege.'

Wie flüchtig Rudolf mitunter zu Werke gieng, bezeigt, dass er den Nachfolger des Joachaz, Joas, mit König Joas von Juda kämpfen und diesen besiegen lässt, was nach den Quellen doch dem Amasias wiederfuhr. Ungenau ist ferner die Angabe, Joas hätte die Mauer von Jerusalem an vier Stellen durchbrochen, wogegen die Hist. schol. (Bibel) sagt: interrupit murum Jerusalem a porta Ephraim usque ad portam anguli quadringentis cubitis.

Für die Quellenbenützung gibt mehr Anhaltspunkte die Königsgeschichte von Phacee ab. Auf die Hist. schol. weist die Bemerkung, dass Zacharias, der Sohn des Achaz, im Kampfe gegen Rasim von Syrien gefallen sei (Et congressus cum eis Achaz victus est et occisus est filius eius Zacharias, et multa millia u. s. w.), dagegen heisst dort und in der Bibel der

König, mit dem sich Achaz gegen Israel verbindet, Tiglat Phylassar, während Rudolf Rasim nennt, was nicht recht damit harmoniren will, dass nachher **Phul** die Israeliten bekämpft und einen Theil derselben gefangen fortführt. Nach der Bibel ist es eben Tiglat Phylassar und auch die Hist. schol. führt diesen an, fügt aber bei: Et est ambiguum, an iste fuerit **Phul** vel alius. Auf einem Missverständnisse der Hist. schol. beruht Rudolfs Notiz, dass der ägyptische König Persistas den Salmanassar im Kriege gegen Osee unterstützt habe, wie man aus dem lateinischen Texte sofort ersieht: Cumque deprehendisset rex Assyriorum, quod Osee rebellare niteretur **per Susac** regem Aegypti, cui munera miserat, obsedit eam et vinctum misit in carcerem Ninive et obsedit Samariam tribus annis u. s. w. In der Vorlage unseres Dichters muss ‚per' doppelt geschrieben gewesen sein. Die Hist. schol. berichtet dann von der Gefangenschaft der sieben Stämme: transtulit Israel in Assyrios, scilicet septem tribus, quae remanserant et posuit eas iuxta fluvium Gozan ultra montes Medorum et Persarum. Rudolf substituirt das Land zu Caspia — Adhuc decem tribus ultra montes Caspios captivae tenentur bemerkt übrigens weiter unten auch Comestor — und lässt den Fluss Gaza (Hs. Geza) durch ‚daz riche' fliessen. Wenn er dann nachher sagt, der hl. Tobias ‚ouch aldâ gevangen wart', so hat er wieder übersehen, dass bei Comestor steht: In **prima captivitate trium tribuum** creditur captivatus fuisse Tobias.

Ich glaube, dass diese Bemerkungen hinlänglich die Benützung der Hist. schol. in dieser Partie erweisen. Im Wortlaute zeigt sich allerdings zuweilen grössere Verwandtschaft mit der hl. Schrift und auch für Josephus Flavius liesse sich in dieser Beziehung ein und das andere geltend machen. Jedenfalls bildeten diese nicht die Grundlage und genau festzustellen, wie weit sie auf die Darstellung eingewirkt haben, könnte nur gelingen, wenn vor allem in die Textüberlieferung der Hist. schol. ein Einblick gestattet wäre. Das kann man jedenfalls auch behaupten, dass der von Rudolf benützte, von dem in Mignes Patrologie mitgetheilten mehrfach abwich. Damit deckt sich auch nur theilweise, was dieser nach dem Abrisse der Königsgeschichte von der Einschliessung der zehn Stämme durch Alexander erzählt, indem dort nicht enthalten ist, dass auf Alexanders Gebet der eine Berg um zwölf Klafter sich dem andern näherte und das zwischenliegende ‚wite loch' nun mit einem unzerstörbaren Cement, Absichiton, vermauert wurde. Diese Zusätze stammen aus den Revelationes des Methodius (s. S. 61), wo auch die Eigenschaften des genannten Cementes, der in den einen Texten Assurim, in den andern ascinticum (asinciti) benannt ist, in übereinstimmender Weise angegeben sind. Die Schlussbemerkung V. 16758, bei der er sich auf Josephus beruft, ist wieder der Hist. schol. entnommen: Et, ut ait Josephus, Deus quid facturus est pro fidelibus suis, si tantum fecit pro infideli?

Ausserdem hat Rudolf der Hist. schol. (Liber Esther cap. III) entnommen, was er über Manasses und Saraballa erzählt (V. 9734 ff.). Dafür sprechen schon die Namen. Der Statthalter des Darius heisst dort wie in unserem Gedichte Saraballa, dagegen bei Josephus Sanaballetes und darnach auch in der schon genannten deutschen Uebersetzung Sanabalath, die Tochter desselben Isacha, bei Josephus dagegen Nicaso, doch stimmt hierin die deutsche Fassung mit der Hist. schol. überein. Viel wichtiger ist indess die Congruenz des Inhaltes. Dass Saraballa seinem Schwiegersohne eine Gegend, Namens Abigla, zu eigen gab, die Bemerkung, dass der Tempel zu Samaria so lange stand, bis ihn die Römer zerstörten, findet sich nur bei Comestor und dessen Darstellung harmonirt auch darin, dass Manasses wegen des von ihm erstrebten Amtes die Verbindung mit Isacha eingeht, wogegen Josephus mehr dass Interesse, dass der Statthalter daran nahm, betont. Vergeblich sucht man aber bei beiden Autoren in den darüber handelnden Capiteln um die Erwähnung von Zorobabels Wiederaufbau des durch Nabuchodonosor zerstörten Salomonischen Tempels (V. 9793 ff.), worüber in der Hist. schol. Liber Judith cap. III und bei Josephus Antiqu. XI, 3 zu lesen ist, und ebenso um den Zusatz V. 9823, die Samariter hätten sich bald als solche, bald als Juden, je nachdem es ihnen von Vortheil gewesen sei, ausgegeben, was bei Comestor Liber regum IV, cap. XXVI, bei Josephus Antiqu. IX, 14,3 steht. Dagegen fand ich bei keinem dieser Autoren V. 9816 ff. entsprechend, dass sie ‚in ir ê' nur die fünf Bücher Moises anerkannten, die Bücher der ‚reinen wissagen' dagegen verworfen hatten [1]); hinwieder basirt die Bezeichnung Alexanders als Gottesgeissel in der Schlussbetrachtung (V. 9888 ff.) auf Hist. schol. Liber Danielis cap. VI: Nec hanc potestatem habuit a se Alexander, sed fuit virga furoris Domini in filios pestilantes.

Derselben Quelle (Liber Danielis cap. II) ist noch der bekannte Traum Nabuchodonosors [2]) nacherzählt, nur nennt Rudolf

---

[1]) s. Wetzer, Kirchenlexicon IX, 604 f.
[2]) s. dazu Massmann, Kaiserchronik III, 361 ff. und 528 ff., wo das betreffende Stück aus Rudolfs Gedicht auch abgedruckt ist.

auch die Genossen Daniels und lässt beide Füsse der Statue irden sein[1]), während es bei Comestor der hl. Schrift entsprechend heisst: pedum quaedam pars ferrea, quaedam fictilis; nebstdem spricht er (V. 15420 ff.) von einer ‚sûle‘, die der König jener, von der er geträumt hatte, nachbilden liess, ein Zug, den ich nicht nachzuweisen vermag.

Ausser diesen grösseren Abschnitten können noch andere, gelegentlich eingefügte kürzere Notizen, ähnlich der V. 192 vorfindlichen, auf dem in Rede stehenden Werke beruhen, doch ist hiebei zu berücksichtigen, dass manche derselben in der mittelalterlichen Literatur recht verbreitet sind, so dass Rudolf auf anderem Wege und früher schon zur Kenntniss derselben gelangt sein kann. Der Art ist jene über Abraham als Lehrer der Astronomie[2]) (V. 174 ff.), worauf ich schon hinwies; ferner, dass der Eufrat ‚von dem paradise gât‘ (V. 5712 ff.) und ebenso der Tigris (V. 10621)[3]), dass Dido die Stadt Karthago (V. 8585 ff.)[4]), Ninus, der mächtigste König seiner Zeit, Ninive (V. 13043 ff.)[5]) und Arphaxad Ecbatana (V. 14059 ff.)[6]) gestiftet habe.

---

[1]) So lesen wir im Apollonius von Tyrland mit derselben Ungenauigkeit V. 35: die vüeze wârn von erden.

[2]) Hist. schol. Liber Genesis cap. XLV; Josephus Flav. Antiqu. III, 8,3, auf den sich G. v. Viterbo Pars IV, (S. 110 f.) beruft; Honorius, Imago mundi III; — s. auch Bartsch, Mitteldeutsche Gedichte V, 4021 ff. Wie Abraham zum Astronomen, so ist Tubalcain, der Genesis IV, 22 als malleator et faber in cuncta opera aeris et ferri erscheint, im Mittelalter zuweilen an die Stelle des Jubal getreten und zum Erfinder der Musik gemacht worden. Als Vertreter dieser Kunst ist er z. B. dargestellt in Wandgemälden auf dem Campanile und in der Capella Spagnioli zu Florenz (14. Jh.), ebenso in der Fürstenburg zu Meran mit den unterstehenden Versen:
Von Tubalkains hamerklank
ward musica erfunden und der gesank.

Diese Auffassung ist entschieden ziemlich jung, doch verlohnte es sich, dem Ursprunge nachzuforschen.

[3]) Hist. schol. Liber Genesis cap. XIV; G. v. Viterbo Pars II (S. 33). S. im geograph. Abschnitte der Weltchronik V. 97 ff. und die Belege zur Stelle von meinem Vater u. Doberentz (Honorius, Imago mundi I, 10).

[4]) Hist. schol. Liber regum III cap. III; Hieronymus Chronik; Honorius, Imago mundi I, 32; steht auch im geographischen Abschnitte der Weltchronik V. 1278.

[5]) Hist. schol. Liber Genesis cap. XXXIX; Hieronymus Chronik; Augustinus, De civitate Dei XVI, 3; Honorius, Imago mundi I, 15; O. v. Freisingen Chronik I, 6; G. v. Viterbo Pars III (S. 105) legt dem Belus den Bau dieser Stadt bei; — Parzival 102,11; Ztschr. f. d. Alt. XV, 171.

[6]) Hist. schol. Liber Judith cap. I; Bibel, Judith I, 1.

Man könnte endlich noch vermuthen, dass der historische Excurs über die Weltmonarchien, der am Beginne des fünften Buches (V. 15488 ff.) erscheint, auf derselben Quelle beruhe, aber es zeigen sich verschiedene Abweichungen, die das zweifelhaft machen.

Rudolf berichtet zuerst von Babylonien (!), wo von Nembrotes Zeit an ‚der erde monarchie' war. Von Nembrots Nachfolgern führt er dann nur noch Belus und Ninus an, nach welch letzterem noch sechs und dreissig Könige durch 305 Jahre regiert hätten. Darauf sei unter Nabuchodonosor die Herrschaft von Assyrien auf Chaldäa übergegangen, wo sie durch 180 Jahre verblieb und dann an Medien und Persien kam, wie Daniel dem Könige vorhergesagt hatte. ‚Dô begreif sie Cirus', und, wie die Schrift uns sagt, habe das Reich 220 Jahre, bis Alexander es bezwang, bestanden. Rudolf nennt nun die Könige von Cirus ab bis Alexander: Cirus; dessen Sohn Cambises; zwei Zauberer, die durch zwei Jahre regierten; Darius, des Idaspis Sohn; Exerses; Artabanus; Artaxerses; Longianus (Hs. longranus); Exerses und Sogtianus (Hs. sagtianus); Darius qui et Notus; Assuerus; Ochus, der Aegypten eroberte und auch Artaxerses genannt wurde; dessen Sohn Arxes und Darius, welchen Bessus erschlug und Alexander bekriegte.

In der Hist. schol. Liber Genesis cap. LXIV lesen wir ‚Exortum est regnum Assyriorum anno vicesimo quinto Saruch, proavi Abrahe sub Belo, et cucurrit, ad annum septimum Oziae regis Judae, per annos mille et trecentos; alii quadringentos et duos per reges triginta septem usque ad Sardanabalum, qui primus pulvinaria adinvenit. Post quem translatum est regnum ad Medos' und hiezu wäre etwa noch cap. XXXIX heranzuziehen, doch bleibt immer die Divergenz in der Zeitangabe, wobei allerdings in Betracht kommt, dass die Stelle in unserem Gedichte mangelhaft überliefert ist:

V. 15493 Die Monarchie hettent do
Nach mire gewaltecliche so
In dem künigriche er
Sechs vnd dreissig künige her
fünfer und drühundert.¹)

---

¹) Justin I, 2,13 bietet dieselbe Angabe wie die Hist. schol.: Imperium Assyrii, qui postea Syri dicti sunt, mille trecentis annis tenuere, postremus Sardanapal Arbactus imperium ab Assyriis ad Medos transfert; G. v. Viterbo Pars XX (S. 689): Duravit autem illorum regnum in suo statu annis mille trecentis et duobus; Augustinus, De civitate dei IV, 6 bemisst die Dauer dieses Reiches auf 1240 Jahre und ebenso Vincentius Bellov. I cap. 98; Cassiodor, der fünf und zwanzig Könige aufzählt, auf 842 Jahre. Demnach bot auch der Text Rudolfs vielleicht die Zahl des Justin. Oder übertrug er darauf die Zeit

Was über den Bestand des chaldäischen Reiches gesagt wird, kann ich weder in der Hist. schol., noch anderswo nachweisen[1]), und in ersterer ist nachher auch die Zeitbestimmung von Cyrus bis Alexander eine andere[2]); dagegen stimmt die persische Königsliste in der Hauptsache[3]) damit überein, wennschon hier die einzelnen Daten in verschiedene nicht auf einanderfolgende Capitel vertheilt sind: Cyrus (Liber Danielis cap. XVI); Cambises (ibid. cap. XX); de duobus magis et Dario filio Hystaspis (Liber Judith cap. II, wornach aber, wie anderwärts, ihre Regierungszeit nicht

---

der medischen Herrschaft? Justin I, 6,17 Regnaverunt annis CCCL und übereinkommend Honorius: Regnum Assyriorum in Medos transfertur, quod stetit per annos trecentos quinquaginta, wo auch eine falsche Beziehung leicht möglich ist. Weniger zählt G. v. Viterbo Pars XX (S. 641): Duraverat autem imperium medorum ducentis quinquaginta septem annis; O. v. Freisingen, Chronik II, 1 (s. Orosius I, 14) gibt 258 und das Chronicon Paschale (I, 265) 259 Jahre an.

[1]) Bei Honorius beträgt die Summe der Regierungsjahre der babylonischen Könige 115 Jahre.

[2]) Die Angaben divergiren auch da: Curtius IV, 14,20 Forsitan ita dii fata ordinaverunt, ut Persarum imperium, quod secundo cursu per CCXXX annos ad summum fastigium erexerant u. s. w.; Beda, De sex etatibus mundi: nec mora Babylonem obtinuit, interfecto Dario, in quo Persarum regnum destructum est, quod steterat annis CCXXXI (dieselbe Zahl im Chronicon des Ado). Nach Honorius bestand das persische Reich 238 Jahre, und bei Hieronymus (Chronik) ergeben sich 234 resp. 237 Jahre und 4 Monate; das Chronicon Paschale I, 321 führt 246 Jahre an. Mit Rudolf stimmt O. v. Freisingen in seiner Chronik überein (qui omnes CCXX vel amplius omni Oriente imperaverunt), doch scheint mir wahrscheinlich, dass unser Dichter in seiner Hs. des Curtius CCXX gelesen oder vorgefunden hat.

[3]) Verschieden ist zunächst die Angabe der Regierungszeit der zwei Magier, welche sonst, wie bei Hieronymus und Beda, mit sieben Monaten beziffert wird. Ersterer bietet in den Tabellen der Chronik übrigens auch ‚duo fratres magi‘, vorher aber einfach ‚fratres magi‘ und im Commentar zu Daniel (bei Valarsi P. V, 665) frater Magus; Beda: fratres magi; O. v. Freisingen (wie Justin): magi; Honorius: Smerdes magus. — Die Bezeichnung des Darius als ‚Idaspis sun‘ findet sich unter den genannten Autoren ausser der Hist. schol. noch bei Justin; G. v. Viterbo P. XX (S. 642). — Aus Artaxorxes Longimanus machte Rudolf zwei Könige, was sich aus der Lesart qui et Longim. (Hist. schol.; Isidors Chronik; Beda a. a. O; O. v. Freisingen, Chronik, wo auch die Namensform Longianus lautet) leicht erklärt. Hieronymus schreibt in den Tabellen ‚Art. qui Longimanus cognominabatur‘ und im Commentar zu Daniel: Art. qui μακροχειρ, id est Longimanus cogn. est. — Uebereinstimmend mit Rudolf bietet allein Isidors Chronik: Darius, qui et Nothus; — für Assuerus nennt nur seine anderen Namen, Artaxerxes, Mnemon, Hieronymus (Magnus Artaxerxes bei G. v. Viterbo), — Arses ist die Namensform bei Hieronymus, Isidor, Beda, O. v. Freisingen, Honorius (Arsames, qui et Arses bei G. v. Viterbo).

zwei Jahre dauerte); Xerxes und Artabanus (ibid. cap. V); Artaxerxes qui et Longimanus; Xerxes; Sogodianus; Darius, cognomento Nothus (ibid. cap. X); Assuerus (Liber Esther cap. I); Artaxerxes, qui Ochus dictus est (ibid. cap. II, wo auch steht: Porro Artaxerxes scilicet Ochus Aegyptum ad suum revocavit imperium); Arsamus; Darius (ibid. cap. III).

V. Methodius.

Die nach diesem gedichtete Partie beginnt V. 16827. In der Einleitung zum vierten Buche sagt Rudolf, Methodius habe über die Einschliessung der verfluchten Könige Gog und Magog, sowie über die Abstammung der Frau Olympias und deren Schicksale nach Alexanders Tode berichtet, und V. 16807 ff. ergänzt er die frühere Angabe durch die Bemerkung, der heilige Mann berühre kurz

> die scheidunge der riche,
> und wie sich nach dem ersten man
> die scheidunge huoben an
> und wie diu welt verenden sol,

und verspricht dann zu erzählen, „swaz der von Alexander seit'. Wäre dies allein in das Gedicht aufgenommen worden, so könnte man bei dem Streben des Dichters nach Vollständigkeit schliesslich nichts dagegen einwenden, aber er gibt nebstdem noch die ganze Stammtafel von Ismaels Geschlecht, dem Gog und Magog angehören, von Adam angefangen zum Besten und verbreitet sich endlich noch über die Verheissungen von der Wiederkunft Ismaels und der Herrschaft seiner Kinder vor dem Weltgerichte. Beinahe 600 Verse (16817—17395) sind auf dies Capitel verschwendet. Man darf wohl diesen Ausdruck gebrauchen, da der Inhalt zum geringsten Theile in den Rahmen der Dichtung passt, deren einheitliches Gefüge im Gegentheile nur abermals störend durchbrochen wird. Unter den Werken des Methodius sucht man umsonst nach einem, welches die Quelle hätte sein können. Rudolf hat eine apokryphe Schrift, die sogenannten Revelationes Methodii benützt, über deren Entstehung und wirklichen Verfasser noch Dunkel herrscht, die aber unter dem geborgten Namen durch das ganze Mittelalter herauf grosses Ansehen genossen und viel verbreitet waren.¹) Verwerthet haben diese Prophezeiungen O. v. Freisingen²), Petrus Comestor³), G. v. Viterbo⁴) und andere.⁵)

Ihr Inhalt war im Allgemeinen und im Besonderen wegen der dunkeln Hindeutung auf einen römischen Kaiser, der berufen sein solle, Ismaels Macht zu brechen, dem Geiste des Mittelalters ganz angemessen und am Ausgange desselben boten die Türkenkriege neue Anknüpfungspunkte. Im Jahre 1496 erschien denn eine Ausgabe, ‚impressum per sagacem virum Johannem Froschauer conciuem vrbis prefate', i. e. Augusta Vindelicorum, wo dem Texte ein weitläufiger Tractat angeschlossen ist, an dessen Ende wir folgende Aufklärung erhalten:

Tractatus continens in se quinque capitula de fine quinti flagelli ecclesie super textum diuinarum reuelationum beati Methodii martyris cum prefatione ac concordantiis autenticis notabilibusque diuersis textui conformiter applicatis. Hic completur laboriosa cura et ingenio Wolfgangi Aytinger clerici ac incole Augustensis vindelicorum Artium magistri nec non Juris vtriusque promotum qui motu compassionis orthodoxe fidelium modo mancipatorum in altera secundaque Babylonia videlicet Turcia qui in sanguine agni nobiscum redempti sunt. Ac pro speciali consolamine deliberationis eorundem per magnum triumphum regis Romanorum et catholicos in proximo conflictu habendo cum Ismaheliticis sicut libellus presentis opusculi vere delucidat pro quo feliciter orata.

Die von Froschauer gedruckte Ausgabe mit Aytingers Commentar erlebte später wohl noch verschiedene Auflagen, wenigstens stimmt der Druck, welchen die Innsbrucker Universitätsbibliothek bewahrt, vollständig damit überein, nur der Name des Druckers

---

¹) Die Münchener Staatsbibliothek bewahrt allein vier Hs., und zwar eine (18525b) aus dem X., zwei (17195 und 19112) aus dem XII. und eine (18779) aus dem XV. Jh.

²) s. Büdinger, Die Entstehung des achten Buches Otto's von Freisingen in den Sitzungsberichten der Wiener Akademie phil.-hist. Cl. B. XCVIII, 352 ff.

³) Hist. schol. Liber Genesis cap. XLIX.

⁴) Pantheon P. X (S. 266 f.), wozu ich auf Vogts Aufsatz über Sibyllen Weissagung in den Beiträgen zur Geschichte der d. Spr. u. Lit. IV, 82 verweise.

⁵) So steht im Cod. XXI (saec. XV) der Seitenstettener Stiftsbibliothek, welcher biblische Geschichten zum Inhalte hat, bl. 2a: Etliche maister schreiben des Methodius dem heiligen marterer fur kam in dem karcher In dem gaiste do Adam vnd Eua Junkch frawen aus dem paradeicz kamen vnd an dem funfzehentten Jare seines lebens hette den Sun Cayn vnd ein tochter Kalmana die was Cayns Swester vnd hawsfraw. Darnach an dem funfsehendn Jare hette er den Sun Abel vnd ein tochter deworn. Das spricht nicht die Biblia Sünder kurczlich schreibt also u. s. w.; s. auch Anzeiger f. K. d. V. 1860 Sp. 8 und 1865 Sp. 339.

und die Zeitangabe fehlt. Die Reihe der Editionen, in der sich auch eine von Sebastian Brand besorgte und mit Holzschnitten versehene befindet, schliesst der Abdruck in dem 1677 erschienenen dritten Bande der Lyoner Sammlung Maxima bibliotheka patrum p. 727 ff.

Mit dem Froschauerschen Texte habe ich die Hs. 4493 (Theol. 557) der Wiener Hofbibliothek (15. Jh.) und eine noch den siebziger Jahren des 15. Jhs. angehörige Incunabel aus der Bibliothek des Stiftes St. Florian verglichen und gefunden, dass auch in der Ueberlieferung der Revelationes nichts weniger als Uebereinstimmung herrscht.[1]) So mögen denn auch manche Einzelheiten, die in den mir bekannten Texten fehlen, in dem Rudolf vorgelegenen enthalten gewesen sein, sei es nun, dass sie in den Text selbst aufgenommen oder von einem bibelfesten Leser an den Rand geschrieben worden waren, wie es mir bei einigen Citaten fast ausser Zweifel scheint. Wir dürfen dies für uns so wahrscheinlicher halten, als Rudolf durchaus nicht den ganzen Inhalt der Schrift wiedergibt, sondern nur einen Auszug, der stellenweise noch dazu Spuren etwas hastiger Lectüre zeigt.

Der eigentlichen Erzählung ist Einiges über Methodius und den Ursprung der Revelationes vorausgeschickt, woraus wir entnehmen, dass derselbe Bischof von Paters war und den Martertod erlitt und, ähnlich wie Leo, in den Büchern nachgeforscht habe, ob darin nicht etwa noch Geschichten enthalten wären, die man vergessen habe, aus dem Hebräischen oder Griechischen in's Latein zu übertragen, wobei er wirklich solche fand, die Hieronymus ‚ungeseit und ungeschrieben' liess. Bezüglich der Offenbarungen bemerkt Rudolf dann V. 17141 ff., sie seien dem Bischofe während seiner Gefangenschaft zu Theil geworden.[2])

Unser Dichter beginnt darauf seiner Quelle gemäss mit der

---

[1]) Die Textstellen sind im Folgenden dem Florianer Druck (F) entnommen, der mit der Anfangs lückenhaften Wiener Hs. (W) grosse Verwandtschaft hat. Der Innsbrucker Druck ist mit O bezeichnet.

[2]) Aehnliches fand ich nur in der Froschauerschen Edition und deren Nachdrucken am Schlusse: Et tantum de libello sancti Methodii martyris et episcopi Partinensis provincie Grecorum, qui propter fidem catholicam mancipatus fuit carceribus, angelo sibi revelante hunc conscripsit libellum, quem beatus Hieronymus in opusculis suis inter viros illustros et antiquissimos hystoriographos multum comendant (l.: comendat). Die Revelationes werden dort in der ursprünglichen Fassung natürlich (De viris illustribus cap. 83 bei Valarsi P. II, 921 ff.) nicht genannt und Rudolf scheint diese Stelle falsch interpretirt zu haben.

Verstossung von Adam und Eva aus dem Paradiese und gibt, soweit es nöthig ist, eine Uebersicht von deren Nachkommenschaft. Darnach gebar Eva nach dreissig Jahren einen Sohn, Cain, und eine Tochter, Calmana, dann Abel und dessen Schwester Dewora.¹) Nach 130 Jahren erschlug Cain den Abel²) und Eva gewann einen dritten Sohn, Seth³), und im Laufe der Zeit noch viele Kinder. Nachdem 800 Jahre verflossen, wandelte Cains Geschlecht den Weg der Sünde und verliess ‚durch des leiden tiufels rât' Gottes Lehre⁴), und nach 930 Jahren starb Adam. Cain that ferner Sündenwerk, Seth wandte sich ostwärts gegen das Paradies und so trennte sich das Geschlecht in feindlicher Weise. Ersterem wird sodann V. 16853 f. der Bau der Stadt Ephrem zugeschrieben.⁵)

Aus dem Geschlechte von Seth wurde Joreth geboren — da war das erste Jahrtausend vollendet⁶) — und aus jenem des Cain Lamech, Jobal (Hs. abol) und Tobal, von welchen der erstgenannte dann Cain erschoss. Grosse Sünde begieng das Volk, zur selben Zeit ward auch die Kunst, Gold, Silber und Eisen zu bearbeiten, und die der Musik und des Seitenspiels gefunden.⁷) Nach Joreth 700 Jahre erreichte die Sündhaftigkeit

---

¹) In den Revelat. genauer: Et post tricesimum alium annum pepererunt Abel et sororem cius Deborram.

²) Die Revelat. fügen bei: et fecerunt planctum super eum Adam quoque et Eva annis centum.

³) Rudolf übergeht wie meist wieder die Zeitangabe: Ducentesimo autem et XXX anno primi miliarii, quod est primum seculum, natus est Seth, vir gygas, in similitudine Ade.

⁴) Von den ausführlicheren Mittheilungen der Revelat. ist nur der Schluss berührt: Octogintesimo (O: Octogesimo) vero anno vite Ade dilatatum est super terram fornicacionis inquinamentum a filiis fratricide Cain.

⁵) Davon enthalten die Revelat. nichts: Et abstulit Seth suam cognacionem sursum in quendam montem, qui erat proximo paradyso. Porro Cain et huius cognacio in campo habitabant, in quo et nephandum fratris homicidium perpetravit; s. Genes. IV, 17, wornach aber die Stadt nach seinem Sohne Enoch benannt wird.

⁶) Die Revelat. enthalten blos: Quadringentesimo autem anno temporibus Jafeth (O wie bei Rudolf: Jareth) pertransiit primum miliarium seu prima generatio.

⁷) In den Revelat. lauten die Namen zum Theile anders, auch wird hier nur die Musik erwähnt: Anno autem . CCC. XI. Jafeth (Jareth) secundi miliarii surrexerunt viri male artis inventores iniqui et omni nequicia pleni ex filiis Cain, id est Jobeth, Tholucel, filii Lamech, qui fuit cecus, qui

den höchsten Grad¹), doch blieb Noe davor behütet und wurde darum bei der Sintfluth mit seinem Weibe, seinen drei Söhnen und deren Frauen (nebst einem Pare von allen Geschöpfen) in der Arche gerettet, wofür er nach Ablauf derselben Gott Dankopfer brachte. Schluss des zweiten Jahrtausends.²) Noes Söhne bebauten das Land und gründeten Städte³), und als 300 Jahre des dritten Jahrtausends verflossen waren, bekam Noe einen Sohn, Jonetus, dem er das Land Eoha, im Orient gelegen, gab⁴), worauf er im Alter von 950 Jahren starb.⁵) Jonetus, dem Gott die Kenntniss der Astronomie verlieh, zog nun in das ihm vom Vater zugesprochene Land — daz lit, dâ diu sunne ûf gât —, Sem blieb in Asien, Cam (Hs. Caim) wohnte in Meridie — daz ist nâch der buoch sage, dâ diu sunne in mittem tage ûfreht obe der erde stât — und waren ihm die Lande bis gegen Sonnenuntergang zugehörig, Japhet kehrte gegen Aquilone.⁶)

---

et Cain interfecit, quibus dominatus dyabolus convertit eos post omnem speciem musicam componendi (O: postea in omnem magicam artem et omn. sp. m. c.); s. Genes. IV, 18 ff.

¹) Die Revelat. erzählen hiervon wieder ausführlicher und an der bezüglichen Stelle steht: Septingentesimo (O: Septuagesimo) autem anno temporis Jafet (Jareth) scilicet (sc. ergänzt aus O) vite sue, id est in secunda ciliada apposuit malignus et infestus dyabolus bellum fornicacionis adiungere filiis Seth u. s. w.

²) Von der Sintfluth berichten die Revelat. nur allgemein: Et iratus dominus deus in explecione secundi miliarii factum est diluvium aquarum et omnis creatura prima deleta est vel absorpta et (et ergänzt aus O) deperiit generatio primi hominis figmenti; s. Genes. VII 10 ff.

³) Revelat.: dc. XII. anno vite noe (O: a. a principio vite Ade) iam in trium milium annorum, postquam exivit Noe de archa, edificaverunt filii Noe novam possessionem in exteriora terre et appellaverunt nomen regionis illius Tēn (O: Canna) secundum nuncupationem numeri, qui exierunt de archa idem novem (O: sec. nunc. filiorum Noe et num. illorum, qui exier. de archa).

⁴) Die Zeitangabe Rudolfs ist unzutreffend: Centesimo autem anno de tercia ciliada natus est Noe filius (O: n. est fil. quartus N.) secundum ipsius similitudinem et vocavit nomen eius Jonitum. Trecentesimo vero tempore de trium milium annorum dedit Noe donaciones filio suo Jonito et dimisit eum in terram Eoam (O immer: Etham).

⁵) Die Revelat. schweigen über das Alter.

⁶) Ueber die Wohnsitze von Sem, Cam und Japhet erfahren wir in den Revelat. nichts, nur über den des erstverzeichneten Sohnes: Jonitus autem filius Noe tenuit (ten. ergänzt aus O) introitum in Eoam usque ad mare, quod vocatur Illiochora (O: Elioch.), id est regio solis, in quo solis ortus fit, et

Jonitus zeugte Nemrot, der Babilon gründete, wo **zwei und siebenzig Sprachen ihren Anfang nahmen**.[1]) Damals wurde in Cains Geschlecht **Pontibus, nach dem das Land Pontus seinen Namen erhielt**[2]), zum Könige erwählt. Jonitus baute in Eoha eine Stadt, geheissen **Jonita**.[3]) Da verbündeten sich Pontibus und Nemrot, worauf Jonitus erzürnt letzterem entbot, das Bündniss aufzugeben, was auch geschah.[4]) Damit endete das dritte Jahrtausend. Am Beginne des vierten erhob sich Krieg — der erste auf der Erde — zwischen Pontibus und Nemrot, in dem letzterer Sieger blieb. Nemrot, der nachher die Weltherrschaft behauptete, folgte dessen Sohn Cusirestes (Hs. Cucisirestes) und diesem Erestes, welcher in Cains Land einfiel und vier mäch-

---

habitavit ibidem u. s. w.; die drei andern werden auch im geograph. Abschnitte der Weltchronik V. 50 fl. erwähnt; s. Hist. schol. Liber Genes. cap. XXXVII.

[1]) Die Abstammung Nemrots von Jonitus beruht auf einem Missverständnisse: Ad hunc descendens Nebroth (O: Nemroth), qui fuit gygas et eruditus (O: in multis erud.) a deo, accepit ab illo (O: Jonitho) consilium, in quibus regnare cepisset (O: in quibus influentiis astrorum incipiendum esset ei regnare super terram). Hic autem Nebroth ex filiis descendebat biroum, qui fuit filius Sem et ipse prius regnavit super terram (O: H. aut. Nemroth natus fuit ex filiis Chus, cui erat pater Cham et ipse primus r. s. t.). Septingesimo (l. Septingent.; O: Septuagesimo) vero anno et nonagesimo tercie ciliade, quod agebatur nono annorum (O: in quo ageb. nonus annus de iam dicta cyliade) edificata est babilon magna et regnavit in ea Nebroth (Nemroth). Auf die Sprachenverwirrung deutet eine frühere Stelle: Et post obitum Noe sexcentesimo et uonagesimo anno in eiusdem trium milium annorum ascenderunt filii Noe de terra Eoa et edificaverunt sibi turrim in terra Sennaar et divise sunt lingue et dispersi sunt super faciem totius terre (O: et i. facta est divisio linguarum et ex hoc disp. s. homines s. f. t. t.). Die betreffende Anzahl der Sprachen ist dem Mittelalter ganz geläufig; reichliche Belege aus der altdeutschen Literatur gibt mein Vater zum geograph. Abschn. d. W. V. 9 ff.

[2]) Von dieser Namensübertragung steht in den Revelat. nichts.

[3]) Anno tertio regni Nebroth (Nemroth) miserunt viros potentes ex filiis Jafeth nimis sapientes et artifices in arte tectoria constructores et descenderunt in Eoam terram (Etham) ad Jonitum filium Noe et edificaverunt ei civitatem, quam nuncupaverunt ionitum iuxta nominis illius nuncupationem.

[4]) Die Revelat. berichten einigermassen anders: Regnum autem Nebroth (Nemroth) et filii Sem et Pontipi filii Cham et Jafeth contra se invicem rebellabant. Scripsit autem Jonitus epistolam ad Nebroth (Nemroth) ita dicens, quia regnum filiorum Jafeth ipsum incipiet delere regnum filiorum Cham. Hec autem regna primum apparuerunt in terra et post hec didicerunt omnes gentes constituere sibi regnum.

tige Könige, Jobusous, Amoreus, Palestinus und Afrus fieng.¹) An des Eresdes Sohn, Cusaro, wollten sich Cains Söhne für die erlittene Niederlage rächen und führten ein Heer von 320000 Streitern gegen ihn, wurden aber bis zur Vernichtung geschlagen.²) Um dieselbe Zeit bekriegte Samsab von Eoha Indien und nach Eroberung des Landes wendete er sich gegen Arabien und Saboa. Da stellten sich die Ismaeliten (Hs.: Der Israhelen Ritterschaft) mit grosser Uebermacht entgegen, so dass Samsab selbst nur mit einem kleinen Reste seines Heeres aus dem Kampfe zu entrinnen vermochte.³) Nun nimmt Rudolf Anlass, ‚kurzliche' zu sagen, wer die Ismaeliten waren, von welchen Gog und

---

¹) Von diesen vier Königen berichten die Revelat. nicht: Anno octavo quarte ciliade semper pugnabant adinvicem utrorumque regna. Et devictum est regnum Egiptiorum a regno Nebroth et obtinuit potentiam regni Babilonis in semine Nebrot usque ad Chuhimisden (O: Cusunisden); hic accepit sibi uxorem de filiis Cham. Defuncto autem Chuhimisde (O: Chusunisde) sumpsit Eledem (O: Nemroth s. aliam nomine El.) huius neptis suam marterteram in uxorem et genuit ei Erisdem (O: et gen. Erisdem). Hic congregavit (O: Elisden vero genuit Cosdron, iste congr.) sibi virtutes multas et surrexit adversus regnum Cham et captivavit et concremavit igni omnes regiones, que fuerant occidentales.

²) Nach den Revelat. geschah dies im zweiten Regierungsjahre des Königs Cusdron (Cosdron); ferner berichten diese von dem Kriege: Fuerunt autem CCC et XX milia peditum virgas solummodo in manibus continentes. Audiens autem de eis Chosdron subrisit et dimisit eos usque, dum transirent flumen Tigrim, et illuc mittens contra eos exercitum suum super elefantes ascendentes, omnes eos interfecit et non est relictus ex eis quisquam. Et amplius non apposuerunt filii Cham, ut pugnarent cum eis, et ex tunc amaricata sunt regna contra invicem.

³) Rudolfs Darstellung ist nichts weniger als genau: Et in fine quatuor milium annorum sive in . XX. quinto adhuc temporis ciliade (O: quinto anno desuper dicta cyl.) descendit Samsabus in Eoam, qui fuit de cognatione Joniti filii Noe, et depopulatus est ab Eufraten usque ad Edroigan, id est sexaginta (O: Edroesan flumeu sexag.) . VIII. civitates et regiones earum et pertransivit in tribus regnis Indorum et incendit et desolavit et exivit in desertum Saba et concidit castra filiorum Ismahel filii Agar Egyptie ancille Sare uxoris Abrahe, et expulsi sunt et fugierunt omnes in solitudine et tribu —; im Florianer Druck ist wohl nach tribu eine Lücke. O liest: in solitudinem, qui erant de tribu Agar. Cum autem in predicto heremo in generationibus suis multiplicati fuerunt in innumerabili maximaque multitudine annis ducentis et septuaginta ex domini dei permissione, filii Ismahel exierunt Arabicum desertum. Das Weitere findet sich dort wieder: et introierunt in terram habitabilem et pugnaverunt cum regibus gentium et depopulati sunt et captivaverunt homines (hom. ergänzt aus O) et dominati sunt super regna gentium, que erant in terra promissionis et repleta est ex ipsis et de castris eorum.

Magog und das Geschlecht Azenaz abstammten, die dann zu dreissig Geschlechtern anwachsend in die Wildniss Saboa zogen und sich da vermehrten bis zum letzterwähnten Kriege.¹) Er schildert nachher ihre Lebensweise²), erwähnt, dass sie sich vier Könige, Oreb, Zeb, Zebee und Salmana wählten und dann gegen die Israeliten kehrten, welchen Gott aber ‚umbe ir triuwe' beistand, so dass sie unter Gedeons Führung die Feinde besiegten und deren 140000 erschlugen.³) Im Laufe der Zeit hätten sie sich von dieser Niederlage erholt und wären wieder mächtig geworden, bis

---

¹) Die Revelat. enthalten über die Abstammung der Ismaeliten nur die im letztangeführten Textstücke erscheinenden Daten. Das weitere war Rudolf etwa aus der Bibel bekannt, und die Namen der von Alexander eingeschlossenen Völkerschaften zählen später die Revelationes auf und daher nahm er auch den drittverzeichneten. Der Florianer Druck eröffnet die Reihe mit Gog, Magog et Anog et Ageg et Achenal et Aephar u. s. w.; in der Wiener Hs. fehlt ‚et Ageg' und lauten die nachfolgenden Azernach et Dephar, wofür O Athenal und Cephar liest. Offenbar fällt Azernach (Achenal, Athenal) mit Rudolfs Azenaz zusammen, und die übrigen Namen, die in verschiedenen Texten in den mannigfachsten Formen erscheinen, ersparte er sich zu nennen und führte blos deren Anzahl (dreissig) an, die allerdings auch nicht überall dieselbe ist.

²) Hiebei liegt offenbar eine andere Stelle der Revelat. als die entsprechenden Ortes zu Grunde, denn da heisst es: Erant autem quasi locuste et incedebant nudo corpore et edebant carnes camelorum compositas in utribus et hibebant sanguinem iumentorum lacte mixto. Dagegen hebt Rudolf hervor, dass sie wie das Vieh lebten und Alles, was sie fanden, roh assen, Vögel und Schlangen.

³) Die Zahl der Erschlagenen mangelt in den Revelat., sonst ist bedeutend gekürzt. So wird dort gesagt, dass die Ismaeliten über das Meer setzten und gegen den Occident vordrangen ‚usque ad magnam Romam et Illiricum et Egyptum (F: gignum, W: gygitum) et Tessalonicam et Sardiniam' und sich der Weltherrschaft bemächtigten, was sie übermüthig machte. Daran schliesst sich: In tempore autem illo facti sunt eis tyranni principes (F, O: princeps, W: particeps) milicie quatuor, qui fuerunt filii Humee (W: thimee), qui ab eis sic vocabantur, quorum nomina sunt hec: Oreb et Heb (O, W: Zeb), Hebee (O, W: Zebee) et Salmana. Hii pugnaverunt cum Israelitis et quemadmodum fecit eis deus redempcionem de manu Egiptiorum per Moysen famulum suum, eodem vero modo et tunc illo tempore operatus est cum eis misericordiam et redemit eos ex eis per Gedeon et liberatus est Israel de servitute filiorum Ismahel. Hic enim Gedeon concidit castra eorum et persequens eiecit eos de terra habitabili (W: inhabitabili) in solitudinem et tribum, ex qua prodierant (W: in sol., de qua dispersi erant, O: in sol. et desertum, ex quo prod.). Et illi, qui relicti sunt, dederunt federa pacis filiis Israel et exierunt in desertum exteriorem novem tribus (W: exterius sexaginta tribus miliaribus).

Alexander kam und sie aus Furcht, dass die Welt von ihnen verunreinigt würde, mit sich ‚in ubera aquilonis' führte und dort zwischen den genannten Bergen und ‚Promimatorum Boreum', wie die Juden in Caspia, einschloss.[1])

Damit sind wir nun zum eigentlichen Ziele gekommen und die weiteren Ausführungen wären besser ganz weggeblieben. Rudolf konnte sich aber nicht enthalten, auch das Wichtigste von den Prophezeiungen über die Wiederkunft Ismaels mitzutheilen. Schwer wird dann, wie er weiter erzählt, das Joch auf allen Ländern von Sonnenaufgang bis Sonnenuntergang lasten in Folge des sündhaften Lebens der Christenheit.[2]) Persien wird verwüstet und

---

[1]) Die Revelat. berichten nach der Niederlage der Ismaeliten zunächst von deren zukünftiger Herrschaft, und wie sie nachher ‚a regno celesti ac Romanorum, quod est christianorum' besiegt und unterworfen werden, woran sich die Weltreiche betreffende historisch-genealogische Erörterungen reihen. Eingeleitet sind diese Abschnitte mit: Hinc ergo considerate (O: Hoc ergo regnum desiderate) a circumgirantium temporum regnantium regnorum et hoc est veritas rerum, que se ipsam clarius ostendet absque ullo erroris caligine vel aliqua seductione. Der erste beschäftigt sich vorzüglich mit Babylonien, der zweite enthält: quomodo commixti sunt hi reges sibi invicem et hi quidem Babilones medis et Medicum (O: Medi) Persis (W: Ethiopes cum babilonis persos cum medis), der dritte: quomodo quatuor hec regna convenerunt sibi. Ethiopes enim cum Macedoniis (W: Medis) et Romani Grecis. Da wird nun über Alexander gehandelt: Philippus namque pater Alexandri, cum esset Macedo, accepit in coniugium Chuset filiam regis Ethiopie nomine Phool, de qua hic natus Alexander Grecorum tyrannus factus. Hic magnam condidit Alexandriam et regnavit in ea annis XII (W: XIX). Iste descendens in Eoam occidit Darium regem Medorum (O: Persarum) et dominatus est multarum regionum et civitatum et demultavit terram et descendit usque ad mare, quod vocatur regio solis, ubi conspexit gentes immundas et aspectu horribiles. Von deren Lebensweise, worüber wir hier ausführlicher lesen, hat Rudolf Einiges früher berührt und über die Einschliessung derselben fasst er sich kürzer, da manche Details schon bei anderer Gelegenheit verwerthet wurden. Was das neben den ‚ubera aquilonis' genannte Gebirge betrifft, verweise ich auf S. 61.

In den Revelat. sind schliesslich noch die Namen der unreinen Völker aufgezählt und wird dann von dem Geschicke Cuseths nach Alexanders Tode und dem endlichen Eintritte der römischen Weltherrschaft gesprochen.

[2]) Rudolf hat hiebei vielleicht eine frühere Stelle der Revelat. herangezogen: Futuri sunt autem, ut exeant semel adhuc et egrediantur et devastent terram et obtincant orbem terre et regiones in introitu pacis a terra Egypti usque ad Ethiopiam et ab flumine Eufraten usque in Indiam et a Tigrin (W: Tyro) usque ad introitum Naod regni Joniti, filii Noe, et ab Aquilone usque Romam et Iliricum et Egyptum et Thessalonicam et Albaniam et usque ad mare ponticum, et in duplum erit iugum illorum super colla universarum gentium et non erit gens aut regnum sub celo, quod possit

Erwachsene wie Kinder werden erschlagen oder gefangen. Das gleiche Schicksal trifft Cappadocien, Cilicien, Syrien, Griechenland und Afrika, Aegypten, Sizilien, Spanien, Deutschland und Gallien und die Römer werden auf wilde Inseln verjagt.¹) Niemand vermag zu wiederstehen. Nun folgt eine Schilderung von der schrecklichen Herrschaft der Ismaeliten²), bis Gott in seiner Güte der Christenheit einen „voget' gibt, der die römische Krone trägt. Dieser wird, heisst es dann, jene in Jerusalem vernichten und nach dem Siege auf Golgata die römische Herrschaft, Kreuz und Krone opfern.³) Bald darauf ersteht der

---

cum eis in prelio confligondo superare eos usque ad numerum temporis septimanarum septem (O: octo sept. annorum). Doch lesen wir Aehnliches auch anderswo: et obtinebunt introitum et (W: usque ad) exitum aquilonis et Eoam usque ad occasum (W: orientem et occasum) et meridiem (W: a maritino, F: a maricinio) et erit christianorum tribulatio maxima, et erunt omnia sub iugo eorum.

¹) Et tradetur terra Persarum in corrupcione et perdicione et habitatores eius in captivitatem et occisionem adducentur. Armenia quoque et eos, qui habitant in ea, in captivitatem et gladio corruunt. Capadocia in corrupcione et in desolacione et eius habitatores in captivitate et iugulacione absorbentur; Sicilia erit in desolacione et hi, qui habitant in ea, in occisione et captivitate ducentur; Terra Syrie erit in solitudinem et corrupta et commorantes in ea gladio perient; Cilicia desolabitur et, qui habitant in ea, erunt in corrupcione et in captivitatem ducentur; Grecia in occisione gladii et perdicione vel corrupcione et, qui sunt eius habitatores, in captivitate ducentur; Romania corrumpitur et in occisione erit et convertuntur in fugam, et insule maris in desolacione erunt et, qui in eis habitant, peribunt in gladio et captivitate. Egyptus quoque et oriens vel Syria sub iugo erunt et in tribulationes immensas cohartabuntur.

Wie bei Rudolf ist in O Cilicien nach Cappadocien genannt, ebenso begegnen wir hier Spanien, Gallien und Deutschland, doch nicht Afrika und die Reihenfolge ist auch nicht übereinstimmend: Cilicia, Syria, Egyptus, Asia, Hispania, Grecia, Gallia, Germania und Agathonia, Sicilia, Romani und schliesslich die Inseln.

²) Die Revelationes verbreiten sich hierüber sehr ausführlich. Unser Gedicht gibt die bezügliche Darstellung nur auszugsweise wieder, doch enthält es ein nicht nachweisbares Citat: Nach V. 17234 ff. werden die „gotes ewarte' verbrannt und unbegraben an die Wege geworfen, wobei sich Rudolf auf David und den Psalter, deus venerunt (s. Psalm 78), beruft. In den Relevat. steht nur: Sacerdotes autem intrinsecus sanctorum locorum coinquinantes occidunt et concumbent cum mulieribus u. s. w.

³) Nach V. 17365 ff. soll nach Ismaels Tagen sieben Jahre zu Jerusalem über das ganze Land kein Holz verbrannt werden, „wan daz diu schar in daz riche bringet dar, schilt, wagen unde sper; der selben rede ist ein gewer' der heil. Jeremias, der in der Quelle aber nirgends genannt ist.

Antichrist aus Ismaels Geschlecht. Wie es dem ergehen wird, wie er sich als Gott ausgebe und Elias und Enoch dawider auftreten, wie er sterbe und wie Gott zum Gericht komme, darüber will Rudolf schweigen, wohl merkend, dass er schon zu sehr abgeschweift sei und noch viel ‚wunderlicher maere von dem wisen wunderaere' zu erzählen habe, zu welchen er denn auch zurückkehrt.

VI. Julii Valerii Epitome.

Der Auszug aus der vollständigen Uebersetzung des J. Valerius hat, wie schon J. Zacher in seiner Ausgabe S. IV bemerkte, im Mittelalter weite Verbreitung gefunden. Am ausgibigsten ist er von Vincentius Bellovacensis im Speculum historiale benützt worden, aber auch andere Darstellungen von Alexanders Leben verdanken ihm mehr oder weniger Detailangaben. Was die Rudolfs betrifft, habe ich schon S. 70 bezüglich der sagenhaften Abstammung des Pferdes Bucephal darauf hingedeutet und ausserdem weist der ebenfalls früher erwähnte Zug nach Libyen (s. S. 72) auf diese Quelle (I, 30), der (I, 13) dann V. 1243 ff. die Namen von Alexanders Erziehungspersonal, so weit sie nicht schon die H. d. p. anführt (s. S. 71) entlehnt sind. Die Herkunft des Alcippus (von Consicia) finden wir freilich da nicht verzeichnet, doch scheint mir die Veranlassung hiezu nur ein Lesefehler gegeben zu haben, indem Rudolf statt ‚musicus' las ‚consicus', was aus uncial. m graphisch leicht zu erklären ist, und daraus den Stadt- oder Landnamen Consicia bildete. Da er gleichwohl diesen Mann als Lehrer der Musik bezeichnet, müssten wir allerdings annehmen, dass seine Vorlage den Beisatz ‚musicus Alcippus in musica' oder ‚musice' (s. d. Varianten) hatte.

Auf der Epitome (I, 29) beruht ferner V. 3290 ff., wornach Alexander seinen ‚marschalc' Eumilio mit Truppen nach Sizilien sandte, der daselbst ‚vil lande bî dem mer' bezwang und, nachdem er auch in Italien siegreich gekämpft, in Leonus wieder zu seinem Herrn stiess und ihm die Geschenke der Römer überbrachte.[1]) Die Interpretation des lateinischen Textes ist verkehrt genug: Igitur

---

[1]) Desgleichen schliesst sich hier Hartlieb bl. 20 b an die Epitome an.

eius loci magistratibus ad amicitiam foederatis transmittit protinus ad Siciliam. Exinque Italiam transiens legatione pariter et honore potitur Romanorum. Per Aemilium quippe, qui consul tunc temporis erat, coronam auream ei margaritis insignitam dirigunt ad argumentum amicitiae perpetuo post futurae. Idque Alexandro magnae gratiae fuit; et verbis liberalibus Aemilium honoratum remittit. Addunt etiam duo milia militum et argenti pondera talentorum quadraginta. Darnach zieht also Alexander selbst (von Lycaonia) nach Sizilien und Italien.[1]) Der Irrthum unseres Dichters beruht auf der Identifizirung des Consuls Aemilius mit jenem Eumilio, der Alexander auf seiner Botenfahrt zu Darius begleitet, woraus sich dann weiter die falsche Beziehung von ‚transmittit' ergab, zu dem er ‚Aemilium' als Object ergänzte. Diese Ergänzung aus der Epitome wurde wohl deshalb eingefügt, weil dort die Erzählung ausführlicher ist und zugleich — freilich in Folge unrichtiger Interpretation — glaubwürdiger erschien. Eumilio wird auf Eroberungen nach dem Westen gesandt, während Alexander selbst die Städte in Griechenland niederwirft, und jener trifft eben vor Beginn der grossen Heerfahrt, die der Zug nach Afrika eröffnet, ein.

Neben den genannten Stellen treffen wir noch öfters Anklänge an J. Valerius gegenüber der H. d. p., doch sind sie nicht so beschaffen, dass zufällige Uebereinstimmung oder ein ähnlicher Wortlaut in Rudolfs Vorlage der H. d. p. ausgeschlossen wäre. Man könnte überhaupt geneigt sein, obige Interpolationen auch bereits dieser zuzuweisen, doch darf man nicht vergessen, dass Rudolf mehrfach betont, wie viel Mühe er sich die Sammlung der Quellen kosten liess, und diese wäre denn gewiss nicht gar so gross gewesen, wenn er einzig und allein die von ihm verzeichneten Werke, die Historia scholastica inbegriffen, verwendet hätte. Ein sicheres Urtheil wird man übrigens erst dann abgeben können, wenn uns die mittelalterliche lateinische Alexanderliteratur mehr zugänglich gemacht sein wird.

---

[1]) Die Sage hat damit die Thaten Alexanders von Epirus auf Alexander den Grossen übertragen, worauf schon Miller a. a. O. S. 10 f. aufmerksam machte. Eine ähnliche Verwechslung begegnet Wälsch. Gast. V. 3433 ff. (s. Rückerts Anmerkung).

VII. Orosius.

Dessen Werk ist, wie wir sahen, in der Fassung S der H. d. p. stark benützt worden, doch fehlt dort die Vorgeschichte der Amazonen, welche Rudolf dem Berichte der H. d. p. (V. 17733 ff. beifügt, und deswegen setze ich einstweilen auch eine direkte Entlehnung (I, 15) voraus.[1]) Wo er gelesen hat (V. 18261 Ich hân gelesen anders wâ), dass Talistria, die Königin der Amazonen, von Alexander eine Tochter gewann, welche nachher die Herrschaft führte, konnte ich nicht ausfindig machen.[2]) Gelegentlich sei hier noch angemerkt, dass nach der allgemeinen Charakteristik der Amazonen V. 17590 ff. darauf hingewiesen wird, wie diese vor Troja mit den Griechen stritten und Kamille vor Laurente, wo Aeneas bestanden wurde, mannhaft kämpfte.[3])

VIII. Gualtherus.

Sehen wir schliesslich, mit welchem Rechte Massmann das Werk dieses Franzosen als Quelle bezeichnen konnte.

Bekannt war es im Mittelalter immerhin genug und es wurde nicht nur gelesen, sondern auch zum Vorbilde genommen. Ich erinnere neben U. v. Eschenbachs Alexandreis nur an Maerlants

---

[1]) Die Namen der beiden aus Scythia vertriebenen Jünglinge lauten V. 17742 f. Plinis und Scolopitus, bei Orosius Plynos et Scolopythus und darnach bei O. v. Freisingen, Chronik I, 23 Plivius et Scolopetius, während bei Justin Ylinos et Scolopitus überliefert ist. Dieselbe Geschichte erzählt u. a. auch Vincentius Bellov. I, cap. 96 und, wenn ich nicht irre, Jordanes, De rebus Geticis; s. auch die Anmerkung meines Vaters zu V. 745 des geographischen Abschnittes in der Weltchronik, wo u. a. der Abschnitt über den Ursprung der Amazonen aus Sendlingers Chronik abgedruckt ist.

[2]) s. W. Menzel, Die vorchristliche Unsterblichkeitslehre II, 167 f. und Sepp, Altbayerischer Sagenschatz S. 235 ff. mit der da verzeichneten Literatur.

[3]) s. Eneit V. 8732 ff. Gelegentlich sei hier angemerkt, dass sich der Fortsetzer des Trojanerkriegs von Benoit in der Schilderung der Amazonen auf ein Buch von Alexander beruft (s. Dunger, Die Sage vom trojanischen Krieg S. 59).

Alexanders geesten¹), die nordische Alexanders Saga²), den spanischen Libro de Alexandre³) und den altčechischen Alexander.⁴) Und warum sollte nicht auch Rudolf daraus geborgt haben? In der That finden wir mancherlei, was dies zu bestätigen scheint. V. 4382 ff. wird von einer Schlacht, welche Memnon den Macedoniern lieferte und in der er fiel, berichtet. Unmittelbar vorher bekommt Darius Nachricht, dass Alexanders Heer am Granicus sich befinde. Die H. d. p., an welche sich der Dichter sonst hier hält, kennt Memnon gar nicht und bei Curtius, soweit dessen Werk auf uns kam, ist davon nichts zu lesen, dagegen thut Gualtherus II, 64 ff. dieses Kampfes Erwähnung⁵), aber an anderer Stelle, bevor nämlich Alexander nach Gordium (Sardis) kommt, und das muss einiges Bedenken erregen, denn es ist nicht abzusehen, warum Rudolf das Local der Schlacht verändert hätte, vorausgesetzt, er habe die Episode dem lateinischen Gedichte entlehnt. Ich halte dafür, dass an eine Abhängigkeit nicht zu denken ist, sondern beide durch Curtius III, 2, 1 At Dareus nuntiata Memnonis morte haud secus quam par erat motus omissa omni alia spe statuit ipse decernere zu einer solchen Ergänzung angeregt wurden. Da kein weiterer Anhalt gegeben ist, konnte jeder nach Gutdünken das Ereigniss in seiner Darstellung unterbringen und gestalten. Daher die bemerkte Divergenz und der Widerspruch mit der

---

¹) Erschienen zuletzt in der Bibliothek van middelnederlandsche letterkunde: Alexanders geesten van Jacob van Maerlant. Op nieuw uitgegeven door Joh. Franck. Groningen 1882.

²) Med en Ordsamling udgiven af C. R. Unger. Christiania 1848. Sie ist aber nicht ausschliesslich eine Bearbeidelse af Philip Gautiers latinsk digt Alexandreis, sondern der Verfasser greift häufig weiter aus, indem er zum Theile dem Gualtherus ganz Fremdes einmengt, zum Theile, was dieses kurz andeutet, umständlicher erzählt. In letzterem Punkte ist freilich in Anschlag zu bringen, dass die Vorlage schon mit derartigen erläuternden Bemerkungen ausgestattet gewesen sein könnte, wie dies Toischer S. 342 ff. für jene des U. v. Eschenbach nachwies.

³) s. Romania VI, 7 ff.

⁴) s. Jahresbericht der Lese- und Redehalle der deutschen Studenten in Prag, Vereinsjahr 1880—81, S. 13 ff.

⁵) Lambrecht V. 1493 ff. schildert ausführlich eine Schlacht gegen Memnes und Harczyk wie Werner bemerken dazu, dass sie in den antiken Quellen keine Parallele hat. Es vermuthete aber schon Cholevius S. 72 darin unseren Memnon und ich bin unabhängig von ihm zur selben Ansicht gekommen. Was die Schilderung anlangt, meint er ‚dies anschauliche und abgerundete Bild ist nun zwar grösstentheils ein Werk der Phantasie, aber es enthält auch einige historische Züge.'

historischen Wahrheit, der darin besteht, dass der persische Feldherr im Kampfe fällt, während er in Wirklichkeit doch einer Krankheit erlag.¹)

Bestechender sind andere Congruenzen:

Nach V. 5327 ff. sollen die über dem Kriegswagen des Darius angebrachten Adler den Zweck gehabt haben, Schatten zu geben, was nicht bei Curtius III, 3, 16, wohl aber bei Gualtherus II, 118 ausgedrückt ist: Desuper ardentis fervorem temperat aestus Fictilis aurata pendens Jovis armiger ala, was die Alexanders Saga S. 21 übersetzt: Vppi yfir kerro konungsens sat einn arc. hann var algylltr oc breidde vaengina vt yfir kerrona ů alla vega oc hlifðe sva konunge með scugga sinom við solar hita. Im Uebrigen setzt jedoch die Beschreibung des Wagens den Text des Curtius voraus, nur dass auch dort von einem Adler die Rede ist.

V. 5380 ff. macht Rudolf die Bemerkung, es sei damals Sitte des Perserkönigs gewesen, bei einem Kriegszuge die Gemahlin mitzunehmen, was nach seiner Meinung darum geschehen sei, damit Jeder im Angesichte der Frau desto tapferer fechte. Es gemahnt das an Gualth. II, 131 f. Moris erat Persis ducibus tunc temporis omnem Ducere in arma domum, cum tolli signa iuberent, während andererseits die ganze Umgebung wieder auf Curtius deutet. Aehnlich wie Rudolf äussert sich übrigens anderswo (bl. 44a) Hartlieb: Nun sölt ir wissen, warumb kunig darius sein tochter, můter vnd sein weyb, die Künigin mit im ze feld gefüret håt. Das tůt er darumb, das dye persen nicht von in fliechen solten, vnd er meinet auch, wår alle welt kommen wider in ze streytten, er wöllt auff einen tag leut genůg gehebt haben. Auch was es sytt in Orient, wenn ein künig zů feld zoch, das er weyb vnnd kind vnd seyn můter vnd sunst vnsåglich reycheyt vnd kunst mitt im füret.

Derlei Anklänge an Gualtherus, zumeist noch geringfügigerer Natur, könnte ich noch mehr aufführen. Aber darf man ihnen überhaupt Beweiskraft zumessen? Ist es wahrscheinlich, dass Rudolf, der doch bei Curtius lange Stücke überspringt, bei diesem auf so nebensächliche Notizen geachtet und sie excerpirt habe? Ich denke dabei lieber an zufällig übereinstimmende Auffassung und Wiedergabe, wenn nicht schon ihre Texte des Curtius Aehnliches boten, und in manchen Fällen, wie den zuletzt citirten, an das Vorhandensein ähnlicher Randglossen in den benützten Hand-

---

¹) Droysen, Geschichte Alexanders S. 130.

schriften. Auf einer solchen dürfte denn auch die Beschreibung der Sichelwagen V. 11506 ff. beruhen.

Auf solche Kleinigkeiten wird Massmann indess kaum geachtet haben. Was ihn auf falsche Spur brachte, ist ohne Zweifel ein bei Gualtherus ziemlich am Anfange (I, 82 ff.) vorfindlicher Abschnitt, dessen Inhalt V. 1305—1712 des deutschen Gedichtes, nur noch weiter ausgesponnen, wiedergeben. Diejenigen, welche sich mit der lateinischen Dichtung beschäftigten, giengen ohne weiteres darüber hinweg, als ob die Rathschläge, welche dort Aristoteles seinem Zöglinge Alexander gibt, lediglich vom Dichter ausgesonnen wären. Verhielte es sich so, dann stände Rudolfs Bekanntschaft mit jenem fest, aber mir scheint die Voraussetzung durchaus falsch zu sein, da meines Erachtens hier beide, sicherlich unabhängig von einander, aus derselben Quelle geschöpft haben. Welche von all den Aristoteles mit Recht oder Unrecht zugeschriebenen Schriften aber hiebei in Betracht kommt, muss ich einstweilen dahingestellt sein lassen.[1]) Rudolf sagt um Schlusse (V. 1713 ff.), Alexander habe „die süezen lêre" des Meisters „liebliche" in sein Herz aufgenommen und es sei daraus hundertfältige Frucht erwachsen, worauf er noch beifügt:

> Dô diz allez alsus was,
> Aristotiles der las
> ein buoch, heizet Ethicâ,
> daz begunde er tihten sâ,
> dô siner meisterlichen art
> der juncherre bevolhen wart.

Dies Buch habe solche Sitte gelehrt, womit ein „saelic man" sich dieser Welt „gehulden und gelieben" könne. Dieser Zusatz steht aber, wie ich mich überzeugte, in keinem Zusammenhange mit den vorausgehenden Lebensregeln.[2]) Nahe liegt es, an ein anderes pseudo-aristotelisches Werk zu denken, ich meine

---

[1]) Grässe, Allgem. Litterärgeschichte B. II, 1. Abtheil., 2. Hälfte S. 485 erwähnt u. a. eine angeblich von Aristoteles geschriebene Abhandlung, Fürstenspiegel betitelt, von der es eine arabische vor 1040 gemachte Uebersetzung gibt; s. auch ebenda B. II, 2. Abtheil., 2. H. S. 721 f.

Kürzer gefasste Rathschläge des Aristoteles finden wir in den Gesta Roman. cap. 34 und im Liederbuch der Klara Hätzlerin S. LXIX f.; s. Germ. XXII. 119.

[2]) Ich sah mir darauf hin die Hs. Nr. XLIII (13. Jh.) der Seitenstettener Stiftsbibliothek an. Einen andern Beisatz enthält die nordische Alexanders Saga S. 3: Nv bar sva til at Aristoteles meistare hans oc fostrfaðer hafði gengit vt af herbergi sino. þar er hann hafði gort eina boc þe iörott þeire er dialectica heitir a latino. en þretoboc er kolloð a norono. Þat matti oc sia a honum hverso mikla stvnd hann hafði lagt a boc þa er hann hafði þa saman sett. oc hverso litt hann hafði meðan annars gaett. — Flores morales aus der Ethik hat Vincentius Bellov. Spec. hist. III, cap. 84 ff. eingeflochten.

IX. die Secreta secretorum.¹)

Diese hat unser Dichter an anderer Stelle verwerthet. Leider wissen wir nicht in welchem Umfange, da in der Handschrift eine Lücke ist. Nachdem er der Briefe, die Alexander gelegentlich der Vermählung mit der persischen Königstochter an seine Mutter und Aristoteles sandte, Erwähnung gethan, erzählt er, dass erstere reiche Geschenke schickte, letzterer aber dem Könige kund that, wie er leben sollte, um sein Leben ‚starc und gesunt' zu erhalten:

> V. 15120 Er schreip sus: ‚lieber herre min,
> ich der getriuwe meister din
> und din gewisser dienestman,
> der dir mit triuwen ēren gan,
> enbiutet dir liep unde guot,
> mit dienste günstlichen muot.
> Ich wil dir rât und lêre geben,
> wie dû fristen solt din leben
> und wol gesunt behalten.
> Dû solt der witze walten.
>
> * * *
>
> Hin wider mit den mæren
> zuo dem unwandelbaeren.

Die in den letztcitirten Versen gebrauchte Wendung, welche wieder zu dem eigentlichen Thema überleitet, erweist unzweideutig, dass die gegebenen Anweisungen von beträchtlichem Umfange gewesen waren, und darum mochte sie der Schreiber, dem sie zudem überflüssig schienen, ausgelassen haben. Es ist um so bedauerlicher, dass uns die Einsicht, wie weit an dieser Stelle die Secreta Aufnahme fanden, verschlossen ist, da wir nun auch über das Verhältniss dieser Partie zu den früher angeführten Rathschlägen,

---

¹) Mir lag hievon die Hs. Nr. 268 (15. Jh.) der Seitenstettener Stiftsbibliothek vor. Die einschlägige Literatur ist verzeichnet von W. Toischer in seiner Ausgabe von Aristotilis Heimlichkeit (Separat-Abdruck aus dem Jahresberichte des k. k. Staats-Ober-Gymnasiums in Wiener-Neustadt 1882) S. I.; s. noch R. Reinsch, Ueber das Secretum secretorum des Pseudo-Aristoteles als Quelle eines noch unveröffentlichten provençalischen Gedichtes in Herrigs Archiv B. LXVIII, 9 ff.

·Aufgenommen sind Stücke der Secreta auch in der in einer Gothaer Hs. enthaltenen Canonica Alexandry des grossen kuniges (s. Jacobs und Ukert, Beiträge I, 433 und auch Droysen, Geschichte des Hellenismus I, 715 ff. Die daselbst besprochenen Darstellungen scheinen im übrigen auf einer Fassung der H. d. p. zu beruhen, welche die Zusätze der Hs. m mehrentheils enthielt). Aus ihnen stammt auch die von Frauenlob str. 3 (H. M. S. III, 111) angezogene Geschichte.

mit welchen die Secreta stückweise ähnlichen Inhalts sind, im Dunkeln bleiben. Merkwürdig wäre es immerhin, wenn Rudolf eine Theilung der einen Quelle vorgenommen hätte, die sich kaum anders als durch die Absicht, eine allzustarke Unterbrechung der eigentlichen Erzählung zu vermeiden, begründen liesse, denn ich wenigstens vermag nicht abzusehen, was ihn bewogen haben könnte, Aristoteles dem Knaben moralische und dem Manne erst diätetische Anweisungen geben zu lassen. Etwas anderes gestaltet sich die Sache, sobald wir die einheitliche Ueberlieferung der Secreta fallen lassen, d. h. den einen Theil, de sanitate tuenda, als ursprünglich selbständig und erst später in die de regimine principum handelnden Secreta eingeschoben betrachten, welche Ansicht schon Reinsch a. a. O. (gegenüber Knust, der die Epistola Aristotelis ad Alexandrum de sanitate tuenda für einen Auszug aus dem Secretum secretorum hält) ausspricht.

So handelt auch das provençalische Gedicht nur über die Erhaltung der Gesundheit und damit befasst sich auch ‚die ler Allexanders', welche ein handschriftlicher Kalender (15. Jh.) der bischöfl. Seminarbibliothek zu Brixen enthält. Voraus steht hier ein Abschnitt in Prosa: Allexander wildu nu gesund pleiben so soltu Merkchen was ich dir sag vnd dir auch geschriben han, das soltu wol behalten und huet dich mit allem fleis das dw dein Rechte Natúrleiche feuchtikait behaltest. Tustu das so pistu gesunt vnd tūst was ich dir han geschriben u. s. w. (s. Haupts Abhandlung über das mitteldeutsche Arzneibuch des Meisters Bartholomäus in den Sitzungsberichten der Wiener Akademie, phil.-hist. Cl. B. LXXI, 511 f. und die Handschriften altdeutscher Dichtungen der fürstlich Fürstenbergischen Hofbibliothek zu Donaueschingen, geordnet und beschrieben von J. V. Scheffel, Nr. XXXVI). Das darauf folgende Gedicht beginnt:

>Der Edel Kūnig allexander
>an Manheit der ander
>genant der gros in kriechen Reich
>durch sein grosse tat wunderleich
>do sich der nv von der schuol prach
>das durch vermessenhait geschach
>des alters vnd der Jare doch
>gezelet kawm auf zwelfe noch
>das er sich ẏeben wolte
>vnd leren wie er solte
>auch wonen bey der Ritterschaft
>den schilt ze laiten vnd auch den schaft
>vnd das im wolt wenden des
>sein Maister Aristotiles.

Nach einer kurzen Einleitung folgen dann die Anweisungen:
> wildu zw ganczen kreften plåen
> mit liebe dein zeit vertreiben
> vnd da bey gesund pleiben
> so must erst deinem leben
> der maz an dem Morgen geben
> das du dein har ze richten stellest
> da mit du dein har also erwellest
> das dir das ausreisen wirt
> vnd allen deinen leib vnsanfte pirt.
> Darnach soltu deine zend bewaren
> die Reib vnd auch die pilaren
> mit Molle granates Rinten u. s. w.

Damit ist zu vergleichen Aristotilis Heimlichkeit V. 1599 ff., woraus man sofort ersieht, dass wir es hier mit einer anderen Bearbeitung der Secreta zu thun haben.

Im Hinblick darauf könnte man sich zur Annahme neigen, dass Rudolf beide Theile separat vorlagen, aber dann müsste der eine noch immer von dem mir bekannten lateinischen Texte der Secreta stark divergirt haben. Dieselben Gedanken begegnen wohl häufig auch dort, aber sie kommen auf verschiedene Weise zum Ausdrucke, was weniger Bedenken erregen würde, wenn wir nicht des Gualtherus Darstellung zum Vergleiche heranziehen könnten. Indess will ich die Quellenfrage noch als discutirbar betrachten, da ich eben nur eine Fassung kenne und nicht weiss, wie weit Umwandlungen Platz gegriffen haben. Auch die Secreta harren noch einer Ausgabe.

Endlich habe ich noch einige zerstreute Angaben, die nicht schon anderwärts Erwähnung fanden, zu vermerken. Dazu gehört neben den Erklärungen von monarchus V. 15483 ff., milliarius V. 16902 und meridies V. 16926, welche man schwer auf eine bestimmte Quelle zurückführen kann, noch jene, dass der Nil ‚für Damiât' in das Meer fliesse (V. 10463)[1]) und V. 16765 ff., dass Caspia, wo Alexander die Juden einschloss, von einem wasserlosen, ewig wogenden Sandmeere, über das nicht zu gelangen ist, und von hohen Gebirgen eingeschlossen sei.[2])

[1]) Dies konnte Rudolf aus zeitgenössischen Berichten über die Belagerung von Damiette im J. 1219 (s. Wilken, Geschichte der Kreuzzüge VI, 234 ff.) wissen.

[2]) s. Presbyterbrief § 31 ff.; zugleich erinnere ich noch an Anm. 1 S. 78 und Anm. 2 S. 80.

Damit sind wir mit den Quellen zu Ende gekommen. Werfen wir noch einen Blick auf die Resultate unserer Untersuchung, so dürfen wir Rudolf das Lob, sich alle Mühe gegeben zu haben, die Geschichte Alexanders erschöpfend darzustellen, kaum vorenthalten, wir müssen auch zugeben, dass die Wahl der Quellen — Curtius steht ja in erster Linie — im Ganzen eine geschickte war, insofern er darauf ausgieng, die Leser mit dem wahren Sachverhalte bekannt zu machen, und es kommt nur darauf an, ob die Erreichung seines Zweckes nicht durch die Art der Benützung, durch die Bearbeitung des gesammelten Materials beeinträchtigt worden ist. Dies wird sich aus einer zweiten Abhandlung, auf die ich schon hinwies, ergeben.

Historia de preliis.

1. Sapientissimi namque Egyptii scientes mensuram terre atque undis maris dominantes et celestium ordinem cognoscentes, id est stellarum cursum conputantes, tradiderunt ea universo mundo per altitudinem doctrine et per magicas artes. Dicunt autem de Necta-
5 nebo rege eorum, quod fuisset homo ingeniosus et paratus in astrologia et mathematica et de magicis virtutibus plenus. Quadam autem die, dum nuntiatum fuisset ei, quia Artaxerses rex Persarum cum valida manu hostium veniret super eum, non movit militiam neque preparavit exercitus armatorum aut artificia ferri,
10 sed intravit solus in cubiculum palatii sui et apprehendit concam eneam misitque in eam aquam pluvialem et tenens in manu virgam eneam et per magicas incantationes videbat atque vocabat demones et per ipsas magicas incantationes videbat atque intelligebat in ipsa conca aqua plena classes navium, que super eum
15 veniebant.

Erant autem tunc ad custodiam principes militie positi a Nectanebo in partibus Persarum. Venit quidam ex eis ad eum

---

1. *Ueberschrift*: Incipit hystoria Alexandri Regis persarum qui cum exercitu venit super regem Egypti (*roth wie alle Capitelüberschriften in dieser Hs., doch ist* hystoria *mit schwarzer Tinte übergeschrieben*) O. *Das vorangestellte Register bl. 2a bietet richtiger* Incipit Alexander. de rege persarum u. s. w. — Incipit hystoria magni Allexandri Regis Macedonie viri dilectissimi ac potentissimi *(roth)* S. egipcii S. scientes] scrutantes S. 2. vndas maris deuüantes S. cōgnoscentes O, ognoscentes S *und so öfter.* id est] i. O. 3. comp. S. ea *fehlt* S (= B). 4. art.: *Punkt* O. artes] virtutes S (in magicis virtutibus B). D.enim quod Nectanabus rex eorum f. h. ing. et edoctus astrologico et Mathematico eciam dogmate ualde peritus S. plen. (per.): *Punkt* O S. 7. autem *fehlt* S. Artarxerses O S. 8. valido O. 9. malic. O. artificium fie*i S. 10. concham O, choncham S. 11. eream S (= B). in *vor* manu *fehlt* S. 12. eream S. et per m. incant. *bis* per ips. mag. incant. *fehlt* S. 13. ips. *fehlt* S. 14. conca *fehlt* O. concha S. plenā O. aqua plena - -] quod Artarxerses Rex nauigio super eum veniebat S. 15. venieb.: *Punkt* O S. 16. Er. enim quidam princ. mil. pos. in custodia a Nectanabo S. 17. Persarum: *Punkt* O S. Venitque ex eis quid. S. ad eum *fehlt* S.

O. Zingerle, Quellen zum Alexander. 9

dicens: „Maxime Nectanebe, venit super te Artaxerses rex Persarum cum multitudine hostium ex plurimis gentibus. Sunt ibi Parthi, Medi, Perses, Syri, Mesopotami, Arabes, Pori, Argini, Caldei, Hastrii, Scrites, Yrcani atque Agriopagi et alie plures gentes
5 de orientis partibus innumerabiles.' Cum autem hoc audisset Nectanebus, subridens dixit: ‚Tu enim custodiam, quam tibi credidi, vade, observa bene et vigilanter. Sed tamen non sicut princeps militie responsum dedisti, sed sicut timidus homo. Virtus enim non valet in multitudine populi, sed in fortitudine animi.
10 An nescis, quia unus homo multos cervos in fugam vertit?' Et hec dicens iterum intravit in cubiculum palatii sui solus et fecit naviculas cereas et posuit eas in conca plena aque pluvialis, tenens in manu virgam palme et respiciens in ipsa aqua totis viribus suis cepit incantare et videbat, quomodo dii Egyptiorum
15 gubernabant in navigiis barbarorum, statimque mutato habitu radens sibi caput et barbam et tulit aurum, quantum portare poterat, et ea, que illi necessaria erant ad astrologiam et mathematicam seu magicam artem, fugiens secreto de Egypto Pelusium, deinde Ethyopiam. Induens se linea vestimenta, hoc est
20 syndones albas, quasi propheta Egyptius venit Macedoniam se-

---

1. dicens: *Punkt OS*. Maxime *fehlt S*. Nectanebo *O*. Nectanabo, quod veniret super eum Artarxerses pers. r. *S*. artarx. *O*.   2. ex] et *S*. gentibus: *Punkt OS*. Sunt enim artarxerses syric viri sapientissimi. Arabes phylosophi et multi dii baccarii et hyrcanii et multi ex partibus orientis *S*.   3. Mesopotanii *O*.   5. innumerabiles *fehlt S*. innumerabiles *und nachher Punkt O*. Cum autem - -] precepitque Nectanabus et dixit ei *S*.   6. nectanebo *immer O*. dixit (ei): *Punkt OS*.   7. observa - -] et custodi eam euigilanter *S*. vigilanter: *Punkt O*. non *fehlt S*.   8. michi respons. *S*. dedisti: *Punkt O*. homo: *Punkt OS*.   9. animi: *Punkt OS*.   10. An] Num *S*. homo] miles *S*. vertit] uertitur *S*. vert.: *Punkt OS*.   11. intravit] introiuit *S*.   12. et posuit eas *fehlt S*. concha *O*. chonchā plenā aqua pluuiali *S*.   13. tenensque *S*. respicies *S*. in ipsa aqua] in ipsam concham *S*.   14. suis cepit *übergeschrieben O*. suis et incant. cep.*S*. incant.: *Punkt O*. egip. *S*.   15. nauibus *S* (= *B*). barbarorum: *Punkt O*. *In S folgt*: Hic notatur figura nectanabi quomodo incantabat concham et in ea videbat (quomodo *durchgestrichen*) per magicas artes quomodo rex persarum Artaxerses nauigio super eum veniebat et (et *übergeschrieben*) pugnaret cum eo (*roth*).   16. et *vor* tulit *fehlt S*. aurum c̄pitū quot *S*.   17. potuit *S* (= *B*).   18. fugiit secrete *S*. egipto *S*. *Nach* pelusium *steht in S*: Hic Nectanabus Rex egipciorum mutauit habitum suorum vestimentum et rasa ceruice ‚et tonsa barba, et accepta sibi necessaria secessit ad alienas partes, primo venit in ethyopia, deinde in macedonia, pariformiter ut propheta egipcius coram hominibus se regebat (*roth*).
19. in ethyopia *S*. *Mit* Induens *beginnt O*. cap. 2: De fuga Nectanebi.
20. prophetam egypcium *O*. egip. *S*. Egypt.: *Punkt OS*.

densque incognitus palam divinabat omnibus, qui pergebant ad eum. Egyptii vero, ut viderunt, quia Nectanebus non inveniebatur, perrexerunt ad Serapin dominum illorum maximum et rogaverunt eum, ut responsum daret illis de Nectanebo rege eorum. Serapis
5 autem responsum dedit illis: ‚Nectanebus rex vester fugit de Egypto propter Artaxersen regem Persarum, qui veniet et subiugabit vos, post aliquantum autem temporis debet reverti ad vos eiciendo a se senectutem et ulciscet vos de inimicis vestris, subiugando illos et vos. Hec responsa recipientes a deo suo
10 statimque fecerunt regalem statuam ex lapide nigro in honore Nectanebi et scripserunt ad pedes ciusdem statue illa responsa ad memoriam posterum. Nectanebus autem incognitus manebat Macedonie.

2. Interea Philippus rex Macedonum abiit in prelium.
15 Nectanebus autem ascendit palatium, ut videret reginam, et statim, ut vidit pulchritudinem Olimpiadis, iaculatum est cor eius et exarsit in concupiscentiam illius tetenditque manum suam salutans eam et dicens illi ‚Ave regina Macedonum‘, dedignans illi dicere ‚domina‘. Ad hec respondit ei Olimpiadis dicens:

---

1. eum: *Punkt O. Nach* eum *steht in S:* Hic Nectanabus debuisset figurari et depingi similitudinarie sicut in macedonia sedebat manifeste diuinando hominibus (qui *getilgt*) omnibus qui ad eum veniebant. quia sicut prophetam eum habuerunt (*roth*). 2. Egipcii *S.* vero *fehlt S.* ut] cum *S.* viderent *O.* quia *corrigirt aus* quod *S.* Nectanabus *und so immer S.* 3. ad deum Serapim illor. max. *S.* Serapyn *O.* 4. illis] eis *S* (= *B*). eorum: *Punkt OS.* Serapis (respondens *getilgt*) dixit eis *S.* 5. illis (eis): *Punkt OS.* fugiit in egipto *S.* 6. Artarxersē *O,* Artarxerses *S.* 7. vos: *Punkt OS.* autem] vero *S.* 8. vos menis (*entstellt aus* iuuenis = *B*) *S.* a se sen.] a seruitute *O,* a senectue *S.* ulciscet] tuebitur *S.* de] ab *S.* 9. illos et vos: *Punkt O, in S folgt:* Hic omnes egipcii accesserunt ad deum Serapim. rogantes pro digno responso. vbi esset Nectanabus rex ipsorum aut quo deueniaset. Ceperuntque responsa a Serapi deo suo, quia nectanabus fugiisset de egipto in macedoniam propter metum regis persarum. qui cum plurima hostium caterua veniebat super eum (*roth*). rocip. egiptii *S* (= *B*). 10. statim *S.* fec. ei *S.* regalem *fehlt S.* 11. scribserunt *O, fehlt S.* 12. posterum] posuerunt *und nachher Punkt S. Mit* Nectanebus *beginnt O cap. 3:* de Concubitu nectanebi cum regina. 13. in macedonia *S.* Macod.: *Punkt O, in S folgt:* Hic egipcii posuerunt massam seu statuam lapideam coloris nigri in memoriam Nectanabi regis egipciorum. Et in illa sculpere fecerunt responsa que accepturi erant a deo Serapi suo (*roth*), *dann beginnt mit* Interea *ein neuer Abschnitt.*

2. 14. Phylippus *O.* immer *S.* prelium: *Punkt OS.* 15. et Nectanabus *S.* autem *fehlt S.* ascendens *S.* reginam: *Punkt OS.* et *fehlt S.* 16. statim] Mox *S.* pulcrit. *S.* Olymp. *O,* olympyad. *S.* iac. est. c. eius] iaculatus amore eius *S.* 17. manus suas *S.* illi] ei *S.* illi (ei): *Punkt OS.* Macedonum: *Punkt S.* Dedignatus est ei dic. *S.* 19. domina:

‚Ave, magister, accede propius et sed e'. Sedente autem eo interrogavit eum Olimpiadis dicens: ‚Verumne est, quod Egyptius sis'? Respondens illi Nectanebus dicens: ‚Oregina, verbum pulcherrimum seu regale dixisti, quando Egyptium me nominasti. Sunt
5 enim Egyptii sapientes, qui etiam somnia solvunt et signa interpretantur seu solvunt, volatilia intelligunt, secreta cognoscunt atque manifestant, fatum nascentium dicunt. Nam et ego ita sensu subtilissimo de his omnibus cognitus sum sicut propheta atque divinus'. Hec autem cum dixisset, aspexit eam sensu
10 concupiscibili. Videns autem Olimpiadis, quia sic aspexisset eam, dixit illi: ‚Magister, quid cogitasti sic aspiciendo me'? Respondit illi Nectanebus dicens: ‚Recordatus sum pulcherrima responsa deorum. Etenim responsa accepi a proximis diis, ut debeam intueri reginam'.
15 **3.** Hec autem eo dicente statimque proferens de sinu suo mirificam tabulam eneam et eburneam, mixtam auro argentoque, continentem in se circulos tres. Primus circulus continebat intelligentias XII, secundus circulus continebat et habebat animalia XII, tertius circulus habebat solem et lunam. Post hec
20 autem aperuit concam eburneam et proferens ex ea VII splendidissima astra, explorantia horas ac nativitatem hominum, et VII

Punkt OS. respondens *S.* Olymp. *O,* olympyad. *S.* dixit *S.* dicens (dixit): *Punkt OS.* 1. Ave] Tu es *S.* magister: *Punkt O.* prope *O.* sede: *Punkt O, in S folgt* Hic cum (!) Nectanebus percipiens et (et *übergeschrieben*) ognoscens recessum in prelium phylippi regis macedonie. gliscens intuere reginam. migransque ad palacium regis sine formidine ascendit in eum Cumque ascendisset. mox venit in locum, vbi regina erat. Videns cius pulcritudinem statim apropinquans salutabat eam. 2. cum *fehlt S.* dicens: *Punkt OS.* Olymp. *OS.* 3. sis: *Punkt OS.* illi] ei *S.* dixit *S.* dicens (dixit): *Punkt OS.* O regina nomen pulcerrim. *S.* 4. egipcium *S.* me *fehlt OS.* nominasti: *Punkt OS.* 5. egipcii *S.* sompnia *und so öfter OS.* solvunt] interpretantur *S.* et *fehlt S.* interpretantur seu *fehlt S.* 7. fata *S.* dicunt: *Punkt OS.* ita] itaque *S.* (= *B*). 8. sensus subtilissimos *O.* de] ab *S.* hiis *und so mehrmals O, fehlt S.* 9. divinus: *Punkt OS.* 10. concupisc.: *Punkt OS.* autem] eum *S.* Olymp. *O.* olympyades *S.* 11. illi: *Punkt OS.* me: *Punkt OS.* 12. Respondens ei *S.* dixit *S.* dicens (dixit): *Punkt OS.* pulcerrima *S.* 13. respona *S.* deorum: *Punkt OS.* responsa acc.] responsum acc. *S.* 14. reginam: *Punkt S, in O beginnt cap. 4:* de tabula Eburnea mirabili.
 3. 15. proferebat *S.* 16. mixtam auro arg.] ex argento *S.* 17. tres: *Punkt OS.* 18. XII: *Punkt OS.* circulus] uero *S.* et habebat *fehlt S.* 19. XII: *Punkt OS.* Ac Terc. *S.* habebat] continebat *S.* lumā *S.* lunam: *Punkt OS.* Et p. h. aper. *S.* 20. concham *O,* cantram *S.* et prof. ex ea] ferentem in se *S.* VII] XII *S.* splendidissimas astras *O.* 21. exploratricias *O* (exploratrices *B*). horarum *OS.* ūtatū *O.* ac nat.] nec non et fatum *S.*

lapides sculptos ad VII astra pertinentes, que sunt ad custodiam hominum posita. Videns autem hec Olimpiadis dixit illi: ‚Magister, si vis, ut credam, que ostendis, dic mihi annum et diem et horam nativitatis regis.' Ad hec Nectanebus cepit ei compu-
5 tare per mathematicam artem et dicere annum et diem et horam nativitatis regis. Cumque hoc fecisset, dixit regine: ‚Numquid vis aliud aliquid audire'? Regina dixit: ‚Volo, ut dicas mihi, quid debet fieri inter me et Philippum, quia dicunt mihi homines, si reversus fuerit Philippus ex prelio, eiciat me aliamque
10 accipiat sibi uxorem.' Cui Nectanebus dixit: ‚Falsa sunt verba hec modo et non vera. Sed tamen post aliquos annos fiet tibi et non in paucis diebus, et iterum volens nolensque habebit te Philippus in uxorem.' Ad hec regina dixit: ‚Obsecro te, magister, ut dicas omnem veritatem.' Nectanebus respondit:
15 ‚Unus ex potentissimis diis concumbet tecum et adiuvabit te.' Regina dixit: ‚Et quis est ille deus, qui concumbet mecum'? Nectanebus respondit: ‚Ille est Ammon potentissimus, qui largitur divitias in omnibus.' Regina dixit: ‚Obsecro te, magister, ut dicas mihi, quam figuram habet ille deus.' Nectanebus res-
20 pondit: ‚Nec iuvenis est nec vetulus, sed in media etate consistit, habens in fronte cornua arietina et barbam canis ornatam. Unde, si tibi placet, esto ei preparata hac nocte, quia in somno videbis eum et in ipso somno concumbet tecum.' Regina dixit: ‚Si hoc videro, non quomodo prophetam aut divinum, sed sicut deum

---

2. homini posite O. posita: Punkt OS. Que cum uidisset eas olympyad. S. olimp. O. illi: Punkt OS. 3. michi und so oft OS. 4. regis: Punkt OS. ei fehlt S. 5. et dicere annum doppelt geschrieben S. 6. regis: Punkt OS. hoc] hec S. dix reg. fehlt O. regine: Punkt OS. Numq't S. 7. audire: Punkt OS. dixit] respondit S. dixit (resp.): Punkt OS. 8. mihi übergeschrieben O. 9. phyl. O. eiciet S. 10. sibi accipiet S. uxorem: Punkt S, O beginnt cap. 5: Quomodo Nectanebo decepit reginam. dixit] respondit S. dixit (resp.): Punkt OS. ffalsa uerba s. h. m. non (non übergeschrieben) veritosa S. 11. ver.: Punkt OS. aliquot annuos S. 12. et non fehlt S. diebus: Punkt OS. 13. phylippus O. phyl. hab. te S. uxorem: Punkt OS. dixit: Punkt OS. 14. dic. michi S (= B) veritatem: Punkt OS. Nectan. dixit S. resp. (dix.): Punkt OS. 15. te: Punkt OS. 16. dixit: Punkt OS. mecum: Punkt OS. 17. Nectanabis S. resp.: Punkt OS. vnus ex potentissimis diis ille est amon O. potentissimusque largitor diuiciarum S. 18. omnibus: Punkt OS. dix.: Punkt OS. 19. deus ille S. deus (ille): Punkt OS. resp.: Punkt OS. 20. neque — neque S. est fehlt S. in med.] mediocris S. 21. ariet.] aucitna O, duo S. canos S (= B). ornatam: Punkt OS. Unde - -] pro quo certissime scias, si fueris patata illi h. n. S. 22. sompno und so öfter OS. 23. tecum: Punkt OS. dixit: Punkt OS. h. est vid. O, hunc ego vid. S.

adorabo te.' Statimque Nectanebus vale dicens regine et descendens de palatio, exiens continuo foras civitatem in desertum locum atque evellens herbas, triturans eas et tollens succum illarum fecitque incantationes per dyabolica figmenta, ut videret
5 Olimpiadis eadem nocte in somno deum Ammonem concumbentem secum dicentemque sibi: ‚Mulier, concepisti defensorem tuum.'

4. Mane autem facto, cum surrexisset Olimpiadis a somno, fecit venire Nectanebum ad se et narravit illi somnium, quod
10 viderat. At ille dixit ei: ‚Scio hoc, quod dicis, sed si loculum dederis mihi in palatio tuo, per veritatem ostendam illum deum tibi, quia aliud est somnium atque aliud est veritas. Nam ille deus in figura draconis veniet ad te et postea convertetur in humanam formam ac si in meam similitudinem.' Ad hec re-
15 spondens Olimpiadis dicens: ‚Bene dixisti, magister. Recipe cubiculum in palatio et, si hoc veraciter probare poteris, habebo te quasi patrem pueri.' Et hoc dicens iussit illi dare cubiculum in palatio. Circa vigiliam autem primam noctis cepit Nectanebus per magicas incantationes transfigurare se in figuram
20 draconis et sibilando cepit ire contra cubiculum Olimpiadis ingressusque cubiculum, ascendens in lectum eius cepit osculari eam et concubuit cum illa. Cum autem surrexisset a concubitu eius, percussit uterum eius et dixit: ‚Hec conceptio sit victorialis et nullo modo ab homine subiugabitur.' Taliter decepta est
25 Olimpiadis concumbens cum homine quasi cum deo. Mane

---

1. te: *Punkt OS.* reginam *O.* et *fehlt S.* 2. exiensque *S.* 3. eas *fehlt O, in S doppelt geschrieben.* succus *O.* earum *S.* 5. Olimpidiadis *O.* olymp. *S.* sompnis *S.* amon *O.* 6. sibi: *Punkt O.* 7. tuum: *Punkt S, O beginnt cap. 6:* De Conceptione regine q̄ concubuit Nectanebo cum regina. 4. 8. Olymp. *S.* 9. nectanebo *O.* 10. viderat: *Punkt OS.* ei: *Punkt OS.* dicis: *Punkt OS.* locum *S.* 11. deum ill. *S.* 12. tibi: *Punkt OS.* sompnium est *S.* veritas: *Punkt OS.* ille] iste *S* (= *B*). 14. in vor meam *fehlt S.* similit.: *Punkt OS.* respondit ei *S.* 15. Olymp. *S.* dicens: *Punkt OS.* 16. palatio: *Punkt OS.* poteris *S.* 17. te *fehlt S.* pat̄ *O.* pueri: *Punkt OS.* hec *S.* illi] ei *S.* dari *S.* 18. palatio: *Punkt OS.* 19. transfigurari *S.* 20. Olymp. *S.* Olimp.: *Punkt OS.* 21. Ingressoque cubiculo *O.* ascenditque l. eius et c. *S.* 22. concumbere *S.* illa: *Punkt OS.* autem] ergo *S.* cubitu *S.* 23. p. eam in utero *S* (= *B*). dixit: *Punkt OS.* 24. subiug.: *Punkt OS.* 25. concubens *O.* deo: *Punkt O, in S folgt:* Hic conceptus est Alexander de semine Nectanabi in olympiadem reginam. Et quomodo decepta est ab eo, paret in textu hystorie circa signum hoc. (*Das Zeichen steht am Rande neben* Circa vigiliam *u. s. w.*) et (et *übergeschrieben*) quomodo se transfigurabat nectanabus in draconem, et sibilando meavit quousque ad locum vbi olympiadis regina iacuerat in cubili suo, sicut paret in litteris.

autem facto descendit Nectanebus de palatio, regina autem permanens in cubiculo pregnans. Cum autem cepisset uterus eius crescere, vocavit ad se Nectanebum et dixit illi: ‚Magister, volo, ut dicas mihi, quid debet facere Philippus de me, si
5 redierit.‘ Cui Nectanebus respondit: ‚Noli expavescere, quia deus Ammon pro me erit in adiutorium tibi.‘ Et hec dicens continuo descendens de palatio, exiens foras civitatem in desertum locum et evellens herbas et triturans eas et tollens succum earum apprehendensque avem marinam cepit incantare super
10 eam et de succo herbarum illam ungere. Hoc enim faciebat per dyabolicas incantationes, ut deciperet Philippum regem per somnium. Factumque est.

5. Eadem igitur nocte apparuit Philippo in somno deus Ammon concumbens cum Olimpiade uxore sua, et post con-
15 cubitum quasi videret os vulve illius consuere atque signare anulo aureo — et ipse anulus habebat lapidem sculptum, caput leonis et cursum solis atque gladium — et post hec dicens ei: ‚Mulier, concepisti defensorem tuum et de patre suo Philippo.‘ Exurgens autem Philippus de somno vocavit ad se ariolum et
20 narravit illi somnium, quod viderat. Respondens autem ariolus ait illi: ‚Rex Philippe, pro certo scias, quia concepit Olimpiadis non ab homine sed a deo. Caput namque leonis et cursus solis atque gladius talem intellectum habet, quia ille, qui nasci debet ex ea, pertinget pugnando usque ad orientem, unde sol egre-
25 ditur, et per gladium subiugando sibi civitates et gentes.‘

6. Inter hec autem Philippus rex pugnavit et vicit. Apparuit

---

1. descendens *O.* pallacio *S.* et reg. *S.* autem *fehlt S.* remansit *S.* 2. pregn.: *Punkt OS.* Cumque *S.* autem *fehlt S.* 3. illi: *Punkt OS.* 4. qd' *S.* 5. red.: *Punkt OS.* resp.: *Punkt OS.* 6. amon *O.* tibi] tui *S* (= *B*). tibi (tui): *Punkt OS.* 7. descendit *S.* exiensque *S.* 8. locum *fehlt S.* et vor tritur. *fehlt S.* succum *bis incl.* eam *fehlt O.* 9. et cep. *S.* 10. ungere: *Punkt OS.* 11. phylipp. *O.* et factum est *S.* **5.** 13. *Mit* Eadem *beginnt O cap. 7: quomodo Nectanebo regem delusit. In S ist f bei factum rubricirt und mit der folgenden Zeitangabe in Verbindung gebracht.* igitur] ergo *S.* appernit *O.* phyl. *O. fehlt S.* sompnis *S.* 14. amon *O.* olympyade *S.* sua: *Punkt OS.* 15. ill.] eius *S.* 16. annulo *S.* aureo: *Punkt OS.* annulus *S.* 17. currum solum *S.* glad.: *Punkt OS.* dixit *S.* ei: *Punkt OS.* 18. phyl. *O.* Phil.: *Punkt OS.* 19. phyl. *O.* de] a *S.* 20. illi] ei *S.* sompnum *O.* vid.: *Punkt OS.* cui Ariolus respondit *S.* illi (resp.): *Punkt OS.* 1. olymp. vxor tua *S.* 22. deo: *Punkt OS.* et currus solis atque gl. *S.* 23. habent *S.* quia infans qui exit ex ea *S.* pertingit *O.* 24. unde --] vnde veniens subiug. *S.* per *fehlt O.* **6.** 26. *Mit* Inter *beginnt O cap. 8: de pugqna regis phylippi in qua apparu'it ei draco, in S ein Abschnitt.* hec] ea *S.* aut. *fehlt S.* pugnav.

namque ei in ipso prelio draco, qui antecedebat eum et prosterne-
bat ante eum inimicos eius. Cumque rediret Macedoniam, ob-
viavit illi in palatio Olimpiadis uxor eius et osculata cum est.
Intuitus est enim eam Philippus rex et dixit ei: ‚Cui te tradi-
5 disti Olimpiadis? Peccasti et in quem? Non peccasti, quia vim
sustinuisti a deo. Ego itaque totum hoc, quod in te factum
est, per somnium vidi, proinde a me et ab omnibus irreprehen-
sibilis esse videris.'

7. Quadam vero die epulabatur Philippus rex cum princi-
10 pibus et primis Macedonie una cum Olimpiade uxore sua,
Nectanebus autem per artem magicam transfiguravit se in formam
draconis et per medium triclinium, in quo comedebat Philippus,
transiens ibat sibilando sic terribiliter, ut pavorem mitteret
et turbationem his, qui convive erant, et appropinquans ad
15 Olimpiadem posuit in gremio eius caput et osculabatur eam.
Videns enim hoc Philippus rex dixit: ‚Olimpiadis, tibi dico et
omnibus vobis, qui mecum epulamini, hunc draconem vidi tunc,
quando preliatus sum cum contrariis meis.

8. Post paucos vero dies sedens Philippus rex solus in
20 palatio suo, et apparuit ei parva atque mitis avis volans et
sedens in gremio eius et generavit ovum, et cecidit ipsum ovum
in terram atque divisum est. Statimque exiit ex eo parvissimus
serpens congiratusque ovum voluit introire in eum et, antequam
ibi caput inmitteret, mortuus est. Videns autem hoc Philippus
25 rex turbatus est valde et vocavit ad se ariolum et narravit ei,
quod viderat. Cui ariolus ait: ‚Rex Philippe, nascetur tibi filius,

---

und so öfter OS. vicit: Punkt OS. 1. ei fehlt S. 2. eius: Punkt OS. 3. illi] ei S.
pall. olymp. S. osculatus est eam S. est (eam): Punkt OS. 4. Iutuitus - -]
Interrogauit eam phyl. S. phyl. O. ei: Punkt OS. 5. olympiades S.
et fehlt S. in quam (?) O. Non] uero S. 6. deo: Punkt OS. totum]
noui S. 7. sompnum O. proinde et S. omnib.] hominibus S. 8. videris:
Punkt S, in O beginnt cap. 9: de transformacione Nectanebi in draconem.
7. 9. phyl. O. cum princip. fehlt S. 10. primus S. olympiadis S.
sua: Punkt OS. 13. p. et contribulacionem m. in h. S. 14. hiis S und
auch an einigen anderen Stellen. c. er.] conuinerant S. erant: Punkt OS.
15. Olymp. S. pos. cap. in gr. eius S. eam: Punkt OS. 16. Videns - -]
Rex autem cum hoc vidisset. dixit olympiadi S. dixit (olymp.): Punkt OS.
17. uob. omn. S. mecum fehlt S. 18. meis: Punkt S, O beginnt cap. 10:
de apparicione anicule que generauit ouum. 8. 20. et fehlt S. auis par-
uissima atque mitissima S. volans fehlt S. 21. sed. in palacio gener. S.
22. est: Punkt OS. statim S. 23. serp.: Punkt O. congir.] qui circum-
datus est S. 24. ibi - -] se intromitteret S. est: Punkt OS. Videns - -] Et cum
vidisset h. phyl. S. 25. rex fehlt S. Ariol. et ostendit ei ouum. et serpentem. et
narr. ei quō acciderat S. 26. vid. (accid.): Punkt OS. Ariol. S. ait: Punkt OS.

qui debet regnare post tuum obitum et circuire totum mundum subiugando sibi omnes et, antequam revertatur in terram nativitatis sue, in parvis annis morietur.

9. Appropinquabat autem tempus pariendi Olimpiadis et cepit dolore uterus eius torqueri fecitque vocari ad se Nectanebum et dixit illi: ‚Magister, magnis doloribus torquetur uterus meus.‘ Nectanebus autem cepit computare et dicere illi: ‚Subleva te paululum, regina, a sediolo tuo, quia hac hora omnia elementa turbata sunt a sole. Factumque est sic et recessit ab ea dolor, et post paululum dixit ei Nectanebus ‚Sede, regina‘, et sedit et peperit. Et ubi puer cecidit in terram, statimque factus est terremotus et fulgura et tonitrua magna et signa pene per totum mundum. Tunc siquidem dilatata est nox et usque ad plurimam partem diei extensa atque divisa est. Tunc etiam in Italia petre de nubibus ceciderunt.

10. Videns autem Philippus rex fulgura et tonitrua tremefactus ingressus est ad Olimpiadem et dixit ei: ‚Mulier, cogitavi in corde meo, ut nullo modo nutriretur infantulus iste pro eo, quod non est a me conceptus, sed tamen intelligo hunc a deo esse conceptum, quia in nativitate eius video mutari elementa. Sed nutriatur in memoriam mei ac si proprius meus esset filius et quasi sit ille, qui mortuus mihi fuit, quem habui ex alia uxore.‘ Et inposuit illi nomen Alexander.

11. Hec dicente Philippo ceperunt nutrire infantulum cum omni diligentia. Figura illius neque patri neque matri assimi-

---

1. obit. t. *S*. 3. moriet.: *Punkt S, O beginnt cap. II:* de fato mortis alexandri. **9.** 4. Olymp. *S.* 5. ad ol. torq. vt. *S.* nectanebo *O.* 6. illi] ei *S.* illi (ei): *Punkt OS.* uterus] ueuter *S.* 7. meus: *Punkt OS.* autem fehlt *S.* oput. *S.* illi: *Punkt OS.* 8. paulum *S.* sedio *S* (= *B*). 9. et *f. O.* sic fehlt *S*. 10. dolor: *Punkt OS.* paulum *S.* ei fehlt *S.* Nectan.: *Punkt OS.* regina: *Punkt S.* 11. peper.: *Punkt OS.* Et] At *S.* terra *O.* statim *S.* 12. signa *O.* 13. mund.: *Punkt OS.* 14. diei part. extendi iussa est *S.* est: *Punkt OS.* 15. ytal. *O.* in Italia --] saxa de montibus grandini mixta ceciderunt. et terras veris lapidibus verberant *S*. cecid. (verb.): *Punkt S, O beginnt cap. 12:* de nativitate Alexandri. **10.** 16. Videns --] Qua de re phylippus rex turbatus est nimis. et tremef. *S.* phyl. *O.* 17. olympyad. *S.* ei: *Punkt OS.* 18. nullo m.] nulla muliere *S.* iste inf. *S.* 19. conc. ab homine *S.* concept.: *Punkt O.* 20. esse conc. esse *S.* quia] sed *S.* elem.: *Punkt OS.* 21. Sed fehlt *S.* memoria *O.* mei fehlt *S* (= *B*). 22. esset fehlt *S.* sit] si *S.* ille --] alius alius fuerit mort. q. *S.* 23. uxore: *Punkt OS.* Et inp.] Tunc nominatur *S.* Allex. *S.* Alex.: *Punkt S, O beginnt cap. 13:* De dispositione Alexandri. **11.** 24. cep. --] precepit famule nutr. *S.* 25. dilig.: *Punkt OS.* pater *S.* mater *S.*

labatur, sed propriam figuram suam habebat. Coma capitis
eius erat sicut coma leonis, oculi eius magni, micantes et non
assimulabatur unus ad alterum, sed erat unus niger et alter
glaucus; dentes vero eius erant acuti, impetus illius fervidus
5 sicut leonis et, qualis debebat in posterum fieri, figura illius
signabat. In scolis itaque, ubi sedebat cum condiscipulis suis,
pugnabat cum eis atque vincebat eos et tam in litteris quam in
loquelis et velocitate antecedebat eos.

12. Et cum factus esset annorum XII, instruebatur ad
10 pugnam, sicut videbat facere milites. Quin etiam videns
Philippus rex velocitatem eius placuit ei et dixit illi: ‚Fili
Alexander, diligo velocitatem tuam atque ingenium animi tui,
sed tristis sum, quia figura tua non assimilatur mihi. Audiens
enim hoc Olimpiadis magis timuit et vocavit ad se Nectanebum
15 et dixit illi: ‚Magister, perscrutare et intellige, quid cogitat
Philippus de me, quia dixit huic Alexandro: ‚Fili, diligo veloci-
tatem tuam atque ingenium animi tui, sed tristis existo, quia
figura tua non assimilatur mihi.‘ Nectanebus autem hec
audiens cepit computare et dixit regine ‚Cogitatio illius erga
20 te munda est‘ solitoque respiciebat in quadam stella, separando
ab ea desiderium suum.

13. Audiens autem hec Alexander dixit illi: ‚Hec stella,
quam computas, paret in celo'? Cui Nectanebus respondit:

---

1. s. fig. *S.* hab.: *Punkt OS.* 2. leon.: *Punkt OS.* 3. assimul.] simil. *S* (*B* similabantur). un. erat *S.* et *fehlt S.* alt. erat *S.* 4. glauc.: *Punkt OS.* eius *fehlt S.* acuti: *Punkt OS.* Impetu *O.* fervidum *O.* 5. leon.: *Punkt OS.* Ett *O.* debeat *S.* postrum *S.* 6. signab.] significab. *S.* sign.: *Punkt OS.* ubi] ut *O.* aliis cond. *S.* 7. e. eis atque] conuersusque *O.* eos: *Punkt S.* et *fehlt S.* 8. loquela *S.* eos: *Punkt S. O beginnt cap. 14:* Institutione pugne Alexandri. **12.** 9. factus *fehlt S.* instruebat *S.* 10. mil.: *Punkt OS.* Quin (*B* qui)] Quod *O.* 11. illi] ei *S.* illi (ei): *Punkt OS.* 12. Allex. *S.* tui: *Punkt OS.* 13. sum] existo *S* (= *B*). assimilabatur *O.* mihi: *Punkt OS.* 14. enim *fehlt S.* hoc] hec *S.* Olymp. *S.* tim.: *Punkt OS.* 15. illi] ei *S.* illi (ei): *Punkt OS.* cogitauit de me facere phyl. *S.* 18. mihi: *Punkt OS.* autem *fehlt S.* 19. dixit] dicere *S.* reg.: *Punkt OS.* cogitaciones *S.* 20. munde sunt *S.* est (sunt): *Punkt OS.* soliusque *O.* solitoque - -] Vidi enim c̄oputando quandam stellam. et sep. *S.* 21. ea] eo *S.* suum *fehlt S.* suum (desid.): *Punkt S, O beginnt cap. 15:* de morte nectanebi.

13. 22. Audiens - -] Allexander autem cum audisset hunc sermonem d. ei *S.* illi (ei): *Punkt OS.* H. stella] Pater stellam *S.* in celo] illi *O.* celo (illi): *Punkt OS.* resp.: *Punkt OS.*

‚Etiam, fili.' Alexander respondit: ‚Et potes eam mihi ostendere?'
Nectanebus respondit: ‚Sequere me hora noctis extra civitatem
et ego ostendam eam tibi.' Alexander dixit: ‚Pater, et fatum
tuum cognoscis'? Nectanebus respondit: ‚Etiam fortiter.'
5 Alexander dixit: ‚Hec causa bona est et opto illam scire. Et
quam mortem debes facere, pater, scis'? Nectanebus respondit:
‚Scio quippe, fili, quia a filio meo debeo mori.' Et hoc dicente
Nectanebo descendens de palatio et secutus est eum Alexander
hora serotina extra civitatem, cumque venissent ambo super
10 fossatum, quod erat circa murum civitatis, dixit illi Nectanebus:
‚Fili Alexander, respice stellas et vide stellam Herculis, quomodo
tristatur, et stellam Mercurii, quomodo letatur; stella itaque
Jovis lucida est in celo.' Taliter respiciendo sursum Nectanebus
accessit ei propius Alexander et fecit impetum in eum atque
15 proiecit eum in fossatum, quod erat circa murum civitatis, et
dixit illi: ‚Sic decet te mori, vetule; sciendo terrenas causas quare
voluisti scire etiam secreta astrorum'? Cui Nectanebus respondit:
‚Cognitum mihi hoc fuit, quia sic debuit mihi evenire. Et non
dixi tibi, quia a filio meo deberem mori'? Alexander dixit:
20 ‚Ergo filius tuus sum ego'? Nectanebus respondit: ‚Certe filius
meus es.' Et hec dicens expiravit. Alexander autem paterna
pietate ductus elevans corpus eius in humeris suis et portans
eum in palatio. Cum ergo vidisset eum Olimpiadis, dixit illi:
‚Fili Alexander, quid est hoc'? Cui ille respondit: ‚Corpus

---

1. fili *fehlt S.* fili (eciam): *Punkt OS.* Allex. dixit *S.* resp. (dix.): *Punkt OS.* eam *fehlt S.* ostend.: *Punkt OS.* 2. resp.: *Punkt OS.* hora n. *fehlt S.* 3. eam *fehlt S.* tibi: *Punkt OS.* Allex. *S.* dix.: *Punkt OS.* Pater *bis incl.* dixit *fehlt O.* 4. cognosc.: *Punkt S.* resp.: *Punkt OS.* fort.: *Punkt S.* 5. dixit: *Punkt S.* scire: *Punkt OS.* 6. mort. quam *S.* facere *fehlt O.* scis: *Punkt OS.* resp. *Punkt OS.* 7. quia] quod *S.* mori: *Punkt OS.* hec dicens Nectanabus *S.* 8. allex. *S.* 9. civit.: *Punkt OS.* cumque] exunique *S.* 10. ciuitatem *O.* civit.: *Punkt S.* illi] ei *S.* Nectan.: *Punkt OS.* 11. Allex. *S.* 12. stella merc. let. *S.* stella] et *S.* 13. luc. est] lucidam *O.* lucet *S.* in c.] clara *S.* celo (cl.): *Punkt OS.* 14. ei *fehlt S.* allex. *S.* 15. eum ror in *fehlt S.* 16. illi] ei *S.* illi (ei): *Punkt OS.* vetule: *Punkt OS.* 17. et. *fehlt S.* astror.: *Punkt OS.* resp.: *Punkt OS.* 18. debuisset *O.* even.: *Punkt S.* 19. debeo *S.* mori: *Punkt OS.* Allex. *S.* dix.: *Punkt OS.* 20. ergo ego f. t. s. *S.* ego (sum): *Punkt OS.* resp.: *Punkt OS.* 21. es: *Punkt OS.* exspir. *S.* expir.: *Punkt OS.* autem] itaque *S.* 22. duct.] connotus *S.* et *fehlt S.* portauit *S.* 23. eum *fehlt S.* pal. suo *S.* pal. (suo): *Punkt OS.* Cum e.] Et eum *S.* eum *fehlt O.* olymp. *S.* illi] ei *S.* illi (ei): *Punkt OS.* 24. quid] qd' *S.* hoc: *Punkt OS.* resp.: *Punkt OS.*

Nectanebi est.' Et illa dixit: „Nectanebus pater tuus fuit.'
Alexander respondit „Quemadmodum stultitia tua fecit, ita est'
et iussit eum sepeliri.

14. In ipsis denique temporibus quidam princeps Capadocie
5 attulit Philippo regi equum indomitum corpore magnum et
pulchrum nimis ligatumque ex omni parte catenis ferreis;
comedebat enim homines et dicebatur ipse equus Bucefalas
propter aspectus torvitatem seu ab insignis, quod taurinum
caput in armo habebat ustum, seu quod de fronte eius quedam
10 mine corniculorum protuberabant. Cum autem vidisset Philippus
rex pulchritudinem ipsius equi, dixit ministris suis: „Recipite
hunc equum et preparate illi cancellas ferreas, ut latrones, qui
debent ex lege mori et comedi a feris, comedantur ab isto
equo.' Inter hec autem responsum accepit Philippus rex a diis,
15 quia post eius mortem ille debet regnare, qui eum ferocem
equum equitaverit, et propterea expectabat rex fiduciam
ipsius equi.

15. Alexander itaque cum esset annorum XV, factus est
fortis, audax et sapiens; didicerat enim pleniter liberales artes
20 ab Aristotele et Calistene. Quadam vero die cum transisset per
locum, in quo stabat ipse indomitus equus, et videns illum
conclusum esse intus cancellos ferreos et ante eum iacentem

S. 1. est: *Punkt OS.* ait S. dixit (ait): *Punkt OS.* fuit] est S. fuit (est): *Punkt OS.* 2. Allex. S. resp.: *Punkt OS.* fecit] fuit O. fec. (fuit): *Punkt OS.* est: *Punkt OS.* 3. regis sep. S. 14. 4. *Mit In* ĩpsis d. t. *beginnt der Text in G, in S ein Abschnitt.* 5. adduxit S. eqū G, caballum S. 6. pulcrum GS. nim: *Punkt GS.* chaten. S. ferr.: *Punkt GS.* 7. homin.: *Punkt GS.* equus] caballus S. bucephal S. 8. asp.] acceptus S. tornitate S. insign. G. thaur. S. 9. harmo S. ust.] uertum G. ust. (uert.): *Punkt GS.* qued.] quodam G. 10. mine] nimis protup. G. protub.: *Punkt GS.* Cum aut.] Cumque S. r. phyl. S. 11. pulcrit. GS. equi] caballi S. suis: *Punkt GS.* 12. eq.] caballum S. cancella ferrea S. ferr.: *Punkt G.* f. et ibi recludite eum. est et raptores et latrones. et qui legibus deb. m. S. (atque ibi recludatur. ut et raptores et latrones. seu qui malefaciunt, et qui deb. c. a f. B.) 13. cōmed. G. 14. equo] caballo S (= B). eq. (cab.): *Punkt GS.* factumque est S. Interea phyl. rex cepit resp. a. d. S, *wo mit* Interea *ein Abschnitt beginnt.* 15. quia ille d. r. p. m. eius S. eum] cum uno G, hunc S. caballum fer. S. 16. phylippus r. S. 17. equi] caballi S. equi (cab.): *Punkt GS; in G beginnt ein Abschnitt.* 15. 18. quindecim S. 19. sap.: *Punkt GS.* 20. aristotile S. calixtene G. cal. et a naximene atheniensibus S. calist. (athen.): *Punkt GS.* vero fehlt S. 21. eum loc. S (= B). ind. eq.] vinctus caballus S. videns] videret S. 22. inclus. S. intus] inter S (= B). cancella ferrea S (= B).

summam manuum ac pedum hominum, que illi de pastu remanserat, miratus est valde et mittens manus suas per cancellos statimque extendit collum suum ipse equus et cepit lambere manum illius et conplicatis pedibus proiecit se in terram eri-
5 gensque caput respiciebat Alexandrum. In hoc itaque facto intellegens Alexander voluntatem equi aperuitque cancellum et ingressus est ad eum et cepit mansuete tangere dorsum eius manu dextera. Statimque equus cepit illi mansuescere nimis: sicut blanditur canis domino suo, sic ille blandiebatur domino
10 Alexandro.

16. Cum autem hoc vidisset Alexander, ascendens super eum et equitando exiit foras. Cum ergo vidisset eum Philippus rex dixit ei: ‚Fili Alexander, omnia responsa deorum modo cognovi in te, per que tu debes regnare post meam mortem.‘
15 Cui Alexander dixit: ‚Pater, si potest fieri, ergo dirige me sedentem in curro.‘ Respondit ei rex: ‚Gratanter hoc, fili, facio. Tolle tibi centum equos et XL milia solidos aureos et vade cum bono auxilio.‘ Et factum est. Et exiens Alexander una cum eo Ephestio philosopho amico suo deferensque secum
20 ornamenta et solidos et precepit militibus suis, ut mitterent curam de equis.

17. Veniens itaque Alexander in Peloponensum, occurrit ei Nikolaus rex eiusdem provincie cum exercitu, ut pugnam cum eo committerent, et appropinquans ad Alexandrum dixit

---

1. summa *GS* (= *B*). manu *mit folg. Punkt G*. ac] et *S*. hominis *S* (= *B*). qui de eius p. remanserant *S*. 2. mitens *G*. manum suam super canc. *S*. 3. eq.] caballus *S*. 4. manus *S*. ill.: *Punkt GS*. et] atque *S* (= *B*). progec *G*. se *übergeschrieben S*. s. terre (?) *G*. in] super *S*. erigens *S*.
5. respiciens Allex. *S*. Alex.: *Punkt G S*. 6. intellig. *S*. Allex. *S*. equi] caballi *S* (= *B*). aperuit *S*. 7. eius] suum *S*. 8. dextera: *Punkt GS*. Statimque - -] Tunc ipse caballus c. m. i. amplius. s. quando bl. *S*. 9. blanditur *G*. domino *fehlt S* (= *B*). Allex. *und Punkt S*. 16. 11. Cum: *Initiale G*. hec aut. c. vid. Allex. *S*. 12. et *fehlt S*. exiuit *S*. for.: *Punkt GS*. phyl. *G*. 13. ei: *Punkt GS*. ff. Allex. *und Punkt S*. modo *fehlt S*. 14. p. que] p. quem *G*, quia *S*. mort. m. *S*. mort. (meam): *Punkt GS*. 15. dix.: *Punkt GS*. Pater]. P. it (?) *G*. p. hoc *S*. fieri: *Punkt GS*. ergo *fehlt S*.
16. curru *S*. curr.: *Punkt GS*. phylippus r. dicens *S*. rex (dic.): *Punkt GS*. Granter *G*. facio. fili *S*. fac.: *Punkt G*. 17. caballo cent. *S* (caballos c. *B*). quadraginta *S*. 18. aux.: *Punkt GS*. Et f.] factumque *S*. est: *Punkt GS*. 19. eo *fehlt S*. phyloz. *S*. *Vor* suo *ist* me *durchgestrichen S*. suo: *Punkt GS*. deferens *S*. 20. sol. et precipiens *S* (= *B*).
20. cur. mitt. de caballo *S*. 17. 22. Veniens: *Initiale G*. Veniente *S* (= *B*). Alexander *fehlt S* (= *B*). Pelop.: *Punkt GS*. 23. Nicolaus *S*. excitu *G*. 24. cōmitteret c. eo *S*. ōmitterent *G*. committ. (eo): *Punkt GS*. aprop. *G*. ad *fehlt G*. dixit ei *fehlt S*.

ei: ‚Dic mihi, quis es tu'? Cui Alexander respondit: ‚Ego sum Alexander, Philippi regis filius.' Nikolaus ait: ‚Quem me esse speras'? Alexander respondit: ‚Tu es Nikolaus rex Arideorum; attamen non elevetur cor tuum in superbia pro eo, quod habes
5 regalem honorem super te; solet enim inveniri in humano fato, quando maior veniet ad paupertatem et parvus perveniet ad magnitudinem.' Cui Nikolaus ait: ‚Bene dixisti; temet ipsum considera, quia natura mea inreprehensibilis est. Sed tamen dic mihi veritatem, quare in his partibus venisti.' Alexander respondit:
10 ‚Recede a me, homo, quia neque tu habes aliquid adversum me nec ego adversum te.' Audiens autem hunc sermonem Nikolaus rex iratus est valde et dixit: ‚Vide, quali homini loquor! Per salutem patris mei, si impetum spume eicio in faciem eius, morietur.' Hec cum dixisset, expuit contra eum et dixit: ‚Tolle
15 hoc, quod tibi decet accipere, catule, quia non erubescis.' Alexander enim continendo se secundum doctrinam et nativitatem suam dixit illi: ‚Nikolae, iuro tibi per paternam pietatem et nativitatem meam et per uterum matris mee, in quo fui a deo conceptus, quia et hic, si mecum ludis cum curro, vincam te et
20 patriam tuam per arma subiugabo mihi. Et constituerunt inter se diem pugnandi et separati sunt ab invicem. Revertensque Alexander ad patrem suum et preparato exercitu venit ad diem constitutum, in quo coniuncti sunt ambo ad pugnam. Et sonuerunt tubas bellicas per partes et omnes unanimiter moti

---

1. ei (Alex.): *Punkt GS.* tu: *Punkt GS.* resp.: *Punkt GS.* 2. phyl. *G.* fil.: *Punkt GS.* Nicol. *S.* ait] dixit *S.* ait (dix.): *Punkt GS.* sper. esse *S.* 3. sper. (e.): *Punkt GS.* Al. resp.: *Punkt GS.* Nicol. *S.* aridorum *G.* Arid.: *Punkt GS.* 4. superbiā *S.* quot *G.* 5. onor. *G.* 1. *Punkt GS.* umano phatū *G* (fatu *B*). facto *S.* 6. quod *S.* perueniet *S* (= *B*). at paup. *G.* paruit. *S.* 7. magn.: *Punkt GS.* Nicol. *GS.* ait: *Punkt GS.* dix.: *Punkt G.* Tu met *G.* et tem. *S.* 8. consid.] consulisti *S.* consid. (consul.): *Punkt GS.* irepreens. *G.* irrepreh. *S.* est: *Punkt GS.* Sed t.] et t. *S.* 9. ad. istas partes *S.* ven.: *Punkt S, Fragezeichen G.* Mit Alexand. *beginnt in G ein Abschnitt.* resp.: *Punkt GS.* 10. o homo *S.* neque] nec *S.* tu *fehlt S.* abes *G.* aliquit *G.* 11. auersum *G.* te: *Punkt GS.* Audiens aut.] Cum audisset *S.* Nicol. *S.* 12. dix.: *Punkt GS.* 13. sp. mee *S.* eiciam *S.* 14. mor.: *Punkt GS.* epuit *G,* exspuit *S.* eum] ipsum *S.* dix.: *Punkt GS.* 15. catul *G.* quia] qui *S.* erub.: *Punkt GS.* 16. enim] itaque *S.* 17. illi: *Punkt GS.* Nicol. *S.* pietat. et *fehlt S.* 19. et hic *fehlt S.* curru *S.* uincebo *G.* 20. patr. t.] partem t. *S.* mihi s. *S.* subiug. (m.): *Punkt GS.* statim const. *S.* in se *S.* 21. pugn.: *Punkt GS.* invic.: *Punkt GS.* Revert.: *Initiale G.* 22. exerc.: *Punkt GS.* ad *fehlt G.* ad d. const.] dies constitutus *S* (= *B*). 23. amb *G.* pugn.: *Punkt GS.* turbas per p. bell. *S.*

sunt ceperuntque pugnare fortiter inter se ipsumque Nikolaum Alexander propria manu sua occidit et multos ex eius exercitu milites. In illa vero die victoriam magnam adeptus est Alexander, subiugans sibi regnum Nikolai, et coronaverunt cum
5 milites eius et equum eius.

18. Et invenit Philippum patrem suum in convivio nuptiarum sedentem. Eiecerat enim matrem eius Olimpiadem et sociaverat sibi cuiusdam hominis filiam nomine Cleopatram. Ingressus est autem Alexander ad nuptias et dixit patri suo:
10 „Pater, recipe a me de prima pugna mea victorialem coronam, tamen, quando celebraturus sum nuptias matris mee, sociando illi regem maritum, tu in ipsis nuptiis invitatus non eris. Audiens autem quidam ex discumbentibus, cui nomen erat Lisias, dixit Philippo regi: ‚Ex Cleopatra nascetur tibi filius
15 similis tui, qui debet regnare post mortem tuam.‘ Alexander autem hunc sermonem audiens iratus est valde et facto impetu contra Lisiam percussit eum in capite cum baculo, et mortuus est. Videns enim hoc Philippus rex dolore ductus erexit se et in ipso impetu, quem voluit facere contra Alexandrum, ut per-
20 cuteret eum gladio, statim cecidit. Dixitque ei Alexander: „Philippe, qui subiugasti Europam et partem Asie, quare non stas super pedes tuos?‘ In hoc itaque facto exturbate

---

1. sunt: *Punkt GS.* intra se fort. *S.* se (fort.): *Punkt GS.* nichol. *G,* Nicol. *S.* 2. sua *fehlt S.* exercitu *fehlt GS.* 3. militibus *S.* milit.: *Punkt GS.* uictoria magna *G.* est: *Punkt S.* 4. Alexand.: *Punkt G.* Nicol. *S.* 5. eius *fehlt S.* caballum suum, qui dicebatur bucephal. Eadem nocte apparuit ei in sompnis. ut ipse coronatus stabat in corona nicolai. tenens in manu dextera gladium et pomum factum de terra. Mane autem facto uocauit ad se sapientes et sompnia intelligentes. et narrauit eis sompnium quod uidebat. Cui sapiens ait. Alexander gladium et pomum de terra quod in manu habuisti veraciter significat. ut per uictoriam habebis terram tocius mundi subiugando tibi per fremitum et ferrum. hoc audiens Alexander gauisus est gaudio magno. et sic ad patrem suum cum triumpho victorie reuersus est. *S.* eius: *Punkt G.* 18. 6. Et inv.] Inuen. autem *S.* 7. sed.: *Punkt G.* sed. cum olympiade matre eius. et soc. quandam nom. Cleop. *S.* Eierat *G.* 8. Cleop.: *Punkt GS.* 9. est *fehlt S.* autem] itaque *S.* nupt.: *Punkt GS.* et *fehlt S.* suo: *Punkt GS.* 10. de primo meo regno *S.* 12. mar. r. *S.* invit. *fehlt S.* eris: *Punkt GS.* 14. lysias *S.* dixit: *Punkt S.* Rex phylippe *S.* regi (phyl.): *Punkt GS.* 15. tuam: *Punkt GS.* 16. aud. h. s. *S.* valde: *Punkt GS.* 17. lys. *S.* bac. quem tenebat in manu *S* (= *B*). 18. est: *Punkt GS.* enim] ergo *S.* 19. quem *fehlt S.* noluit *S.* 20. glad. Alexander retrusit eum et stat. cec. *S.* cec.: *Punkt GS.* Et dixit *S.* ei] illi *S.* Alex.: *Punkt GS.* 21. partes *S.* asye *S.* 22. tuos: *Fragezeichen G*, *Punkt S.* In: *Initiale G.* In *fehlt S.* conturb. *S.*

sunt nuptie et Philippus rex egrotavit. Post paucos vero dies
ingressus est Alexander ad visitandum eum et dixit illi:
‚Philippe, quamvis non sit lex, ut vocem te ex nomine, tamen
non loquor tibi, ut filius decet patri, sed quasi amicus ad
5 amicum. Fac bene uxori tue, cui male fecisti, et non sit tibi
cure de morte Lisie. Bene feci, quia percussi eum; non enim
decebat eum ante me talia loqui. Tu autem male fecisti, quia
impetum fecisti in me, ut percuteres me gladio'. Hec autem
dicente Alexandro cepit Philippus flere et Alexander cum eo.
10 Et intervallo facto egressus est Alexander et abiit loqui ad
Olimpiadem matrem suam et veniens ad eam dixit illi: ‚Mater
mi, noli timere malam voluntatem patris mei, quia, quamvis
absconditum sit peccatum tuum, reprehensio tua stabit. Bene
enim et iustum est, ut uxor semper subiecta sit suo viro. Et
15 hec dicens portavit eam ad Philippum. Videns autem illam
Philippus vocavit eam ad se et osculatus est eam.

19. Post hec autem venerunt reguli missi a Dario
imperatore ad Philippum regem, querendum ab eo consuetum
censum. Videns enim eos Alexander dixit illis: ‚Ite, dicite
20 Dario imperatori vestro, quia, quando Philippus non habebat
filium, gallina generabat ei ova aurea, nunc autem, nascendo
Philippo filius, ipsa gallina facta est sterilis. Audientes autem
hoc ipsi missi Darii mirati sunt valde super prudentiam et
sermonem Alexandri et reversi sunt ad imperatorem Darium.
25 **20.** Interea nuntiatum est Philippo regi, ut levasset arma
contra eum Armenia provincia, que erat subdita illi, et pre-

---

1. egrot.: *Punkt GS.* 2. Al. est ingress. *S.* eum *fehlt S.* illi: *Punkt GS.* 3. nomine: *Punkt GS.* 4. decet] debet *S.* quasi *fehlt S.* 5. amicum: *Punkt GS.* 6. cura *S.* lys. *S.* Lisie: *Punkt GS.* fecisti *S.* percussisti *S.* eum: *Punkt GS.* 7. eum] illum *S.* tal. dicere uel l. *S.* loqui (dic.): *Punkt GS.* autem] enim *S.* fecist *G.* 8. gladio] pro illo *S.* gladio (illo): *Punkt GS.* Hec: *Initiale G.* 9. Allex. *S.* phyl. rex *S.* eo: *Punkt GS.* 11. olymp. *S.* et *fehlt S.* venit usque ad *S.* illi: *Punkt GS.* 12. malaui *S.* mei *fehlt S.* mei (patr.): *Punkt GS.* 13. tuum *fehlt S.* tua *fehlt S.* stabit] statuit *G*, non erit *S.* stab. (er.) *Punkt GS.* 14. enim] etenim *S.* et *fehlt S.* iuste *S.* uxor] uox *S.* viro s. *S.* vir. (s.): *Punkt GS.* Et *fehlt S.* 15. Phil.: *Punkt GS.* illam] eam *S.* 16. eam: *Punkt G, Abschnitt in S.* 19. 17. Post h.] Interea *S.* aut. vero *G.* 18. phylippe *S.* querendo *S* (= *B*). cens. consw. *S.* 19. cens. (consw.): *Punkt GS.* enim *fehlt S.* Allex. *S.* illis: *Punkt GS.* 21. aur.: *Punkt GS.* nasc. est phyl. *S.* 22. steril.: *Punkt GS.* autem *fehlt S.* 23. sunt *übergeschrieben S.* valde *fehlt S.* 24. imperat. *fehlt S.* Darium: *Punkt G, Abschnitt S.* 20. 25. Interea] Igitur *S.* 26. illi subd. *S.* illi (subd.): *Punkt GS.*

parato exercitu direxit illuc Alexandrum, ut expugnaret eam. Erat enim tunc in Macedonia quidam homo nomine Pausania, filius Cerastes, vir audax et velox subiectusque Philippo, qui ex multis temporibus concupierat Olimpiadem. Fecerat autem ipse
5 Pausania coniurationem adversum Philippum regem et congregavit populum et una cum suo populo hostiliter abiit contra Philippum. Audiens enim hoc Philippus, exiens obviam ei in campo cum paucis et videns multitudinem populi, qui erat cum Pausania, terga versus est. Quem secutus est Pausania et
10 vibrata hasta percussit in dorso. Quamvis fortiter percussus fuisset, tamen statim mortuus non est, sed iacuit in campo semivivus. Propter hoc non modica turbatio facta est in regno Philippi, sperantes eum mortuum esse. Pro hoc itaque facto elevatus est Pausania in audaciam et intravit audacter in
15 palacium Philippi regis, ut abstraheret inde Olimpiadem et portaret eam. Accidit autem inter hec, ut reverteretur Alexander de Armenia provincia cum triumpho victorie, et invenit maximam turbationem in regno patris sui. Etiam et Olimpiadis exiens in incognito loco palatii cepit vociferare ad
20 eum dicens: „Fili Alexander, ubi est victoria tua, ubi fatus tuus, quem a diis accepisti, ut victorialis existeres et vindicares me et patrem tuum'? Audiens autem hoc Pausania exiit continuo cum omnibus suis contra Alexandrum. Alexander enim videns illum, impetum faciens in eum atque evaginato gladio percussit eum,
25 et mortuus est. Quidam vero ex circumstantibus dixerunt

---

1. pūgnaret *S.* eam: *Punkt GS.* 2. enim] autem *S.* macedoniē *G,* bythinia *S.* quid. h.] rex quid. *S.* 3. f. Ceraste. qui trahebat genus ab horeste *S.* 4. olymp. *S.* Olimp.: *Punkt GS.* Fecit *S.* autem tunc *S.* 5. advers.] contra *S.* r. phyl. *S.* 6. pop. s. *S.* hostibiliter ab. in egeis supra phyl. regem *S.* 7. Phil. (reg.): *Punkt GS.* 12. Audiens - -] Quo audito exiuit obu. ei phyl. c. pauc. in campo *S.* 8. pauc. (campo): *Punkt GS.* videntes *S.* populi *fehlt S.* erant *S.* 9. t. v. est phylippus *S,* est (phyl.): *Punkt GS.* est *fehlt G.* 10. asta *G.* perc. eum *S.* dorso: *Punkt GS.* et quamu. *S.* 11. tamen *fehlt S.* n. est mort. *S.* 12. semiv.: *Punkt GS.* turb.] tribulacio *S.* 13. esse: *Punkt GS.* propter h. *S.* 14. factum *S.* intr. aud. in ciuitatem Jon. et ingressus est in pallacio phyl. r. *S.* 15. abstraer. *G.* olymp. *S.* 16. eam: *Punkt G, Abschnitt S.* 17. Allex. *S.* provinc. *fehlt S.* 18 veniens inu. magnam tribulacionem *S.* sui: *Punkt GS.* Et. et *fehlt S.* 19. olimpiades *G,* Olymp. *S.* in] et *S.* 20. dicens: *Punkt GS.* tua: *Fragezeichen G, Punkt S.* est fatum *S.* factus *G.* tu. *fehlt S.* 21. quod a deo *S.* 22. tuum: *Fragezeichen G, Punkt S.* autem *fehlt S.* hec *S.* exiuit *S.* 23. Alexandrum: *Punkt GS.* Vid. ill. Allex. *S.* 24. adque *G,* *fehlt S.* 25. est: *Punkt GS.* ex] de *S.* dix̄ *S.*

Alexandro: „Rex Alexander, pater tuus Philippus mortuus est et iacet in campo.' Alexander enim hoc audiens statim abiit ad eum, veniens autem Alexander et invenit eum semivivum in terra iacentem et cepit flere amarissime. Intuitus est autem eum
5 Philippus rex et dixit ei: „Fili Alexander, iam letus moriar, quia vindicasti me occidendo interfectorem meum'. Et hec dicens Philippus expiravit. Alexander plorans mortem patris sepelivit eum honorifice et reversus est in palatium.

21. Alio namque die effecto sedit pro tribunali in throno
10 patris sui et congregata ante se multitudine populi dixit: „Viri Macedones, Tracii et Thesalonicenses seu Greci atque alii, intuemini et videte Alexandrum, et omnis timor barbarorum recedat a vobis. In me sit, ait, hoc, quia et illos mihi subiugabo et sub servicio manuum vestrarum mittam illos. Qui autem ex
15 vobis non habet arma, tollat de palatio meo et preparet se ad pugnam, et qui habet, armetur ex armis suis.' Audientes enim hoc senes milites responderunt omnes una voce dicentes: „Rex Alexander, multis annis militavimus cum patre tuo, et non est nobis virtus, ut angustiam in preliis sufferre valeamus, quia etas
20 nostra iam in senectute posita est. Unde, si tibi placet, elige tibi iuvenes, cum quibus milites, et militia, quam hactenus egimus, recusetur a nobis'. Respondens enim Alexander ait illis: „Magis volo habere vos in militia quam iuvenes, quia iuvenis confidendo in iuventute sua solet acquirere mortem, senex autem omnia cum
25 consilio facit'. Hec autem dicente Alexandro omnes una voce

---

Alexandro: *Punkt GS.* O rex *S.* phyl. p. t. *S.* est et *fehlt S.*
2. campo: *Punkt GS.* Al.: *Initiale G.* enim *fehlt S.* abiens *S.* cum: *Punkt GS.*
3. autem *fehlt S.* et *fehlt S.* terra] campo *S.* 4. et *fehlt G.* amar.: *Punkt GS.* est autem *fehlt S.* 5. et *fehlt S.* ei: *Punkt GS.* 6. me *fehlt S.* meum: *Punkt GS.* 7. exspir. *S.* expir.: *Punkt GS.* Al. itaque *S.* 8. palacio *S.*
21. 9. Alio: *Initiale G*; *Abschnitt S*: Post obitum patris. alio u. s. w. in throno] in palacio *S.* 10. sui: *Punkt GS.* et *fehlt S.* congregauit *S.* se *fehlt G.* multitudo *G.* multitudinem et dix. *S.* dix.: *Punkt GS.* 11. thesalii *S.*
12. omnis *fehlt S* (= *B*). 13. vobis: *Punkt GS.* 14. mittam] ponam *S* (= *B*). illos: *Punkt GS.* Quia *G*, Quidam *S.* 15. habens *S.* tollet *S.* 16. pugn.: *Punkt GS.* armet. *corrig. aus* armat. *G.* suis: *Punkt GS.* enim h.] autem hec *S.* 17. omnes *fehlt S.* dicentes: *Punkt GS.* 18. annis] armis *S.* tuo] vestro *S.* 19. in *fehlt GS.* prelii *S.* val.: *Punkt GS.* 20. est: *Punkt GS.* 21. quib.] q̊ *S.* miliciam *GS.* actenus *GS.* 22. nobis: *Punkt GS.* Respond.: *Initiale G.* Al. resp. dixit i. *S.* illis: *Punkt GS.*
23. volumus *S* (= *B*). vos h. *S.* mil. nostra (*vor* n v̄ra *getilgt*) *S* (= *B*). iuuenes: *Punkt GS.* iuvenis] iuuenes *S.* 24. solent *S.* mort.: *Punkt GS.*
25. facit: *Punkt GS.*

laudaverunt sapientiam eius et acquieverunt seniores milites in militia sua.

22. Post aliquantos vero dies preparato exercitu et congregata multitudine hostium copit pergere ad Italiam et veniens
5 Calcedoniam cepit expugnare eam. Calcedones autem super murum civitatis stantes fortiter resistebant ei. Dixit autem illis Alexander: ‚Vobis dico, Calcedones, aut pugnate viriliter aut subiugamini sub potestate pugnatorum. Verumtamen apprehendit Calcedoniam exiensque inde et navigato pelago ingressus
10 est in Italiam et cepit ire Romam. Consules vero Romanorum audientes adventum Alexandri timuerunt valde et mandaverunt ei sex milia talenta auri et coronas aureas novem milia centum deprecantes illum, ut concederet illis pugnam. Factumque est.

15 23. Et inde sulcato pelago perrexit ad Africam et subiugavit eam. Exiens autem de Africa precepit militibus suis, ut ingrederentur naves cum eo et irent ad Pharanitidam insulam ad consulendum deum Ammonem. Factumque est. Cum autem iret ad templum Ammonis, obviavit illi in itinere cervus et
20 precepit militibus suis, ut sagittarent eum. Illi vero, quantas sagittas contra eum iactaverunt, nullo modo ei vulnus dare potuerunt, et dixit illis ‚Sic sagittatis‘ et continuo sagittavit eum.

---

1. adquierunt *S*. 2. sua: *Punkt G*. 22. 3. Post: *Abschnitt S*. vero] antem *S*. preparato exercitu. venit ad locum qui dicitur tragacantes et castram. est. inuen. i. templ. appollinis. et uol. i. victim. facere. et resp. a diis accipere. Sed dict. est ei a sacdotibus. ffem. virago est custos templi. non est secrete responsionis. que grece zacora dicitur. Alt. aut. dic ven. Alex. ad templ. appollinis. et fec. i. victimam sacrificans diis. Vocauit ill. appollo. dicens Herculem. Cui Alexander. Apollo m. uocas herculem. Ego periit uirtus tua. (s. cap. 38) Et exiens inde amotu exercitu subiugans illiricum. Veniensque in ciuitatem salonam subiugans eam. Veniensque inde. et nauigato pelago ingressus est in ytaliam. Consules roman. *S*. 4. Ital.: *Punkt G*. 5. eam: *Punkt G*. 6. Dixit: *Initiale G*. 7. Alex.: *Punkt G*. 8. pugnat.: *Punkt G*. apreh. *G*. 9. Calced.: *Punkt G*. 10. Romam: *Punkt G*. 11. valde: *Punkt GS*. 12. et coronas - -] i. libras centum *S*. 13. pugn.: *Punkt GS*. 14. est: *Punkt GS*. 23. 15. ad] in *S*. affr. *S*. 16. eam: *Punkt GS*. Ex. aut.] Exiensque *S*. affrica *S*. 17. cum eo nav. *S* (= *B*). pharanich. *oder* pharanith. *S*. ad insul. *S*. 18. amonem *G*. Ammon.: *Punkt GS*. est: *Punkt GS*. 19. amonis *G*. illi] ei *S*. 20. sagitar. *G*. eum: *Punkt GS*. 21. iactau͞ *G*, miserunt *S*. vulnus *fehlt G*. 22. potuer.: *Punkt GS*. Allexander itaque apprehendens arcum et sagittam. dixit militibus suis *S*. illis (suis): *Punkt GS*. sagittatis: *Fragezeichen G*, *Punkt S*. eum: *Punkt GS*.

Ab illo itaque die vocatus est locus ille Sagittarius. Et ingressus est in templum Ammonis et fecit ibi victimas.

24. Deinde amoto exercitu venit in locum, qui dicitur Taphosiri, in quo erant ville XV et flumina XII, que cursu 5 suo ingrediebantur in mare. Et erat ibi templum, cuius porte erant clause et fabricate, et fecit ibi victimas et deprecatus est deos, ut vera responsa illi darent de omnibus. Factumque est. Eadem igitur nocte apparuit Alexandro in somnis deus Serapis et dixit illi: ‚Potes mutare hunc montem et portare illum‘? 10 Alexander respondit: ‚Domine, et ubi eum possum portare‘? Serapis dixit: ‚Quomodo iste mons non mutabitur de loco suo, sic et nomen tuum et fatus tuus nullo modo mutabitur.‘ Ad hec Alexander cepit rogare eum dicens: ‚Rogo te Serapis, ut dicas mihi, quam mortem debeo facere‘. Cui Serapis respondit: ‚Bona 15 causa est et sine aliqua tribulatione, non scire aliquem hominem horam mortis sue, sed tamen, quia rogasti me, dicam tibi: mortem iustam habebis facere cum potione. Suspectio vero aliqua non sit in te, quia, qua hora biberis potionem et apprehenderit te egritudo, statim morieris in inventute transeundo multa mala.‘ 20 Exurgens autem Alexander a somno tristatus est valde et precepit, ut partes exercitus sui irent ad Scalonam et expectarent eum ibi. Ille autem sedens precepit fabricari in nomine suo civitatem et imponens illi nomen Alexandriam.

---

1. itaque] *ergo, das nach die steht, aber durch Sign. an frühere Stelle gerückt ist* S. vocat.] nomen S. Sagitt.: *Punkt* GS. Et: *Initiale* G. 2. est *fehlt* S. amon. G. et *fehlt* GS. ibi *fehlt* S. victim.: *Punkt* G, *Abschnitt* S. 24. 3. Denique amoto S. āmoto G. 4. Thaphosyri S. in *übergeschrieben* S. et habebant fl. S (= B). curs. s.] impetu S. 5. mare: *Punkt* GS. templum *fehlt* S. cuius] et S. 6. fabric.] constructe S. fabric. (constr.): *Punkt* GS. victimam S. 7. dar. illi S. de omnib. *fehlt* S. omnib. (illi): *Punkt* GS. Fact. est *fehlt* S. est: *Punkt* G. 8. in somnu. Alex. S. 9. illi: *Punkt* GS. Alexander si pot. S. mutari G. illum: *Fragezeichen* G, *Punkt* S. 10. Allex. S. resp.: *Punkt* GS. domine *fehlt* S. ubi] inde S. eum p. p.] p. p. illum S. port. (ill.): *Fragezeichen* G, *Punkt* S. 11. dix.: *Punkt* GS. quom.] sicut mō S. iste m.] m. iste S. 12. et vor nomen *und* tuum *fehlt* S. fatum tuum S. mutab.: *Punkt* GS. 13. Allex. S. dicens: *Punkt* GS. serapy S. 14. morte G. facere: *Punkt* GS. resp.: *Punkt* GS. 15. aliqua *fehlt* S. aliquem *fehlt* S (= B). 16. sue: *Punkt* GS. me: *Punkt* GS. tibi: *Punkt* GS. 17. iustam *fehlt* S. pot.: *Punkt* GS. vero *fehlt* S. 18. te: *Punkt* GS. potacionem S. apprehendit G, apprehendet S. 19. iuuent. tua S (= B). transeunte G. mala: *Punkt* GS. Exurg.: *Initiale* G. 21. parte G. exspect. S. 22. ibi: *Punkt* GS. sedens *fehlt* S. prec. designari ciuit. de nom. s. S. 23. et *fehlt* S. Alexandria S. Alex.: *Punkt* GS. *In* S *folgt nun*: Qui cum architectus clinocrates nomine casu accidente ibi non esset. sed tamen creta funden-

25. Inter hec vero audientes Egyptii adventum Alexandri exierunt obviam illi et subiugati sunt ei atque honorabiliter portaverunt eum in Egyptum. Introeuntes vero in Egyptum, invenit ibi statuam regalem ex lapide nigro et videns illam
5 dixit: ‚Hec statua cuius est?' Responderunt Egyptii dicentes: ‚Statua hec Nectanebi regis Egyptiorum est.' Alexander enim hec audiens dixit: ‚Nectanebus pater meus fuit.' Et hec dicens proiecit se de equo in terram et amplexavit eam et cepit osculari eam inclinansque se cepit legere scripturam, que erat scripta
10 ad pedes eius.

26. Deinde accepta militia perrexit Siriam. Siri vero restiterunt ei viriliter et pugnaverunt cum eo et occiderunt ei aliquantos viros. Et veniens Damascum expugnavit et cepit illam. Deinde subiugata Sidone castra metatus est super civitatem
15 Tyrum et statim misit litteras ad pontificem Iudeorum nomine Iaddum invitans eum, ut auxilium sibi mitteret et venalia, quod vulgo mercatum dicitur, exercitui sui prepararet, et quantum censum prius Dario dabant, ei darent et eligerent magis ami-

---

dum verbis phana fixit. vbi infinite aues conuolauerunt. et in circuitu crete sederunt et comederunt eam. Alexander autem in hoc facto turbatus est ualde. sperans eam non esse stabilem. sed perituram. Tunc sacerdotes phani congregati vna uoce dixerunt ad eum. Rex Alexander in hoc facto noli turbari. sed ciuitatem tuam perfice. quia hoc prodigium significat. Hanc ciuitatem in ulto crescere populo. In hoc dicto ualde letatus est Alexander. et statim precepit edificari eam Et tollens de egipto ossa Jeremie prophete. eaque recondens diligenter per girum ipsius ciuitatis. ut prohiberet de terra illa genus aspidum. et de fluminibus serpentes. qui dicuntur ophiomachi et crocodilli. factumque est. Ab illo itaque die illesa fuit ciuitas Alexandri a serpentibus.
25. 1. Inter h.] Interea *(Abschnitt) S.* vero *fehlt S.* egipcii *S.* 2. obviam *fehlt S.* illi] ci *S.* ei] illi *S.* ei (illi): *Punkt GS.* atque] Interea uero egypcii *S.* 3. egiptum *S.* Egypt.: *Punkt GS.* Introeunte *S (= B).* vero] autem *S.* in *fehlt S.* egipt. *S.* 5. dix.: *Punkt GS.* est: *Fragezeichen G, Punkt S.* egipc. *S.* dicent.: *Punkt GS.* 6. Hec stat. *S.* egipc. *S.* est: *Punkt GS.* Al.: *Initiale G.* Alex.--] Quo audito Alex d. *S.* 7. dix.: *Punkt GS.* Nectanebo *G.* fuit: *Punkt GS.* 8. amplexatus est *S.* 9. eam] illam *S.* eam (ill.): *Punkt GS.* lngere super scripturam *S.* 10. eius: *Punkt G, Abschnitt S.* **26.** 11. syriam *S.* Sir.: *Punkt GS.* Syri *S.* resisterunt *G.* 12. et pugnav.--] et eo ibi residente. occurrerunt ei multi reges cum muneribus. sed alios ex eis elegit. atque alios nudauit. atque alios interfecit Et depopulata illa veniens Damasc. expūgn. eam *S.* 13. illam (eam): *Punkt G, Abschnitt S.* subiug. *S.*] veniens sydonē *S.* 15. Tyrum] illam *S.* Tyr. (ill.): *Punkt GS.* statim *fehlt S.* litt. in irlm. *S.* nom. Jadd. *fehlt S.* 16. dicens et inuit. cum in auxil. submittere venalia *S.* 17. exercitus *S.* preparari *(davor ppc getilgt) S.* prepar.: *Punkt GS.* 18. dabat *S.* daret *S.* dar.: *Punkt GS.* eligeret *S.*

citiam Macedonum quam Persarum. Pontifex autem Iudeorum
respondit portatoribus littere dicens sacramenta se Dario dedisse,
ne umquam contra eum arma levarent, et vivente Dario nulla-
tenus posse mutare sacramenta.

5 **27.** Audiens enim hec Alexander iratus est valde contra
pontificem Iudeorum dicens: 'Talem ultionem in eum et in suos
habeo facere, ut omnes per illos discernant, quibus debeant pre-
cepta servare.' Sed tamen Tyrum relinquere noluit. Nocte
itaque eadem apparuit Alexandro in somnio, quasi teneret uvam
10 in manu et iactaret eam in terram et tundens calcibus faceret
ex ea vinum. Exurgens autem a somno fecit venire ad se ariolum
et narravit ei somnium, quod viderat. Cui ariolus ait: 'Rex
Alexander, pro certo scias, quia uva, quam tenebas in manu et
in terram proiecisti et calcibus tutundisti, hec civitas est, quam
15 debes apprehendere et ad terram prosternere, et vinum, quod
de uva fecisti, sanguis humanus est, quem debes in ea fundere.'
Audiens autem hec Alexander congregata militia cepit fortiter
pugnare ipsam civitatem et apprehendens eam postravit usque
ad terram et alias quippe duas civitates dissipavit funditus.
20 Quin etiam qualia mala sustinuerunt Siri ab Alexandro, que
usque hodie memorantur. Deinde amoto exercitu pervenit ad

---

1. Persar.: *Punkt GS.* autem *fehlt S.* iud. Jaddus *S.* 2. portitor. *G.*
portat. litterarum resp. dic. *S.* se D.] D. se *S.* 3. ne] nec *S.* nūquam *S.*
arma c. eum *S.* leueret *S.* 4. sacr. mut. *S.* sacr. (mut.): *Punkt GS.*
27. 5. Aud.: *Initiale G.* enim *fehlt S.* 6. dicens: *Punkt GS.* 7. abeo *G.*
Vor discern. ist destruant *durchgestrichen S.* 8. serv.: *Punkt GS.* tyriam *S.*
nol.: *Punkt GS.* 9. sompnis *S.* 10. tendens calcibus *S.* (m. et proiecit eam
in terr. et tundens calc. fecit ex ea uin. *B*). 11. vin.: *Punkt GS.* ad s. v. Ariol. *S.*
12. vid.: *Punkt GS.* Ariol. *S.* ait: *Punkt GS.* 14. et calc. tutund.
fehlt S. est *fehlt S.* 15. aterram *G.* prost.: *Punkt GS.* 16. huma-
num *G.* effundere *S.* fund. (effund.): *Punkt GS.* 17. Audiens - -] Allexan-
der ergo cum hoc audisset *S.* 18. civit.: *Punkt GS.* apprehendit *S.*
et prostr. eam *S.* 19. terr.: *Punkt GS.* duas *fehlt S.* destruxit ciuit.
dissip. *S.* fundit.: *Punkt GS.* Quin] Q *G.* qualia] multa *S.* 20. Siri]
tyri *S.* que *fehlt S.* hodie - -] dum ibi moraretur. sed ciuitatem minimo
poterat apprehendere. quia circumiacebat eam et machine. et alia ingenia
ex quibus diripiuntur muri ledere non poterant castrum. Naues eoiam non
poterant apropinquare muro, quia in circuitu ciuitatis in mari erant lapides
lympidissimi et acutissimi multi. qui (*corrig.* aus que) super mare minime
videbantur. sed cum naues ad eos peruenicbant perforabant fundum earum.
Alexander autem iratus. precepit ut ex vna parte qua murus vicinior erat
terre. mare īpletur cum terra et lapides et arena imponerentur superius Quod
et factum est. post hec autem precepit, ut acriter pugnarent castra. quia in-
trinsecus eam fortissimi bellatores custodiebant. sed cepit eam et funditus
dissipauit. Mare autem quod Allexander impleuit. multi reges uoluerunt

civitatem Gazam et capta Gaza ad civitatem Iherosolimam ascendere festinabat.

28. Audiens autem Jaddus pontifex Iudeorum adventum Alexandri timuit valde et convocatis Iudeis precepit eis tri-
5 duanum ieiunium et supplicationem et immolationem offerre deo. Nocte igitur eadem post sacrificium apparuit ei deus dicens: 'Noli timere, sed continuo orna plateas civitatis et portas aperi et omnis populus exeat cum veste alba; tu autem et reliqui sacerdotes cum legitimis stolis occurrite obviam ei nihil hesi-
10 tantes.' Qui cum a somno surrexisset, convocatis Iudeis narravit eis somnium, quod viderat, et precepit ita facere, quemadmodum ei in somno dictum est. Statimque exiens de civitate una cum sacerdotibus et civili multitudine pervenit ad locum, qui Scopulum dicitur. Ex quo loco cernitur Jherosolima et templum,
15 et ibi expectabant Alexandri adventum. Alexander autem adpropinquans ad locum, qui Scopulum dicitur, cernensque multitudinem populi vestibus albis indutam et sacerdotes cum bissinis stolis pontificemque sacerdotum iacintinam et auream stolam indutum et super caput habentem cidarim et desuper
20 laminam auream, in qua erat scriptum dei nomen tetragramaton, statimque precepit omnibus suis stare et ille solus abiit ad eos et proiecit se de equo in terram et nomen adoravit et pontificem sacerdotum veneratus est. Et statim omnes Iudei una voce ceperunt Alexandrum salutare dicentes: 'Vivat, vivat, rex
25 Alexander.' Videntes enim hoc reges Sirie mirabantur. Quidam

---

implere. sed minime potuerunt. Deinde ciliciam et rodium amoto exercitu peruadens venit ad ciuitatem ierosalimitanam cum militibus suis *S*. memor.: *Punkt G*. 1. Gazam: *Punkt G*. cepta *G*. 2. festin.: *Punkt G*.
28. 3. Audiens: *Initiale G*. Jadd. itaque pontif. aud. adu. Alex. *S*. 4. timuitque *S*. valde: *Punkt GS*. 5. triduano ieiunio *G*. et immol. *fehlt S*. adeo *G*. deo: *Punkt GS*. 6. Nocte] Hoc *G*. dicens: *Punkt GS*. 7. port. ciuitatis *S*. 8. alba: *Punkt GS*. 9. legitt. *S*. nichil *und so öfter GS*. exit. *G*. hesit.: *Punkt GS*. 10. conuoc. iudeis. iussit ita facere *S*. 12. in sompnis ei *S*. est: *Punkt GS*. Stat.| Tunc *S*. 14. dicit.: *Punkt G*. iherusol. *G*, ierosol. *S*. 15. exspectabunt *S*. Al. adv.] Al. regis pñcia *S*. advent. (pres.): *Punkt GS*. Alex. igitur cum apropinquasset ad locum. cernensque *S*. 16. dicit. (loc.): *Punkt GS*. 17. induti *S*. 18. Iacinctinam *S*. 19. cydar. *S*. 20. magnum nom. d. *S*. tetragramat.: *Punkt GS*. 21. St ut videret Alex. prec. *S*. suis *fehlt S*. 22. eos: *Punkt GS*. et vor proiec. *fehlt S*. terra *G*. 23. sacerdot.] iudeorum *S*. est: *Punkt GS*. 24. dicent.: *Punkt GS*. *Nur einmal* vivat *S*. 25. Alex.: *Punkt GS*. syrie *S*. obstupefacti mirab. *S*. mirab.: *Punkt GS*. Quid. v.] Tunc vnus *S*.

vero ex principibus eius, cui nomen erat Parmenion, interrogavit
eum dicens: „Maxime imperator, cur omnibus te adorantibus ipse
adorasti pontificem Iudeorum sacerdotum gentis Iudee?" Cui
Alexander respondit: „Non hunc adoravi sed deum, cuius ponti-
5 ficatum et sacerdotium functus est. Nam per somnium in
huiusmodi habitu conspexi eum, cum essem adhuc in Mace-
donia et cogitassem in animo meo, quemadmodum possem Asiam
vincere; incitabat me nequaquam neglegere, sed confidenter
transire, nam et semper ducturum meum dicebat exercitum et
10 Persarum traditurum potentiam. Ideo, quia neminem vidi
alium in tali habitu, cum animum advertissem et haberem vi-
sionis nocturne memoriam, salutavi. Exinde arbitror divino
iuvamine me Darium vincere et virtutem Persarum solvere et
omnia, que meo corde sperantur, proventura esse confido. Et
15 hec dicens ingressus est cum sacerdotibus in civitatem et in-
travit in templum dei et deo victimas immolavit secundum
sacerdotis ostensionem. Oblato vero per sacerdotes ei volumine
Danihel, in quo erat scriptum quendam Grecorum subiuga-
turum potentiam Persarum, arbitratus se ipsum esse, quem scriptura
20 significabat, et gavisus est statimque ad pontificem et ad reliquos
sacerdotes multa donavit et iussit eos petere, quas vellent donationes
accipere. Pontifex ergo Iudeorum petivit dicens: „Liceat nos patriis
uti legibus et septimum annum sine tributo esse' mandaret. Omnia
concessit. Deinde postulavit, ut Iudeos in Babilonia et Media consti-
25 tutos preciperet suis legibus potiri. Promisit libenter facere, que pos-

---

2. dicens: *Punkt GS.* cur] cum et *S.* adorandum non dedisti.
et adorasti *S.* 3. sacerdot. g. L *fehlt S.* Iudee (Iudeor.): *Fragezeichen G,*
Punkt S. Cui] Cū *S.* 4. respond.: *Punkt GS.* pontificatus et s. *G,* pontificatu
sacerdocii *S.* 5. ipse f. *S.* funct.] factus *G.* est: *Punkt GS.*
in h. h. c. eum] et hui oi cum h. c. *S.* 6. abitu *G.* macedoniā *G.*
7. asyam *S.* 8. me *fehlt S.* intelligere *S.* 9. trans.: *Punkt GS.*
semp.] sepe *S.* m. exercit. dicebā *S.* 10. poten.: *Punkt GS.* Id.
quia] Ideoque *G,* ideo *S.* 11. abitu *G.* animaduert. *S.* habē uisiones
nocturne. m. s. *G.* 12. salut.: *Punkt GS.* arbiteor *S.* 14. in meo c. *S.*
speratur *G.* confido: *Punkt GS.* 16. dei *fehlt S.* ȳmol. *S.* 17. ostension.:
Punkt GS. Sublato ei v. sacerdos uol. *S.* per sac.] et sacerdos *G.*
18. danielis *S.* quend.] quemadmodum *S.* subiugator *G.* 19. pers.
pot. *S.* Persar.: *Punkt GS.* esse: *Punkt G.* esse que in scriptur. *G.*
20. statimque - -] Mox autem pontifici et reliquis sacerdotibus m. d. *S.* ad
rel.] arel. *G.* 21. donav.: *Punkt GS.* quas] quod *G.* 22. accip.: *Punkt GS.*
ergo] vero *S.* dicens: *Punkt GS.* 23. licet *S.* et sept. a. s.] per legittimum
a. et s. *S.* mandar.: *Punkt G.* Omn. conc.] omnibus iudeis. *S.* 24. conc.:
Punkt G. et Med.] ciuitate *S.* 25. precepit *G.* s. pot. leg. *S.* pot.
(leg.): *Punkt GS.* promisitque *S.* libent.] sc *S.* postulabat *S.* posc. (post.):

cebat. Igitur Alexander ita disponens Iherosolimam et dimisso
ibi Andromacho custode duxit exercitum ad reliquas civitates
et, ad quas perveniebat, amabiliter suscipiebatur.

29. Eodem tempore Siri, qui effugerant de manu Alexandri,
5 abierunt Persidam et narraverunt Dario imperatori omnia, que
passi sunt ab Alexandro. Audiens enim hec Darius imperator
sciscitatus est eos de aspectu et statura Alexandri. Illi vero
ostenderunt ei staturam Alexandri depictam in membrana. Vi-
dens autem illam Darius despexit eam propter parvitatem forme
10 eius et statim direxit ei pilam ludricam et zocani, quod factum
est de virgis, que curvantur a capite, ut luderet cum eo, [sed]
et cantram auream et epistolam continentem ita: „Darius rex
regum terrenorum, parens solis, qui lucet una cum Persidis
diis, famulo meo Alexandro dirigo gaudium. Audivimus deni-
15 que de te, quod pro nostra inimicitia venias per vanam gloriam,
quam habes, et coadunasti quippe quosdam latrunculos et vis
confligere cum multitudine Persarum. Quin immo si adunare
homines totius mundi potueris, non prevales resistere plenitudini
Persarum, quia multitudini Persarum coequantur stelle celi et
20 arena, que est in litore maris. Unde oportet te iam penitere
in hoc, quod operatus es; quapropter precipio tibi tornare
gressum et redire ad matrem tuam et requiescere in sinu illius.
Ecce tibi dirigo pilam ludricam et zocani, cum quo ludas, et

Punkt GS. Igit.] Ita *S.* 1. ita] eo tempore *S.* ierosol. *S.* et *fehlt S.*
andeomacho *S.* 2. custodem *G.* civit.: *Punkt GS.* 3. quos *GS.* amab.
ab omnibus iam susc. *S.* suscip.: *Punkt GS.* **29.** 4. Eod.: *Initiale G.*
syri *G,* tyri *S.* 5. persyd. *S.* 6. Alex.: *Punkt GS.* enim *fehlt S.* im-
perator *fehlt S.* 7. scisit. *S.* eos] ipsos homines (h. i. B) *S.* Alex.:
Punkt GS. at illi ost. *S.* 8. statura *G.* stat.] ymaginem *S.* depicta *G.*
membr.: *Punkt GS.* Vid. aut.] Cumque vidisset *S.* 9. eam] eciam *S.* propt.
parv.] de paruitate *S.* 10. eius: *Punkt GS.* Bei ludricam *die zwei letzten
Silben auf Rasur; darüber ist* ludrica *und am inneren Rande der Spalte* ludricā
geschrieben S. zocani - -] virgam auream a capite curuum, que grece zotani
(*oder* zocam?) dicitur, cum quo lud. seu cantr. *S.* factus e. *G.* 11. ea *S.*
eo: *Punkt G.* cancram *G.* 12. ita: *Punkt G, Abschnitt S.* Darius: *Initiale G.*
13. Persid.] prosodiis *S.* 14. gaud.: *Punkt GS.* denique *fehlt S.* 15. ven.
inimic. *S.* per] pro *G.* 17. Persar.: *Punkt GS.* Quin i.] qm ĩ vno
S. 18. pot. hom. t. m. *S.* plenit.] multitudini *S.* 19. Persar.: *Punkt GS.*
multitudo pers. coequanda non est. eciam et harene q. *S.* 20. littore *S.*
maris: *Punkt GS.* op. t. i.] debes eciam *S.* 21. es: *Punkt GS.* qua
pr.:] Qua de re *S.* torn. gr.] ordinare gressus *S.* 22. redi *G.* illius:
Punkt GS. 23. dir. t. *S.* pyl. *S.* zothani *S.* qua *S.* c. q. lud.
fehlt S.

cantram auream, cum qua exerceas et cogites iocandi causam.
Cognosco itaque, quia pauper es et miserrime indiges; tantus
enim thesaurus requiescit in Persida, qui vincit claritatem solis.
Tu autem vade citius et resipisce ab hac stultitia et demoniaca
5 gloria, quam habes, quia, si in ipsa perseverare volueris, dirigo
ad te milites, qui te apprehendant non quomodo filium Philippi,
sed quomodo principem latronum et cruci te affligi precipiam.'

30. Venientes autem ipsi missi Darii imperatoris ad
Alexandrum obtulerunt ei epistolam una cum cantra aurea et
10 pila et zocani. Alexander itaque precepit ipsam epistolam legere
coram omnibus suis militibus. Milites ergo eius audientes epi-
stolam tristati sunt valde, videns autem eos Alexander tristes
effectos dixit: ‚O commilitones fortissimi, quare turbati estis in
verbis epistole Darii? Et non scitis, quia canis, qui multum
15 latrat, nullum effectum facit? Nos itaque credamus, ut in
aliquo veritatem dicat epistola, id est de multitudine auri, quam
se dixit habere. Proinde oportet nos strenue et fortiter pugnare
cum illis et non invacuum, quia multitudo auri illorum compellit
nos pugnare cum illis.' Et hec dicens precepit militibus suis,
20 ut apprehenderent ipsos missos Darii et cruci eos figerent; at
illi ceperunt vociferare ad Alexandrum et dicere: ‚Domine rex,
nos qualem culpam habemus?' Quibus Alexander respondit:
‚Dicta imperatoris vestri compellunt me hoc facere, qui direxit
vos quasi ad latronem.' At illi respondentes dixerunt: ‚Proinde
25 scripsit noster imperator hoc, quia nescit vos neque magnitu-
dinem vestram. Dimitte nos tornare gressum: per nos erit

---

1. cancram *G.* qua] quo *GS.* et cog. *übergeschrieben G.* iocundi *G.* causam:
Punkt *GS.* 2. itaque] de te *S.* misserime *G.* indig.: Punkt *GS.* Tantum e.
thesaurum *G,* tantum e. aurum *S.* 3. qui] quod *S.* sol.: Punkt *GS.* 4. dem. quam
hab. glor. *S.* 5. hab.: Punkt *G.* 6. apprehendat *S.* 7. precip.: Punkt *GS.* 30. 8. aut.
übergeschrieben G. 9. hanc epist. *S.* 10. et vor zocani *übergeschrieben S.*
zocham *S.* zocaui: Punkt *GS.* Allex. autem pr. *S.* ips.] hanc *S.* 11. militib.:
Punkt *GS.* 12. valde: Punkt *GS.* aut.] an *S.* tristos *G.* 13. effectus *S.*
dixit: Punkt *GS.* O: *Initiale G.* comilit. *G,* omilit. *S.* 14. Darii *fehlt S.*
D. (ep.): *Fragezeichen G,* Punkt *S.* Et n. sc.] an nescitis *S.* 15. fac.: *Fragezeichen
G,* Punkt *S.* 16. al. dic. hec epist. uerum *S.* 17. habere: Punkt *GS.* oport.
fehlt S. nos *fehlt S.* stren.] struere *G,* strennue *S.* 18. illis: Punkt *GS.* et bis
incl. Et *fehlt S.* 20. ipsos *fehlt S.* fig. affligerent *S.* fig. (afflig.):
Punkt *GS.* 21. omnes vocif. *S.* dicere: Punkt *GS.* rex *fehlt S.* 22. qual.]
non talem *S.* habem.: *Fragezeichen G,* Punkt *S.* allex *S.* respoud.:
Punkt *GS.* 23. Dicta] Verba *S.* 24. quasi] tāquam *S.* latron.: Punkt *GS.*
respond. *fehlt S.* dix.: Punkt *GS.* 25. vos] te *S.* 26. vestr.] tuam *S.*
vestr.: Punkt *G.* tuam, sed ex quo nos venimus et vidimus inenarrabilem
gloriam et magnitudinem vestram. et dimittite u. torn. gressus *S.*

diffamatum nomen tuum.' Audiens autem hec Alexander precepit illos dimittere et iussit eos invitari ad convivium suum. Sedentibus enim cum eo et convivantibus, dixerunt ad Alexandrum: ‚Domine rex, si placet vestre potestati, precipe, ut veniant
5 nobiscum mille equites, et trademus vobis Darium.' Quibus Alexander respondit: ‚Letetur animus vester in hoc, in quibus sedetis, quia pro traditione vestri imperatoris non dabitur vobis nec unus miles.'

31. Alio itaque die precepit Alexander scribere epistolam
10 Dario imperatori continentem ita: ‚Alexander filius Philippi et Olimpiadis Dario regi terreni regni, parenti solis, qui lucet una cum Persidis diis, dicendo mandamus. Turpitudo et dedecus est tam lucidissimo atque magnificentissimo imperatori, homini parvo talia dirigere et cotidie manere in suspectionem posse ledi a
15 me: tu [es], qui es parens solis et resides in throno Mirithiadis et fulges una cum Persidis diis. Dii namque immortales irascuntur, si homines mortales effici se volunt socios illorum. Mortalis etenim ego sum et ego sic venio ad te, quasi cum mortali homine pugnaturus, tamen tu, qui magnus es et excel-
20 sus, cum veneris nobiscum pugnam committere et viceris nos, nihil laudem habebis, quia latrunculum vicisti; quod si itaque vicero te, maximam laudem acquiro pro eo, quia magnificentissimum imperatorem vici. De auro plurimo, quod te dixisti habere, acuisti sensum nostrum et fecisti nos esse fortes in vir-
25 tute, quatenus adquiramus vestrum aurum et paupertatem, quam dixisti nos habere, expellamus a nobis. De eo autem, quod direxisti nobis pilam ludricam et zocani, cum quo luderem,

---

1. tuum: *Punkt GS.*   allex. *S.*   2. illos] eos *S.*   dimitti *S.*   suum *fehlt S.*   suum (conviv.): *Punkt GS.*   3. enim] autem *S.*   cum *fehlt S.*   ad. Alex.] Alexandro *S.*   Alex.: *Punkt GS.*   4. precipe ut *fehlt S.*   5. equ. vestri *S.*   Dar.: *Punkt GS.*   6. respond.: *Punkt GS.*   vestrum *G.*   8. nec] nisi *S.*   miles: *Punkt GS.*   31. 10. imperatore *S.*   ita: *Punkt G, Abschnitt S.*   Alex.: *Initiale G.*   filius *fehlt G.*   11. olympyadis *S.*   regni *fehlt S.*   parens *GS.*   12. mandam.: *Punkt GS.*   13. a tam *S.*   imperatore *S.*   14. i. tal. verba dirig. hom. p. *S.*   cottidie *S.*   suspectione *S.*   a me l. *S.*   15. me (ledi): *Punkt GS.*   es *nach* tu *fehlt S.*   parens] par *S.*   resid. in thr. M.] capite mitre *S.*   16. diis: *Punkt G.*   imort. *G,* inmort. *S.*   17. vol.] dicunt *S.*   socii, fatum *S.*   illor.: *Punkt GS.*   18. ego vor sic *fehlt S.*   ad te --] cum milicia sicut mortalis homo pūgnat. *S.*   19. pugn.: *Punkt GS.*   tam. tu] Tu autem *S.*   qui *fehlt S.*   20. ven.] conven. *S.*   pugna *G.*   vinceris *GS.*   21. habes *S.*   vicisti: *Punkt G.*   itaque] ego *S.*   22. acquiro] habeo *S.*   quia] quod *S.*   23. vici: *Punkt GS.*   De] Nam *S.*   24. nostr.] meum *S.*   fort. esse *S.*   25. quatinus *G,* q̄tus *S.*   acquir. *S.*   26. nobis: *Punkt GS.*   autem *fehlt S.*   27. pyl. *G.*   zotham *S.*

atque auream cantram, cum qua exerceam et cogitem iocandi causam, hoc futurum in me esse intelligo: per rotunditatem pile intelligo, quia subiugabitur mihi imperium totius orbis; per zocani intelligo, quia sicut illud curvum est a capite, sic curva-
5 bunt ante me capita sua omnes potentissimi reges; per cantram auream intelligo me esse victorialem et censum ab omnibus recipere, quia tu, qui magnus es et excelsus, pre omnibus primum censum nobis misisti cantram auream. Cum autem scripta fuisset epistola, vocavit ad se missos Darii imperatoris et dans
10 illis dona optima pariter et epistolam et dimisit eos. Post hec vero Alexander amoto exercitu cepit ire.

32. Recepta itaque Darius epistola legit et iratus est statimque direxit epistolam satrapibus suis tali modo: ‚Rex Persarum Darius, ego Prino et Antilocho satrapibus gaudium. Audivimus
15 itaque, quod Alexander Macedo, filius Philippi, elevatus est in stultitiam et intravit in terram Asie, que nostra est, et depredavit illam. Qua propter precipio vobis, sicut ad tam magnos et fortes viros decet et adiutores imperii mei, ut apprehendatis illum et adducatis mihi, ut pueriliter flagellem et induam illum
20 purpuram et dirigam illum Olimpiadi matri sue in Macedoniam, quia non decet ei pugnare sed stare in provincia sua ut puer et ludere cum pueris.'

33. Relegentes itaque satrapes epistolam rescripserunt ei epistolam tali modo: ‚Regi Persarum, deo magno Dario ego
25 Prinus et Antilochus satrapes gaudium. Sciat magnitudo vestra,

---

1. qua] quo *GS*.   iocundi *G*.   2. caus.: *Punkt GS*.   intelligo: *Punkt GS*.   iocundit. *G*.   3. pyle *G*.   subiūg'r *S*.   orbis: *Punkt G*.   4. zocani] zonam *S*.   intelligā *S*.   ille curuus *GS*.   curuabuntur *G*.   5. reges: *Punkt G*.   7. recip.: *Punkt GS*.   qui *fehlt GS*.   magn. et exc. es *S*.   nob. pr. cens. *S*.   8. mis.] dedisti mittendo *S*.   auream: *Punkt GS*.   Cum: *Initiale G*.   9. hec epist. *S*.   ipsos miss. *S*.   10. epist.] eam *S*.   eos: *Punkt GS*.   P. h.] Deinde *S*.   11. vero *fehlt S*.   Alex. *fehlt S*.   ire: *Punkt GS*.   **32.** 12. Rec. it.] Acceptaque *S*.   hac epist. *S*.   legit: *Punkt GS*.   est ualde *S*.   est (ualde): *Punkt GS*.   Et statim *S*.   13. tal. m. scriptam *S*.   modo (script.): *Punkt G, Abschnitt S*.   Rex: *Initiale G*.   14. Dar.: *Punkt GS*.   prini *G*, primi *S*.   antilochi *G*, authilochi *S*.   gaud.: *Punkt GS*.   15. macedonie *S*.   16. stult.] superbia asye *S*.   est n. *S*.   depredatus est eam *S*.   17. ill. (eam): *Punkt GS*.   sicuti *S*.   ad *fehlt S*.   magnis et fortibus viris *S*.   18. decet *fehlt GS*.   adiutoribus m. imp. *S*.   19. et] atque *S*.   flagell. eum *S*.   20. purpura *S*.   illum *fehlt S*.   . olymp. *S*.   21. ei *fehlt S*.   expugn. *S*.   22. pueris: *Punkt GS*.   **33.** 23. satrapibus *G*, satrape *S*.   hanc epist. *S*.   ei *fehlt S*.   24. modo: *Punkt G*.   Regi: *Initiale GS*.   deo *fehlt S*.   D. mag. *S*.   Dar. (mag.): *Punkt GS*.   25. primus *S*.   authil. *S*.   satrape *S*.   gaud.: *Punkt GS*.

quia ipsum puerum Alexandrum, quem dicitis, dissipavit provinciam nostram. Nos itaque congregata multitudine hostium pugnavimus cum eo et terga vertimus ei et vix evasimus de manu illius. Etenim nos, quos adiutores dicitis vestri imperii, necesse est, ut queramus vestrum adiutorium. De eo autem, quod dixisti illum induere purpuram, scias, quia funditus dissipavit civitatem Tyrum.

3-4. Cum autem legisset Darius ipsam epistolam, supervenit ei alter nuntius, qui dixit, quod castra metatus esset Alexander super fluvium, qui dicitur Straga. Audiens enim hec Darius imperator iterum rescripsit eidem Alexandro epistolam continentem ita: „Darius rex Persarum famulo meo Alexandro dicendo mandamus. Scias, quia in universo mundo laudatum est nomen Darii, quia immo etiam et dii laudant nomen eius. Tu itaque quomodo ausus es transire flumina et mare et montes et venire contra me? Hoc etenim fuerat tibi magnum nomen, si absque mea voluntate tenere potuisses regnum Macedonie, sed confortatus es et congregasti socios tuos et vadis pugnando et dissipando nostras civitates. Melius itaque fuerat tibi penitere te de malis tuis, que facis, antequam accipias a nobis iniuriam; et absconse facias refugium apud nos, qui sumus dominatores orbis terrarum, priusquam congregem multa mala super te. Attamen gloriari debes in hoc et penitere te de malis tuis pro eo, quod fuisti dignus recipere a nobis epistolas. Verumtamen ut cognoscas, qualis et quantus est meus exercitus, significabo tibi illud per hanc sementem papaveris, quod dirigo tibi in mantico. Vide itaque, quia, si hoc potueris numerare, pro certo scias, quia numerabitur populus meus;

---

1. quia] quē *S.* Alexanandrum *S.* dissipasse *S.* 2. nostram: *Punkt GS.* 4. de manu] manus *S.* illius: *Punkt GS.* nos] vos *G.* quos] quod *G, fehlt S.* adiut.] coadiut. *S.* 5. adiutor.: *Punkt GS.* De eo --] Deinde dixistis *S.* 6. purpura *S.* purp.: *Punkt G.* quia *fehlt G.* 7. Tyr.: *Punkt GS.* **3-4.** 8. ipsam] hanc *S.* 9. qui dix.] dicens *S.* quod iam *S.* 10. qui] quod *S.* Straga] Granicus *S.* Str. (Gran.): *Punkt GS.* Audiens--] quo audito Dar. *S.* 11. eid. Alex. *fehlt S.* aliam epist. *S.* 12. *Vor ita ist ist getilgt S.* ita: *Punkt G, Abschnitt S.* 13. mand.: *Punkt GS.* 14. ymo *S,* inmo *G.* laudabunt *G.* 15. eius: *Punkt GS.* itaque tu *S.* flumina: *Fragezeichen G, Punkt S.* 16. me: *Fragezeichen G, Punkt S.* enim *S.* fuer.] frenat *S.* 17. uol. m. *S.* 18. Maced.: *Punkt GS.* 19. civitat.: *Punkt GS.* 21. acciperes *S.* iniurias *S.* fecisses *S.* aput n. refug. *S.* 22. congreges *S.* 23. te: *Punkt GS.* Ad tam. *G.* 24. a nob. rec. *S.* 25. epist.: *Punkt GS.* 26. tibi *fehlt G.* 27. quam *S.* mancino *S.* mant.: *Punkt GS.* quia *fehlt S.* 28. num. pot. *S,* meus: *Punkt GS.*

quod si hoc facere non potueris, revertere in terram tuam et obliviscere, quod fecisti, et amplius non ascendat cor tuum talia facere.

35. Cum autem venissent ipsi missi Darii imperatoris ad Alexandrum, obtulerunt ei epistolam pariter et sementem papaveris, statimque Alexander iussit legere ipsam epistolam et mittens manum suam in mantico tulit de sementem papaveris mittensque in os suum mandens et dixit: „Video, quia homines illius multi sunt, sed sicut hoc semen molles sunt. Inter hec supervenerunt missi a Macedonia dicentes illi de infirmitate Olimpiadis matris sue; audiens hec enim Alexander tristatus est valde, sed tamen scripsit epistolam Dario imperatori continentem ita: „Alexander filius Philippi et regine Olimpiadis Dario regi Persarum. Scias, quia plurime epistole advenerunt nobis, que impellunt nos invitos facere, que dico; tu autem noli cogitare, quod pro pavore atque dubitatione vane vestre glorie recedam de loco isto. Pro certo itaque scias, quia reversurus ero videre matrem meam non tantum, ut osculer dulce pectus illius, quantum opto videre illam, que est obpressa valida infirmitate; attamen non post multum tempus reversurus ero hic renovando me. Ecce enim dirigo tibi advicem sementis papaveris, quod nobis in mantico mandasti pro innumerabili numero populi vestri hoc piper, ut cognoscas, quia multitudinem sementis papaveris vincit fortitudo huius parvissimi piperis. Cumque fuisset scripta hec epistola, vocavit Alexander ipsos missos Darii et dedit illis epistolam et piper pariter et dona optima et dimisit eos. Deinde amoto exercitu cepit redire Macedoniam.

---

2. cor t.] manus tua *S*. 3. facere: *Punkt GS*. **35.** 4. Cum: *Initiale G*. iam ven. *S*. impator. *S*. 5. optul. *G*. hanc epist. *S*. pariter *fehlt S*. in mantico sem. *S*. pap.: *Punkt GS*. 6. stat.] Tunc *S*. ips. epist.] epist. istam *S*. 7. de ipso sementem *S*. 8. mitt.] et mittens *S*. dix.: *Punkt GS*. 9. sicuti *S*. molle est *S*. sunt (est): *Punkt GS*. 10. a] de *S*. 11. olymp. *S*. matri *G*. sue: *Punkt GS*. audiens h. e. *fehlt S*. trist.] iratus *S*. 12. exinde ual. *S*. valde: *Punkt GS*. epistola *G*. imperatori *fehlt S*. 13. ita] hec *S*. ita (h.): *Punkt G, Abschnitt S*. regine *fehlt S*. olymp. *S*. 14. pers. gaudium *S*. Pers. (gaud.): *Punkt GS*. 15. inuitis *G*. dico: *Punkt GS*. tu autem *fehlt S*. 16. vestr. v. glor. *S*. 17. isto: *Punkt GS*. Nam pro e. sc. *S*. 18. matr. m. vid. *S*. 19. quanto *G*. oppressa *S*. infirm.: *Punkt GS*. 20. ero: *Punkt GS*. 21. me: *Punkt GS*. adinuicem *S*. quam *S*. 22. innummerabile (*letztes e auf Rasur*) *G*. numero *fehlt G*. 23. cogn. hoc piper forcius quam non sit multitudo sementis papaueris *S*. multitudo *G*. 24. piper. (papau.): *Punkt GS*. 25. Darii *fehlt S*. 26. ipsam epist. *S*. don. opt.] donauit eos munera *S*. obtima *G*. eos: *Punkt G, Abschnitt S*. 27. red.] ire *S*. Macedoniam *fehlt S*. Mac. (ire): *Punkt GS*.

36. Tunc in tempore illo vir quidam, videlicet potentissimus, cui nomen erat Amonta, princeps militie [exercitus] Darii sedebat cum valida manu hostium super Arabiam. Qui audiens adventum Alexandri movit se inde cum toto suo exer-
5 citu et ex adversa parte stetit ante Alexandrum et cepit acriter pugnare cum eo; et valde mane inchoatum est prelium et pugnatum est usque ad occasum solis, et inter hec neque isti neque illi molles sunt inventi, sed fortiter pugnaverunt inter se per continuos tres dies et multi per partes moriebantur. Et tam
10 fortiter extitit ipsa pugna, quod eclypsin passus est sol compatiendo de tali homicidio, nolendo videre tantum humanum sanguinem effusum, quantum ibi videbatur effundere. Deinde ceperunt plurimi cadere a parte Persarum. Quin etiam videns hoc Amonta princeps militie terga versus est et cum paucis
15 vix effugit Persidam et cum tanta itaque celeritate fugit, quod ante Darium invenit ipsos missos adhuc stantes, qui reversi fuerant ab Alexandro, et Dario adhuc tenente in manu epistolam et sciscitante ipsos, quid fecisset Alexander ex semente papaveris. At illi dixerunt: „Apprehendit et momordit et
20 respuendo dixit: multi sunt sed molles.' Accepto itaque Darius pipere et mittens in os suum, mandens et suspirans dixit: „Pauci sunt eius milites, sed, si sic sunt fortes sicut hoc piper, acriores sunt.' Respondens illi Amonta dicens: „Etiam, domine, paucos pugnatores habet Alexander sed fortes,
25 et multos quippe meos milites occiderunt. Ego cum paucis vix evasi manus illorum.

36. 1. Tunc: *Initiale G.* in t. i.] itaque illo temp. *S.* quid. v. *S.* nobilis et pot. *S.* 3. cum magna multitudine et ual. m. h. *S.* Arab.: *Punkt GS.* 4. suo t. *S.* 5. ante] contra *S.* 6. eo: *Punkt GS.* et pugn.] pugnatumque *S.* 7. solis: *Punkt GS.* isti] hii *S.* 8. molles] molesti *G*, inbelles *S.* inu. s. *S.* 9. s *in contin. mit anderer Tinte übergeschrieben G.* morieb.: *Punkt GS.* tam] statim *S.* 10. quod *aus ursprüngl.* que *mit anderer Tinte corrigirt G.* clypsin *G*, eclipsim *S.* opat. *S.* 11. nolendo *fehlt S.* 12. effund.: *Punkt GS.* 13. parte] capite *S.* quin] q̄ *G.* 14. et *fehlt G.* 15. Persid:: *Punkt GS.* itaque *fehlt S.* fugiit *G.* 17. Alexandro: *Punkt GS.* et Dario *fehlt S.* tenentem *S.* 18. sciscitantem *S.* ips. missos *S.* quid] q̄d *S.* ex] de *S.* sementem *G.* 19. papav.: *Punkt GS.* Att *S.* dixer.: *Punkt GS.* momord.] manducauit *S.* 20. resp.] despiciendo *S.* dix.: *Punkt GS.* moll.: *Punkt GS.* itaque *fehlt S.* 21. Dario piper *GS.* et susp.] exspirans *S.* 22. dix.: *Punkt GS.* eius] ei *S.* fortes] firmi *S.* 23. sunt: *Punkt GS.* Respondit *S.* illi] autem *S.* dicens: *Punkt GS.* 24. Etiam] Sciam *S.* domine: *Punkt G.* paucos - -] pauci pugnat. homines sunt, sed fort. *S.* fort.: *Punkt GS.* 25. et] qui *S.* quippe *fehlt S.* milit. m. *S.* occid.: *Punkt GS.* Ego] et *S.* illor.: *Punkt GS.*

37. Igitur Alexander, quia vicit pugnam, non est elevatus in elatione, sed precepit militibus suis, ut sepelirent Macedones et Persas, qui occisi fuerant in ipso prelio, et post hec amoto exercitu venit in Ciliciam, in qua subiugate sunt ei multe civi-
5 tates, et superiunxit in exercitu suo decem et septem milia homines. Indeque venit in Isauriam, que subiugata est ei, indeque ascendens montem Taurum et venit in civitatem, que dicitur Persopolis, in qua sunt novem muse. Et inde accepta militia egressus est per Asiam terram et subiugans sibi civitates
10 multas venit in Frigiam ingressusque in templum, quod dicitur Solis, et fecit ibi victimas et veniens ad fluvium, qui dicitur Scamandro — eratque latitudo ipsius fluvii cubita quinque — et dixit illis hominibus: „Beati estis, qui habetis laudem doctoris Homeri'. Quidam ex circumstantibus, cui nomen erat Cleto-
15 medus, respondens dixit ei: „Rex Alexander, maiores laudes possum ego facere tibi de tuis factis, quam fecisset Homerus de his, qui fuerunt Troie, quia plus miraculosas virtutes fecisti tu quam illi.' Audiens enim hoc Alexander dixit ei: „Antea optaveram esse discipulus Homeri, quam habere laudem, quam
20 habuit Achilles.'

37. 1. Igit. Alex.] Alex. autem *S.* 3. persis *G.* occisi] interfecti *S.* prelio: *Punkt GS. In S folgt nun* Wlneratis autem misit inferri medicinam, *worauf ein Abschnitt anfängt.* et post h.] Deinde *S.* 4. venit *bis inclus.* accepta mil. (8) *fehlt S.* ciciliam. *G.* 5. superiunc? *G.* 6. homin.: *Punkt G. In Isaur. ist das erste i nachträglich vorgesetzt G.* ei: *Punkt G.* 8. muse: *Punkt G.* Et: *Initiale G.* 9. asyam *S.* terr.] minorem *S.* subiug:s (*vor* s *ist ein Buchstabe radirt*) *S.* mult. ciuit. *S.* 10. mult. (ciuit.): *Punkt GS.* frigiam. et castrametatus est super ciuitatem que dicitur gordien. que nunc sardis uocitatur. Homines uero ipsius ciuitatis noluerunt subici ei. ille uero pugnans eam cepit. et a fundamentis diruit. Et ingressus in templ. *S.* quod] qui *GS.* 11. et *vor* fecit *fehlt S.* victim.: *Punkt GS.* vict. habebatque filios nobilium in ministerio conuiuii sui. Cumque introisset ad iam dictum templum ad sacrificandum. quidam puer ex nobilibus tenebat ei thuribulum quando sacrificabat. et continuo vnus carbo viuus ex thuribulo cecidit in brachio eius. et vrebatur puer nimis. sed vim ignis sustinuit mitissime. ne abiciendo officium regi forte ome afferret. Alexander autem ut exploraret pacienciam pueri causam diuinam protrahere cepit. puer vero usque in finem perstitit imotus. Deinde venit *S.* flumen *G.* 12. Samandro *S.* Scam.: *Punkt GS.* eratque *bis inclus.* quinque *fehlt S.* latititudo *G.* quinque: *Punkt G.* 13. et dix.] Tunc dicit *S.* homin.: *Punkt G.* hom. habitantibus troyade. *S.* 14. Hom.: *Punkt GS.* Quid. autem *S.* circumst. philosophus *S.* Cletom.] comedus *S.* 15. respond. *fehlt S.* dix.] ait *S.* ei: *Punkt GS.* 16. poss. e. f. t.] t. poss. f. *S.* 17. qui] que *G.* Troie] atroade *S.* Tr.: *Punkt GS.* 18. illi: *Punkt GS.* enim *fehlt S.* hoc. Al.] Al. hec *S.* ei: *Punkt GS.* 19. obtau. *G,* optassem *S.* 20. achyll. *S.* Ach.: *Punkt GS.*

38. Post hec amoto exercitu venit Macedoniam; invenit matrem suam Olimpiadem levari ab infirmitate et letatus est cum ea aliquantis diebus. Deinde amoto exercitu exiens de Macedonia cepit ire contra Persidam et veniens in locum, qui
5 dicitur Abdira, castra metatus est. Homines autem ipsius civitatis clauserunt ei portas. Videns autem hoc Alexander iratus est valde precepitque militibus suis, ut incenderent ipsam civitatem. Videntes enim homines ipsius civitatis ignem ceperunt vociferare ad Alexandrum et dicere: ‚Domine rex, non clausimus portas
10 civitatis pro rebellando tibi, sed dubitando Darium regem Persarum, ne hoc audiret et dirigeret suos satrapas et dissiparet nos omnes.‘ Respondens autem Alexander ait illis: ‚Aperite portas civitatis, sicut decet et consuetudo est, quia nullo modo pugnabo vos. Cum autem fecero finem cum Dario rege Per-
15 sarum, tunc loquar vobiscum.‘ Audientes vero hoc homines ipsius civitatis statimque aperuerunt ei portas civitatis, et inde transiens Bihostia venit in Olintho et deinde Chaldeopolis et venit ad flumen, quod dicitur Xenis; et oppressit exercitum eius aliquantum famis, fecitque in illa die diis suis victimas et exer-
20 citui suo apparatum magnum et saturavit eos. Murmurabant enim milites eius dicentes: ‚Defecerunt equi nostri.‘ Quibus Alexander respondit: ‚Viri commilitones fortissimi, si defecerunt equi vestri, desperatis vos de salute? Si nos itaque vivimus, equos

---

38. 1. Et exinde amoto exercitu transfretans de asya in europam per hellespontum. ubi est auidos. venit macedon. S. Post: *Initiale G.* inuenitque S. 2. olymp. S. iam leu. S. infirm. sua S. 3. aliqu. dieb. *fehlt S.* dieb. (ea): *Punkt G, Abschnitt S.* Deinde --] Et congregato exercitu suo et amoto eo. exiens S. 4. de Mac.] macedoniam G. Persid.: *Punkt GS.* uen. castram. est in l. qui d. A. GS. 5. Vor Homin. *Punkt GS.* 6. portas: *Punkt GS.* 7. valde: *Punkt GS.* et precepit S. civitatem: *Punkt GS.* 8. enim] autem S. 9. dicere: *Punkt GS.* 10. dubitandum G. reg. pers. dar. S. 12. omnes *fehlt* S (= B). omn. (nos): *Punkt GS.* illis: *Punkt GS.* 13. modo nullo m. G, modo nullatenus S. 14. vos: *Punkt GS.* faciam S. 15. loqu. ei de uobis S. vob.: *Punkt GS.* hoc *fehlt* G. 16. ciuit. ips. S. civitatis *nach* portas *fehlt* S. civit. (port.): *Punkt GS.* 17. transiuit S (trausiit B). byhostiam S. et uen. S (= B). olitho G, oluncho (?) S. inde S (= B). chaldeopol' G. et *vor* venit *fehlt* G. 18. in fluujum S (ad fluuium B). quod dic. *fehlt* S. Xenis] daxenis S. *Vor* et (oppr.) *ist ex getilgt* S. 19. aliquantulum S. famis: *Punkt GS.* fecitque: *Initiale G.* 20. eos: *Punkt GS.* 21. enim] autem S. dicentes: *Punkt GS.* caballi S (= B). nostri: *Punkt GS.* 22. respond.: *Punkt GS.* et si S (= B). caballi nostri S (= B). 23. salute: *Fragezeichen G, Punkt S.* caballos S (= B).

festinanter adquirimus, quia, si nos morimur, equi nullatenus necessarii sunt nobis. Sed tamen festinemus ire in tali loco, ubi et cibaria nobis inveniamus et nostris equis. Indeque venit ad locum, qui dicitur Lucrus, ubi et invenit cibaria multa et pascua
5 animalium, et moratus est ibi aliquantis diebus. Deinde amoto exercitu venit in locum, qui dicitur Tragachantes, et castra metatus est invenitque ibi templum Apollinis et voluit ibi victimas facere et responsa recipere, sed dictum est ei a sacerdote femina virgine eiusdem templi, cui nomen erat Zacora:
10 ‚Non est hora modo responsionis.' Altera autem die venit Alexander ad templum Apollinis et fecit ibi victimas, statimque vocavit illum Apollo dicens: ‚Hercules.' Respondens autem Alexander dixit illi: ‚O Apollo, me vocasti Herculem; ergo perierunt responsa tua.
15   39. Et exiens inde amoto exercitu venit in civitatem, que dicitur Thebas, et dixit hominibus ipsius civitatis: ‚Date mihi quadringentos milites, qui veniant in adiutorium meum.' Audientes enim hoc Thebei clauserunt portas civitatis et armati sunt ex eis quasi quatuor milia ascenderuntque super murum
20 civitatis et dixerunt ei: ‚Alexander, si non recedis a nobis, pugnamus tecum.' Audiens autem hoc Alexander, subridens dixit eis: ‚Fortissimi milites estis, Thebei! Clausistis portas civitatis et sic dicitis pugnare mecum. Unde sciatis, quia nullo modo me movebo de isto loco, sed stabo et pugnabo vos non
25 quomodo fortes et civiles sed quomodo rusticos et sine virtute.

---

1. acquiremus *S.* adquir.: *Punkt GS.* caballi *S* (= *B*).   2. nobis: *Punkt GS.* festinemur *G.*   3. caballis *S* (= *B*).   equ. (cab.): *Punkt GS.*
4. Lucrus: *Punkt GS.* inuenerunt *S* (= *B*).   5. diebus: *Punkt G, Abschnitt S.* D. a. e. v. in locum - -: *über* Tragachantes *ist in* S *schon früher* (cap. 22) *berichtet worden.*   7. est: *Punkt G.*   9. virgine *ist mit anderer Tinte aus* virgo (?) *corrigirt G.* 10. Altera: *Initiale G.* 11. victim.: *Punkt G.* 12. dicens: *Punkt G.* Ercules *und darnach Fragezeichen G.*   13. illi: *Punkt G.*   Herculem: *Fragezeichen G.* 14. tua: *Punkt G.* 39. 15. Et Exiens *fehlt S.* Deinde *S.* in] ad *S.* 16. civitatis: *Punkt GS.* mihi] nobis *S.* 17. quadrigent. *G,* q'ngentos *S.* veniunt *S.* meum] michi *S.* meum (michi): *Punkt GS.*   18. Thebaydi hoc audient. *S.* et armati *bis inclus.* murum civit. *fehlt S.* 19. quattuor *G.* 20. ei: *Punkt GS.* 21. pugnam. tec.] pugnabis nobiscum et uos tec. *S.* tecum: *Punkt GS.*   Audiens - -] Alexander itaque' cum hoc audisset *S.* 22. eis: *Punkt GS.* Thebei: *Punkt GS.*   23. mecum: *Fragezeichen G,* *Punkt S.* 24. me *fehlt S* (= *B*). loco isto *S.* stabo et *fehlt S.* pugn. *mit anderer Tinte in* inpugn. *gebessert G.* vobiscum pugnabo *S* (pugn. contra vos *B*).   25. fortes] frēs *S.* rustocos *S.* virtute: *Punkt GS.*

Omnis itaque homo fortis, cuius cor bella delectant, non clauditur intus urbem quomodo virgo, sed in campo exit et sic pugnat. Et hec dicens precepit, ut mille equites sagittarii circuirent civitatem et sagittarent homines, qui stabant super murum
5 civitatis; precepit et iterum, ut duo milia milites cum securibus et vectibus ferreis rumperent fundamenta muri, quem construxerat Amphion et Zethus, et aliis quadringentis precepit, ut irent cum ardentibus faculis et incenderent portam civitatis, et alios tria milia ordinavit, ut percuterent muros civitatis cum arietibus et
10 machinis. Ipse autem Alexander cum fundibulariis et sagittariis et cum reliquo exercitu ingressus est civitatem. Civitas enim et porte eius ardebant et populus per murum se preceps mittebat, alii morientes, alii brachia et tibias rumpentes. Erat autem tunc quidam homo inter exercitum Alexandri nomine Stisichorus
15 inimicus civitatis; gaudebat itaque, quomodo videbat dissipari civitatem ab igne et effusionem sanguinis. Quidam vero homo musicus de eadem civitate, cui nomen erat Hismenca, videns dissipationem patrie sue statimque prostravit se ad pedes Alexandri et cepit lamentare per artem musicam et rogare eum, sperans
20 flectere animum eius, ut tandem aliquando misereretur civitati. Intuitus est autem eum Alexander et dixit ei: „Magister, postquam vidisti dissipare civitatem, sic rogasti me cum hac melodia.‟ Cui Hismenca respondit: „Proinde hoc feci, domine rex, ut flecterem animum tuum et converterem illum in luctum istius

---

1. itaque *fehlt* S (= B). fort. homo S. cor *mit anderer Tinte neben* cuius *an den Rand geschrieben* G. cor] meus S. ad bella delect S. delectat G. 2. inter G. intus in urbe S. quomodo] ut in thalamo S. 3. pugnat: *Punkt* GS. sagittariis G, *fehlt* S. circuir.] sagittarent S. 4. super] per S. 5. civitat.: *Punkt* GS. et *fehlt* S (= B). milites *mit anderer Tinte in* militū *corrigirt* G, equites S. 6. quem] que S. 7. Amphion] apion G, Amphyon S. zetus S. quadrangentis G. 8. civitat.: *Punkt* GS. alios *mit anderer Tinte in* aliorum *corrigirt* G. 9. percuterunt S. murum (= B) *corrigirt aus* mulum S. 10. machinis: *Punkt* GS. autem] uero S. 11. civitatem: *Punkt* GS. enim *fehlt* S. 12. mittebat: *Punkt* GS. 13. tybias S. rumpentes: *Punkt* GS. Erat: *Initiale* G. Er. aut. t.] Et erat S. 14. exercitu G. Stisichor.] sinchorus S. 15. civitatis: *Punkt* G. itaque] videlicet S. quomodo] quando S. dissipare G. 16. ab igne *fehlt* S. effusione G. sanguinis: *Punkt* GS. Quidam] Cuidam S. vero *fehlt* S (= B). 17. ciuitatē G. hysminca S. 18. statimque *fehlt* S. 19. et rog.] ut rogaret S. eum *fehlt* S. 20. miseretur G. civitati: *Punkt* GS. 21. autem *fehlt* S. ei: *Punkt* GS. 22. vidisti dissip.] dissipaui S (= B). rog. me sic S. hanc *und* mel. *aus* melodiā *corrigirt* G. mel.: *Fragezeichen* G, *Punkt* S. 23. hysminea S. respond.: *Punkt* GS. 24. et *fehlt* S.

civitatis. Quod si iusto fecisti dissipando illam pro eo, quod
culpavit tibi, intellige, quia et tibi male fecisti, quia et pater
tuus et tu ipse Thebeus es. Oportuit enim te misereri patrie tue.'
Audiens autem hoc Alexander iratus est et iussit a fundamentis
5 evellere murum ipsius civitatis. Et inde amoto exercitu cepit
ire, et secutus est eum quidam homo magnus ex eadem
civitate, et erat ei nomen Clitomagus. Thebei vero, qui re-
manserant ex incendio civitatis, abierunt Delphim ad aram
Apollinis, ut consulerent, si deberet rehedificari Thebas civitas
10 an non. Erat enim in ipso templo quedam sacerdos femina
virgo, que abiit ad fontem castum, unde diis libabat, et bibit ex
aqua eius et veniens sacrificavit Apollini, statimque respondit
Apollo et dixit: ‚Ille, qui Thebam civitatem rehedificaturus est,
tres victorias habebit et post ipsas victorias recepturus erit
15 potestatem rehedificandi ipsam civitatem.'

40. Alexander itaque profectus est civitatem Corinthum et
rogaverunt eum Corinthii, ut luderet cum eis in curribus.
Factumque est, et convenerunt ad hoc spectaculum multitudo
populi et astantibus dixit Alexander: ‚Quis ex vobis exiens
20 primus luctans in ludo isto?' Clitomagus autem, quem superius
diximus de civitate Thebas, respondens dixit: ‚Si placet vestre
potestati, ego recepta potestate primus luctandi luctabo.' Statim-
que luctavit et vicit. Cui dixit Alexander: ‚Si tres victurus eris,
coronaberis.' Factumque est: luctavit secundo et tertio et vicit

---

1. civit.: *Punkt GS.*   Quod si] Quasi *S.*   pro eo - -] quod tu intell.
pro eo et tibi m. f. *S.*   2. et vor pater *fehlt S.*   3. tue: *Punkt GS.*
4. Audiens - -] quo audito Al. *S.*   est ualde *S.*   5. civitat.: *Punkt GS.*   6. ire:
Punkt GS.   quidam *fehlt G.*   7. ei *fehlt G.*   ei nom.] nom. illi *S.*   clytomachus *S.*
Clitom.: *Punkt GS.*   Thebi *S.*   vero] igitur *S.*   א. Delph.] ad delfos *S.*
9. appoll. *S.*   deberetur *G* (= *B*).   reedificari *S.*   civit. thebais *S.*
ciuitatis *G.*   10. non: *Punkt GS.*   Erat: *Initiale G.*   enim] autem *S.*
11. castrum *G.*   libabant *G.*   bibit] gustauit *S.*   12. et sacrif. *S.*   Apollini:
Punkt GS.   13. et dix.] dicens *S.*   Thebam] habebat *S.*   reedific. erit *S.*
14. habebit: *Punkt GS.*   ipsas *fehlt S.*   15. reedific. *S.*   civitat.: *Punkt GS.*
40. 16. *Bei* Alexander *ist der Anfangsbuchstabe vom Rubricator nicht eingesetzt
worden G.*   A. i.] Etenim Alex. *S.*   profectus] properatus *S.*   corintum *G.*
17. luderetur *G.*   currib. quod vulgo thebarum uocat *S.*   curr. (uoc.): *Punkt
GS.*   18. est: *Punkt GS.*   uenerunt *S.*   hoc *fehlt S.*   19. populi: *Punkt
GS.*   astantib. illis *S.*   Alexander: *Punkt GS.*   20. isto: *Fragezeichen G,
Punkt S.*   Clytomachus *S.*   autem *fehlt S.*   quem] quo *G.*   21. respondit
et dixit ei *S.*   dix. (ei): *Punkt GS.*   22. luctandi *fehlt S.*   in ludum
luctabor *S.*   luct.: *Punkt GS.*   Statimque luct. - -] Cui dixit Alexander Si tres
victorias habebis coronaberis. Statimque luctatus est et v. *S.*   24. coron.: *Punkt
G.*   Fact. e. *fehlt S.*   est: *Punkt G.*   Luctatus primo et sec. *S.*   vicit: *Punkt GS.*

et statim iussu Alexandri recepit in capite coronam. Dixerunt
autem illi preconatores: ‚Dic nobis nomen tuum.' Clitomagus
respondit: ‚Sine civitate vocor.' Audiens enim hoc Alexander
dixit ei: ‚O beatissime et optime certator, ut quid sine civitate?'
5 Clitomagus respondit: ‚Maxime imperator, antequam tu esses,
habui ego civitatem, nunc per te civitatem non habeo.' In hoc
itaque responso intelligens Alexander, quia de Theba civitate
diceret, dixit preconatoribus: ‚Vociferate et dicite, iste Thebeus
potestatem habeat rehedificandi civitatem Thebam et tenendi
10 eam. Factumque est.

41. Interea exiens Alexander de Corintho venit in civitatem,
que dicitur Platea, in qua erat princeps nomine Strasagoras, et
ingressus est in templum Diane et invenit ibi sacerdotem feminam
virginem, que faciebat sacerdotalem vestem. Statimque, ut vidit
15 Alexandrum, dixit ei: ‚Bene venisti, Alexander; tu debes
subiugare totum mundum.' Audiens autem hoc Alexander donavit
ei plurima dona auri. Alio itaque die ingressus est et ipse
Strasagoras Platee civitatis princeps in templum, in quo erat
ipsa sacerdos, vidensque illum ipsa sacerdos dixit ei: ‚Quid
20 vis, Strasagoras? Scias, quia principatus tuus tolletur a te.'
Quo audito Strasagoras iratus est valde et dixit ei: ‚Non eris
tu digna tenere sacerdotis locum. Alexander enim ingressus est
ad te, laudasti eum et vaticinata es ei bene, mihi autem dixisti,

---

1. statim] tunc *S.* coron.: *Punkt GS.* 2. p͞c͞ntores *S.* preo.: *Punkt GS.* tuum: *Punkt GS.* Celitomachus (*worin to übergeschrieben*) *S.* 3. rēsp. *S.* resp.: *Punkt GS.* vocor: *Punkt GS.* Aud. enim hoc *fehlt S.* Cui Alex. ait et *S.* 4. obtime *G,* legittime *S.* cert.] creator *S.* civitate: *Punkt GS.* 5. Celitomachus *S.* resp.: *Punkt GS.* 6. ego *fehlt S* (= *B*). nunc autem *S* (= *B*). habeo: *Punkt GS.* 7. responso *fehlt S.* de Th. e.] thebam ciuitatem *S, wie auch ursprüngl. so in G geschrieben war.* 8. tunc dix. preconibus *S.* preo.: *Punkt G.* uociferare et dicere *S.* dic.: *Punkt GS.* ut iste *S.* 9. reedif. *S.* tenendo *S.* 10. eam: *Punkt GS.* est: *Punkt GS.*
41. 11. I *in* Interea *hätte vom Rubricator eingesetzt werden sollen, dafür erscheint es mit anderer Tinte vorgeschrieben G.* Corinthio *S.* 12. plate͞a *S.* 13. egressus *S.* dyane *S.* et inven. i.] in quo inueniebat *S.* 14. uirginem feminam *durch Zeichen umgestellt S.* vestem: *Punkt GS.* 15. Alexand' *und nachher Punkt S.* ei: *Punkt GS.* Alexander: *Punkt G.* 16. mundum] orbem *S.* mund. (orb.): *Punkt GS.* Audiens ---] Quo audito Alexander gauisus est ualde. et don. *S.* 17. auri: *Punkt GS.* itaque *fehlt S.* et *fehlt S.* 18. princeps *fehlt G.* 19. sacerd.: *Punkt GS.* Videns *S.* ei: *Punkt GS.* 20. Strasagora *S.* Strasag.: *Fragezeichen G, Punkt S.* principatum tuum *S.* te: *Punkt GS.* 21. Quo audito *fehlt S.* ei: *Punkt GS.* eris tu] es *S.* 22. locum: *Punkt GS.* enim *fehlt S* (= *B*). est *getilgt S.* 23. vacinasti *S.* ei] illi *S* (= *B*). bene: *Punkt GS.* dixisti *fehlt S.*

ut perderem principatum meum.' Cui sacerdos dixit: ‚Noli quippe irasci in hoc, quod dixi tibi, quia ita debet fieri.' Factumque est. Post aliquantos autem dies iratus est Alexander contra Strasagoram et eiecit eum de principatu suo.

5 **42.** Athenienses itaque audientes hoc irati sunt valde et iniuriauerunt Alexandrum. Deinde amoto exercitu venit in civitatem Athenam. Audiens autem hoc Alexander statim scripsit eis epistolam continentem ita: ‚Alexander filius Philippi et Olimpiadis Atheniensibus hoc dicimus. Sciatis, quia, postquam 10 mortuus est pater meus et sedi in throno eius, descendi in partes occidentis et plurime civitates subiugate sunt mihi, alie per epistolas et receperunt a nobis bene et honorem, quidam ex eis per prelium: nolentes itaque venire ad me in pace, pugnavi et dissipavi eos et civitates illorum ad terram prostravi. Modo 15 itaque egrediente me de Macedonia et veniente per partes Europe restitit mihi Thebas civitas; pugnavi illam et usque ad terram prostravi pro illorum stultitia. Nunc autem vobis dico, Athenienses: opto, ut dirigatis mihi decem rethores, ut loquar cum eis, et hoc vobis promitto, nihil aliud volo a vobis, nisi ut 20 militetis mecum et me habeatis seniorem. Et si non vultis me habere seniorem, preparamini et estote fortiores mei, sin autem, subiugamini fortiori vestro.'

---

1. meum: *Punkt GS.* dix.] respondit *S.* dix. (resp.): *Punkt GS.* quippe fehlt *S* (= *B*). 2. quod dixi t. *fehlt S* (= *B*). ita] sic *S* (= *B*). fieri: *Punkt GS.* 3. est: *Punkt GS.* est ualde *S.* 4. suo: *Punkt GS.* 42. 5. Adthen.: *Initiale G.* Deinde am. ex. ven. in ciuit. Athenam. Strasagoras autem quem superius diximus ingressus est ciuitatem et narrauit illis hominibus. quomodo eiecerat eum alexander de principatu suo. Athenienses itaque aud. h. ir. s. u. et iniur. Alexandro S (*vgl. B* Inter hec autem uenit strasagoras cum alexandro in athenam. et intrauit strasagoras in ipsam ciuitatem et recitauit illis hominibus qualiter eum alexander eiecit de principatu suo. Irati sunt athenienses et iniuriauerunt alexandrum) iniurauer. *G.* 6. Alexandr.: *Punkt G.* 7. Athenam: *Punkt G.* Audiens --] Cum autem hoc audisset hoc Al. *S.* statim *fehlt S* (= *B*). 8. ita: *Punkt G, Abschnitt S.* phylippi fil. et olymp. *S.* 9. dicim.: *Punkt GS.* 10. eius: *Punkt S.* Descendique *S.* in partibus orientis *S.* 11. et alie *S.* 12. a nob. --] bene et hon. a me *S.* Zu bene *ist* fici *mit dunklerer Tinte beigefügt G.* honor.: *Punkt GS.* quedam *S.* 14. prostravi: *Punkt GS.* 16. et restit. *S.* 17. stultitia: *Punkt GS.* 18. Athenieses *S.* michi dirig. *S.* rethoricos cum diuinis honoribus. cum quibus loqu. *S.* 19. eis: *Punkt G.* a vobis *fehlt S.* 20. mecum] ante me *S.* habeat. me *S.* senior.: *Punkt GS.* 21. me habere --] hoc facere. pugnate et est. *S.* mei: *Punkt GS.* 22. subiugamini --] subiugabo uos imperatori vestro. quia per supernam prouidenciam uobis iuro. si hoc non feceritis. a fundamento euellam ciuitatem vestram *S.* vestro (vestram): *Punkt GS.*

43. Legentes itaque Athenienses epistolam ceperunt omnes inter se vociferare. Eschilus vero philosophus cepit illis dicere, ut nequaquam quiescerent verbis Alexandri. Populus autem congregatus in unum, audientes verbum Eschili rogaverunt omnes
5 una voce [dicentes] Demosthenen philosophum, ut de hac re, quid ei exinde videretur, daret eis consilium. Ille autem erigens se et manu imperavit populo silentium et dixit: ‚Viri concives mei, commune consilium dabo vobis, quod nobis omnibus utile est. Quod si [ita] tales vos esse sentitis, ut
10 vincatis regem Alexandrum, pugnate cum eo, sin autem, flectimini sub potestate eius. Scitis itaque, sicut a maioribus nostris audivimus, de Xerse rege fortissimo et magno, qui multas victorias fecit cum suis militibus, sed tamen sustinuit perditionem in Ellada. Hic autem Alexander ecce iam tredecim pugnas
15 exercuit. Dicite mihi, homines habitantes Tyrum non erant fortissimi milites et periti in omni arte pugnandi? Sed quid factum est ex illis? Thebei itaque sine virtute erant? Quin, ex quo erecta est ipsa civitas, ars pugnandi erat in eis. Quid iterum factum est ex illis? Peloponenses quantum pugnaverunt
20 cum Alexandro, sed quid profuit eis? Scitis iterum, quid factum est ex illis. Nostis itaque, quia plurime civitates, in quibus abiit, sine pugna et sine altercatione aliqua subiugate sunt ei, et vos irati estis et vultis illi resistere pro eo, quod eiecit Strasagoram de principatu suo! Bene fecit: culpa illius fuit.

---

43. 1. Legentes: *Initiale G.* hanc epist. *S.* 2. inter se] simul *S.* vocifer.: *Punkt GS.* Eschilus ···] Demostenes autem philosophus auro persarum corruptus cepit mouere. ut *S.* 3. Alexandri: *Punkt G.* autem] ergo *S.* 4. Eschili] Demostenis *S.* 5. dicentes *fehlt S.* Demosten. *G*, eschilam *S.* philosof. *G.* hac] ac *G.* 6. vider. exinde *S.* daret eis cons.] diceret *S.* consil. (dic.): *Punkt GS.* Tunc enim ille orig. *S.* 7. et vor manu *fehlt S* (= *B*). manus *G.* dixit: *Punkt GS.* 8. dabo] do *S.* 9. nob. ut. est omnib. *S.* est (omnib.): *Punkt GS.* ita *fehlt S.* 10. eo: *Punkt GS.* 11. eius: *Punkt G.* sciatis namque. quia sic. *S.* 13. fec. victor. *S.* militib. s. *S.* 14. elladā *G*, illeda *S.* Ellada: *Punkt GS.* allexand. i. XLIII. *S.* 15. excercuit. ut eas peregit *S* (et uicit eas *B*). exerc. (pereg.): *Punkt GS.* tyro *S.* 16. in omnem artem *S* (= *B*). pugnandi: *Punkt GS.* 17. ex] de *S.* illis: *Fragezeichen G, Punkt S.* itaque] autem *S.* erant: *Punkt GS.* Quin] Qui *G* (= *B*), Quia *S.* 18. erecta] facta *S.* ciuit. ipsa *S.* et ars *S.* eis: *Punkt GS.* Quid] sed qd' *S.* 19. iterum *fehlt S.* illis: *Fragezeichen G, Punkt S.* Peloponen *S.* 20. Alexandro: *Punkt GS.* eis: *Fragezeichen G, Punkt S.* Sciatis *S.* 21. illis: *Fragezeichen G, Punkt S.* Nostis *corrigirt aus* Host. *S.* itaque *fehlt S.* 22. altercat. al.] altera causa *S.* ei: *Punkt GS.* 23. illi] ei *S.* pro eo] ideo *S.* 24. suo: *Punkt GS.* quia culpa *S.* fuit *fehlt G.* ill. (fuit): *Punkt GS.*

Sic enim Alexandrum audivimus esse sapientem, quod non
eiecerat eum de principatu suo absque culpa.' Audientes
itaque Athenienses hoc consilium laudaverunt omnes Demosthenen
et ceperunt loqui inter se. Iterum autem imperavit eis De-
5 mosthenes silentium et dixit eis: ‚Quis rex aliquando ingressus
est Egyptum pugnare cum Egyptiis nisi solus Alexander, qui
abiit et subiugavit atque in sua potestate redegit Egyptios?
Quin etiam nomini suo magnam civitatem fabricavit ibidem,
quin immo etiam et ipsi Egyptii rogaverunt eum, ut irent cum
10 eo super Persidam. Dicite mihi, Siri parvi fuerunt? Nam
et illi humiliati sunt ei et censum dederunt. Et vos itaque
vultis pugnare cum eo, qui, quantum facit, non facit pugnando,
sed dii eum adiuvando, querendo responsa et adiutorium ab
illis. Ille vero nos monendo et dona optima nostris militibus
15 faciendo tale meritum debet a nobis accipere. Hec autem
dicente Demosthene acquievit cunctus populus et statuerunt
dirigere illi coronam auream victorialem, pensantem libras
quinquaginta, sed et missos promittentes illi dare censum pariter
et dona. Factumque est. Rethores autem nullo modo manda-
20 verunt ei. Abeuntes vero missi Athenienses ad Alexandrum
obtulerunt ei coronam auream et narraverunt ei, promittentes
censum dare, [et] omne, quod dictum est illis ab Atheniensibus.

44. Audiens autem illos Alexander statim intellexit con-

---

1. enim] etenim *S*.   audiuim. Allexandr. *S*.   esse sap.] dicentem *S*.
2. culpa: *Punkt GS*.   Audientes - - -] In hoc itaque dicto omnes atheniens.
laudauer. consil. aschilis et cep. *S*.   4. se: *Punkt GS*.   Iterum: *Initiale G*.
Iter.] Interim *S*.   autem] ergo *S*.   Demost. *G*, eschilis *S*.   5. eis *fehlt S*.   eis (dix.):
Punkt GS.   6. egiptum *S*. egipc. *S*.   7. atque] et *S*.   in s. pot.] sub potestate
s. *S*. egipcios *S*.   Egypt.: *Fragezeichen G, Punkt S*.   8. ibid. fabr. *S*.   ibid.
(fabr.): *Punkt GS*.   9. inmo *G*, ymo *S*.   egipcii *S*.   10. super *fehlt S*.
Persid.: *Punkt GS*.   mihi: *Punkt GS*.   fuerunt: *Fragezeichen G, Punkt S*.
11. deder.: *Punkt GS*.   itaque *fehlt S* (= *B*).   12. eo: *Fragezeichen G,
Punkt S*. qui quant.] sed qui tantum *S*.   13. adiuu. cum *S*.   responsum *S*.   14. illis:
Punkt GS.   15. tale *G*.   recipere *S* (recipiet *B*).   accip. (recip.): *Punkt GS*.
Hec aut.] Et hec *S*.   16. Demosthenen *G*.   dic. Aschilo Damades imperauit
silencium populo. Videte si uos non datis alexandro celum rethoricos cum
diuinis honoribus ille uos delere de terra Tunc athenienses statuer. *S*.   16. popul.:
Punkt G.   17. illi *fehlt S*.   auream *fehlt S* (= *B*).   libris *S*.   18. quinqu.: *Punkt GS*.
missos] apocrisarios *S* (apochrisarios *B*).   dare *fehlt S*.   cens. parit.] parit.
et cens. *S*.   19. et dona *fehlt S*.   dona (cens.): *Punkt GS*.   Fact. est
fehlt S (= *B*).   Rethoricos (rethorici *B*) aut. cum diuinis honoribus
n. *S*.   20. ei: *Punkt GS*.   vero] autem *S*.   21. auream: *Punkt GS*.
narrav.] inclinauerunt *S*.   ei. promitt. ei *S*.   22. omnia *G*.   quod dictum --]
quod heret athenienses (*oder* -is). Atheniens.: *Punkt GS*.   **44.** 23. Audiens --]
Tunc Alexander intellex. verba Demostenis qui *S*.

silium Eschili, qui dixit illis, ut resisterent Alexandro, et consilium Demosthenis, qui dixit, ut obedirent ei; attamen scripsit eis epistolam continentem ita: ‚Alexander filius Philippi et Olimpiadis. Quousque sub potenti manu Grecorum humiliem
5 cunctos barbaros, nullo modo assumam nomen regis. Atheniensibus dicimus hoc. Nos itaque direximus vobis, ut mandaretis nobis decem rethores, non quod aliquam iniuriam a me sustineant, sed ut salutem illos et honorem, sicut decet magistros. Credite quippe nobis, quia non cogitavi introire vestram civitatem cum
10 exercitu meo, sed tantum cum meis principibus et vestris rethoribus. Hoc etenim proinde cogitavimus, ut liberarem vos ex omni suspectione; et vos itaque, quod de me cogitastis contrarium, manifestavit illud vestra conscientia. Testes sunt mihi dii, quod, si quislibet ex vobis erexisset se contra me et voluisset
15 fieri vester imperator et per meam epistolam bene illi promisissem, nullatenus reddideram illi aliquod malum, sed, sicut sitis vos mali et semper mala cogitantes, sic speratis de me. Quin etiam, quando Corinthii levaverunt arma contra me, dignum meritum receperunt a me. Vos enim malam conscientiam habentes in
20 me culpastis me in hoc, quod illis feci; attamen de ipsis gloriosissimis rethoribus, quos habetis, non scio, quomodo in carcerem habetis Endiden propter bonum consilium, quod vobis dedit de salute vestra, et Ypostenen similiter persecuti estis propter hoc et ipsum ducem vestrum Socraten interfecistis. Et
25 me quomodo reprehendistis de Strasagora, quem eieci de princi-

---

1. Alexandro: *Punkt GS*. 2. Demost. *G*, Aschilis *S*. ut quiescerent et obed. *S*. ei: *Punkt GS*. At tam. *G*. 3. ita: *Punkt G, Abschnitt S*. Alex.: *Initiale G*. 4. olymp. *S*. Olimp.: *Punkt S*. humiles *S*. 5. cunct. subiugabo barb. *S*. regis: *Punkt GS*. 6. hoc dicim. *S*. hoc (dic.): *Punkt GS*. mandassetis *S*. 7. rethoricos (= *B*) cum diuinis honoribus ut loquar cum eis. et ut salutem et honor. ill. *S*. 8. decet] dicet *G*. magistr.: *Punkt GS*. 9. in uestr. ciuit. *S*. 11. rethoricis *S* (rethoricos *B*). rethor.: *Punkt GS*. 12. suspect.: *Punkt GS*. itaque *fehlt S* (=*B*). cogit. de me *S* (= *B*). cogitatis *G*. 13. sciencia *G*, consciencia uestra *S*. conscientia (uestra): *Punkt GS*. michi s. *S*. 14. quis libet *G*. se *fehlt S*. 15. imperatori *G*. et *fehlt S*. 16. illi *fehlt S*. malum: *Punkt GS*. 17. me: *Punkt GS*. Quin] Qui *G*. 18. corinthi *G*, corinthei *S*. et dign. *S*. 19. a me recep. *S*. me (recep.): *Punkt GS*. enim *fehlt S*. 20. feci: *Punkt GS*. At tamen *G*, Sed tam. *S*. ipsis] illis *S*. 21. rethoricis *S* (= *B*). quos hab. *fehlt S*. 22. habetis] hunc *S*. Endiden] Demandem *S*. 23. de] pro *S*. et *fehlt G*. Eypostenen *G*. 24. hoc: *Punkt GS*. Socratē *S*. interfec.: *Punkt GS*. 25. me quom.] modo me *S*. reprehenditis *S*.

patu suo, qui mihi culpavit? Sed tamen, quomodo usque modo mihi culpastis, finiatur. Amodo itaque promitto vobis: confortamini et estote salvi, quia nullam contrarietatem a me sustinebitis pro eo, quod obedistis consilio Demosthenis, qui dixit vobis
5 de salute vestra.' Legentes itaque Athenienses epistolam gavisi sunt valde.

45. Deinde amoto exercitu Alexander venit Lacedemoniam. Lacedemones autem nullo modo acquieverunt ei, sed dixerunt inter se: ‚Nos non sumus imbecilles, similes Atheniensibus,
10 qui timuerunt pugnare cum Alexandro, sed ostendamus virtutem nostram in eum.' Et hec dicentes statimque clauserunt portas civitatis et ascenderunt super murum et preparaverunt se ad pugnam. Alii ascenderunt naves et exierunt obviam ei ad litus maris. Hoc etenim proinde fecerunt, quia plus erant cogniti
15 classico bello quam terreno. Videns autem hoc Alexander

---

1. mihi] me *S.* culpav.: *Fragezeichen G, Punkt S.* Sed t. --] Verum t. quod actenus michi culp. fin. modo. non uoluistis michi ipsos rethoricos dirigere. Ecce per me uenio et sine uoluntate uestra illos videbo. Et amoto exercitu uenit Athenas ut quemadmodum nouerat diruat Amaximenes orator Didascolus Alexandri etate iam grandeuus exiens de Athena ciuitate. sedebat ante portam eius cum fletu. exspectansque regis Alexandri presentiam. Et ueniens Allexander vidensque illum ante portam ciuitatis sedere. Dixit illi. Quid vis magister ut faciam tibi At ille. fili uolo ut recedas de loco isto ut calefaciat sol senectutem meam. Quo audito Alexander. intelligens quia de urbe postulaturus erat. ut non dirueretur. Dixit illi per superuam et excelsam prouideciam quo modo ih dicere uelis non faciam. Ad hec philosophus per supernam prouidenciam et excelsam quod michi iurasti. dirue hanc urbem a fundamentis Alexander autem iratus audiens et dicens. quantumcuque sciat discipulus. semper uincit eum magister eius. Et hec dicens concessit illis pacem diceusque et illos *S.* 2. finiat.: *Punkt G.* Amodo *bis incl.* vobis *fehlt S.* 3. a] coram *S.* sustineb.: *Punkt S.* 4. pro eo *bis incl.* sal. vestra *fehlt S.* 5. vestra: *Punkt G.* Legeut.: *Initiale G.* Legentes · ·] Atheniens. audientes hec gauisi *S,* *wo nach hec der grössere Theil der betreffenden Spalte unbeschrieben blieb, doch ist im leeren Raume bemerkt* non est defectus hic (*roth*) *und* propter defluxum papiri dimisi locum hunc vacuum Sed nullus defectus hic est. 6. valde: *Punkt GS.* *In S folgt:* et aperientes portas ciuitatis receperunt rethores et philosophi cum diuinis honoribus. Sed et democritus et ceteri philosophi et rethores. ceperunt inter se disputare dicentes. plures esse mundos. Allexander respondit. Ego autem adhuc nec vnum subegi. *Darauf folgt ein neuer Abschnitt.* 45. 7. Deinde] Et inde *S.* amotu *S.* Alexander *fehlt S.* Lacedemoniam: *Punkt GS.* 8. adquierunt *S.* *Nach* dixerunt *ist* ei *getilgt G.* 9. se: *Punkt GS.* inbec. *S.* simil. Athen.] sed milites athenienses *S.* 11. cum: *Punkt GS.* statimque *fehlt S* (= *B*). 12. ascendentes *S.* et *fehlt S.* 13. pugnam: *Punkt GS.* Alii] Illi *S.* ei] eis *S.* littus *S.* 14. maris: *Punkt GS.* eten.] enim *S.* 15. terreno: *Punkt GS.*

statim direxit eis epistolam continentem ita: ‚Alexander filius
Philippi et Olimpiadis Lacedemonibus hoc dicimus: dabimus
vobis consilium, ut custodiatis fidem, quam accepistis ab ante-
cessoribus vestris, et, si per fortitudinem desideratis gaudere,
5 tunc ostendatur fortitudo vestra, quando digni estis, bene et
honorem a me accipere. Pro quo [precipiendo] precipimus vobis,
ut exeatis de ipso navigio per vestram bonam voluntatem, ante-
quam vos ignis eiciat exinde turpiter; et, si hoc facere non
vultis et vultis vestra vana gloria in nobis ostendere virtutem,
10 videte, quia vos ipsos reprehenditis, cum vicerit vos Alexander.‘
Cum autem legissent Lacedemones ipsam epistolam, irati sunt et
ceperunt iniuriari Alexandrum nolentes acquiescere verbis eius,
sed preparati ceperunt pugnare cum eo. Alexander autem
circuiens civitatem cum suis militibus et facto impetu contra
15 eos, statim ceperunt illi cadere per murum, alii mortui, alii vul-
nerati. Illi vero, qui in navibus sedebant, devorabantur ab igne,
quem fecit super eos mittere; reliqui vero, qui remanserant,
videntes se in tali periculo, statim exeuntes de civitate prostra-
verunt se ad pedes Alexandri deprecando illius misericordiam,
20 ut non eos captivaret. Respondens autem Alexander ait illis:
‚Veni ad vos mansuetus et noluistis me recipere. Cum enim
concremate sunt naves vestre et civitas depopulata, sic postu-
lastis misericordiam. Sed tamen non vos reprehendo in hoc,
quod fecistis, quia proinde hoc fecistis sperantes vos mihi facere,
25 quemadmodum fecerunt patres vestri Xersen, sed fefellit vos
spes vestra, quia non potuistis sustinere impetum armatorum

---

1. ita: *Punkt G, folgt Abschnitt S.* Alexand.: *Initiale G.* 2. olymp. *S.*
lacedemoniis *S.* dicim. *corrigirt aus* dices *S.* dicim.: *Punkt GS.* 4. vestris:
Punkt GS. desider.] debetis *S.* 5. tunc] stando *S.* 6. accip.] recipere
S (= *B*). accip. (recip.): *Punkt GS.* 7. ipsa nauidia *S* (= *B*). ante quam *G.*
8. uos ign. uos *G.* ign. uos *S.* turpit.: *Punkt GS.* 9. et vultis - -]
vestramque uanam gloriam in nob. vltis ostend. *S.* 9. virtut. (ostend.):
Punkt GS. 10. ipsi *S.* reprh.] habetis reprehendere *S.* Alexander:
Punkt GS. 11. Cum: *Initiale G.* ipsam] hanc *S* (= *B*). ir. s. ualde *S.*
sunt (u.) *Punkt GS.* 12. iniuriare *S.* Über r in Al. mit dunkler Tinte o ge-
schrieben *G.* alexandri *S.* adquiesc. *S.* 13. sed bis incl. c. eo *fehlt S.* eo
(eius): *Punkt GS.* 14. circ. civ.] ueniens in ciuit. *S.* 15. statim] confestim *S.*
per] super *S.* mort. et *S.* vulner.: *Punkt G.* 16. vero] autem *S.* in *fehlt S.*
17. quem] quod *G.* eos *fehlt S.* mittere] littore *S.* mittere (litt.): *Punkt GS.*
18. peric. existere *S.* statim] mox *S.* 20. captivar.: *Punkt GS.* Resp *G.* autem
fehlt S. ait] dixit *S.* illis: *Punkt GS.* 21. recipere: *Punkt GS.* enim]
autem *S* (= *B*). 22. ciuitates depopulate *S.* et s. postulatis *S.* 23. miseri-
cord.: *Punkt GS.* in] de *S.* quia bis incl. fecistis *fehlt S.* 25. fecerunt
fehlt S. patres] parentes *S.* Xersen: *Punkt GS.*

Alexandri.' Et hec dicens castra metatus est ibi et fecit diis suis victimas, Lacedemonibus autem et civitati eorum donavit libertatem.

46. Deinde amoto exercitu ingressus est per partes Cilicie 5 in terram barbarorum. Darius itaque imperator audiens adventum Alexandri timuit valde statimque congregavit principes et sapientes suos et contulit cum eis consilium et dicebat: ‚Ut video, iste, qui sic vadit pugnando, adiungitur in sua virtute et victoria. Ego enim sperabam illum esse latrunculum, ut sicut 10 latro sic iret depredando; ille autem, ut video, sic pugnat sicut rex et humiliat, et quantum exaltari volumus super eum, tantum amplius exaltatur ille et nomen eius. Ego itaque direxi illi pilam ludricam et zocani, ut ludum disceret sicut puer; ille autem, quem dixi esse discipulum, factus est super magistrum 15 et, ubicumque pergit, prospera et victoria secuntur eum. Pro quo itaque facto oportet, nos cogitare de salvatione nostra; itaque non intendamus in elationem et in stultitiam vane glorie

---

1. Alexandri: *Punkt GS.* 2. victim.: *Punkt GS.* Lacedemones *G*, Lacedemoniis *S.* autem] uero *S* (- *B*). ciuitates *G.* eorum] illorum *S* (= *B*). 3. libertat.: *Punkt G, folgt Abschnitt S.* **46.** 4. Deinde: *Initiale G.* Et exinde *S.* exerc. uenit cizicum. et inde bizancium Vbi nunc constantinopolis dicitur subiugansque eas et transfretans per propontum calcedoniam cepitque expugnare eas. Calcedones autem per murum ciuitatis stantes resistebant ei. Dixit illis Alexander Vobis dico calcedones. aut pugnate viriliter aut subiugamini sub potestati armatorum. Verumtamen apprehendit calcedoniam. *Darauf steht noch einmal*: Et amoto exercitu venit ad locum qui dicitur abdira. Homin. uero ipsius clauser. port. ciuitatis. nichil ei dicentes Cum hoc vidisset Alexand. irat. est ualde. et precep. milit. s. ut incend. ips. ciuitatem. Vident. aut. homin. ips. ciuitat. igu. ceper. uocifer. ad Alex. et dicere. Dom. r. non claus. port. ciuit. pro rebell. tibi. sed dubit. Dar. r. persarum. ne h. audir. et dirig. satrap. et dissip. nos. Respond. Alex. ait illis. Aper. port. ciuit. sic. dec. et conswet. est, quia m. ullaten. pūgn. uos. Cum aut. fin. fecero cum Dar. r. uestro, t. loqu. uobiscum. Homin. uero ips. ciuitat. hec audicutes statim aperuer. ei port. ciuitatis. Et i. transiens bihostia. ven. in olinchio. et deinde caldeapolis. et moratus est ibi aliquantis diebus (*Abschnitt*). ingressus *bis incl.* barbar. *fehlt S.* 5. barbar.: *Punkt G.* itaque] igitur *S.* 6. tim. valde *fehlt S* (= *B*). valde (alex.): *Punkt GS.* statim *S.* milites princ. *S.* 7. et *vor* contul. *fehlt S.* dicebat: *Punkt GS.* 8. pugn. uad. *S.* 9. victor.: *Punkt GS.* enim] autem *S.* latrunc. esse *S.* 10. depred.: *Punkt S.* autem] enim *S.* sic pugnat --] sic r. pugn. et h. *S.* 11. humil.: *Punkt GS.* nos exaltare *S* (nos exaltari *B*). 12. eius: *Punkt GS.* Ego it. *fehlt S.* 13. zocham *S.* puer: *Punkt GS.* illum *G.* 14. magistr.: *Punkt GS.* 15. et] ut *S.* perget *S.* eum: *Punkt GS.* Pro quo --] Verumtamen op. *S.* 16. salute *S.* nostra: *Punkt G.* 17. itaque] et *S* (= *B*). in *vor* stult. *fehlt S.*

despiciendo illum et dicendo 'Nihil est Alexander,' superbiendo pro eo, quod tenemus regnum Persarum, ut parvitas illius crescat et magnitudo nostra desipiat. Dubito enim, ne, adiuvando eum superna providentia, volendo illi concedere diadema regni, ac-
5 crescat tempus illius et, optando nos illum eicere de Ellada, eiciat nos ille de Persida'. Hec autem dicente Dario respondit ei Oxiather frater eius dicens: 'Magnificasti Alexandrum in hoc, quod dixisti, ut plus exardescat ille ingredi Persidam, quam nos Elladam. Unde, si tibi placet, fac tu, sicut facit Alexander, et
10 nunc stabit regnum tuum absque omni turbatione et acquiris alia regna, quia ille, quando vult pugnare cum aliquo homine, non dirigit satrapas et principes suos, sicut tu facis, sed per semet ipsum vadit et pugnat viriliter, antecedit omnes principes conquirendo sibi nomen atque victoriam.' Audiens autem hoc
15 Darius dixit ei; 'Ego debeo ab illo accipere similitudinem an ille a me?' Respondit unus ex principibus dicens: 'Alexander in omnibus peritissimus est et in nullo offendit, omnia per semet ipsum faciens viriliter, quia formam itaque et virtutem secundum suam nativitatem leonis habet.' Cui dixit Darius: 'Unde tibi hoc
20 cognitum est'? Ille respondit: 'Perrexi per tuam iussionem Macedoniam tollere censum Philippo patri suo, tunc vidi illum et cognovi figuram eius et sapientiam eius. Unde, si tibi placet, dirige in cunctis finibus tuis et congrega omnes satrapas et principes tuos, quia plurime sunt videlicet gentes, que sunt sub

---

1. ill. et dic. *fehlt S.* alexandrum *S.* 2. ut] et *GS.* 3. desip.] despiciat *S* (= *B*). desip. (descip.): *Punkt GS.* Dubito] Timeo *S.* 4. volendo] nolit *S.* illi *fehlt S.* dyadema *S.* et adcresc. *S.* 5. illius] in quo in quo *S.* illius: *Punkt G.* et opt.] exopt. *S.* elleda *S.* 6. ille *fehlt S.* Persida: *Punkt GS.* autem] enim *S.* Dario: *Punkt GS.* 7. oxiacher *GS.* dicens: *Punkt GS.* 8. nos] uos *S.* 9. elledam *S.* Ellad.: *Punkt GS.* fecit *S.* 10. nunc *fehlt S.* regn.] imperium *S.* adquires *S.* 11. regna: *Punkt GS.* al. homine] asyo rege *S.* 13. viril.: *Punkt GS.* antec.] antecedens *S.* princip. suos et satrapas *S* (et omn. satrap. *B*). 14. atque] et *S.* victor.: *Punkt GS.* Audiens - -] Cui Darius dixit *S* (= *B*). 15. ei (dix.): *Punkt GS.* debeo] desidero *S.* illo] eo *S.* 16. me: *Fragezeichen G, Punkt S.* Respondens *S.* princ. suis *S.* dicens *fehlt S.* dicens (s.): *Punkt GS* 17. est *fehlt S.* offend.] ondit *S.* offend. (ond.): *Punkt GS.* 18. itaque *fehlt S* (= *B*). virt. leon. habet. secund. s. nat *S.* 19. hab. (nat.): *Punkt GS.* Cui dix.] Ad hec *S.* Dar.: *Punkt GS.* 20. est *fehlt S.* est (cogn.): *Fragezeichen G, Punkt S.* resp.: *Punkt GS.* Cum perrexi *S* (quando *B*). 21. a phyl. patre s. *S.* suo: *Punkt GS.* tunc] tandem *G.* 22. eius *nach* figur. *fehlt S.* eius: *Punkt GS.* Vnde oportet te dirigere in c. *S.* 23. congregare *S.*

regno Persarum, id est Parthi et Medi et 'Apolloniades, Mesopotamite et Illirici; non dico longinquiores, sicut sunt Itali et Bractei et Semiramei. Habes enim gentes amplius quam centum quinquaginta. Congregentur omnes in unum et queramus a
5 diis auxilium, quia, videndo Alexander plenitudinem gentium et virtutem barbarorum, timor et tremor apprehendent eum et eos, qui cum ipso sunt.' Cui alius ex principibus dixit: ‚Bonum consilium dedisti, sed non est aptum. Nosti, quia unus canis maximam gregem animalium spargit? Ita et sapientia Grecorum
10 superat multitudinem barbarorum.

47. Inter hec autem Alexander congregata multitudine hostium pervenit ad numerum ducenta milia hominum et moram faciendo in Cilicia venit ad fluvium, qui dicitur Occanus, ex quo decurrit aqua pulcherrima et frigida nimis. Accidit autem
15 voluntati eius, ut lavaretur in ea. Factumque est, sed lesio facta est in eo, quia per frigiditatem apprehendit eum dolor capitis et urebatur magnis febribus. Videntes autem illum Macedones infirmari tristati sunt valde et timentes ceperunt dicere

---

1. Persar.: *Punkt G.* id est]. i. *S.* parthy *S.* medy *S.* appollon. *S.* mesopotanei *S.* 2. Illir.: *Punkt GS.* ytalici *S.* 3. et Bractei *fehlt S.* Semir.: *Punkt GS.* cent.] milia *S.* 4. et quer.] exquiramus *S.* a diis *fehlt S.* 5. auxil.: *Punkt GS.* 6. timorem et tremorem *G.* apprehendet *S.* eos] omnes *S.* 7. ipso] illo *S.* sunt: *Punkt GS.* dixit: *Punkt GS.* 8. aptum.: *Punkt GS.* 9. greg.] multitudinem *S.* animalium *fehlt S.* sparg.: *Fragezeichen G, Punkt S.* 10. multudin. *G.* barbar.: *Punkt GS.* 47. 11. Inter: *Initiale G.* Interea Alexander congregato exercitu suo. in quo erant pedites triginta (trig. *steht am Rande*) duo milia. equites quatuor milia. quingente naues centum octoginta. ad tam paruos homines Uniuersum mundum utrum mirabilius sit quia uicerit an quia agredi ausus fuerat. incertum est *S*, *wo sich nun anschliesst*: *Unterwerfung Armeniens, Zug durch wasserlose Gegenden, Brückenschlag über den Eufrat (cap. 48); Brief des Nostadi (cap. 56); verrätherischer Antrag eines persischen Grossen (cap. 51); Brief des Stapsy und Spchickir, Darius Schreiben an Alexander und dessen Antwort (cap. 52, 53, 54); Alexanders Botengang (60, 61, 62, 63, 64); dessen Brief an seine Statthalter (cap. 55); Porus Antwort an den von ihm Hilfe fordernden Darius (cap. 57) und dann erst Alexanders Taurusübergang und Bad im Cygnus*: Inter hec igitur nunciatum est Alexandro darii aduentum cum plurimo exercitu ueniente et viam angustam tauri montis apprehendere. ut illic cum uinceret. Mira claritate taurum montem cicilie transcendens et quingentis stadiis. i. sexaginta tria miliaria et medium sub vno die cursu transmissis tharsum ciuitatem uenit. ibique cum sudans accidit uolunt. 12. homin.: *Punkt G.* 13. faciente *G.* 14. nimis: *Punkt G.* 15. in ea] in cygnum flumen perfrigidum *S.* ea (perfrig.): *Punkt GS.* Factumque est ---] Statimque obriguit et contracto neruorum morti proximus fuit. Vident. *S.* 16. eo: *Punkt G.* 17. febrib.: *Punkt G.* autem *fehlt S.* 18. timētēs *S.*

inter se: „Si Darius audiet infirmitatem Alexandri, faciet impetum super nos et delet nos. Sanitas vero Alexandri confortabat omnes. Interea Alexander vocavit ad se Philippum medicum suum et sciscitabatur eum de infirmitate sua. Erat enim medicus
5 iuvenis et perfectus in arte medicine et promiserat Alexandro, ut per unam potionem sanaret eum. Quidam autem princeps militie, qui tenebat Armeniam, nomine Parmenius habebat hunc medicum in odium pro eo, quod diligebatur ab Alexandro, statimque scripsit epistolam ad Alexandrum dicens: „Domine rex,
10 cave te a Philippo medico et noli bibere potionem eius, quia promisit ei Darius dare filiam suam in uxorem, si occiderit te, et faciet eum consortem regni sui. Recepta itaque Alexander epistola legit et tenuit eam in manu et non est exinde turbatus pro eo, quia securus erat de conscientia Philippi. Et ecce
15 Philippus medicus cum potione preparata ingressus est ante Alexandrum et obtulit ei ipsam potionem. Alexander itaque cum una manu potionem et in alia tenendo epistolam respiciebat in faciem Philippi medici. Cui medicus ait: „Maxime imperator, noli expavescere potionem, sed bibe illam.' Statim Alexander
20 bibit potionem et postea dedit epistolam Philippo medico. Relecta Philippus epistola dixit: „Maxime imperator, non sum culpatus in hoc, quod dicit hec epistola.' Alexander enim sanus effectus vocavit ad se Philippum medicum et amplexavit collum eius et dixit ei: „Cognovisti, Philippe, amorem et fiduciam, quam
25 habeo in te, sciendo tuam fidem in me. Antea bibi potionem tuam et postea dedi tibi ipsam epistolam.' Cui Philippus ait:

---

1. se: *Punkt GS.*   audiret *S.*   faceret *S.*   2. et delet nos *fehlt S.* nos: *Punkt GS.*   vero *fehlt S.*   3. omnes: *Punkt GS.*   Interea] Tunc *S.* ad se *fehlt S.*   4. eum] illum *S.*   sua: *Punkt GS.*   Er. enim] Qua in re *S.* 6. ut *fehlt G.*   cum: *Punkt GS.*   autem *fehlt S* (= *B*).   princeps] homo *S.* 7. in hunc m. *S.*   8. in *fehlt S.*   Alexandro: *Punkt G.*   9. statimque] et statim *S.*   dicens: *Punkt GS.*   10. cauete *GS.*   med. phyl. *S* (= *B*). 11. in *fehlt S.*   occidisset *S* (= *B*).   et f.] ut faceret *S.*   12. sui *fehlt S.* sui (r.): *Punkt GS.*   Rec. itaque] Receptaque *S.*   13. hac ep. *S.*   epistolam *G.* 14. secur.] secutus *S.*   Phil.: *Punkt GS.*   15. *Vor* obtul. *ist* obp *durchgestrichen S.*   ipsam *fehlt S.*   potion.: *Punkt GS.*   itaque --] accepta pocione cum v. m. *S.*   17. potionem *fehlt G.*   tenente *G,* tenens *S.*   18. medici: *Punkt GS.*   ait: *Punkt GS.*   19. illam: *Punkt GS.*   20. ipsam epist. *S.* medico: *Punkt GS.*   Relicta *G,* Relecto *S.*   21. epistolam *G.*   dixit: *Punkt GS.*   22. hec *fehlt S.*   epist.: *Punkt GS.*   enim *fehlt S.*   23. medicum *fehlt S.*   amplexatus est *S.*   24. ei: *Punkt GS.*   amore *G.*   25. fid. tuam *S.*   ante *S* (= *B*).   26. ipsam *fehlt S.*   epist.: *Punkt GS.*   ait: *Punkt G.*

‚Maxime imperator, fac venire illum hominem, qui tibi direxit ipsam epistolam, quia ille monuit me talia tibi facere.' Statim Alexander iussit venire Parmenium et perscrutatus est eum invenitque illum in morte sua culpabilem et precepit eum decollari.
5 48. Et inde amoto exercitu perrexit in Mediam et Armeniam magnam et subiugavit eas. Deinde ambulavit dies multos et ingressus est in locum aridum et cavernosum, in quo non inveniebatur aqua, et transiens per locum, qui dicitur Andriaci, venit ad flumen Eufraten et castra metatus est ibi. Statimque
10 iussit afferri ligna et preparari pontem super ipsum fluvium et iussit ligari eum clavis et catenis ferreis et precepit militibus suis, ut transirent. Illi autem videntes magnitudinem fluminis et cursus validissimos timuerunt intrare in ipsum pontem, ut non frangerentur ipse catene. Videns enim eos Alexander dubi-
15 tare precepit custodibus suis, qui animalia custodiebant, ut transirent primum, deinde omnis apparatus de ipso exercitu. Post hec iussit militibus suis, ut transirent. Illi vero dubitabant. Alexander autem videns eos iterum dubitare iratus est valde et convocatis principibus suis cepit transire primum ipse, deinde
20 principes et omnis exercitus. Fluvius itaque Tigris et Eufrates pergunt per Mediam et Mesopotamiam et Babiloniam et intrant in fluvium Nilum. Referunt alii, quia, quando fluvius Nilus irrigat Egyptum, ista flumina evacuantur et, quando iterum regreditur in alveo suo, ista flumina intumescunt. Cum enim
25 transisset Alexander et omnis exercitus eius fluvium Eufraten

---

2. me mon. *S.*   tal. tibi] tibi male *S.*   facere: *Punkt GS.*   Statim] Tunc *S.*   4. et prec. eum decoll. *fehlt S, wo nach* culpabilem *Abschnitt:* Interea Darius cum tricentis milibus u. s. w. (s. cap. 49). decollari: *Punkt G.* 48. 5. Et: *Initiale G.*   inde *fehlt G.*   exercitu] eo *S.*   Mediam et *fehlt S.* armenia magna *G.*   6. eas] eam *S.*   eas (eam): *Punkt GS.*   Deinde: *Initiale S.*   7. in *vor* locum *fehlt S (= B).*   quo] quibus *GS.*   8. aqua: *Punkt GS.*   Andriaci] andi et aci *G.*   9. fluuium *S (= B).* qui dicitur Eufr. *S.*   ibi: *Punkt GS.*   Statimque] Mox autem *S.*   11. cathenis *S.* ferreis *fehlt S.*   ferr.: *Punkt G.*   et *fehlt S.*   12. transir.: *Punkt GS.* fluuii *S (= B).*   13. cursum validissimum *S.*   14. cathene *S.*   cat.: *Punkt GS.*   enim *fehlt S.*   dubitari *GS.*   15. primum precep. *S.*   custod. s. q. an. cust.] custod. animalium *S (= B).*   animalium custodiebantur *G.* 16. primum *fehlt S.*   prim. (trans.): *Punkt GS.*   exercitu: *Punkt GS.* 17. trans.: *Punkt GS.*   dubitab.: *Punkt GS.*   18. autem *fehlt S.*   iterum *fehlt S.*   dubitari *GS.*   valde: *Punkt G.*   19. suis *fehlt S.*   cepit] precepit *S.*   primum *fehlt S.*   ipsum *S.*   ips.: *Punkt GS.*   20. exercit.: *Punkt GS.*   tygris *S.*   21. perg. inde *S.*   Mediam et *fehlt S.*   mesopotaneam *corrigirt in* - iam *S.*   22. vilum *corrigirt in* nil. *S.*   Nil.: *Punkt GS.*   et alii *S.* 23. egipt. *S.*   regrediuntur *G.*   24. intumesc.: *Punkt GS.*   Cum en.] Igitur cum *S.*

castra metatus est ibi et fecit incidere ipsum pontem. Videntes autem hoc milites eius tristati sunt valde et murmurantes inter se ceperunt vociferare et dicere: ‚Si acciderit nobis, ut fugiamus e prelio, non erit transitus nobis.' Quibus Alexander dixit:
5 ‚Quid est hoc, quod inter vos confertis dicentes: quia, si acciderit nobis, ut fugiamus e prelio, non est transitus nobis? Nam pro certo scitote, quia inde feci ego incidere ipsum pontem, ut aut pugnetis viriliter et vincatis aut, si vultis e prelio fugere, pereatis, quia pugna et victoria non erit de his, qui fugiunt, sed de illis,
10 qui insecuntur. Pro quo confortetur mens vestra et fortitudo pugne estimetur vobis ludus, quia, certissime scitote, nullo modo videbitis Macedoniam, quousque subiugabo cunctos barbaros, et tunc cum victoria revertamur illuc.'

49. Interea Darius imperator congregata multitudine hostium
15 et ordinatis super eis satrapis quinque, exeuntes castra metati sunt super fluvium Tigris. Alia autem die convenerunt in unum in campo, Alexander cum suis et satrape Darii cum suis, et ceperunt acriter pugnare inter se. Stabant enim fortiter per partes et nullo modo cedebant sibi locum, et tunc siquidem
20 pugnando inter se fortiter ceperunt plurimi cadere à parte barbarorum. Videntes autem se barbari minui inierunt fugam. Alexander enim castra metatus est ibi et fecit diis suis victimas.

---

1. pont.: *Punkt GS*. 2. et trist. *S*. inter se --] ceper. dic. int. se si acc. *S*. 3. dicere: *Punkt GS*. 4. e] a *S*. nobis: *Punkt GS*. dixit: *Punkt GS*. 5. dicentes: *Punkt GS*. 6. nobis *nach* transit. *fehlt S*. nobis (transit.): *Fragezeichen G*, *Punkt S*. 7. scit.] sciatis *S*. quia inde] quod ideo *S*. ego *fehlt S*. 8. pereat.: *Punkt G*. 9. illis] hiis *S*. 10. insec.: *Punkt G*. 11. ludus: *Punkt GS*. 12. cunctos] omnes *S*. 13. reuertemur *S*. illuc: *Punkt GS*. *In S folgt nun*: Inter hec quidam ex principibus darii imperatoris uomine nostadi scr. ep. (*s. cap. 56*). 49. 14. Interea: *Initiale G*. 15. satrapas *G*. 16. tygris *und nachher Punkt G*. 18. sc: *Punkt G*. 19. locum: *Punkt G*. 21. barbar.: *Punkt G*. fugam: *Punkt G*. 22. victim.: *Punkt G*. *Den Angriff des verkleideten Persers auf Alexander verlegt S in die Schlacht, von welcher in dieser Hs. unmittelbar nach dem verhängnisvollen Bade im Cygnus ererzählt wird*: Interea Darius cum tricentis milibus peditum et centum milia equitum. et preparans in pūgnam precessit Alexandr. Cumque intra iactum vnius lapidis vterque conuenisset exercitus. et intentus ad tubas bellicas uterque populus esset. et principes discurrentes per partes uariis incitamentis acuerunt (*Hs.* acuen*t). pugna cōmittitur. Tunc siquidem inter viriliter pugnando nullomodo cedebant sibi locum. Et ualde mane inchoatum est prelium et (et *übergeschrieben*) extentum est usque ad medium diem. Deinde ceperunt perse in bello deficere. Cumque intellexisset Darius suos deficere. et ipse wlneratus esset, iniit fugam. Ibi tunc ex persis triginta milia peditum et centum milia equitum interfecti sunt. Capti autem quadraginta milia. Ex macedonibus uero ceciderunt pedites centum quinquaginta In castris persarum multum aurum

In ipsa namque pugna erat vir quidam Persarum animo acer, cui spoponderat Darius dare filiam suam uxorem, si occidisset Alexandrum. Ille autem indutus est veste Macedonica et arma et inter acies pugnantium mixtus cum militibus Alexandri stetit
5 post tergum eius et evaginato gladio tam fortiter percussit caput eius, qui et galeam transforavit et caput eius aliquid vulneravit. Videntes autem hoc milites Alexandri statim apprehenderunt illum et statuerunt ante Alexandrum. Dixit autem illi: ‚O strenue et fortissime vir, quid est hoc, quod in me fecisti?‘
10 Cui Persa barbarus respondit: ‚Ne estimes me, maxime imperator, Macedonem esse, sed unum ex Persis. Et ego promisi Dario afferre caput tuum; ille enim spopondit mihi dicens: si hoc feceris, dabo tibi filiam meam uxorem et regales provincias.‘ Alexander itaque convocatis cunctis militibus suis statuit eum
15 ante omnes et dixit: ‚Viri commilitones, convenit nobis talem confortationem habere.‘ Et continuo iussit eum abire salvum.

50. Audiens autem Darius imperator Alexandrum satrapas suos vicisse et ulterius accessisse statim congregavit multitudinem equitum et peditum ascendensque in montem Cilicie Taurum et
20 in ipsa Cilicia ostendens se, illic sperans eum vincere. Nam congressus pugna cum Alexandro Darius est victus et multam partem de suo exercitu perdens fugiensque ad Persas remeavit. Alexander enim persecutus est eum usque ad Bactram et castra metatus est ibi et fecit diis suis victimas. Alio namque die
25 cepit acriter pugnare ipsam civitatem apprehendensque illam posuit in ea solium suum et subiugavit sibi omnes civitates, que erant

---

ceterorumque opus repertum est Inter captiuos tamen castrorum mater et vxor. et sorores due seu et due filie darii capte sunt Mox Alexander ad inuadendam persicam classem cum plurimis militibus parmenionem mittit. In hoc prelio erat quidam vir S. 2. cui spopond.] et spospond. S. 3. Alexandr.: *Punkt GS*. veste et arma macedon. S. 4. allexandri. et st. S. 5. postergum G. et *fehlt* S. 6. qui] quia S. in aliquod S. vulnerav.: *Punkt GS*. 7. autem *fehlt* S. 8. statuer. illum S. Alexandr.: *Punkt GS*. Dixitque illi alexander S. illi (alex.): *Punkt GS*. 9. O fortis. et strennue v. S. fecisti: *Fragezeichen G, Punkt S*. 10. respond.: *Punkt G*. Ne] vt non S. max. imperat. *fehlt* S. 11. virum macedon. S. Persis: *Punkt GS*. promis. ego S. 12. tuum: *Punkt GS*. spopond.: respondit S. dicens: *Punkt GS*. 13. provinc.: *Punkt GS*. 14. itaque *fehlt* S. Vor statuit *ist* statueit *getilgt* S. 15. et dixit Viri *fehlt* S. dixit: *Punkt G*. omilit. S. nob.] uobis omnibus S. 16. hab. confort. S. hab. (confort.): *Punkt GS*. salv.: *Punkt G, folgt Abschnitt S: Darius itaque wlneratus e prelio f. (s. cap. 66 f.)* 50. 18. multitudine G. 20. ipso cilicie G. se *fehlt* G. se eum G. vincere: *Punkt G*. 21. multa parte G. 22. remeav.: *Punkt G*. 23. Alexand.: *Initiale G*. 24. est *fehlt* G. victim.: *Punkt G*.

in circuitu eius, et in ipsam civitatem invenit plurimum thesaurum Darii imperatoris nec non et matrem eius et uxorem et filios.

51. Inter hec unus ex principibus militie Darii venit ad
5 Alexandrum et dixit ei: ‚Maxime imperator, unus sum ex principibus militie Darii et plurima servitia bona ei feci et nihil boni aliquando ab eo recepi. Quapropter, si placet vestre glorie, precipe nobiscum venire decem milia armatos iuvenes et tradam tibi plurimos principes nostros et etiam ipsum Darium.‘ Audiens
10 autem hoc Alexander dixit ei: ‚Amice, perge adiuvaturus regem tuum, quia non credunt tibi extranei, postquam vis pugnare tuos.‘

52. Interea quidam principes militie Darii scripserunt epistolam Dario imperatori continentem ita: ‚Dario regi preclaro atque deo magno Stapsir et Sphistir satrape gaudium. Iam
15 antea scripsimus glorie vestre et nunc iterum scribimus adventum Alexandri et cognitum facimus vestre glorie, quia pervenit in

---

1. eius: *Punkt G.* 8. filios: *Punkt G.* *In S wird der Bericht über das Treffen nach der Heimkehr Alexanders vom persischen Königshofe auf gleiche Weise wie cap. 50 eingeleitet (s. S. 58):* Igitur Darius imperator audiens alexandrum satrapas suos pugna vicisse et alterius accessisse congregauit exercitum suum et peruenit ad numerum sexcenta milia hominum. Alexander itaque habuit pedites XXX^{ta} duo milia. et equitum. IV. milia quingentos. Mox conuenerunt itaque acies in campo. Alexander cum suis et Darius imperator cum suis. Sonuerunt itaque tubas bellicas per partes et ceperunt acriter pugnare inter se. stabant ergo fortiter. et nullomodo pars parti cedebat locum. Tunc siquidem pugnando inter se ceperunt plurimi cadere a parte barbarorum qui non minus arte quam virtute alexandri et macedonum superabantur. Videns Darius in bello suos deficere terga uersus iniit fugam. Interfecti sunt ibi de exercitu persarum quadringenta milia. De exercitu uero Alexandri sunt ibi interfecti centum uiginti equites. et nouem tantum pedites. Alexander enim castrametatus est ibi. et feciit diis suis victimas. Preceptique militibus suis ut colligerent corpora mortuorum tam persarum quam et macedonum. et sepelirent ea. et wlneratos ad castra ducerent. ut inferrent ipsis medicinam. *Daran reiht sich:* Deinde scripsit epistolam suis principibus et satrapis u. s. w. (s. cap. 55). 51. 4. Interea quidam ex princ. *S.* 5. et dix.] dicens *S.* si *fehlt S* (= *B*). ei (dic.): *Punkt GS.* imperat.: *Punkt GS.* 6. militie *fehlt S.* bona seru. *S* (= *B*). 7. aliquando *fehlt S* (= *B*). rec. ab eo *S.* recepi: *Punkt G.* gl. vestre *S.* 8. milia] milites *S.* armatorum *S.* 9. nostros] milicie nostre *S.* etiam et *GS.* Dar.: *Punkt GS.* Audiens - -] Cui Alex. ait *S* (Cui alex. dix. *B*). 10. ei (ait): *Punkt GS.* 11. postquam] quia *S.* tuos: *Punkt GS.* 52. 12. Interea - -] Igitur Stapsy et Spchichir satrape imperatoris Darii scripserunt epistol. contin. *S.* 13. ita: *Punkt G, Abschnitt S.* Dario: *Initiale G.* 14. deo *fehlt S.* magno: *Punkt GS.* Stapsy et Spchictyr *S.* gaud.: *Punkt GS.* 16. Alexandri: *Punkt GS.* fecimus *G.* glor. vestre *S.*

hanc terram et dissipavit eam et occidit plurimos ex nobis sumusque oppressi magna angustia. Quapropter recordando dirigimus tue clementie, ut succurras nobis et adiuves nos, ut possimus ei resistere, antequam ingrediatur ad te.'

53. Relecta itaque Darius epistola statim scripsit epistolam Alexandro continentem ita: ‚Darius rex Persarum famulo meo Alexandro dicendo mandamus. Pervenit in manibus nostris epistola de tua superbia, etiam ut cogites venire prope nos, ut loquaris nobiscum. Quod si ita potest fieri, ergo orientales dii pergunt habitare in occidentem. Tamen non elevetur mens tua in hoc, quod fecisti. Sic spero, namque, ut mater mea mortua fuisset et uxorem et filios aliquando non habuissem, pro certo scias, quia non tacebo inquirendo iniuriam meam. Scriptum est enim et mihi, quia ostendisti benignitatem erga meos. Unde pro certo scias, quia, quantumcumque bene illis feceris, me non habebis amicum et econtra, si male illis feceris, me non habebis inimicum. Sed tamen ne pigriteris(!) indulgere eis, sed crucia illos ut filios inimici, quia quandoque in ultimo sententiam dabo tibi.'

54. Recepta itaque Alexander epistola legit eam et risit statimque scripsit epistolam Dario continentem ita: ‚Alexander filius Philippi et Olimpiadis Dario regi Persarum dicendo mandamus. Superbiam et elationem seu vanam gloriam odio habuerunt dii. Tu itaque, prout video, non cessas blasphemare eos usque in finem. De eo autem, quod scripsisti nobis de bene et honore, quod fecimus in tuis, ut non habeamus te exinde amicum, quod si itaque illis bene fecimus, non fecimus pro tuo amore; habeo enim spem intrandi ad te, proinde ostendi

---

1. terram *fehlt G.* 2. oppressi *fehlt S.* in angust. m. *S.* angust. (mag.): *Punkt GS.* recordandum *S.* 3. uestram clemenciam *S.* succurratis *S.* adiuuetis *S.* 4. possumus *S.* ei *fehlt G.* ad te] ate *G.* te: *Punkt GS.* 53. 5. Relicta *S.* epistolam *G,* hanc epistolam *S.* statim - - ita] tunc salutauit alexandrum *mit folgendem Abschnitt S.* 6. ita: *Punkt G.* Darius: *Initiale G.* 7. Allex. *S.* mandam.: *Punkt GS.* in man. n.] ad me *S.* nostris *fehlt G.* 9. nobisc.: *Punkt GS.* ita] hoc *S* (= *B*). 10. pergam *S.* (pergant *B*). occident.: *Punkt GS.* Tamen *bis incl.* iniur. meam *fehlt S.* tua *übergeschrieben G.* 12. habuissem: *Punkt G.* 13. meam: *Punkt G.* 14. meos: *Punkt GS.* 15. quantumque *S.* 16. amicum: *Punkt GS.* econtra] extra *G.* illis *fehlt G.* 17. inimic.: *Punkt GS.* eis] meis *S* (= *B*). 18. non dabo *S.* tibi: *Punkt GS.* 54. 19. epistolam *G.* et risit *fehlt S.* ris. (eam): *Punkt GS.* 20. rescrips. *S.* ita: *Punkt G, Abschnitt S.* Alex.: *Initiale G.* 21. olymp. *S.* 22. mandam.: *Punkt GS.* 23. dii: *Punkt GS.* 24. finem: *Punkt GS.* nobis] michi *S.* bene] bonis *S.* 25. et *fehlt S.* 26. amicum: *Punkt GS.* itaque ill. b.] non *S.* am. tuo *S.* 27. amore (t.): *Punkt GS.*

benignitatem meam in eis. Tamen sicut non est similis mea diadema tue, ita nec consuetudo ordinis mei similis est consuetudini ordinis tui. Attamen hec epistola mea ultima sit tibi. Cave itaque et habeto mentem in te, quia certissime venio ad te, ut loquar tecum.' Cum autem scripta fuisset epistola, vocavit ad se Alexander ipsos missos Darii et dedit illis epistolam pariter et dona optima et dimisit illos.

55. Deinde scripsit epistolam suis principibus et satrapibus tali modo: ,Alexander filius Philippi et Olimpiadis principibus et satrapibus subiectis meis, habitatoribus Sirie et Capadocie, Cilicie et Pephlagonie, Arabis et aliis gentibus sit gaudium. Volo, ut preparetis unusquisque mille vestimenta et pelles animalium confectas mortuorum alias mille, et mandate ea in Antiochia, ut preparata sint mihi omnia et meis militibus, scilicet tam vestimenta quam et calciamenta, quia camelos ordinatos habemus in Antiochiam, ut adducant ea usque ad flumen Eufraten.'

56. Inter hec autem quidam ex principibus Darii imperatoris nomine Nostradi scripsit epistolam Dario continentem ita: ,Dario regi preclaro, deo magno Nostradi dirigit gaudium. Non oportuerat me vestre glorie hec scribere, sed quasi per fortia scribo. Sciat vestra sublimitas, quia duo magni principes nostri mortui sunt in ipso prelio, quod fecimus cum Alexandro, et ego vulneratus sum male. Coxari fortiter vulneratus est et fugiendo

---

1. eis: *Punkt GS.* 2. dyad. *S.* nec] ne *G.* ord. mei] mea *S.* est *fehlt S.* consuetndo *G.* 3. ord. tui] tue *S.* tui (tue): *Punkt GS.* At tam. *G.* tibi: *Punkt GS.* 4. in me *S.* 5. ut] et *G.* tecum: *Punkt GS.* Cum: *Initiale G.* hec epist. *S.* 6 ad se *fehlt S.* Allex. *S.* ipsam epist. *S.* 7. illos] eos *S, wo dann ein Abschnitt beginnt:* Interea Alexander conuocatis principibus suis dixit *u. s. w. (s. cap. 61 ff.)* 55. 8. satrapis *S.* 9. t. modo] continentem ita *S.* modo (ita): *Punkt G, folgt Abschnitt S.* Alex.: *Initiale G.* olympyad. *S* 10. satrapis *S.* subi. meis] michi subiect. *S.* subiect.: *Punkt S.* syrie *S (= B).* capodocie *S.* 11. Cilic.] ponti *S.* peflagouie *S.* arabes *G.* sit gaud.] gaud. semper et l·ticiam *S.* gaud. (letic.): *Punkt GS.* 12. Volo] Mando uobis *S.* prepar. michi *S (= B).* mille uest. un. *S.* 13. animal. *fehlt S.* perfectas *S.* mortuor. *fehlt S.* eas *G.* 14. anthyochia *S.* prepar. s.] preparetis *G.* mihi *und* et *fehlt S (= B).* milit. m. omn. *S.* 15. tam uestim. scilic. *G.* et *fehlt S.* 16. anthyochia *S.* ea] eas *G.* 17. fluuium *S.* Eufraten: *Punkt G, in S folgt ein Abschnitt:* Darius itaque fugiens ingressus est ciuitatem persypolim *u. s. w. (s. cap. 57).* 56. 18. autem *fehlt S.* 19. nostradii *G,* nostadi *S (= B).* Dario *fehlt S.* ita *Punkt G, folgt Abschnitt S.* 20. Dario: *Initiale G.* deo] atque *S.* Nostadi *S (= B).* gaudium: *Punkt GS.* 21. vestre] tante *S.* hec *fehlt S.* quasi *fehlt S.* fortia *GS.* 22. scribo: *Punkt GS.* princ. n.] ex nostris principibus *S.* 23. ipso *fehlt S.* 24. wlneat. et nullus abiit in finib. s. plur. *S.* male: *Punkt G.*

abiit in finibus suis, plurimi potentissimi atque preclari milites
nostri iunxerunt se Alexandro regi honoravitque eos et regales
provincias illis concessit. Civitatem autem Mithriadis cum
templo igne succendit.' Recepta itaque Darius epistola statim
5 scripsit Nostradi principi suo, ut prepararet se cum omnibus
suis una cum aliis Dario pertinentibus, quatenus resisterent
genti Macedonie, quia nullo modo letantur ad hoc, quod fecerunt.
    57. Scripsit iterum aliam epistolam ad Porum regem
Indorum, ut preberet ei adiutorium. Porus iterum rescripsit ei
10 epistolam continentem ita: „Porus Indorum rex Dario regi Per-
sarum. Quomodo direxisti nos rogando, ut veniremus in adiutorium
vestrum, parati fuimus et sumus, sed impedivit nos infirmitas,
quam habemus, quia et nobis valde durum est de hanc iniuriam.
Sed tamen in proximo recipies meos milites, sed et alie gentes
15 venient in adiutorium vestrum, que procul sunt a vobis.'
    58. Cum autem audisset mater Darii imperatoris, quod
preparasset se Darius filius eius cum exercitu, ut aliam pugnam
cum Alexandro committeret, tristis effecta est valde, sed tamen
scripsit ei epistolam continentem ita: „Regi Dario dulcissimoque
20 filio mater eius dirigit [illi] gaudium. Audivimus itaque, quia
congregasti populum tuum et alias gentes plurimas et vis alia
vice pugnare cum Alexandro. Quin immo, si totum mundum
adunare potueris, non potes ei resistere, quia prospera et victoria

---

    1. suis: *Punkt G.* pōtent. *S.*   2. Al. regi] ad Alexandrum regem *S.*
reg.: *Punkt GS.* Ornauitque *G.*   3. concess. ill., *doch Umstellung angezeigt S.*
concess.: *Punkt GS.* Ciuitas *G* (= *B*). Mithriad.] mitha a diis *G*,
michciadis *S.*   4. succend.: *Punkt GS.* epistolam *G.* epist. Dar. *S.*
5. nostadi *S* (= *B*). principi *corrigirt aus* principibus *G*. Vor preparar.
ist preparauit *getilgt S.*   6. pertinentes *G.* resisteret¹ *G.*   7. in id *S.* hoc] hic
auf Rasur G. fecerunt: *Punkt G. In S folgt:* Interea quidam ex principibus
milicie dar. venit ad Alex. u. s. w. (s. cap. 51).   57. 8. Scripsit - - -] Darius itaque
fugiens ingressus est ciuitatem persypolim et statim scripsit epistolam ad Por. *S.*
9. adiutor.: *Punkt GS.* Por. indorum rex *S* (r. ind. *B¹).*   10. ita: *Punkt G,
folgt Abschnitt S.* Porus: *Initiale G.* rex Ind. *S.* Persar.: *Punkt GS.*
11. nos rog.] nobis mandando *S.*   12. nos impediu. *S.*   13. de hac iniuria *S.*
14. milit. m. *S* (= *B*). milit. (meos): *Punkt GS.* sed *fehlt S.* alias
gentes *G.*   15. veniunt *S.* uobis: *Punkt G. In S beginnt ein Abschnitt:*
Inter hec igitur nunciatum est Alexandro darii aduentum u. s. w. (s. cap. 47).
58. 16. hec aud. *S.* D. imperat.] eius *S.* quod *bis incl.* committeret
fehlt S.   18. valde: *Punkt S.*   19. ita: *Punkt G, folgt Abschnitt S.* Regi:
Initiale G. Regi *fehlt S.* dulcissimo *S.*   20. Rogodoui mat. uestra *S.*
dirig. gaud. *am Rande geschrieben S.* illi *fehlt S.* gaud.: *Punkt GS.*
itaque *fehlt S.*   21. al. vice] uice tercia *S.*   22. c. alex. pugn. *S.* Alex.
(pugn.): *Punkt GS.* ymo *S.*   23. non potes pugnare cum alexandro. nec
potes ei resist. *S.*

concessa sunt ei a diis. Pro quo dimitte sensum altitudinis tue et reclina paululum a gloria tua, quia, si in ipsa perseverare volueris, perdes vitam et induces malum super nos et facies nos perdere honorem, quem apud eum habemus. Certus namque
5 esto, fili mi, quia in maximo honore nos habet. Et noli matri tue amplius preparare angustiam, quia fiducia [enim] mihi est, quod poteris venire in bonum ordinem cum Alexandro, si volueris.' Relecta itaque Darius epistola flevit et turbatus est valde, veniendo illi in memoriam parentes sui.

10   59. Interea Alexander amoto exercitu cepit appropinquare ad civitatem, in qua erat Darius, et ita appropinquavit ei, ut milites sui conspicerent sublimissima loca montium, que erant super civitatem Darii. Videns autem hec Alexander statim precepit militibus suis, ut inciderent ramos arborum atque
15 evellerent herbas et ligarent eas in pedibus equorum et camelorum et mulorum, qui erant in ipso exercitu. Hoc enim ingenium proinde fecit Alexander, ut maiorem pulverem facerent et ut videntes eam Perses ab excelsis montibus obstupescerent de plenitudine hostium.

20   60. Et veniens iuxta civitatem Susis, in qua erat Darius, itinere dierum quinque et castra metatus est ibi et convocatis principibus suis dixit: ‚Inveniamus hominem, quem mandemus Dario dicendo, aut subiuget se sub potestate nostra aut pugnet nobiscum.' Eadem igitur nocte apparuit Alexandro deus Ammon
25 in figura Mercurii portans regalem clamidem atque Macedonicam vestem et dicens illi: ‚Fili Alexander, quando necesse est tibi

---

1. diis: *Punkt GS.*   2. tua: *Punkt G.*   3. facies *steht über getilgtem* facere *S.* nos *fehlt S.*   4. habem.: *Punkt GS.* Nam cert. e. *S.*   5. ampl. matri t. *S.*   6. enim *fehlt S* (= *B*). est michi *S* (= *B*).   7. in bono ordine *S* (= *B*).   8. voluer.: *Punkt GS.* hac epist. *S* (= *B*). conturbatus *S.* 9. sui: *Punkt GS.* **59.** 10. Interea: *Initiale G.* Int. Alexander statuens in corde suo. ut nullomodo vocaretur Imperator. si regnum Darii non obtinuisset. Et amoto exerc. *S.* aprop. ciuitati *S.*   11. ad *fehlt G.* Darius: *Punkt GS.* aprop. *S.*   13. Darii: *Punkt GS.* Vid. aut. h. Al. *fehlt S.* statim] Tunc *S.*   16. et mulor.] illorum *S.* qui] que *G.* exercitu: *Punkt GS.*   17. facer.: *Punkt GS.*   18. et *fehlt S.* vident. eam - -] uid. qui erant in excels. mont. *S.* obstupefacerent *S.*   19. de] ex *S.* hostium: *Punkt GS.*   **60.** 20. Et] Tunc *S.* Susis] persipolim *S.*   21. ibi: *Punkt G, in S beginnt ein Abschnitt:* Darius itaque spe pacis amissa congregato exercitu suo u. s. w. (s. cap. 65). et convoc.] Interea Alexander conuoc. *S.*   22. dixit: *Punkt GS.* per quem *S.*   23. dicendo: *Punkt GS.* ut aut *S.*   24. nobiscum: *Punkt GS.* Eadem: *Initiale G.* Alex. in sompnis *S* (uiditque in somno *B*). amon *G.*   25. figuram *G.* portantem *G.* regalem *fehlt G.* 26. dicentem *GS.* illi: *Punkt GS.* ffili *S.* Alexander: *Punkt GS.* tibi: *Punkt GS.*

adiutorium, paratus sum nuntiare tibi, sed missum, quem dixisti dirigere Dario, vide, ne feceris. Volo itaque, ut induaris figuram meam et pergas tu ibi, quamvis periculosa res sit, ire regem pro legato. Sed tamen noli expavescere, quia deus est in
5 adiutorium tibi nullamque angustiam sustinebis.' Exurgens autem Alexander a somno repletus est gaudio magno et convocatis amicis suis narravit somnium, quod viderat. At illi dederunt ei consilium, ut ita faceret, quemadmodum dictum est ei per somnium, statimque Alexander vocavit unum ex principibus
10 militie sue, cui nomen erat Eumilo, — erat autem ipse vir audax et fidelissimus Alexandri — et iussit ei, ut unum equum ascenderet et alium vacuum traheret et sequeretur eum. Factumque est. Et cum perrexissent ambo ad fluvium, qui dicitur Granicus, qui Persica lingua Stragana appellatur, invenerunt eum
15 coagulatum, statimque Alexander mutato habitu induit se vestimentum, quod in somnio viderat, et principem militie sue dimisit ibi cum duobus equis et ille cum equo, in quo sedebat, transiens ipsum fluvium et cepit ire contra civitatem Darii. Princeps vero rogabat eum dicens: „Maxime imperator, permitto
20 me transire tecum fluvium et venire, ne forte eveniat tibi aliqua angustia.' Cui Alexander dixit: ‚Expecta me hic, quia in meo adiutorio veniet ille, qui in somnio mihi apparuit.'

Iste enim fluvius, de quo superius diximus, hiemali et vernali tempore tota nocte permanet coagulatus, mane vero,
25 cum incaluerit sol, dissolvitur et efficit se [nimium] rapidissimum

---

2. Dario: *Punkt GS.* feceris: *Punkt GS.* induas *S.* 3. ibi: *Punkt GS.* ire - -] tibi ipse rex preparato *S.* rex *G.* 5. sustineb. angust. *S* (= *B*). sustin. (ang.): *Punkt GS.* autem *fehlt S.* 6. a] de *S.* 7. narrau. illis *S.* vider.: *Punkt GS.* 8. per somn.] in sompno *S.* 9. somn.: *Punkt GS.* statimque] Tunc *S.* 10. eumilus *S.* Eum.: *Punkt GS.* ipse v.] ille *S.* 11. Alex.: *Punkt G.* et iuss. ei *fehlt S.* equ.] caballum *S.* 12. eum] Alexandrum *S.* eum (Alex.): *Punkt GS.* 13. est: *Punkt GS.* perrex.] peruenissent *S.* 14. Granic.] tygris *S.* qui] que *G.* qui *bis incl.* appell. *fehlt S.* inuener.] inueniens *S* eum *fehlt S.* 15. coagul.: *Punkt GS.* indueus *S.* se *fehlt S.* 16. sompnis *S.* 17. caballis *S* (= *B*). caballo *S* (= *B*). 18. et *fehlt S.* civit. D.] persipol in qua erat Darius *S.* Dar.: *Punkt GS.* 19. Princ.] Eumilus *S.* vero] autem *S.* dicens: *Punkt GS.* 20. me *fehlt S.* ipsum fluu. *S.* even.] ueniat *S.* 21. aliquam angustiam *G.* ang.: *Punkt GS.* dixit: *Punkt GS.* exspecta *S.* 22. qui michi in sompnis apar. *S.* sompnis *G.* appar.: *Punkt GS.* 23. Iste en.] Etenim *S.* hyem. *S.* 24. coagul.: *Punkt GS.* vero] autem *S.* 25. dissoluetur et efficiet *G.* rabidissim. *S.* rapid.: *Punkt GS.*

et, quicumque ibi ingressus fuerit, rapit et absorbet eum. Est enim latitudo ipsius fluvii stadium unum.

61. Cum autem venisset Alexander ad portam civitatis, et videntes eum Perses mirabantur in figura eius, estimantes illum deum esse, statimque interrogaverunt eum dicentes: ‚Quis es tu?‘ Et ille respondit: ‚Apocrisarius sum regis Alexandri.‘ Darius itaque imperator tunc erat per montana terre sue vociferando et congregando multitudinem hostium, ut aliam pugnam cum Alexandro committeret. Qui cum venisset ad portam civitatis et invenisset Alexandrum loqui cum Persis, miratus est valde in figura eius, sperans deum esse Apollinem descendentem de celis, statimque adoravit eum et dixit illi: ‚Quis es tu?‘ Cui ille respondit: ‚Misit me rex Alexander ad te dicens: ut quid moram facis ut timidus homo, exire preliando cum inimicis tuis? Aut subiuga te aut constitue diem pugnandi.‘ Audiens autem hec Darius dixit ei: ‚Forsitan enim tu es Alexander, qui cum tanta audacia loqueris? Ut video, non loqueris tu sicut nuntius, sed sicut idem ipse Alexander. Pro certo scias, quia nullo modo me turbant dicta tua, sed tamen comede hodie mecum ad cenam meam sicut missus, quia Alexander invitavit missos meos ad cenam suam.‘ Et hec dicens tetendit manum suam et apprehendit eum per dexteram manum suam introducens illum in palatium suum. Alexander enim cepit cogitare et intra se dicere: ‚Bonum signum in me fecit barbarus iste, introducens me per dexteram in hoc palatio. Certissime etenim adiuvantibus diis in proximo meum erit istum palatium.‘

---

1. rapit] recipit *S*. eum: *Punkt GS*. 2. fluvii *fehlt G*. in ipsum transitum ad stad. *S*. unum: *Punkt GS*. **61.** 4. perse *S*. eius] ipsius *S*. 5. esse: *Punkt GS*. statimque] Tunc *S*. dicent.: *Punkt GS*. 6. tu: *Fragezeichen G, Punkt S*. Et] At *S*. respond.: *Punkt GS*. Alex.: *Punkt GS*. 8. aliam *fehlt S*. 9. committ.: *Punkt GS*. 10. All. loquentem *S*. 11. in figura eius *fehlt S*. eum deum *S*. 12. celo *S*. cel.: *Punkt GS*. illi: *Punkt GS*. tu: *Fragezeichen G, Punkt S*. 13 respond.: *Punkt GS*. rex *fehlt S*. dicens: *Punkt GS*. ut *fehlt S* 14. preliari in campo c. i. *S* (= *B*). 15. tuis: *Punkt G*. subiugate *G*. a. te sub inimicorum potestate *S*. pugnandi: *Punkt GS*. Audiens: *Initiale G*. Aud. aut. h. *fehlt S* (= *B*). 16. Dar. d. ei] Cui Dar. *S* (= *B*). ei (Dar.): *Punkt GS*. flors. *S*. enim *fehlt S*. Allex. *S*. 17. loqueris: *Punkt GS*. uid'o *S*. 18. nuntius] missus *S*. nunt. (miss.): *Punkt GS*. ipse *fehlt S*. Alex.: *Punkt GS*. Nam pro c. *S*. 19. tua: *Punkt GS*. cõmede *G*. omede *S*. mec. hodie *S*. 20. meam *fehlt S*. et Alex. *S* (= *B*). 21. suam: *Punkt GS*. 22. eum per *fehlt S*. dexter. man. s.] dextram illius *S*. introduc.] et introduxit *S*. 23. suum: *Punkt GS*. Allex. *S*. enim] autem *S*. c. intra se et *S*. 24. dicere: *Punkt GS*. 25. dextram *S*. in palacium istud *S*. pal. (ist.): *Punkt GS*. 26. proximum *S*. istum *fehlt S*. pal.: *Punkt GS*.

62. Et ingressus Darius una cum Alexandro in triclinio suo, in quo erat ipsa cena preparata, sedit Darius imperator, sedit et Alexander sederuntque et principes militie Darii cum Alexandro facie ad faciem. Erat enim ipsum triclinium totum
5 ornatum ex auro. Perses itaque sedentes in convivio despexerunt staturam Alexandri eo, quod esset parva, ignorantes, qualis sapientia et qualis virtus et audacia erat in tali corpusculo. Parapsides autem et mense et scamna omnes erant ornate ex auro. Pincerne vero ferebant sepius poculum in vasis aureis
10 ornatis ex pulchrioribus gemmis; mediante vero convivio, cum porrectum fuisset Alexandro poculum aureum, bibit et misit eum in sinum suum. Allatum est illi et vas aliud et fecit similiter deinde usque ad tertium. Allatores vero vasculorum, cum hoc vidissent, retulerunt Dario imperatori. Audiens autem hec Darius
15 erexit se et dixit Alexandro: „Amice, quid est hoc, quod facis? Quare abscondis vasa aurea in sinu tuo?" Cui Alexander respondit: „In convivio nostri senioris talis est consuetudo, ut convive, si volunt, tollant sibi vascula, cum quibus bibunt, sed, quia talis non est consuetudo apud vos, qualis apud nostrum seniorem, reddo
20 ea vobis." Et hec dicens reddidit ea pincernis. Perses vero dicebant inter se mutuo: „Ista consuetudo valde bona est."

63. Quidam vero ex principibus militie Darii, cui nomen erat Anepolis, sedens in convivio et intuens faciem Alexandri — viderat enim illum tunc, quando direxerat eum Darius cum aliis
25 Macedoniam, Philippo tollere censum — et intelligens sensum et

---

62. 1. triclinium S. 2. suo *fehlt* S. er. ipsa o.] cena erat S. prepar.: *Punkt GS.* 3. Alex.: *Punkt GS.* sederunt S (= B). 4. faciem: *Punkt GS.* tot. ornat.] et totum cenaculum S. 5. auro: *Punkt GS.* Perse qui sedebant in conu. S. 7. corpusc.: *Punkt GS.* 8. et mense et scamna *fehlt* S. scamna G. ornate *fehlt* S. ex] de S. 9. auro: *Punkt GS.* Pincerna S. sep. ferebat S. pocula S (= B). 10. pulcrior. G, plioribus S. gemmis: *Punkt GS.* 11. aureum *fehlt* S. 12. suum: *Punkt GS.* illi] ei S. simil.: *Punkt GS.* 13. usque *fehlt* S. tertium: *Punkt GS.* vero *fehlt* S. 14. imperat.: *Punkt GS.* Audiens--] Quo audito Dar. S. 15. Alex.: *Punkt GS.* est] tibi S. facis: *Fragezeichen G, Punkt S.* 16. tuo: *Fragezeichen G, Punkt S.* respond.: *Punkt GS.* 17. consuet.: *Punkt GS.* 18. tolunt G. quibus] quo G. bibunt: *Punkt GS.* sed ex quo consuet. tal. aput v. n. e. S. 20. vobis: *Punkt GS.* Et: *Initiale G.* reddit S. pincer.: *Punkt GS.* Perse autem qui sedebant in conuiuio. ceperunt loqui inter se mutuo dicentes S. 21. mut. (dic.): *Punkt GS.* est: *Punkt GS.* 63. 22. Homo quid. S. vero *fehlt* S. mil. *fehlt* S. 23. sedebat S. in faciem S (= B). 24. enim *fehlt* S. illum] eum S (= B). tunc *fehlt* S. 25. Philippo *fehlt* S. toll.] accipere S. censum: *Punkt GS.* sens.] uocem S (= B).

figuram eius cepit cogitare intra se: ‚Nonne iste est Alexander filius Philippi?' Et statim erigens se et accessit propius Dario imperatori et dixit ei: ‚Maxime imperator, iste missus, quem vides, ipse est Alexander Philippi filius.' Alexander autem videns eos
5 inter se mutuo loqui, intelligens, quia de agnitione eius dicerent, statim exiliens de sedio suo, exiens foras triclinium et invenit quendam ex Persis tenentem in manu faculam, ascendit equum suum et cum magna celeritate cepit ire. Perses vero videntes hoc omnes armati ascenderunt equis suis et cum magna veloci-
10 tate sequuti sunt eum. Erat enim obscura nox. Alexander itaque portans in manu faculam tenebat iter rectum, insequentes autem illum alii oberrabant deviantes, alii percutiebant facies suas per ramos arborum, alii cadebant in foveas. Sedente autem Dario in throno suo et cogitante de hoc, quod fecit Alexander,
15 aspexit contra statuam auream Xersen regis, que sedebat sub tribunal triclinii, et statim cecidit. Videns enim hoc Darius dolore ductus cepit flere amarissime et dicere: ‚Hoc prodigium desolationis est domus mee et detrimentum regni Persarum.' Alexander autem venit ad fluvium Granicum invenitque eum coagulatum et
20 transiit et, antequam de fluvio exiret, mortuus est equus eius et dissolutus est fluvius et tulit eum. Ille vero iunctus est cum Eumilo principe militie sue et reversus est ad suos.

64. Alio itaque die congregato exercitu suo pervenit ad numerum centum viginti milia hominum et ascendens in eminen-
25 tiori loco confortabat exercitum dicens: ‚Non equabitur multitudo

---

1. se et dicere S.   se (dic.): *Punkt GS.*   2. Phil.: *Fragezeichen G.* *Punkt S.*   Et stat.] tunc S.   3. ei: *Punkt GS.*   imperat.: *Punkt GS.* 4. ipse] iste S.   fil.: *Punkt GS.*   Alexander - -] Cumque uidisset eos Alex. inter S.   5. cognicione S.   6. sedio] solio S.   et *fehlt* S.   7. facul.: *Punkt GS.*   et ascend. caballum S.   8. ire: *Punkt GS.*   Persi S.   vero *fehlt* S.   hoc uident. S.   9. arm. sunt ascendentes S.   equos suos S. 10. secuti S.   eum tenentes in manibus faculas S.   eum (facul.): *Punkt GS.* nox obsc. S.   nox (obsc.): *Punkt GS.*   11. teneb.] tendebat S.   rectum: *Punkt G.*   insequ. aut.] et insequ. S.   12. percuciebat S.   13. in fov.] per defossa terrarum S.   fov. (terr.): *Punkt GS.*   14. Alex.: *Punkt GS.*   15. regem G. que] qui S.   16. tribunali S.   et *fehlt* G.   cecid. ipsa statua S.   cecid. (stat.): *Punkt GS.*   Videns - -] Mox Dar. dol. S.   17. amare fl. S.   dicere: *Punkt GS.*   est desol. S.   18. detrim.] decrescio S.   Persar.: *Punkt GS.*   19. aut. ven.] ven. igitur S.   Granic.] supradictum S.   et inuenit S.   eum *fehlt* S. 20. transiuit S.   trans.: *Punkt GS.*   caballus eius mort. est S.   21. eum: *Punkt GS.*   22. cum E. princ.] e. principi S (= B).   suos: *Punkt GS.* 64. 23. Alio: *Initiale G.*   itaque] namque S.   pervenit *bis incl.* homin. et *fehlt* S.   24. homin.: *Punkt G.*   ascendit S (= B).   25. et confortauit S (= B).   exercit.] eos S.   dicens: *Punkt GS.*

Persarum ad multitudinem hominum nostrorum, quia multi plures sumus nos quam illi; sed tamen, si illi multi plures nobis fuissent, etiam centupliciter, non nos deberent turbare, quia multitudo muscarum nullam lesionem prevalet facere parvitati vespium.'
5 Audiens autem hoc omnis exercitus elevata voce magna ceperunt laudare eum.

65. Darius itaque imperator amoto exercitu suo venit ad fluvium Granicum transiensque fluvium et castra metatus est ibi. Erat enim exercitus Darii magnus valde et fortis habebatque
10 falcatos currus decem milia. Alio namque die convenerunt in campo utreque hostes, Alexander cum suis et Darius imperator cum suis. Alexander enim ascendens equum suum, qui dicebatur Bukefalas, et amoto eo cursu velocissimo stetit in medio ante omnes suos. Videntes enim Perses ex adverso obstupefacti sunt;
15 timebant enim eum pro eo, quod terribilis videbatur ab omnibus. Sonuerunt itaque tubas bellicas et facto impetu contra eos, statim mixta est utraque hostis et ceperunt pugnare inter se acriter et ex ambabus partibus sonabant tube. Fortior enim erat sonitus armorum pugnantium quam sonitus tubarum, et cadebant ex
20 utraque parte multitudo militum. Erat enim sagittariorum plenitudo maxima per partes, qui cooperiebant ipsum aerem de sagittis sicut nubes; alii autem manu ad manum pugnabant cum ensibus,

---

1. ad multitudine *G*.   2. nos *fehlt S*.   illi: *Punkt GS*.   plures multi *G*, multi *fehlt S*.   3. eciam nos non *S*,   turbari *G*, terrere *S*. turb. (terr.): *Punkt GS*.   4. preualēt *S*.   vesp.: *Punkt GS*.   5. Audiens--] Tunc omn. exercit. cepit elata uoce m. laud. *S*.   6. eum: *Punkt G*. *In S beginnt ein Abschnitt:* Igitur Darius imperator audiens alexandrum satrapas s. p. v. u. s. w. (*s. cap. 50*).   65. 7. Darius: *Initiale G*.   Dar. it. spe pacis amissa congregato exerc. s. et amoto eo *S*.   8. Granicum] tigris *S*.   Gran. (tigr.): *Punkt GS*.   et *fehlt S*.   ibi *fehlt S*.   ibi (est): *Punkt GS*.   9. enim *fehlt S*.   Darii] eius *S*.   fortis: *Punkt GS*.   Habebat *S* (= *B*).   10. dec. mil. Pedites tricenti quatuor milia. equites centum milia *S*.   milia: *Punkt GS*. 11. utrique *S*.   hostes: *Punkt GS*.   imperator *fehlt S*.   12. suis: *Punkt GS*.   Alex.: *Initiale G*.   Al. eu. ascend.] Ascend. allex. *S*.   caballum *S*. 13. Buciphal *S*.   eo *fehlt S*.   14. suos: *Punkt GS*.   perse *S*.   sunt *fehlt GS*.   15. timuerunt *S*.   euim *fehlt S*.   omnib.: *Punkt GS*.   Macedones enim iam erant animosi de tantis victoriis quas habuerant. Perse nisi vincant mori desiderant. Sonuerunt *S*.   16. Sonuer. it.] Sonueruntque *G*. t. bell. per partes *S*. Alexander c. eos *S*.   statimque *S*.   17. mixtus e. uterque *S*. hostis: *Punkt GS*.   et] Tunc *S*.   intra *S*.   18. amb. part.] ambobus *G*.   tube: *Punkt GS*.   19. armatorum *S*.   20. multitudinis *G*.   milit.: *Punkt GS*. Erat *corrigirt aus* Erant (?) *G*.   plenit.] multitudo *S*.   21. per part. *fehlt S*. cooperiebantur *G*.   aerem per partes *S*.   22. nubes: *Punkt GS*.

alii vero cum sagittis et contis, et erat planctus in eis et tribulatio magna, eratque campus plenus ex mortuis et semivivis et vulneratis, et inchoatum est prelium ab ortu solis et pugnatum est usque ad occasum eius. Inter hec autem multi ceperunt cadere
5 a parte Persarum. Videns enim Darius suos in bello deficere terga versus est et iniit fugam ceperuntque et Perses fugere cum eo. Erat enim iam obscura nox. Multitudo falcatorum curruum fugientes occidebant suos et cadebant pedestres homines ante eos, sicut messis cadit in campo ante plenitudinem equitum. Veniens
10 autem Darius ad fluvium invenit eum coagulatum et transiit. Plenitudo vero Persarum post eum fugientes ingressi sunt in ipsum fluvium et impleverunt illum ab una ripa in alteram, et statim rupta est glacies eius et absorbuit eos. Alii vero venerunt ad ipsum fluvium et, cum transire non possent, insequentes eos
15 Macedones interficiebant illos. In hoc itaque bello interfecti sunt ex Persis trecenta milia homines absque eis, quos tulit ipse fluvius.

66. Fugiens ergo Darius ingressus est civitatem Susis et ascendens in palatium suum prostravit se super faciem suam in terra et ex alto pectore trahens dura suspiria et plorando dicebat:
20 „Heu me miserum, qualis celestis ira et tribulatio apprehendit

---

1. aliis *G*. et venaculis atque contis *S*. cont.: *Punkt GS*. 2. magna: *Punkt GS*. Erat *S*. 3. vulnerat.: *Punkt GS*. incoatum *G*. 4. eius: *Punkt GS*. Int. h. aut.] Et *S*. multi c.] c. plurimi *S* (= *B*). 5. a] ex *S* (= *B*). Persar.: *Punkt GS*. Cumque uidisset Dar. *S*. deficere] mori *S*. 6. persuasus a suis t. uers. iniit fug. *S*. fug.: *Punkt GS*. ceper. bis incl. cum eo *fehlt S*. 7. enim] autem *S*. iam *fehlt S*. nox: *Punkt G*. et multit. *S*. curr. falcat. *S* (= *B*). 8. occid. s.] ad s. *S*. suos: *Punkt GS*. 9. equit.: *Punkt GS*. 10. autem *fehlt S*. ipsum fluu. *S* (= *B*). et inu. *S* (= *B*). trans.: *Punkt GS*. 11. fugient.] venientes *S* (ueniens *B*). 12. et implev. bis incl. ipsum fluv. *fehlt S*. alteram] altera *G*. 13. eos: *Punkt GS*. 15. illos: *Punkt GS*. In h. it. bello persarum omnis fiducia attrita est, ita ut post hoc nullus rebellare ausus sit, et paciencer perse post imperium anuorum tantorum iugum seruitutis acceperunt. Alexander itaque continuis triginta quatuor diebus castrorum predam diuisit Aliquando autem in nullo prelio tantum sangwinis effusum est. Denique in hiis tribus preliis que intra tres circiter annos cum Dario gessit int equestres et pedestres interfecti sunt quinquies milies centena milia. absque eis, qui interfecti sunt in ipsis preliis quos cum eius satrapis lesit (l. *steht über durchgestrichenem* fecit) qui fuerunt numero decies milies nonies centena milia *S*, *wo dann ein Abschnitt anfängt:* Deinde amoto exercitu transmeans fluuium tigris u. s. w. (*s. cap. 68*). 16. eos *G*. ipsum fluuium *G*. fluv.: *Punkt G*. 66. 17. Fugiens: *Initiale G*. Darius itaque wlneratus e prelio fug. *S*. Susis] persipolim *S*. Sus. (pers.): *Punkt GS*. 18. in terr. et *fehlt S*. 19. tracus *G*. trah. d. s.] dura trah. susp. *S* (= *B*). et *fehlt S*. diceb.: *Punkt GS*. 20. miser *GS*. qual. trib. et celest. i. *S*,

Persidam, quia humiliatus est Darius usque ad terram, qui subiugavit atque in sua potestate redegit multas civitates plurimasque insulas et plurimas nationes gentium. Nunc autem fugitivus et subiectus factus est. Quod si cognitum fuisset misero
5 homini, quod ei in futuro accidisset, in presenti aliud cogitaverat. In puncto autem articuli unius diei veniet, qui humiles exaltat usque ad nubes et sublimes humiliat usque ad tenebras.' Et hec dicens, erigens se de terra et sedit et reversus est sensus eius in eo statimque scripsit epistolam ad Alexandrum continentem ita:
10 ‚Darius rex dominatori meo Alexandro gaudium. Recordando mandamus vestram clementiam, quia sicut homo et tu natus es. Sufficit enim homini, in quo sapientia esse videtur, sicut in te est, cum habuerit victoriam; non elevetur mens eius in sublime, sed semper cogitet novissima. Recordare Xersen regem fortissi-
15 mum, unde ego originem duco, quia multas victorias habuit plurimaque prospera, sed quia ultra modum elevata est mens eius, habuit turpitudinem in Ellada, ille, qui plurimas divitias auri habuit, sicut tu ipse vidisti apud nos. Recordare iterum, quia superna divinitas concessit tibi hanc victoriam; proinde
20 impende mihi misericordiam, quia refugium facio apud te. Scis enim nos nostramque magnitudinem et nativitatem; concede nobis matrem nostram et uxorem et filios, et advicem promitto tibi dare thesauros, quos habeo in Rada et Susis et Mactra, quos thesaurizaverunt parentes mei subtus terram, et constituam te
25 dominum Medis et Persis omnibus diebus vite tue. Esto salvus et concessa sit tibi victoria a Iove summo.'

67. Venientes ipsi missi Darii ad Alexandrum obtulerunt

---

1. Persiam *S*.   2. mult.] plurimas *S*.   plurim.] et multas *S*.   3. gent.: *Punkt GS*.   4. figitiuus *S*.   est: *Punkt GS*. cognita *G*.   5. aliut *G*.   cogitav.: *Punkt GS*.   6. aut. artic.] et in articulo *S*.   humilies *S*.   7. tenebr.: *Punkt GS*.   8. erexit se *S*.   de terra *fehlt S* (— *B*).   sedit: *Punkt GS*. 9. eo: *Punkt GS*.   ita: *Punkt G, folgt Abschnitt S*.   10. Darius: *Initiale G*. gaudio *G*. gaud.: *Punkt GS*.   11. quia et tu sic. h. nat. es *S* (— *B*).   13. eius amplius (ampl. mens eius *B*) *S*.   14. noviss.: *Punkt GS*.   fortissim.: *Punkt GS*.   15. duco orig. duco *G*.   hab. victor. *S*.   16. prosp.: *Punkt GS*. elev. est m. eius] est m. elata *S*.   17. elladā *G*, elleda *S*.   Ell.: *Punkt GS*. 18. sicut] quas *S*.   aput *GS*.   nos: *Punkt GS*.   19. divin.] prouidencia *S*. victor.: *Punkt GS*.   20. quia] ut *S*.   faciam *S*.   aput *G*, ad *S*.   te: *Punkt GS*.   Scias *G*.   21. et] atque *S* (- *B*).   22. et sorores vxor. et filias *S*.   tibi dare *fehlt S*.   23. et thesaur. *S*.   in R.] in terrā in aidam *S* (in terra miniada *B*).   mactram *S*.   24. thesariz. *G*, thezauris. *S*.   constituo *S* (— *B*).   25. tue: *Punkt GS*.   26. summo: *Punkt GS*.   67. 27. Venient.: *Initiale G*.   ipsi] autem *S*.

ei ipsam epistolam. Statim iussit eam legere coram omnibus suis militibus. Audientes autem milites eius epistolam gavisi sunt valde, statimque unus ex principibus militie, cui nomen erat Parmenion, dixit ad Alexandrum: ‚Maxime imperator, tolle tibi
5 cunctas has divitias, quas promittit tibi Darius, et redde ei matrem eius et uxorem et filios.‘ Alexander vero hec audiens vocavit ad se ipsos missos Darii coram omnibus et dixit eis: ‚Ite, dicite Dario imperatori vestro: miror, si per premium vult recolligere matrem suam et uxorem et filios. Si victus est Da-
10 rius, mihi premium non promittat et si iterum vult pugnare, pugnet. Si vicerit nos, utinam salvare valeamus nosmet ipsos, quanto magis, ut teneamus matrem et filios.‘ Et hec dicens dedit illis dona optima et dimisit eos. Deinde precepit militibus suis, ut irent et colligerent corpora et sepelirent eos, vulneratos
15 autem adducerent ad castra et inferrent illis medicinam.

68. Inde amoto exercitu castra metatus est iuxta fluvium Granicum et aliquantos dies hiemavit ibi et fecit diis suis victimas. Erant enim circa ipsum fluvium palatia pulcherrima constructa a Xerse rege Persarum et videns ea iussit, ut combure-
20 rentur, et post paululum penitentia ductus precepit, ut nullo modo aliquis auderet ea comburere. Erat enim in ipso loco ager magnus, ubi ab antiquis sepeliebantur reges et iudices Persarum, et fodientes in illo Macedones inveniebant in ipsis sepulcris vasa gemmea et aurea et invenerunt ibi sepulcrum Nini regis Assi-

---

1. ips.] hanc *S*. epist.: *Punkt GS*. 2. militib.: *Punkt GS*. Audientes - -] Milites eius audient. hanc epist. *S*. 3. valde: *Punkt GS*. statimque] Tunc *S*. 4. Alex.: *Punkt GS*. 5. has] hec *G*. quas] que *G*. has quas promitt. Dar. diuic. *S (dieselbe Wortstellung B)*. 6. vxor. eius et matr. et sorores et filias *S*. fil.: *Punkt GS*. Alexander - -] Tunc Alex. uoc. ips. miss. Dar. *S*. 7. eis: *Punkt GS*. 8. vestro: *Punkt GS*. wlt per prem. *S*. 9. et sorores vxor. et filias *S*. fil.: *Punkt GS*. victurus *S*. 10. promittit *S*. promitt.: *Punkt GS*. et] sed *S*. 11. pugnet: *Punkt G*. et si *S*. nos *fehlt S*. 12. eius matr. sorores vxorem et filias *S*. fil.: *Fragezeichen G, Punkt S*. 13. eos: *Punkt GS*. Deinde - - - bis zum Schlusse dieses Capitels ist in *S* übergangen, wo dann folgt: Et reuertentes ipsi missi darii ab Alexandro (s. cap. 69). 14. eos: *Punkt GS*. 15. adduceret *G*. inferret *G*. medicin.: *Punkt G*. 68. 16. n̄ *mit Ausfall der Initiale G*. Deinde amoto exerc. transmeans fluuium tigris castra met. est *S* 17. Granic. (est): *Punkt GS*. hyem. *S*. et *bis inclus*. victim. *fehlt S*. 18. enim] autem *S*. pulcerr. *S*. 19. xersen regem *G*. Persar.: *Punkt GS*. ea] eas *G*. combur. *corrigirt aus* coomburentur *S*. combur.: *Punkt GS*. 20. et *fehlt S*. 21. ea] eos *G*. combur.: *Punkt GS*. et in *S*. agrum magnum *G*. 22. antiqu.] antiquitate *S*. iudic.] presides *S*. Persar.: *Punkt G*. 23. inueniebantur *G*, inuenerunt *S (= B)*. sepulchris *G*. 24. et aurea *doppelt G*. aurea] argentea *S (= B)*. aur. (argent.): *Punkt GS*. t *vor* inuener *fehlt S*. sepulchr. *G*.

riorum ex uno lapide ametisto cavatum habente forinsecus
sculptas palmulas et aves. Et tam lucidissimus erat ipse ame-
tistus, quin etiam foris apparebat corpus hominis et capilli eius.
Erat autem in ipso loco turris angustiosa et pessima, in qua
5 erant trusi multi homines truncati, alii manus, alii brachia, alii
vero tibias et pedes, alii pedes solummodo aut manus. Qui
audientes strepitus armatorum clamaverunt omnes ad Alexan-
drum; audiens autem Alexander clamorem illorum iussit eos abs-
trahi de turre et videns eos misericordia motus est super eos,
10 doluit et ploravit et precepit illis dare per unumquemque auri
dragmas mille et promisit illis restitui proprietates suas.
    69. Interea revertentes ipsi missi Darii ab Alexandro narra-
verunt ei, quemadmodum dixerat illis Alexander. Darius vero
hec audiens cepit preparare se iterum, ut aliam pugnam cum
15 Alexandro committeret, nec non et scripsit epistolam ad Porum
Indorum regem continentem ita: ,Darius rex regum Poro regi
gaudium. Nuper direximus vos rogando, ut faceretis nobis adiu-
torium contra illos, qui conati sunt dissipare palatium nostrum;
nam iste Alexander, qui pugnat nobiscum, habet ferocem animum
20 sicut [mare et] bestia et tempestatur animus eius sicut mare,
quando impletur a vento. Volui itaque recolligere ab illo matrem
meam et uxorem et filios et advicem dare illi maiorem partem
de thesauro meo, sed noluit mihi acquiescere. Quamvis sine mea
voluntate congregabo gentes multas et decertabo usque ad
25 mortem et pugnabo cum illo alia vice, quia melius est mihi mori

---

1. Anechisto S. cav.] sculpto S. habentes G. 2. aves: Punkt GS. et
transluc. i. er. amech. S. 3. quin] qui G. et foris S. eius: Punkt GS. 4. Erant
G. 5. manibus S. al. brach.] et brachiis S. 6. tybias G, tybiis S. pedibus
S. a. uero pede s. et manu S. man.: Punkt GS. 7. strepitus G, strepitum S.
Alexandrum: Punkt GS. 8. autem fehlt S. illor.] ipsorum S. abstrai G (—B).
9. turre] terra G. ipsa turre S. tur.: Punkt GS. est fehlt S. 10. plor.:
Punkt GS. 11. dragma G. mille] decem id est libras decem et dragmas quin-
que S. mille (quinque): Punkt GS. suas: Punkt G. 69. 12. Inter.]
Et S. 13. Alex.: Punkt GS. Darius v. h. aud.] Tunc Dar. S. 14. se
prepar. S. aliam] terciam S. 15. committ.: Punkt GS. 16. ita: Punkt G,
folgt Abschnitt S. Darius: Initiale G. regum] persarum S. 17. gaudio G.
gaud.: Punkt GS. v. rog.] ad uos epistolam mandando S. 18. c. illos] coram
illis S. nostrum: Punkt GS. 19. iste] ipse S. pugnauit S. 20. mare
et fehlt S. 21. auento G. vento: Punkt GS. Volui corrigirt aus voluit
G, Voluimus S. it. fehlt S. matr. m. ab illo S. 22. et sorores vxor. et filias S.
fil.: Punkt G. et advic.] adinuicem S. dimidiam part. regni mei cum
thes. S. 23. acquiesc.: Punkt GS. 24. Vor gentes ist os getilgt G. 25. alia]
tercia S.

in bello quam videre desolationem meam et gentis mee. Pro quo
ne pigeat misericordia vestra super miseriam nostram et adiuvate
nos, ut salvemur ab angustiis, in quibus positi sumus, et revoca
in memoria tua ordinem parentum nostrorum. Et hoc vobis
5 promitto, quia datum dabo omnibus hominibus, qui vobiscum
advenerint, per unumquemque mensem pedestribus hominibus per
singulos aureos tres solidos, equitibus vero per singulos aureos
solidos quinque; cibaria vobis et omnibus servientibus nec non,
in quibus necesse fuerint vel habuerint, ego dabo et, ubicumque
10 castra metati fueritis, dabimus vobis centum octoginta iuvenculas
ornatas diversis ornamentis pro vestris obsequiis; equus vero
Bukefalon et imperiale paramentum Alexandri vestrum sit, spolia
vero illorum, qui captivi fuerint, ad medietatem sit vestro exer-
citui et valde rogamus, ut, cum receperitis hanc epistolam, festinetis.'
15   70. Inter hec autem fugientes quidam ex militibus Darii
ad Alexandrum narraverunt ei, quemadmodum preparabat se
Darius cum suis, ut aliam pugnam committeret, et quomodo di-
rexerat ad Porum regem Indorum, ut festinaret in suum adiu-
torium. Cum autem hoc audisset Alexander, statim amoto exer-
20 citu cepit ire contra Darium, statuens in corde suo et dicens, ut
nullo modo vocaretur imperator, si regnum Darii non obtinuisset.
Darius autem audiens adventum Alexandri timuit valde et Perses
cum eo.
    71. Erant enim quidam ex principibus militie Darii, unus

---

1. desol. gent. m. et meam *S*. mee (meam): *Punkt GS*. 2. ne *fehlt G*. nostram] meam *S* (= *B*). 3. sumus: *Punkt GS*. reuocare *G*, reūoca *S*. 4. parent.] posterum *S*. nostror.: *Punkt GS*. 5. promittimus *S*. qui vobisc. *fehlt S*. 6. aduenerunt *S*. mens. dabo *S* (= *B*). 7. sol. aur. tr. *S*. solid.: *Punkt G*. sol. aur. *S*. 8. quinque: *Punkt GS*. uob. et omnib. uobis *S*. servient.: *Punkt G*. 9. fuerint vel *fehlt S* (= *B*). ubicumque] ubi *S*. 10. fuerint *S*. octoginta *fehlt S*. 11. uestro obsequio *S*. obsequ.: *Punkt GS*. equus] Equum *G*, Caballus *S* (= *B*). 12. buciphal *S*. et imper. *fehlt S*. alex. param. *S* sit: *Punkt GS*. 13. capti *S* (= *B*). ad mediet.] medietatem *G* (mediet. tibi dabimus *B*), medietas *S*. de u. (uestro *auf Rasur G*) exercitu *GS*. exerc.: *Punkt GS*. 14. rogo *S*. receperis *S* (= *B*). festina venire *S* (= *B*). fest. (ven.): *Punkt G, folgt Abschnitt S*. 70. 15. Inter: *Initiale G*. autem *fehlt S*. fugiens *G*, abiens *S*. 16. narrauit *S*. 17. et (?) *vor ut getilgt G*. aliam] terciam *S*. cum eo omitt. *S*. committ.: *Punkt GS*. direx.] dixerat *S*. 18. festin.] veniret *S*. adiutor.: *Punkt GS*. *In S folgt nun:* Cum autem hec audisset mater eius tristis effecta est u. s. w. (s. cap. 68.) 20. Darium: *Punkt G*. 21. obtin.: *Punkt G*. 23. eo: *Punkt G*. 71. 24. Erant: *Initiale G*, Deinde amoto exercitu cepit ire persypolim caput persici regni famosissimam. et confertissimam multis diuiciis tocius mundi. Igitur fugiens Darius voluit ad parthos attingere. Tunc vnus ex propinquis

nomine Bisso, alius Ariobarzantes, statimque audientes adventum Alexandri fecerunt coniurationem inter se, ut interficerent Darium, estimantes bonam voluntatem recipere ab Alexandro. Hec autem inter se firmantes ascenderunt palatium et venerunt ante Darium
5 evaginatis gladiis. Videns eos Darius dixit eis: ‚O carissimi mei, qui usque modo vocabatis vos servos, nunc vero liberos, quare me vultis occidere? Forsitan enim plus sunt Macedones honorati apud Alexandrum quam vos apud me? Recedite a me, quia sufficit mihi tribulatio mea, et nolite hoc malum in me facere,
10 quia, si me occideritis et invenerit me Alexander occisum quasi a latronibus, vindictam faciet in vos, quia non est gaudium imperatori invenire alium imperatorem interfectum a suis.' Illi vero nequaquam pietate ducti ceperunt eum ferire, Darius preparato brachio cecidit vulneratus et dimiserunt eum in palatium semi-
15 vivum iacentem, sperantes eum mortuum.

72. Audiens autem Alexander interitum Darii, transiens ipsum fluvium cum exercitu suo celeriter et veniens in civitatem Susis. Perses itaque videntes eum statim aperuerunt portas civitatis et receperunt eum honorabiliter. Cum ergo audissent
20 ingressum Alexandri hi, qui interfecerunt Darium, continuo absconderunt se, volentes intelligere voluntatem Alexandri de hoc, quod fecerunt in Darium. Alexander enim ascendens palatium et deambulans per eum mirabatur in edificio eius. Construxerat enim

---

suis nomine bysso et alius ariobarzanes consiliantes inter se apprehenderunt eum. et compedibus aureis ligauerunt, estimantes bonam recipere remuneracionem ab alexandro. Tunc ait ad eos Darius. O karissimi u. s. w. S.
    1. bysso *G.*   Ariobarz.: *Punkt G.*   3. Alexandro: *Punkt G.*
5. gladiis: *Punkt G.*   6. eis: *Punkt G.*   k$\overline{\text{mi}}$ *G*, kr$\overline{\text{mi}}$ et propinqui mei consangwinei *S.*   6. qui usque *bis incl.* liberos *fehlt S.*   quousque *G.* serui *G.*   liberi *und nachher Punkt G.*   7. wltis m. *S.*   occid.: *Fragezeichen G, Punkt S.*   8. me: *Fragezeichen G, Punkt S.*   9. in me h. mal. *S.* facere: *Punkt GS.*   10. occiditis *S.*   inueniet *G.*   11. a] ad *G.*   est gaud.] conuenit *S.*   12. a suis *fehlt S.*   suis (interf.): *Punkt GS.*   vero] autem *S.* 13. ducti super eum ceper. sagittare eum in brachio *S.*   eum] ei *G.*   fer. (brach.): *Punkt GS.*   Tunc Dar. *S.*   14. brachio *corrigirt aus* pr. *G.*   fortiter wlnerat. *S.*   vulnerat.: *Punkt GS.*   campo *S.*   15. mort.: *Punkt GS.* 72. 16. Audiens: *Initiale G.*   autem] enim *S.*   Alex., quia Darius a propinquis suis cōpedibus aureis teneretur. persequi statuit et precepit. ut eos persequeretur excitus. et ipse cum sex militibus equitum añ prouectus inuenit eum in itinere solum relictum.   plagis cōfossum. et per easdem plagas efflantem. Quem cum vidisset alexander. misericordia motus u. s. w. S. 17. e *in* civit. *aus* a *corrigirt G.*   18. Susis: *Punkt G.*   19. honorabil.: *Punkt G.*   20. hii *G.*   22. Dar.: *Punkt G.*   deambul. *corrigirt aus* deamp. *G.* 23. eius: *Punkt G.*

eum Cyrus rex Persarum, et erant pavimenta eius ornata ex
lapidibus candidis et variis, et parietes erant omnes ornate ex
auro et gemmis, et erat ibi simulacrum celi ex auro et gemmis
et stellis fulgentibus ornatum et columne auree continentes illud.
5 Videns autem hec Alexander mirabatur valde et deambulans per
palatium ingressus est cubiculum, in quo iacebat Darius semi-
vivus, et videns illum misericordia motus, exuens se clamidem
imperialem cooperuit eum et amplexatus est vulnera eius. Cepit
flere amare et dicere: ‚Surge, domine Darie, surge et, sicut ali-
10 quando fuisti dominus totius imperii tui, esto et nunc et recipe
diadema Persarum estoque gloriosus sicut hactenus fuisti. Iuro
tibi per potentissimos deos, quia veraciter abrenuntio tibi impe-
rium tuum et opto tecum pariter fruere cibaria tua, sicut filius
cum genitore suo, quia nullus imperator debet gaudere in tristitiis
15 alterius imperatoris, cum ab eo fortuna letitie recesserit. Domine
Darie, dic mihi, qui fuerunt interfectores tui, ut vindictam in
eis exerceam.‘

73. Hec autem plorando cum diceret Alexander, extendens
manus suas Darius et amplexatus est eum osculans illi pectus
20 et collum et manum et dixit illi: ‚Fili Alexander, non elevetur
mens tua in gloria propter victoriam, quam habes, etiam si
operatus fueris, que operati sunt dii, et manus tuas ad celum
tetenderis. Semper recordare novissima, quia fatualis gloria non
est data soli imperatori, sed cui eam fatum providentie dederit.
25 Intuere me et vide, qualis fui hesterno die qualisque sum hodie,
qui miserrime humiliatus sum usque ad pulverem, qui fui dominus
pene omnis terre et nunc memet ipsum in potestate non habeo.

---

1. Persar.: *Punkt G.* erat *G.* 3. gemmis: *Punkt G.* 4. colune *G.*
illud: *Punkt G.* 5. valde: *Punkt G.* 6. semiviv.: *Punkt G.* 7. mot.:
Punkt G. motus. descendit de equo suo. et exuens *S.* 8. imperial. *fehlt S.*
vuln. *corrigirt aus* uulneratus *G.* 9. dicere: *Punkt GS.* *Nach dem
zweiten* surge: *Punkt GS.* 10. nunc: *Punkt GS.* 11. dyad. *S.* actenus
GS. fuisti: *Punkt GS.* 13. cibariis tuis *S* (= *B*). 14. suo: *Punkt GS.*
imperatoris (*abbreviirt*) *G.* 15. recess.: *Punkt GS.* Dic. m. dom. Darie *S.*
16. Dari *G.* intfector. *G*, percussores *S* (hi qui te percusserunt *B*). exerc.
in eis *S.* 17. exerc. (eis): *Fragezeichen G, Punkt S.* 78. 18. extendit manum
suam *S.* 19. et oscul. *S.* obscul. *G.* 20. et *vor* dixit *fehlt S.* illi:
Punkt GS. 22. que] quam *G.* usque ad *S* (= *B*). 23. tetend.]
extenderis *S.* tetend.: *Punkt G.* fatalis est gl. *S.* non *fehlt S.* 24. eam]
etiam *G, fehlt S.* provid.] puid. *G,* scie *S.* deder.: *Punkt GS.* 25. qual.] et
qualis *S.* hodie: *Punkt GS.* 26. qui miser. *fehlt S.* ad pulver.] in
finem *S.* pulv. (fin.): *Punkt GS.* fui *fehlt S.* 27. mem.] me *S.* potencia *S.*
habeo: *Punkt GS.*

Sepeliant me, obsecro, manus tue benignissime, veniant in obsequium meum Perses et Macedones et amodo regnum Persarum atque Macedonum efficiantur in unum et sit tibi commendata Rodogonen mater mea, ut sit tibi in memoria matris; pietas et
5 misericordia tua sit uxori mee, Roxanen filiam meam accipe tibi in coniugio. Ex bonis parentibus nati filii decet ut coniungantur in unum, tu de Philippo, Roxanen de Dario.' Hec autem dicente emisit spiritum Darius in manibus Alexandri. Secundum itaque modum imperialem composuit Alexander corpus eius et cum
10 magno obsequio portabat eum, antecedentes ei armati Macedones et Perses. Alexander enim per semet ipsum subponens collum suum portabat lectum una cum Persis, et ibant flendo amarissime; plorabant enim Perses non tantum pro morte Darii, quantum pro pietate Alexandri et sepelierunt eum, et reversus est Alexander
15 in palatium.

74. Alio namque die coronatus sedit pro tribunali in throno aureo, quem quondam fecerat Cyrus rex, et congregata ante eum multitudine populi coram omnibus iussit scribere per omnes provincias epistolam continentem ita: ,Rex regum Alexander, filius
20 dei regis Ammonis et regine Olimpiadis, omnibus civitatibus ac

---

1. benign. man. t. obs. *S.*   obsequ. m.] exequium me *S.*   2. perse *S.* Macedon.: *Punkt GS.*   adm *G,* āmodo *S.*   persar. regn. *S* (pers. gens *B*).
3. adque *G,* et *S.*   unum: *Punkt GS,*   omendata *S.*   4. Rodog.] rogo dūe *S.*   in mem.] immem. *G.*   matris: *Punkt G.*   et *fehlt S.*   5. sit *fehlt S.*   vxoris mee *S.*   mee: *Punkt GS.*   Roxanem *S.*   6. coniug.: *Punkt GS.*   7. unum: *Punkt GS.*   roxanem *S.*   Dario: *Punkt GS.*   dic. Dario *S.*   8. in manib. alex. em. spir. *S* (= *B*).   in manus *G.*   Alex. (spir.): *Punkt GS.*   it. mod.] mortem it. *S.*   9. opos. *S.*   eius: *Punkt GS.*
10. portabant *S.*   et antecedebant *S.*   armati *fehlt S.*   11. perse *S.* Pers.: *Punkt GS.*   subpon. *corrigirt aus* suppon. *oder umgekehrt G.*   subponensque *S.*   12. lect. eius *S* (illius *B*).   Pers.: *Punkt G.*   amar.: *Punkt GS.*
13. Perse *S.*   14. Alex.: *Punkt G.*   eum: *Punkt GS.*   et reversus est ---] Cum ergo uidissent hoc interfectores Darii turbati sunt. et nichil dixerunt alexandro uolentes ognoscere uoluntatem eius. (*Abschnitt*) Alexander denique reuersus est persipolis. ascendensque palacium. et deambulans per eum. et mirabatur in edificio eius. Construxerat enim Cyrus (*vor* C. Tyrus *getilgt*) rex persarum. et erant pauimenta ornata ex lapidibus candidis et variis. et parietes erant ornati ex auro et gemmis et stellis fulgentibus. erat ibi simulacrum ex auro et gemmis. et columpne auree continentes illud *S.*   palat. (ill.): *Punkt GS.*
74. 16. Alio: *Initiale G.*   indutus est uestimenta persica. coronat. sed. *S.*   trhono *G.*   17. aureo] palacii *S.*   quem] quod *GS.*   condam *G.*   Rex persarum *S.* rex (pers.): *Punkt GS.*   ciū (?) *S.*   18. multitudo *G.*   per omnes *fehlt S.* prouinc. persidis *S.*   19. epistol. *fehlt GS.*   ita: *Punkt G, folgt Abschnitt S.* Rex: *Initiale G.*   20. Olymp. *S.*   Olimp.: *Punkt G.*

populis Persarum dicendo mandamus. Gaudere itaque me decuerat, si tantus populus hic non defecisset; sed quia voluit deus Ammon sic me constitui victorialem Perside, oportet me referre ei gratias et omnibus diis. Volumus atque precipimus, ut per
5 unamquamque civitatem sint principes et rectores, sicut fuerunt temporibus Darii imperatoris, et obediatis eis, sicut hactenus fecistis, et unusquisque homo in potestate sua habeat proprietatem suam et omnia arma recondantur in domibus regalibus. Volumus iterum et precipimus, ut ab hac provincia Persidarum usque
10 Elladam omne iter apertum sit, ut euntes et redeuntes cum negotiis nihil mali patiantur, ut locuples sit hec terra et omni bonitate repleatur. Gaudete.'

75. Deinde precepit silentium omnibus et dixit: ‚Viri Perses, audite! Qui ex vobis fuerunt interfectores Darii inimici mei?
15 Accedant ante me, ut videam illos et dignum honorem exhibeam eis. Nihil dubitent, veniant ad me, quia bonum servitium mihi fecerunt, quicumque eum occiderunt. Per potentissimos deos iuro et per dilectam matrem Olimpiadem, quia preclarissimos atque potentissimos illos faciam inter omnes Perses.' Taliter iurando
20 Alexander, omnis Persarum populus flebat. Iniquissimi [et] homicide Darii interfectores Bisso et Ariobarzantes astiterunt voluntarie ante Alexandrum et dixerunt ei: ‚Maxime imperator, nos sumus hi, qui interfecimus Darium inimicum tuum.' Videns autem eos Alexander statim precepit militibus suis, ut apprehen-
25 derent eos et ligarent et ducerent illos super sepulcrum Darii et

---

1. mandam.: *Punkt GS*. it. me] me utique *S* (gauderem utique, si *u. s. w. B*). 2. tantum h. u. def. pop. *S* (= *B*, *wo jedoch tantus steht*). defecis. (pop.): *Punkt GS*. 3. amon *G*. me s. constituere victor. persidis *S*. me me referri *G*. 4. grat.] glorias *S*. diis: *Punkt GS*. denique atque *S*. 6. temporib. *fehlt G*. obeditis *S*. actenus *G*, actemus *S*. 7. hab.] abeat *G*. proprietates suas *S*. 8. suam (suas): *Punkt GS*. recordantur *G*. domimib. *G*. regalib.: *Punkt GS*. 9. iterum *fehlt S*. hac] ac *G*. persida et usque elleda *S* (= *B*, *wo nur ellada geschrieben ist*). 10. elladarum (*abbreviirt*) *G*. mercatores cum neg. *S*. 11. mali *fehlt G*. pociant. *S*. ut] et *S*. locuplex *G*. 12. repleat.: *Punkt G*, *folgt Abschnitt S*, *wo Gaud. fehlt*. Gaud.: *Punkt G*. 75. 13. Deinde: *Initiale G*. Denique *S*. dixit: *Punkt GS*. perse *S*. 14. audite: *Punkt GS*. amici *G*. 15. *Vor* ante *ist* ad *durchgestrichen S*. 16. eis: *Punkt GS*. bon. michi seruic. *S*. 17. occid. eum *S* (= *B*). occid. (eum): *Punkt GS*. 18. matr. meam *S*. Olip. *G*, olymp. *S*. 19. persas *S*. Pers.: *Punkt GS*. iurans *S*. 20. omn. pop. pers. *S*. fleb.: *Punkt GS*. Tunc iniqu. homic. *S*. 21. bysso *GS*. ariobarzanes *S*. 22. ei: *Punkt GS*. 23. sumus: *Punkt S*. hi *bis incl.* Alexander *fehlt S*. tuum: *Punkt G*. 24. statim] Tunc *S*. precep. Al. apprehendi eos. et ligari. ut ducerent eos *S* (fecit eos apprehendere ac ligari et duci eos *B*). 25. sepulchr. *G*. et] ut *S* (= *B*).

ibi capita eorum truncarentur. Illi autem ceperunt vociferare
et dicere: ‚Maxime imperator, vide, quia iureiurando iurasti nobis
per potentissimos deos et per salvationem dilecte matris tue.'
Quibus Alexander respondit: ‚Non mihi decuerat vobis loqui, sed
propter populum, qui circumstat, hoc vobis dicimus: manifestatio
vestra nullatenus fuisset, si tale sacramentum non fecissem. Cogi-
tatio autem mea talis fuit ab initio, ut, si inventi fuissent homi-
cide, illi decollarentur. Illi vero, qui proximum suum dominum
occidunt, extraneo quid facient?' Hec autem dicente Alexandro
10 ceperunt vociferare Perses inter se laudantes et benedicentes eum
quasi deum. Homicidas autem illos iussit decollari totamque
provinciam Persidam in pace ordinavit, constituens rectores et
principes in omnibus locis. Eodem tempore erat quidam homo
senex in Persida, cui nomen erat Duritus, avunculus Darii im-
15 peratoris, et diligebatur plurimum ab omnibus Persis. Per peti-
tionem totius populi Persarum ordinavit eum Alexander ducem
in Persidam.

76. Alio namque die sedit pro tribunali in throno aureo coro-
natus et secundum preceptionem Darii imperatoris iussit venire
20 Roxanen filiam eius cum corona aurea ornata ex lapidibus pre-
ciosis accipiensque eam uxorem et fecit eam sedere una secum
pro tribunali in throno aureo et precepit, ut adoraretur ab omni-
bus sicut regina. Factumque est. Videntes autem Perses hec
gavisi sunt valde et statim levaverunt omnes deos suos et
25 adduxerunt eos ante Alexandrum ceperuntque una voce laudare
illum et benedicere quasi deo et dicebant ad eum omnes una voce:
‚Nunc fecisti, quod placuit diis.' Quo viso Alexander turbatus

---

1. truncar.: *Punkt GS.* autem] enim *S.* 2. dicere: *Punkt GS.*
3. pontentiss. *G.* saluatorem *G.* tue: *Punkt GS.* 4. respond.: *Punkt GS.*
Nonne dec. nobis sic l. *S.* 5. dicim.: *Punkt GS.* 6. fuiss.] fuerat *S* (=*B*).
talem *G.* sacrament.] iuramentum *S.* fociss.] fuisset *S.* fec. (fuiss.):
Punkt GS. 7. aut. mea] animi mei *S.* 8. decollar.: *Punkt GS.* vero
fehlt S. suum *fehlt S.* 9. occidunt *fehlt G.* faciunt *S* (= *B*). fac.:
Fragezeichen G, *Punkt S.* autem *fehlt S.* 10. perse *S.* 11. deum: *Punkt GS.*
12. persiam *S.* 13. locis: *Punkt GS.* Eodem: *Initiale G.* 14. duricus *S.*
15. imperator.: *Punkt GS.* Persis: *Punkt GS.* 17. persida *S* (= *B*). Persid.:
Punkt GS. 76. 18. *Bei* Alio *vergass der Rubricator die Initiale einzusetzen*
(lio) *G.* naque *G.* pro tribunali *fehlt S.* trono *G.* 20. Raxonem *S.*
ornatam *S.* precios.: *Punkt GS.* 21. et *fehlt S.* sed. u. sec.] sec. sed. *S.*
22. in throno *fehlt S.* 23. regina: *Punkt GS.* est: *Punkt GS.* Videntes - -]
In hoc itaque facto gauisi sunt perse plurimum et stat. *S.* 24. valde:
Punkt G. omnes *fehlt S.* 26. deo: *Punkt GS.* diceb. ad] bene-
dicebant *S.* 27. fec. *corrigirt aus* fecistis *G.* diis: *Punkt GS.*

est valde et tremefactus dixit eis: „Nolite exhibere mihi honorem sicut deo, quia corruptibilis et mortalis ego sum similis vobis et non decet me sociare diis.' Deinde scripsit epistolam matri sue Olimpiadi et Aristoteli preceptori suo de preliis et angustiis, quas
5 passus est in Persida, et de multis divitiis, quas invenerunt ibi, unde ille et sui omnes facti sunt divites. Iterum rescripsit eis, ut colerent nuptias, quas fecit de Roxanen filia Darii, quam accepit uxorem, et ille plurimis diebus nuptialiter epulabatur in Persida una cum Persis et Macedonibus.
10   77. Post hec vero congregato exercitu suo et multitudine exercitus Persarum precepit ire Indiam contra Porum regem

---

1. eis: *Punkt GS.*   exibere *G.*   michi honor. exhib. *S.*   3. diis: *Punkt G, folgt Abschnitt S.*   matris sue olimpiadis *G.*   4. olymp. m. s. *S.* aristotili *S.*   quas] q̄ *S.*   5. divitiis] thezauris *S.*   quos *S.*   inuenerat *S.* ibi *fehlt S.*   inven.: *Punkt S.*   6. illi *S.*   suiᵃ *G.*   omnes *fehlt S.* divit.: *Punkt* ; *GS.*   Iterum] terum (*fehlt die Initiale*) *G.*   Item scripsit *S.*
7. nupcias Roxanen filie dar.. q. acceperat sibi vx. *S.*   8. uxor.: *Punkt GS.* et] At *S.*   epulab. nupcial. *S.*   9. v. c. macedonis et pers. et celebrabant nupcias *S.*   Macedonib. (nupc.): *Punkt G. folgt Abschnitt S.*   77. 10. Post: *Initiale G.*   multitudo *G.*   11. ire *fehlt G.*   exerc. persarum. ingressus est hyrcaniam. et grauiter bellando subegit hircanos et anglos

Deinde cum parthis bellum commisit. plurimosque interficiens subegit Post hec in scithiam ingressus. et crudeliter debellando scithyam subegit Et deambulans ultra scithyas in partibus orientis inuenit gentem Imundam et aspectu horribilem et contaminatam escis magice artis et malis operibus. que comedebant omnia abhominabilia. et omnium bestiarum et iumentorum et pecorum seu. et omnium uolatilium reptiliumque carnes. Non solum autem hec. sed et abortiua omnia. et informitates conceptorum omnium que in aluo concepte matris nec dum perfecte coagulatum. Homines autem mortuos non sepeliunt, sed magis omedunt illos. Videns autem alexander omnia hec Imunda et nephanda ab eis fieri. timens ne quando egrederentur per orbem terrarum eciam contaminaretur mundus ab eis Et eadem nocte dictum est alexandro in sompnis. ut iste gentes includi deberent. Statim precepit Alexander congregare eos omnes cum vxoribus et filiis omnium ipsorum Expulitque eos de terra orientis. et adduxit eos in terram aquilonis. et precepit eos muro includi inter duos montes nec inde exire ualerent. Artifices vero quidquid per diem operabantur. per noctem demonia (*Hs.* dñia) voluntate destruebatur Tunc continuo alexander deprecatus est deum impensius ut gentem tam inmundum non permitteret deus coinquinare seculum. Vna vero die antequam ab oratione surgeret. exaudiuitque eius deprecacionem. et precepit deus duobus montibus, quorum est uocabulum permunctorium boreum. et adiuncti sunt adinuicem usque cubitus duodecim. et statim construxit portas ereas. et circumfudit eas asinchiton, quod a ferro non rumpitur nec ab igne soluitur. Talis enim natura asinchithi. qui ferrum confringit in ominucione ignemque ut aqua extingwit. et nullus preualet ad eos intrare. nec illi valent nullomodo exinde exire

Deinde amoto exercitu venit ad portas caspias. et castrametatus est. Erat enim ipsa terra ualde bona. Dictumque est ei ab hominibus loci illius

Indorum, qui preparaverat se, ut veniret in adiutorium Darii. Et ingressus Indiam cepit ire per terram desertam et spaciosam et per flumina inaquosa et per colles cavernosos fatigatusque est ille et milites sui plurimum. Quin etiam omnes principes eius
5 murmurantes dicebant inter se mutuo: ‚Sufficere debuerat nobis, quia venimus pugnando usque Persidam et subiugavimus nobis Darium, qui antea censum tollebat nostris. Quid amplius deficimus querendo Indiam in locis, in quibus bestie habitant, et obliviscimur terram nostram? Hic vero Alexander nihil aliud
10 optat facere, nisi ire preliando et subiugando sibi gentes. Nos itaque dimittamus eum et revertamur in terram nostram; ille vero eat, quo vult, cum Persis.' Audiens autem hec Alexander iussit stare exercitum et ille ascendens in eminentiori loco elevata voce

---

ut muniret se ipse exercitus noctis tempore a diuersis serpentibus quos gignit eadem caspia.

Et exinde amoto exercitu ingressus est in albauiam. Albani enim sunt feroces homines et fortes in bello. Satim ubi audierunt alexandri aduentum. congregati sunt multitudo maxima ex illis cum armis. exierunt ei obuiam in prelio. Habebant enim et secum canes magnos et fortes. quos gignit eadem albania. qui superant omne genus ferarum. Consuetudo gentis illius erat. quando pugnaturi erant. primum ipsos canes emittebant. Deinde incipiebant cum eis pugnare et sic superabantur inimici eorum ab eis. Quod cum nunciatum esset alexandro. statim precepit militibus suis (s. *corrigirt aus* suos). et cuncto exercitu. ut omnes sigillatim tenerent porcos. et ubi per partes utrique conuenirent hostes. percuterent singulos ipsos porcos et striderent. et sic iactarent eos ante ipsos canes. factumque est. Cumque audissent ipsi canes stridorem porcorum. omnem. ferocitatem quam habebant in ipsos homines conuerterunt in ipsos porcos Et statim debellauit eos alexander usque ad interempcionem. et subegit. et castrametatus est. fecitque diis suis victimas. Mox autem oblatus est ei ab albanis canis mire fortitudinis. qui presente alexandro. et eius equitibus superauit leonem et elephantem

Deinde amoto exercitu reuersus est per portas caspias. et cepit ingredi indiam. cepit ire per ardentissimum solem, et per terram desert. *S.*

1. Darii: *Punkt G.* 3. Huis *S.* et *fehlt S.* cauernosas *G.* cavern.: *Punkt GS.* Tantumque erat ipse sol ardentissimus ut si aqua in fontibus uel puteis inueniebatur. statimque ubi implebatur in uasculis. buliebat ipsa aqua in eis. Pro quo fatigatus est *S.* 4. plurimi *S.* plurim.: *Punkt GS.* Quin] Qui *G.* 5. dicebantur *G.* mutuo: *Punkt GS.* 7. Darium] persas *S.* antea] actenus *S.* tollebant *S.* nostris] a nobis *S.* nostr.: *Punkt G.* seu et subiugauimus nobis alias gentes plurimas que nobis nostrisque parentibus erant incognite. nunc autem quod amplius defecimus *S.* 8. indias *S.* in locis *fehlt GS.* habitat *S.* 9. nostram: *Fragezeichen G, Punkt S.* vero] autem *S.* 10. gent. conquirendo sibi nomen et victoriam *S.* gent. (victor.): *Punkt GS.* 11. itaque] autem *S.* nostram: *Punkt S.* ille c. pers. eat q. wlt *S.* 12. Pers. (wlt): *Punkt GS.* Audiens aut. h.] Quo audito *S.* 13. exercit.: *Punkt GS.*

dixit: „Separamini ab invicem: Perses in unam partem, Macedones et Greci in alteram.' Factumque est. Intuens autem Alexander Macedones ac Grecos et dixit eis: „O commilitones fortissimi, Macedones et Greci, Perses isti usque modo contrarii
5 fuerunt mihi et vobis; vos vultis me dimittere et redire post tergum in patria vestra. Scitis, quando turbabantur anime vestre in verbis epistole Darii, et ego confortabam vos consiliando et sic confortabantur anime vestre. Iterum, quando venimus pugnaturi in campo cum inimicis nostris, numquid non steti ego
10 solus ante omnes et solus primum ingrediebar in ipso prelio? Numquid non ego solus pro salvatione vestra abii missus ad Darium imperatorem et tradidi me ipsum pro vobis in multis periculis? Tamen recordamini hoc, quia et istos solus vici et, ubicumque iero pugnaturus, superabo illos diis adiuvantibus. Quod
15 si ergo vultis soli pergere Macedoniam, pergite, quia ego nullatenus venio, ut cognoscatis, quia nihil valet facere exercitualis militia absque regis consilio.' Hec vero dicente Alexandro omnes principes Macedones et Greci erubescentes postulaverunt sibi veniam dicentes: „Maxime imperator, amodo vita nostra in
20 manibus vestris est posita. Ubicumque vis pergere, perge, quia nullatenus nobis viventibus dicimus te dimittere.'

78. Exinde amoto exercitu venerunt in Indiam Phasiacen mense Junio deficiente, obviaveruntque ei missi Pori regis deferentes ei epistolam continentem ita: „Porus Indorum rex latroni
25 Alexandro, qui latrocinando obtinet civitates, precipiendo man-

---

1. dixit: *Punkt GS.* ab] ad *G.* invic.: *Punkt GS.* perse *S.* in vna parte *S* (= *B*). et macedon. *S.* 2. alteram: *Punkt GS.* est: *Punkt GS.* Int. aut.] Et int. *S.* 3. Alexander *fehlt S* (= *B*). in macedon. *S.* ac] et *S.* et *fehlt S* (= *B*). eis: *Punkt GS.* omiliton. *S.* 4. Macedon. *fehlt S.* perse *S.* contrarii] contristati *S.* 5. et vobis *fehlt S.* ideo quod u. wltis *S.* 6. patriam uestram *S.* vestr.: *Punkt GS.* quando] qm *S.* 7. in] de *S.* et *fehlt S.* cōfortab. *S.* vos *fehlt S.* 8. vestre: *Punkt GS.* 9. pugnaturi *fehlt G.* 10. omnes: *Fragezeichen G, Punkt S.* prelio: *Fragezeichen G, Punkt S.* 11. missum *G.* 12. peric. mult. *S.* 13. pericul. (mult.): *Fragezeichen G, Punkt S.* 14. pugnat. cum barbaris *S* (facere pugnam cum barb. *B*). adiuvant.: *Punkt GS.* 15. ergo *fehlt S.* 17. consilio: *Punkt GS.* vero] autem *S.* 18. macedonie et grecie *S.* sibi] illi *S.* 19. dicentes: *Punkt GS.* imperat.: *Punkt S.* Amodo *S.* 20. posita: *Punkt GS.* 21. dimitt.: *Punkt G, folgt Abschnitt S.* 78. 22. Et exinde *S.* venit *S.* phis. *G*, phasyac. *S.* 23. Junio] Julio *S* (= *B*). deficiente et castra metatus est *S.* defic. (est): *Punkt GS.* obviaver.] In qua cōinnxerunt *S.* reg. indorum *S.* 24. ita: *Punkt G, folgt Abschnitt S.* Porus: *Initiale G.* 25. optinet *G.* precip.] dicendo *S.* mandam.: *Punkt S.*

damus. Cum sis mortalis homo, quid prevales facere deo? Cum
mollibus hominibus et, qui nullam virtutem habuerunt, pug-
nasti et, qui digni fuerunt sustinere angustias, et pro eo, quia
vicisti eos, speras te esse victurum omnibus hominibus. Victorialis
5 etenim ego sum, et non solum homines obaudiunt mihi sed etiam
et dii. Scis, quomodo venit aliquando Dionisius Bachus, qui Liber
pater est dictus, pugnaturus Indiam, sed terga vertit ante illos
et fugit, quia sustinere virtutem Indorum nullatenus potuit. Qua-
propter, antequam turpitudo tibi eveniat, dabimus tibi consilium
10 et precipimus, ut festinanter revertaris in terram tuam, quia tu
scis, antequam Xersen fuisset rex in Persidam, ad Indos dabant
Macedones censum, sed quemadmodum inutilis terra et, que
regi non placet, neque invenerunt in illam, que regi placabilia
esse viderentur, dedignati sunt illam. Omnis itaque homo plus
15 desiderat amplam causam quam parvam. Ecce tribus vicibus
precipio tibi, ut revertaris in terram tuam et, ubi dominationem
habere non poteris, desiderium ibi non habeas.'

79. Cum autem pervenisset epistola in manu Alexandri,
iussit eam legere coram omnibus. Milites vero eius audientes
20 epistolam turbati sunt valde. Quibus dixit Alexander: ,Viri commi-
litones, fortis animus vester non turbetur in verbis epistole Pori
regis. Recordamini verba epistolarum Darii imperatoris, quomodo
superbe et cum audacia loquebatur. Veritatem enim dico vobis,
quia omnes barbari communem sensum habent cum bestiis, cum
25 quibus terram inhabitant, videlicet tigribus, pardis et ceteris
bestiis. Itaque confidentes in agresti virtute sua habent exinde

---

1. deos *S*. deo: *Fragezeichen G*. 2. mollib. hec *G*. abuerunt *G*.
3. digni *fehlt S*. angust.: *Punkt GS*. pro eo quia *fehlt S*. 4. peruicisti *S*.
speras] *spereãs S*. te victorem esse *S*. hominib.: *Fragezeichen G*,
Punkt S. Victorialem et on. *G*. 6. dii: *Punkt GS*. Dyonis. *S*. 7. dict.
est *S*. sed] et *S*. illos] eos *S*. 8. q. uirt. ind. null. p. sust. *S*.
potuit (sust.): *Punkt GS*. 9. tibi *fehlt S*. veniat *S*. 10. in *fehlt S (= B)*.
tuam: *Punkt GS*. tu *fehlt S*. 11. a. fuiss. r. xerses *S*. persida *S*.
12. censum: *Punkt GS*. 13. placent *S*. illa *S (= B)*. 14. vi-
dentur *S (= B)*. illam: *Punkt GS*. 15. parua *G*. parv.: *Punkt GS*.
Ecce - -] Vnde iterum atque iterum prec. *S*. 16. in *fehlt S*. tuam: *Punkt G*,
folgt Abschnitt G. et bis inclus. habeas *fehlt S*. 17. habeas: *Punkt G*. 79. 18. Cum:
Initiale G. hec epistol. *S*. epistolam *G*. 19. omnib.: *Punkt GS*. vero
fehlt S. 20. valde: *Punkt GS*. Alex.: *Punkt GS*. 21. fortem animum
uestrum *GS*. turb.] conturbent *S*. in verb.] uerba *S* (fortem anim. vestr.
non conturb. iterum pori r. epistole *B*). 22. regis: *Punkt GS*. Recordami *G*.
Vor imperat. ist re *durchgestrichen S*. 23. loqueb.: *Punkt GS*. Veritat.]
In veritate *S*. 24. cum bestiis] assimilati sunt best. *S (= B)*. 25. tygrib. *S*.
tigres, pardi *G*. 26. bestiis: *Punkt GS*. sua: *Punkt S*.

audaciam et raro occiduntur ab hominibus.' Et hec dicens iussit scribere epistolam ad Porum regem continentem ita: ,Rex regum Alexander filius dei Ammonis regis et regine Olimpiadis Poro regi gaudium. Acuisti sensum nostrum et prebuisti nobis
5 audaciam, quatenus pugnaremus contra vos, pro quo dixisti, in Macedoniam nihil boni inveniretur, neque esset fertilis terra et omnia bona atque dulcedo efflueret in Indiam. Proinde toto mentis conamine pugnamus tecum, ut acquiramus eam. Etiam dixisti, ut omnis homo plus diligeret amplam causam quam parvam. Nos
10 etenim, qui parvi sumus, ad magnitudinem vestri culminis venire optamus, quam Greci non habent. De hoc autem, quod dicebat vestra epistola, quod non solum hominibus, sed etiam diis existeres imperator, ego itaque pugnaturus venio tecum quasi cum homine barbaro, elatione et vane glorie pleno, et non quasi cum
15 deo, quia arma unius dei totus mundus sufferre non potest. Quod si elementa huius aeris, videlicet tonitrua et fulgura et plenitudo aquarum, sustinere non poterunt indignationem deorum, quanto magis homines mortales? Quin immo scias, quia stulta locutio tua me non conturbat.'
20 80. Relecta igitur Porus epistola iratus est valde et congregata multitudine militum atque elephantis multis, cum quibus Indi pugnare soliti erant, exierunt Alexandro obviam. Erat enim exercitus Pori magnus valde et fortis habebatque quatuordecim milia et octingentas quadrigas omnes falcatas absque equites et
25 pedites et quadringentos elephantos, qui portabant turres in dorsa,

---

1. et raro] proinde S.   hominib.: *Punkt GS.*   2. reg. indorum S.   ita: *Punkt G, folgt Abschnitt S.*   Rex: *Initiale G.*   3. f. d. amonis regis amonis G. regis *fehlt* S.   olymp. S.   4. gaud.: *Punkt GS.*   5. pro eo quod dixisti. quia S. 6. macedonia S (= B).   neque] et S.   fertil.] sterilis S,   7. afflueret S. in *fehlt* G.   india S.   Ind.: *Punkt GS.*   8. adquiremus S.   eam] ea eciam S (ea B).   eam (ec.): *Punkt GS.*   Etiam] et S.   9. parv.: *Punkt GS.* 10. etenim] enim S.   qui *fehlt* G.   uestre S.   11. obtam. G.   habent: *Punkt GS.*   hoc] eo S.   13. imperat. S.   scias quia ego ita pugnat. S.   tecum *fehlt* S (= B).   14. et barb. S (= B).   uana gloria S.   cum *fehlt* G, ist *übergeschrieben* S.   15. deo: *Punkt GS.*   poterit S (= B).   pot.: *Punkt GS.* 17. sustinere] se tinere, *wovon* tin. *auf Rasur steht*, G.   indignatione G. 18. mortal.: *Fragezeichen G, Punkt S.*   ymo S.   19. conturb.: *Punkt G, folgt Abschnitt S.*   80. 20. Relecta: *Initiale G.*   hac epist. S.   epistolam G. valde: *Punkt G.*   21. milit. suorum S (= B).   elefantos G, elephantes S. multos GS.   22. Indi *fehlt* S.   alexandri G.   obviam: *Punkt GS.*   23. fortis: *Punkt GS.*   24. et *fehlt* S.   octingente quadrige o. falcate GS (in quo fuerunt sine p. qu. mil. octingente u. s. w. B).   25. pedite S.   pedit.: *Punkt GS.*   et *fehlt* S. quadringenti elefanti G.   quadringente elephanti S.   dorsa: *Punkt GS.*

ubi stabant per unamquamque turrem triginta homines armati ad pugnandum. Videntes autem Macedones et Perses, qui cum Alexandro erant, multitudinem exercitus Pori, expavescentes turbati sunt non tantum propter plenitudinem hominum, quantum
5 propter plenitudinem bestiarum. Et ordinate sunt utreque hostes quasi ad pugnam, Alexander cum suis et Porus cum suis. Alexander vero ascendens equum suum, qui dicebatur Bukefalos, et facto impetu stetit ante omnes suos iussitque ad Medos et Persas, ut illi solummodo primum ingrederentur in ipsam pugnam et ille
10 cum Macedones ac Grecos starent armati ex parte. Factumque est. Similiter et de elephantis sapienter excogitans, qualiter illos superaret. Ferebat enim secum Alexander statuas ereas et iussit mittere in eas carbones vivos et ignem, ut calefacerent, et ut calor earum non deficeret, faciensque ferreum currum, ut susti-
15 neret eas et portaret ante elephantos. Videntes enim eas elephanti, estimantes eas esse homines, tendentes promoscides suas secundum consuetudinem, ut caperent eas, statimque pre nimio calore incendebantur redeuntesque retro exturbabantur et nullo modo pergebant pugnaturi super homines. Videns autem Porus rex
20 hoc, quod de elephantis factum est, turbatus est valde. Medi vero et Perses facientes impetum super Indos cum sagittis et contis prosternebant eos, et multitudo populi ex his et illis cadebant in ipso prelio. Et per continuos dies viginti pugnatum est inter eos ceperuntque deficere Medi et Perses in ipsa pugna.
25 [Qui] cum vidisset Alexander eos deficere, iratus est valde sedensque equum Bukefalon ingressus est pugnam et preliavit

---

1. vnamquemque *S.* 2. pugnand.: *Punkt GS.* autem *fehlt S (— B).* perse *S.* 3. Pori *fehlt S.* 4. sunt: *Punkt G.* propter plen.] plenitudine *corrigirt aus* plenitudinem *S.* 5. propter plen.] plenitudine *S.* bestiar.] ferarum *S (= B).* best. (for.): *Punkt GS.* ordinati s. vtrique *S.* 6. pugnam: *Punkt S.* Alex. c. s. et Por. c. s. *fehlt S.* suis: *Punkt G.* 7. equum] caballum *S.* buciphal *S.* 8. perses *G.* 9. solummodo *fehlt S.* primo *S.* in ips. pugn.] ad pugn. *S.* pugn.: *Punkt GS.* 10. macedonis *S.* ac Grecos *fehlt S.* staret armatus *S.* parte: *Punkt GS.* fact. *S.* 11. est: *Punkt GS.* elefant. *G.* 12. superar.: *Punkt GS.* 13. in eas mitt. ignem ut calefa- et impleuit eos carbonibus viuis ut calor *S.* 14. eorum *G.* deficer.: *Punkt GS.* 15. elefant. *G,* elephantes *S.* eleph.: *Punkt GS.* enim *fehlt S.* elefaut. *G,* elephantes *S.* 16. tetend. *G,* tendentesque *S.* promoscidas *S.* 17. eas: *Punkt GS.* statim *S.* 18. turbab. *S.* 19. homines: *Punkt GS.* autem *fehlt S.* Por. r. h.] h. por. *S.* 20. elefant. *G.* valde: *Punkt GS.* Medis *G.* 21. perse *S.* 22. contris *G,* cum venaculis suis *S.* cos: *Punkt G.* 23. ipso *fehlt S.* prelio: *Punkt GS.* continuum XX^{ti} dies *S.* 24. eos: *Punkt GS.* ceperunt *S.* perse *S.* pugna: *Punkt GS.* 25. Quod *S.* valde: *Punkt GS.* 26. sedens *S (= B).* super caballum suum buciphal *S.* preliav.] preualuit *S.*

viriliter et Macedones et Greci cum eo, quin etiam adiuvans eum plurimum ipse equus. Et statim ceperunt cadere multitudo ex Indis. Quod cum vidisset Porus suos in bello deficere, terga versus iniit fugam et Indi, qui remanserant ex prelio, ceperunt
5 ire post eum. Alexander vero castra metatus est ibi et fecit diis suis victimas precepitque sepeliri tam Indos, qui in ipso prelio interfecti sunt, quam et suos.

81. Altera autem die expugnavit ipsam civitatem Pori apprehendensque eam ingressus est palatium eius et invenit ibi,
10 que incredibilia humanis mentibus videbantur, id est quadringente columne auree cum capitellis aureis, et vinea pendebat inter ipsas columnas, que habebat folia aurea, et racemi illius erant alii de cristallo, alii de margaritis et unionibus, alii de smaragdis et onichitis. Et erant parietes illius palatii investiti de laminis
15 aureis, quas incidebant Macedones, et inveniebantur grosse ad instar digiti hominis de manu erantque ipsi parietes ornati ex margaritis et unionibus et carbunculis et e smaragdis et amethistis. Porte vero predicti palatii erant eburnee et lacunaria ebena et camere eius de lignis cipressinis, et in aula ipsius
20 palatii erant posite statue auree et inter ipsas stabant platani aurei, in quorum ramis erant multa genera avium, et (invenit) unamquamque avem tinctam secundum suum colorem habebantque ungulas et rostra inaurata, et in auribus earum pendebant margarite et uniones et, quando volebat Porus rex, per musicam
25 omnes melodificabant secundum suam naturam. Et invenit in ipso palatio multa vasa aurea et argentea, gemmea [seu] et

---

1. etiam] ymo *S.* iuuans *S.* 2. equus] caballus *S* (· *B*). equ. (cab.)· *Punkt GS.* 3. Indis: *Punkt GS.* suos Por. *S.* terga vers.] statim primus *S.* 4. fugam: *Punkt GS.* Indi] inde *S.* 5. ire] fugere *S.* eum: *Punkt GS.* 6. victim.: *Punkt GS.* Indos] illos *S.* 7. sunt] fuerant *S.* suos: *Punkt GS.* 81. 8. Altera: *Initiale G.* 9. in pal. *S.* 10. videbatur *G.* 11. columpne *und noch öfter S.* cum] qui *S.* aur.: *Punkt GS.* vin. aurea. que pend. *S.* 12. aurea: *Punkt GS.* 13. vniones *S.* zmaragd. *G,* smaragdo *S.* 14. lichinitas *G,* onichilo *S.* onich.: *Punkt GS.* inuestitu *S.* 16. digitus *G.* manu: *Punkt GS.* ex *fehlt S.* 17. e *fehlt S.* zmaragd. *G.* amethist.: *Punkt GS.* 18. Porte vero - -] Regias vero habebat ipsum palacium eburneas (eb. *übergeschrieben*) *S* (regias vero habebat de ebore albo *B*). 19. ebena] euenā *G,* abiegna euens *S.* cypress. *S.* cipress.: *Punkt GS.* 20. auree: .*Punkt GS.* 21. gen. aurea *S.* avium: *Punkt GS* invenit *fehlt GS.* 22. vniqueque *S.* aves tinctas *S.* suos colores *S.* color.: *Punkt GS.* habebant *S.* 23. eorum *GS.* 24. uniones] timones *S.* union. (timon.): *Punkt GS.* omn. per mus. modulificabant *S.* 25. natur.: *Punkt GS.* 26. argentea *fehlt S* (= *B*). gemminea *S.* seu *fehlt S* (= *B*).

cristallina ex omni genere facta, ad obsequium hominum pertinentia.

82. Deinde amoto exercitu venit ad Portas Capsias et castra metatus est ibi. Erat enim ipsa terra valde bona erantque ibi
5 aliqua, que contrariosa ei videbantur, hoc est diuersa genera serpentium et ferarum. Et inde scripsit epistolam ad Talistridam reginam Amazonum continentem ita: ‚Rex regum Alexander filius dei Ammonis et regine Olimpiadis Talistride regine Amazonum gaudium. Pugnam, quam cum Dario fecimus, et quomodo sub-
10 iugavimus nobis omnia regna eius, credimus, quia non est vobis incognitum, et sicut pugnavimus cum Porum regem Indorum et cepimus ipsam civitatem eius et cum aliis gentibus, que resistere nobis nullo modo potuerunt, et hoc credimus, ut non vobis sit incognitum. Quapropter precipimus vobis, ut persolvatis nobis
15 censum, si non vultis, ut veniamus super vos et aliquid malum non faciamus vobis.'

83. Ad hec rescripsit Talistrida regina Amazonum tali modo: ‚Talistrida regina Amazonum cum Amazonibus potentissimis atque fortioribus militiis omnibus, que sub celo sunt, Alexandro
20 regi regum gaudium. Scribimus et significamus vobis, ut, antequam venias in finibus nostris, cogites, quomodo venias, ne forte patiaris a nobis turpitudinem et angustiam, quam a nullis passus es. Si vis scire habitationem et conversationem nostram, significamus vobis per has litteras. Scias, quia habitatio nostra est
25 ultra fluvium in quandam insulam, cingensque eam in giro ipse fluvius, et neque initium habet neque finem, sed ex una parte

---

1. ad *corrigirt aus* ab *G.* pertinentes *G,* pertinecia. et ex ipsis pauca argentea (de argento pauca *B*) *S.* pertin.: Punkt *GS.* 82. 3. Deinde: Initiale *G.* amoto *bis inclus.* inde *fehlt S.* 4. ibi: Punkt *G.* 5. diuerse gefie *G.* 6. fer.: Punkt *G.* Thalistriam *S.* 7. ita: Punkt *G, folgt Abschnitt S.* Rex: *Initiale G.* 8. amonis *G.* regin. et olymp. *S.* talistrida regina *G.* talastrie amozon. reg. *S.* 9. gaud.: Punkt *GS.* quam *fehlt S.* 10. regna eius omn. cred. *S.* q. vob. non sunt ognita *S.* 11. incognit. (cogn.): Punkt *GS.* poro rege *S.* 12. que gentes nullom. resist. potuer. *S.* 13. pot.: Punkt *GS.* vobis *fehlt S.* sit *fehlt G.* 14. incognit.: Punkt *GS.* 15. non *vor* vult. *fehlt S.* non veniam. *S* (= *B*). et] aut *S.* mali *S.* 16. non *fehlt S.* vobis: Punkt *GS.* 83. 17. scripsit Talistria *S.* amozon. *so immer S.* tal. modo] epistolam continentem ita *S.* modo (ita): Punkt *G, folgt Abschnitt S.* 18. Talistr.: *Initiale G.* Talistria *S.* 19. omnib. mil. *S* (= *B*). sunt s. celo *und dann* Punkt *S.* 20. gaudio *G.* gaud.: Punkt *GS.* vobis: Punkt *S.* 21. veniatis *S.* cogitetis *S.* veniatis *S.* 22. quam] que *G.* 23. es: Punkt *GS.* 24. litter.: Punkt *GS.* quia] quod *S.* 25. ultra] in *S.* in quadam insula *S* (= *B*). cigensque *G.* eam *fehlt S.* ipsum fluuium *S.* 26. fluv.: Punkt *GS.* in. neque fin. hab. *S.*

habemus angustum introitum. Et sumus numero habitantium feminarum ducenta quatuordecim milia, que non sunt coinquinate a viris. Viri autem nostri nullo modo habitant inter nos, sed ultra fluvium in alia parte, et per unumquemque annum celebramus
5 festivitatem Iovis diebus triginta et sic transimus commisceri cum viris nostris et sumus cum illis aliis triginta diebus. Qui vero vult manere in letitia cum sua uxore, tenet eam per annum unum. Quod si mulier parturiens genuerit masculum, tenet eum mater eius usque in annos septem et post annos septem reddet
10 eum patri suo; si autem feminam genuerit, tenet eam secum mater eius. Quando ergo pugnature venimus cum aliquo inimico nostro, sumus numero decies dena milia equitantes cum sagittis et contis, alie vero custodiunt insulam nostra met obviamus inimicis nostris usque ad montes, viri autem nostri veniunt post
15 nos. Cum autem reverse fuerimus de prelio cum victoria, adorant nos viri nostri et, si qua ceciderit ex nobis in ipso prelio, hereditant nos ille, que supervixerunt. Unde oportet nos pugnare vobiscum fortiter et ostendere in vobis virtutem nostram. Quod si vos viceritis nos, nullam habebitis laudem pro eo, quia feminas
20 vicistis, et quid tollere a nobis vel auferre nihil invenietis. Cave itaque, imperator, ne contingat tibi turpitudo. Ecce significavimus vobis per has litteras consuetudinem, quam omni anno facimus. Tu autem considera tecum et, quod facere debes, scribe celeriter, quia, si pugnaturus venies, scias, quia ad ipsos montes exiemus
25 obviam vobis.'

84. Relecta igitur Alexander ipsa epistola cepit ridere et statim scripsit eis epistolam continentem ita: ‚Rex regum Ale-

---

1. introit.: *Punkt GS.* bitaconum *S.* 2. quattuor d. *G.* non *fehlt S.* 3. viris: *Punkt GS.* autem *fehlt S.* 4. parte: *Punkt GS.* 5. omisc. *S.* 6. diebus: *Punkt GS.* Qui] Si quis *S.* 7. in let. man. *S.* vxore s. *S.* teneat *S.* 8. unum: *Punkt GS.* genuerit *S.* tenuerit *S.* 9. eius] secum *S.* septem: *Punkt GS.* post ann. sept. *fehlt S.* reddit *S.* 10. suo: *Punkt GS.* 11. eius *fehlt S.* eius (mat.): *Punkt GS.* ergo *fehlt S.* veniemus *S.* 12. in numero *S.* dena] centena *S.* 13. contis] comptis *S.* cont.: *Punkt GS.* 14. ipsos mont. *S.* 15. nos: *Punkt GS.* cum vict. de ipso prel. *S.* 16. nostri: *Punkt GS.* ex nobis *fehlt S.* prelio: *Punkt GS.* 17. que] qui *G.* superuixerint *G.* supervix.: *Punkt GS.* uob. pugn. *S.* 18. ostend.] monstrare *S.* nostram: *Punkt GS.* 19. quia] quod *S.* 20. vicisti *S.* vel] nec *S.* auferre *S.* inveniet.: *Punkt GS.* Caue te *S.* 21. turpit.: *Punkt GS.* 22. vobis] tibi *S.* facim.: *Punkt GS.* 23. et quod] quid *S.* celeriter: *Punkt GS.* 24. scias qu.] qu. sicias *S.* exiemus *S.* 25. vobis: *Punkt GS.* 84. 26. ipsa] hac *S* (Relegit hanc epist. *B*). ipsam epistolam *G.* cep. rid.] risit *S* (= *B*). rid. (ris.): *Punkt GS.* 27. eis] ei *S.* ita: *Punkt G, folgt Abschnitt S.* Rex: *Initiale G.*

xander filius dei regis Ammonis et regine Olimpiadis Talistride regine Amazonum cum ceteris Amazonibus gaudium. Tres partes huius mundi subiugavimus nobis, id est Asia, Europa et Africa, et victorias contra illas fecimus et, si vobiscum non pugnamus,
5 turpitudo nobis est; sed tamen dabimus vobis consilium, si vultis perire et dimittere terram vestram, ut non habitetur, exite nobis obviam ad ipsos montes sicut dixistis. Et si non vultis perire, state in insulam vestram et ingredimini fluvium et sic loquamur in unum. Viri autem vestri exeant in campo ad nos et sic
10 loquantur nobiscum. Iuro vobis per Ammonem patrem meum et per Iunonem et Minervam, deas nostras, quia nullum malum patiemini a nobis. Censum enim, quantum vultis, date nobis, equites autem ex vestris Amazonibus quantas vultis, mandate nobis per vestras Amazonitas, et honorifice eas recipiemus et dona
15 optima illis faciemus et, quando voluerint, dimittemus eas venire ad vos. Et quicquid exinde debetis facere, considerate et scribite nobis.' Ille autem cogitantes dixerunt ei: ‚Mittemus tibi polletros indomitos optimos decem et equos albos optimos alios decem.' Et pace facta cepit ire.
20   85. Eodem tempore nuntiatum est Alexandro, quod Porus rex Indorum, qui fugerat, esset in Bactriacen et congregaret exercitum, ut aliam pugnam cum eo committeret. Quo audito Alexander amoto exercitu suo et electis centum quinquaginta ducibus, qui ipsam viam sciebant, et mense Augusto cepit ire per

---

1. regis *fehlt* S.   olymp. S.   Talistrida G, Talystrie S.   2. regina G. gaud.: *Punkt GS.*   3. id est *fehlt* S.   Asyam Europam et Afficam S. 4. siue non S.   5. est: *Punkt GS.*   Nach consil. *von späterer Hand ein Strich und am Rande* h⁰ *geschrieben* G.   consil.: *Punkt GS.*   si vult.] Nolite S. 6. vestr. terr. S.   nob. obv.] et uos S.   7. dixist.: *Punkt GS.*   8. *Von späterer Hand der Abkürzungsstrich bei* insula *getilgt und über* uestram vī̄a *geschrieben* G. in terram vestram S.   ingrediemini S.   9. unum: *Punkt GS.*   autem] denique S.   sic *fehlt* S (= B).   10. nobiscum *fehlt* S.   nob. (loqu.): *Punkt GS.*   vobis] uos S.   11. iuuon. S.   nostr.] vestras S.   malum *fehlt* S. 12. nobis: *Punkt GS.*   enim *fehlt* S.   volueritis S.   nob.: *Punkt GS.* 13. quantos G.   mandate] date G.   14. per vestr. amazonit. *fehlt* S.   et *bis inclus.* faciem. *fehlt* S.   15. faciem. (recip.): *Punkt GS.*   dimittimus S. 16. vos: *Punkt GS.*   quidquid S.   debetis *fehlt* S.   17. nobis: *Punkt GS.* direxerunt (re *übergeschrieben*) ei amozones cum polledriis blancis indomitis optimis decem. et caballos blacos optimos decem S (direxer. mihi polletros decem et caballos blancos B).   19. decem: *Punkt G, folgt Abschnitt S.*   Et *bis inclus.* ire *fehlt* S.   ire: *Punkt G.*   85. 20. Eodem: *Initiale G.*   E. itaque S.   temp.: *Punkt S.*   21. e prelio fug. S (de pr. B).   22. c. alexandro omitt. S.   committ.: *Punkt GS.*   23. *Vor* quinqu. *ist* quadraginta *durchgestrichen* S.   24. scieb.: *Punkt GS.*

ardentissimum solem et per loca arenosa et inaquosa, ubi erant
multitudo serpentium et ferarum et beluarum. Et statim precepit
Alexander, ut omnis exercitus armatus iret. Factumque est. Et
ibat totus exercitus armatus et resplendebat ad instar stellarum
5 eo, quod erant omnes arme eorum indute ex auro. Et tota die
ambulantes aquam minime inveniebant. Tunc quidam miles ex
Macedonibus, cui nomen erat Zephirus, invenit modicam aquam
in una petra cavata statimque implevit exinde galeam suam et
adduxit eam ad Alexandrum. Videns autem Alexander ipsam
10 aquam cogitavit sapienter, qualiter exercitus suus confortaretur.
Iussit ipsam aquam effundere coram omnibus. Videntes enim
hoc milites eius confortati sunt valde. Deinde ceperunt ire.

86. Alio namque die venerunt ad fluvium, cuius ripe erant
plene ex calamis tam grossis quasi pinus erantque alte pedes
15 sexaginta. Tunc precepit Alexander adducere ex ipsa aqua eratque
amara nimis quasi elleborum. Angustiabatur autem Alexander
plurimum et omnis eius exercitus non tantum pro se ipsis quan-
tum pro ipsis iumentis, que deficiebant ex siti. Habebat autem
secum Alexander mille elephantos, qui portabant aurum eius; et
20 quadringente quadrige falcate et mille ducente bige, equites vero
centum milia, pedites trecenta milia; muli, cameli, dromedi,
multitudo plurima, portantes annonam et causam de ipso exercitu,
boves, vacce et pecora seu porci ad comedendum, multitudines
innumerabiles. Tantum erant ipsi Macedones divites facti, qui
25 vix portabant ipsum aurum. Ipsa namque pecora non poterant
se continere pre nimia siti. Milites vero eius alii lingebant

---

1. per vor loca fehlt G. erat S (= B). 2. beluar.: Punkt GS.
3. armat. iret] irent armati S. iret (arm.): Punkt GS. est: Punkt GS.
5. omnis arma S. indute ex] inclusa in S (fec. includ. B). auro: Punkt GS.
6. aqua S. inueniebantur G. inueniebatur S. iuvenieb.: Punkt GS.
7. Macedon.] mate domibus S. erat fehlt S. sephyrus S. modic.] paucam S.
modica aqua G. 8. cav.] cānata S. cav.: Punkt GS. stat.] et statim S.
exinde fehlt S. 9. Alexandr.: Punkt GS. autem fehlt S. 10. qual.]
quatenus S. 11. omnib.: Punkt GS. enim fehlt S. 12. cōfort. S. valde:
Punkt GS. ire: Punkt GS. 86. 13. Alio: Initiale G. 14. pinus: Punkt GS.
pedibus S. 15. sexag.: Punkt GS. adduci S. 16. hellebor. S. elleb.:
Punkt GS. autem fehlt S (= B). 17. eius fehlt S. 18. ex ipsa a. S.
siti: Punkt GS. 19. elephantes S. 20. quadrigente S. bige: Punkt GS.
21. milia: Punkt GS. ped. trec. mil. fehlt S. milia: Punkt G. et cameli S.
dromedariorum S. 22. plurima fehlt S. portancium S. causas S.
exercitu: Punkt GS. 23. vacce] bacce G. peccora G. porcos GS. multit.
innum.] innumerabilis multitudo populorum S. 24. innumerab. (pop.):
Punkt GS. enim er. S (= B). qui] quod S. 25. aurum: Punkt GS.
namque fehlt S. peccora G. 26. siti: Punkt GS.

ferrum, alii bibebant oleum, alii ad talem necessitatem veniebant, qui etiam urinam suam bibebant. Et erat magna angustia ad ipsum exercitum, quia ibant omnes armati. Et angustiabatur Alexander non tantum pro se quantum pro suo exercitu.
5 Igitur secutus est ripam iam dicti fluminis, quod habebat amaram aquam, et ad octavam horam diei pervenit cum suo exercitu ad unum castellum, quod erat positum in unam insulam de eodem flumine eratque constructum ex predictis calamis. Et erat latitudo ipsius fluvii quasi stadia quatuor, apparuerunt-
10 que homines pauci in ipso castello. Tunc iussit Alexander interrogare eos Indica lingua, ubi inveniretur aqua dulcis. Illi autem ceperunt se abscondere. Statimque precepit Alexander iactari aliquantas sagittas in eodem castello. Illi vero magis magisque [plus] se abscondebant. Videns enim Alexander, quia nullo
15 modo volebant ei loqui, statimque precepit, ut aliquanti milites ingrederentur in ipso fluvio nudi et irent ad ipsum castellum. Factumque est. Et ingressi sunt ipsum fluvium quidam audaces nudi evaginatis gladiis numero triginta septem. Jam quartam partem fluminis nataverant, subito surgentes belue ipsius fluvii,
20 que dicuntur ippopotami, et devoraverunt eos. Ambulaveruntque tota die fatigati de siti, insuper erat eis angustia magna, quia occurrebant eis leones, ursi et rinocerotes, tigres et pardi et pugnabant cum eis.

87. Girantes autem ipsum fluvium ex alia parte, circa
25 horam undecimam venerunt ad stagnum mellifluum ac dulce et castra metatus est ibi in latitudine et longitudine ad tria

---

1. bibeb.] lingebant *S*.   2. bibeb.: *Punkt GS*.   3. armati: *Punkt GS*.
4. exercitu: *Punkt GS*.   5. iam rip. predicti *S*. quod] qui *G* (= *B*).   6. ipsam aq. amar. *S* (= *B*).   7. quod] qui *G*.   positus *G*.   vna insula *S* (= *B*).
8. flum.: *Punkt GS*. Erat *S*. calam.: *Punkt GS*.   9. Et *fehlt S* (= *B*). fluminis *S*. et quasi stadiorum qu. .i. medium miliarium *S*.   quattuor *G*.   quatuor (mil.): *Punkt GS*.   apparuer.] Apropiuquauueruntque *S*.   10. paucissimi *S*. in] de *S*. ipso *fehlt S*.   castello: *Punkt GS*.   Tunc] Et *S*.   11. yndica ligwa *S*. dulcis: *Punkt GS*.   12. abscondere: *Punkt GS*.   *In* Statimque *das erste* t *übergeschrieben S*.   13. sagitt.] sigittas *G*.   14. abscondeb.: *Punkt GS*.   enim *fehlt S*.   quia] quod *S*.   nullomo *S*.   15. loqui: *Punkt S*.   statimque] Tunc *S* (Tunc ego misi u. s. w. *B*).   16. nudi in i. fl. *S*.   castell.: *Punkt GS*.   17. est: *Punkt GS*.   Et *fehlt S*.   ad ips. fl. *S*.   18. iuuenes nudi et *S*.   septem: *Punkt GS*.   quart. part.] quartē *G*.   19. belue] nebule *S*.   fluminis *S*.
20. ypotami *G*, ypocami *S*.   eos: *Punkt GS*.   21. siti: *Punkt GS*.   eis] eius *G*.
22. eis] illis *S*.   rinoceroc. *S*.   tygres *S*.   23. cum eis pugnab. *S*. eis (pugn.): *Punkt GS*.   87. 24. autem *fehlt S*.   25. vener. ad--] inuenerunt mellifluam et dulcem aquam *S*.   26. ad tria mil.] stadiis viginti quatuor .i. miliarium (m. *corrigirt aus abgekürztem* miliarum) tria *S*.

miliaria. Deinde iussit incidere ipsam silvam, que erat in circuitu de ipso stagno, eratque ipsa silva ex predictis calamis. Et erat spatiosus ipse stagnus ad unum miliarium. Tunc precepit Alexander accendi focos plurimos, cumque luna lucere
5 inciperet, subito ceperunt venire scorpiones ad bibendum in ipso stagno. Deinde ceperunt venire serpentes et dracones mire magnitudinis ex diversis coloribus, et tota ipsa terra resonabat ex sibiliss eorum. Exierant enim ex ipsis montibus et veniebant ad bibendum ex ipsa aqua. Ipsi namque dracones habebant
10 cristas in capite et adducebant pectora erecta, ora aperta; flatus eorum erat mortalis et de oculis eorum scintillabat venenum. Videntes enim eos ipse exercitus timore perterriti existimabant se omnes mori. Tunc Alexander cepit confortare eos dicens: ‚O commilitones fortissimi, non turbetur animus vester, sed sicut
15 me videritis facere, ita facite.‘ Et hec dicens statim apprehendit venabulum et scutum et cepit pugnare cum draconibus et serpentibus, que super illos veniebant. Videntes autem hoc milites eius confortati sunt valde apprehendentesque armas ceperunt et illi similiter pugnare cum eis. Alios occidebant cum
20 armis, alios vero ad ignem, et interfecti sunt viginti milites a draconibus et triginta servi eius. Deinde exierunt cancri ex ipso arundineto mire magnitudinis habentes dorsa duriora sicut corcodrilli. Iactantes super eos lanceas suas, et nullo modo intrabant in dorsa eorum, sed tamen multos ex eis occiderunt
25 ad ignem, alii intraverunt in ipsum stagnum. Iam venerat quinta vigilia noctis et subito venerunt super eos leones albi

---

1. mil. (tria): *Punkt GS.*   2. circuito *S.*   stagno: *Punkt GS.*   pred.] supradictis *S.*   calam.: *Punkt GS.*   3. speciosum nimis stagnum octo stadiorum .i. miliarium vnum *S.* mil. (vn.): *Punkt GS.*   4. plurim.: *Punkt GS.* incip. luna luc. *S.*   5. scorp. ven. *S.*   6. stagno: *Punkt GS.*   7. et ex *S.* 8. eorum] illorum *S.*   eor. (ill.): *Punkt GS.*   9. ex] in *S.*   aqua: *Punkt GS.* namque] Denique *S.*   10. erecta] alta *S.*   ora aperta *fehlt S.*   11. erat *fehlt S.*   scintillebat *S.*   venenum: *Punkt GS.*   12. enim *fehlt S.*   ipsi *S.* estimabant *S.*   13. omn. se *S.*   mori: *Punkt GS.*   cōfort. *G.*   dicens: *Punkt GS.*   15. videtis *S.*   ita et uos *S.*   facite: *Punkt GS.*   statim *fehlt S.*   16. venaculum *S.*   17. serpentes *G.*   que] qui *S.*   venieb.: *Punkt GS.*   autem *fehlt S.*   18. cōfort. *GS.*   valde: *Punkt GS.*   arma *S.* 19. illis *G.*   eis: *Punkt GS.*   cum armis *fehlt S.*   20. al. v. ad ign. cum armis *S.* ignem (arm.): *Punkt GS.*   milit. vinginti *S.*   21. eius *fehlt S.*   eius (servi): *Punkt GS.*   22. harundineto *S.*   magnit.: *Punkt GS.*   23. corcodrilli *G,* cocodrilli *S.*   corcod.: *Punkt S.*   24. eorum: *Punkt GS.*   25. ignem: *Punkt GS.*   in] ad *S.*   stagnum: *Punkt GS.*   26. subito *fehlt S.*   venerant *S.* leones *fehlt G.*

maiores sicut tauri et cum magna murmuratione concutiebant cer-
vices suas, et facto impetu contra eos recipiebant eos milites in
venabulis suis et sic interficiebant eos. Post hec ceperunt venire
sues mire magnitudinis habentes dentes per longum cubitum unum
5 et erant mixti inter eos homines agrestes, mares et femine,
habentes per singulos sex manus et occurrebant super eos una
cum sues. Milites autem recipiebant eos in venabulis suis et
interficiebant eos. Angustiabatur plurimum Alexander et omnis
eius exercitus statimque precepit accendi focos plurimos extra
10 ipsum exercitum. Deinde venit super eos bestia mire magni-
tudinis fortior elephanto et erat similis equo. Caput habebat
nigrum et in fronte eius tria cornua erant armata. Nominabatur
autem ipsa bestia secundum Indicam linguam Odontetiranno et,
antequam de ipsa aqua biberet, dedit impetum super eos.
15 Alexander autem discurrens huc atque illuc, confortando milites
suos. Ex alia parte irruit super eos ipsa bestia et occidit ex
ipsis viginti sex et quinquaginta et duos ex eis conculcavit, sed
tamen occiderunt illam. Deinde exierunt ex ipso arundineto
mures maiores sicut vulpes et comedebant corpora mortuorum,
20 et, quanta de animalibus mordebant, statim moriebantur, homi-
nes vero nullo modo nocebat morsus eorum, ut exinde more-
rentur. Volabant et ibi vespertiliones maiores sicut columbe.
Dentes eorum ut dentes hominum feriebantque in facies eorum
et plagabant eos. Ad alios tollebant nares et ad alios aures.
25 Appropinquante luce venerunt aves magne ut vultures. Colorem

---

1. thauri *S.*   murmuacione *S.*   2. contra] super *S.*   3. venaculis *S.*
eos: *Punkt GS.*   hec] hoc *S.*   4. sues] porci *S.*   per long. cub. un.] pro-
longissimos. et interficiebant eos milites *S.*   unum (milit.): *Punkt GS.*
5. et erant --] Deinde exierunt homines ad eos agrestes masculi et femine *S.*
feminas *G.*   6. per singulos s. m.] prolongissima rostra admodum canina *S.*
et *bis inclus.* sues *fehlt S.*   7. sues (can.): *Punkt GS.*   Hos aut. milit. *S.*
eos *fehlt S.* venaculis suis *S.*   8. interfic.] occidebant *S.* eos: *Punkt GS.*   9. statim-
que] et statim *S.*   10. exercit.: *Punkt GS.*   11. elephantibus *S.* equo] caballo *S.*
equo (cab.): *Punkt GS.*   Habeb. cap. nigr. *S.*   12. fronte] capite *S.* erant tr.
corn. arm. *S.*   arm.: *Punkt GS.*   13. autem *fehlt S.*   indica lingua *G.*
ligwam *S.*   odente tyr. *S.*   Odontetir.: *Punkt G.*   14. biberet: *Punkt S.* eos:
Punkt GS.   15. autem *fehlt S.*   currens *S.*   atque] et *S.*   16. suos: *Punkt GS.*
Ex a. parte] tunc *S.*   ipsa] illa *S.*   et *fehlt S.*   17. eis XXVI qnquaginta *S.*
sed] et *S.*   18. illam: *Punkt GS.*   harundineto *S.*   19. mures] surices *S.*
sicut maior. *G.*   vulpes: *Punkt G.*   20. quautas *G.* quantum *S.*   morieb.:
Punkt GS.   hominibus *S.*   21. nocebant *S.*   mors. eor. *fehlt S.*   sicut
ut *S.*   morerent.: *Punkt GS.*   22. maior.] magni *S.*   columbi *G.*   col.:
Punkt GS.   23. earum *S.*   ut] sicut *S.*   eorum] suas *S.*   24. et ad al. *S.*
et ad al.] ad al. uero *S.*   aures: *Punkt GS.*   25. Apropinqu. *S.*

habebant rubicundum, pedes et rostra habebant nigros et non nocuerunt eos, sed impleverunt totam ripam de ipso stagno et ceperunt exinde trahere pisces et anguillas et comedebant eos.

88. Deinde amoto exercitu dimiserunt loca periculosa et venerunt in loca Bactrinarum, que erant plena de auro et aliis divitiis, et benigne receperunt eum homines ipsius terre steteruntque ibi dies viginti et invenerunt ibi gentes, que nominantur Seres, erantque ibi arbores, que mittebant [in] ipsa folia velut lana, que ipsa gens colligebant et vestimenta sibi exinde faciebant. Milites enim Alexandri ceperunt habere fortem animum propter victorias et prospera, que habuerunt ex ipsis feris.

89. Exinde amoto exercitu Alexander venit in eo loco, ubi Porus sedebat cum suo exercitu. Altera autem die ordinate sunt utreque acies in campo, Alexander cum suis et Porus cum suis. Alexander vero sedens equum suum, qui dicebatur Bukefalas, et facto impetu stetit ante omnes suos. Statimque sonuerunt tubas bellicas per partes et commixta est utraque hostis ceperuntque acriter pugnare inter se, et interficiebantur ex his et illis maxima pars. Videns ergo Porus suos in bello deficere stetit ante omnes et elevata voce dixit ad Alexandrum: „Non decet imperatorem sic invacuum perdere suum populum, sed oportet, ut per semet ipsum ostendat virtutem suam. Stet populus tuus in una parte et meus in altera. Ego et tu soli pugnemus manu ad manum. Quod si me viceris, populus meus sit vester, quod si econtra in manibus meis defeceris, populus vester computetur mihi.' Hoc proinde dixerat Porus, indignum ducens corpus Alexandri, despiciendo illum propter parvitatem forme eius eo, quod esset statura parvus, habens in longitudinem cubita

---

1. nigra *S.* et *fehlt S.* 2. eos] eis *S.* ripam] syriam *S.* 3. agwill. *S.* cōmedeb. *G.* eos: *Punkt G, folgt Abschnitt S.* 88. 4 Deinde: *Initiale G.* 5. batrianorum *S.* de aliis *S.* 6. divit.: *Punkt GS.* steterunt *S.* 7. ibi *fehlt G.* vig. dies *S.* vig. (dies): *Punkt GS.* Seres] leres *S.* Seres (l.): *Punkt GS.* 8. uelud *S.* 9. que] quam *S.* colligebat *S.* faciebat *S.* facieb.: *Punkt GS.* 10. onim *fehlt S.* 11. habuerant *S.* feris: *Punkt G, folgt Abschnitt S.* 89. 12. Exinde: *Initiale G.* Deinde *S.* Alexander *fehlt S.* in eo loco *fehlt S.* 13. P. sedeb.] erat por. *S.* exerc. collecto *S.* exerc. (coll.): *Punkt GS.* 14. acies vtr. *S.* campo: *Punkt GS.* suis: *Punkt GS.* 15. sed. super caballum s. *S.* buciphal *S.* 16. suos: *Punkt GS.* Satimque *S.* 17. omixtus e. uterque h. *S.* 18. interficiebatur *S.* 19. et ex ill. *S.* pars: *Punkt GS.* in b. suos *S.* 20. Alexandr.: *Punkt GS.* 21. suum perd. p. *S.* 22. suam uirt. *S.* suam (uirt.): *Punkt GS.* 23. tuus] eius *S.* altera: *Punkt GS.* 24. manum: *Punkt GS.* vester: *Punkt GS.* 25. si econ. si *S.* oputet. *S.* 26. mihi: *Punkt GS.* duc.] dicens *S.* 28. parvus: *Punkt GS.* longitud.] latitudine *S.*

tria, confidensque in altitudinem corporis sui, quod habebat cubita quinque. Factumque est. Et steterunt utreque hostes ex parte, pugnatumque est ab ambobus et statim vociferaverunt milites Pori. Audiens autem Porus vociferationem suorum tornavit caput
5 statimque Alexander impetum faciens et plicatis pedibus exiliens super eum percutiensque caput eius gladio extinxit eum. Videntes vero hoc Indi ceperunt acriter pugnare cum eis. Quibus Alexander dixit: ‚Miseri, post mortem regis vestri ut quid pugnatis?‘ Cui Indi dixerunt: ‚Melius est nobis pugnare viriliter et
10 mori in campo, quam videre desolationem gentis nostre et depredationem nostre terre.‘ Quibus Alexander dixit: ‚Cesset nunc pugnatio vestra et ite liberi ac securi in domibus vestris, quia nullatenus depredamini pro eo, quod non presumpsistis vos pugnare mecum, sed rex vester.‘ Hec dicente Alexandro statimque
15 omnes Indi eiectis armis suis ceperunt laudare Alexandrum et benedicere illum quasi deum. Alexander vero castra metatus est ibi et fecit diis suis victimas et precepit, ut sepelirentur omnes, qui in ipso prelio interfecti sunt. Factumque est. Etiam et Porum regem sepelivit honorifice.
20 90. Et inde congregato magno exercitu et amoto eo pervenit Oxidraces. Oxidraces vero non sunt superbi homines, neque pugnant cum aliqua gente. Nudi enim ambulant et habitant in tuguriis et in speluncis, non habentes civitatem neque habitationes, et vocantur Gymnosophiste. Cum autem audisset
25 rex gentis huius adventum Alexandri, misit ad eum honoratos suos cum epistola contintente ita: ‚Corruptibiles Gymnosophiste

---

1. tria: *Punkt GS.* altitudine *S* (= *B*). quod] qui *G.* 2. quinque: *Punkt GS.* est: *Punkt GS.* vtr. ex parte host. *S.* parte host.: *Punkt GS.* 3. Pugnatum est que *S.* ab *fehlt GS.* ambob.: *Punkt GS.* 4. Pori: *Punkt GS.* autem *fehlt S* (= *B*). caput: *Punkt GS.* 5. statimque *fehlt S* (= *B*). 6. eum: *Punkt GS.* extinxit *G.* eum: *Punkt GS.* 7. vero *fehlt S.* eis: *Punkt GS.* 8. pugnatis: *Fragezeichen G, Punkt S.* 9. dixer.: *Punkt GS.* nobis *fehlt S.* 11. terre nostre *S.* terre (n.): *Punkt GS.* dixit] respondit *S.* dix. (resp.): *Punkt GS.* 12. pūgna *S.* exite *S.* 14. vester: *Punkt GS.* 16. deum: *Punkt GS.* 17. ibi] illi *S.* victim.: *Punkt GS.* 18. sunt: *Punkt G.* est: *Punkt GS.* 19. por. sepel. reg. *S.* honorifice: *Punkt GS.* et ciuitatem ipsius sepulcris iussit fabricare imponensque ei nomen alexandria yepiporum *S, wo nun ein Abschnitt folgt:* Deinde amoto exercitu peruenit ad locum vbi erant due statue auree (*s. cap. 91*). 90. 20. Et: *Initiale G.* Deinde amoto exercitu venit ad. Oxi *S.* 21. Oxidr. (Oxi): *Punkt GS.* sup. hom.] superbe gentes *S.* 22. aliqua] alia *S.* gente: *Punkt GS.* Nudi] vnde *S.* enim *fehlt S.* 23. ciuitates *S.* neque] et *S.* 24. Gymnosophistes .i. nudi sapientes *S.* Gymnos. (sap.): *Punkt GS.* autem *fehlt S.* 26. continentem *G.* ita: *Punkt G, folgt Abschnitt S.*

Alexandro homini scribimus. Audivimus, quod venias super nos. Quod si pugnaturus veneris, nihil lucri acquiris, quia, quod tollere aut auferre a nobis, non invenies; et illud, quod per naturam habemus, nullo modo audet quis [enim] aliquid inde tollere, nisi
5 quantum divina providentia ei concesserit. Quod si pugnaturus veneris pugna, scias, quia nos simplicitatem nostram nullo modo dimittimus.' Relecta igitur Alexander ipsa epistola mandavit illis dicendo: ‚Et nos pacifice veniemus ad vos.' Et ingressus est Alexander ad eos intuensque illos omnes ambulare nudos
10 et habitare in abditis et tuguriis et speluncis; filii vero et uxores eorum separati ambulantes cum animalibus. Statimque interrogavit eos dicens: ‚Non sunt sepulcra vobis?' At illi ostenderunt ei tuguria et speluncas, in quibus habitabant, et dixerunt ei: ‚Hic cubitus sufficit per singulos dies.' Deinde dixit illis
15 Alexander: ‚Petite mihi, quod vultis, et dabo vobis.' Cui illi dixerunt: ‚Date nobis inmortalitatem, quam optamus habere, quia de omnibus divites sumus.' Quibus Alexander respondit: ‚Mortales cum simus, inmortalitatem dare nullatenus possumus.' At illi dixerunt ei: ‚Et si mortalis es, quare vadis discurrendo ac
20 faciendo tanta ac talia mala?' Quibus ille respondit: ‚Ista namque causa non gubernatur nisi a superna providentia; ministri eius sumus facientes iussionem eius. Scitis, quia mare nullo modo turbatur, nisi cum ventus ingressus fuerit in eo. Volo enim quiescere et recedere a preliis, sed dominus sensus mei
25 non me permittit hoc facere. Si omnes unius intelligentie

---

1. scribim.: *Punkt GS*. sup. n. ven. S. nos (ven.): *Punkt GS*. 2. quod] quid S. 3. aufferre S. inven.: *Punkt GS*. illud] illuc S. 4. enim *fehlt* S. inde *fehlt* G. 5. ei *fehlt* S. concesser.: *Punkt GS*. Quod] quot S. 6. scias *fehlt* S (= B). 7. dimittim.: *Punkt GS*. ipsa] hac S. ipsam epistolam G. 8. illi S. vos: *Punkt GS*. 9. est *fehlt* S. ad] cum S. ill. omn. amb.] eos amb. omn. S. 10. abditis et *fehlt* S. ffilii *und vorher Punkt* S. 11. eorum *fehlt* S. separate ab illis S. animalib.: *Punkt GS* Stat.] Tunc S. 12. dicens: *Punkt GS*. sepulchra S. nobis S. vob. (nob.): *Fragezeichen G*, *Punkt* S. 13. spelunce G. in quibus] in quo G. hitabant S. habitab.: *Punkt GS*. 14. ei: *Punkt GS*. suffic.] perficit G. dies *fehlt* S. dies (sing): *Punkt GS*. Deinde - -] Mox alex. dix. ad eos S. 15. Alex. (eos): *Punkt GS*. mihi *fehlt* S (= B). quod] quid S. vobis: *Punkt GS*. illi *fehlt* S. 16. dixer.: *Punkt G*. da S. quam] quod G. obtam. G. 17. sumus: *Punkt GS*. respond.: *Punkt GS*. 18. Mortalis c. sum S (m. c. sim B). null. d. possum S (d. non possum B). poss.: *Punkt GS*. 19. ei *fehlt* S (= B). ei (dix.): *Punkt GS*. ac] et S (= B). 20. ac] et S. mala: *Punkt GS*. respond.] dixit S. resp. (dix.): *Punkt GS*. 21. namque] enim S. a sup. provid.] prouid. diuina S. 22. iussion.] visiones S. eius: *Punkt GS*. 23. eo: *Punkt GS*. 25. facere: *Punkt GS*.

fuissemus, totus hic mundus sicut ager unus fuerat.' Et hec dicens dimisit eos illesos.

91. Alio namque die amoto exercitu pervenit ad locum, ubi erant statue due, quas ibi posuerat Hercules, una aurea et
5 alia argentea, habentes in longitudine cubitos duodecim et in latitudine cubitos duos, vidensque eas Alexander precepit perforare illas, ut videret, si essent fusiles, cumque eas perforassent et invenissent eas fusiles, precepit claudere foramen illarum mittensque ibi aureos mille quingentos.
10   92. Exinde amoto exercitu ingressus est in locum desertum ac frigidum atque obscurum, ut pene agnoscerentur inter se milites. Deinde ambulantes iter dierum septem venerunt ad flumen calidum inveneruntque ibi mulieres ultra ipsum fluvium habitantes, speciosas nimis, indutas horrida vestimenta, sedentes
15 in equis et tenentes in manibus armas argenteas eo, quod eramen et ferrum. non habebant, neque viri erant inter eas. Cumque voluisset exercitus transire ipsum fluvium, minime potuerunt eo, quod erat latitudo illius magna et erat plenus draconibus et aliis beluis magnis valde. Deinde girantes ad sinistram partem

---

1. ager] aer *S.* fuer.: *Punkt GS.* 2. illesos: *Punkt GS. In S folgt nun*: Deinde amoto exercitu venit ad campum in quo erant arbores (*s. cap. 105*). 91. 3. Alio: *Initiale G.* Deinde am. exerc. *S.* 4. due stat. auree *S.* quas *bis inclus.* argentea *fehlt S.* 5. cubita *S* (= *B*). 6. cubita dua *S* (cub. duo *B*). duos (dua): *Punkt GS.* precep.--] iussit eas perforari *S.* 7. esset *G.* fusil.: *Punkt GS.* eos perfor. *S.* 8. foramina *S.* 9. quingent.: *Punkt GS. In S schliesst sich an*: Et deinde venit ad saxum mire asperitatis et altitudinis. in quo multi populi cōfugerant. Cognoscit herculem ab expugnacione eiusdem saxi terremotū prohibitum esse nimio zelo. Accensus volensque herculis facta superare cum magno labore et periculo. saxum cepit et omnes gentes loci illius subegit
Deinde amoto eo venit ad choraumos et dachas indomitos gentes. easque subiciens
Deinde venit ad rustas cantenos persidas et gangaridas. cesis eorum exercitus usque internicionem Et deinde venit ad Chophides. ibi contra ducenta milia equitum pūgnam omisit. et cum iam macedones in multa tristi animo egri viribus lapsi. tamen in summo labore et periculo vicit. et castrametatus est fecitque diis suis victimas
Deinde amoto exercitu venit ad rancas et enegetas. pariniasque et parapomenos et ad aspios seu ceteras gentes. qui in radice caucasi montis morabantur. easque expugnātas subegit (*Abschnitt*). 92. 10. Exinde: *Initiale G.* Deinde *S.*   in *fehlt S.*   11. int. se agnosc. *S.*   12. milit.: *Punkt GS.* Deinde] et exinde *S* (= *B*).   14. habitantes *fehlt G.*   indutis horridis vestimentis *S.*   orrida *G.*   15. manu *S.*   arma argentea *S* (= *B*). 16. uiros *G.*   neque erant masculi *S.*   eas: *Punkt GS.*   17. exercit.] alexander *S.*   potuit *S.*   18. magna: *Punkt GS.*   plen. de d. *S.*   19. valde: *Punkt G, folgt Abschnitt S.*   gyrant. *S.*

Indie ingressi sunt in quandam paludem siccam, plenam ex arundinibus, per quam cum voluissent transire, continuo exivit inde bestia similis ippopotamo. Pectus habebat sicut corcodrillus et in dorso habebat sicut serra, dentes vero habebat fortissimos, in
5 accessu erat tarda ut testudo. Statim in exitu eius occidit duos milites. Non potuerunt illam transforare cum lanceis, sed tantum cum malleis ferreis occiderunt illam.

93. Et ambulantes venerunt ad ultimas silvas Indie et castra metatus est iuxta fluvium, qui dicebatur Buhemar. Circa
10 horam undecimam ceperunt exire de silvis multitudo elephantorum et venire super eos. Statim ascendens equum suum cepit ire contra eos et precepit Macedonibus, ut ascenderent equis suis et tollerent secum porcos et sequerentur eum contra elephantos. Factumque est. Videntes autem eos ipsi elephanti ceperunt
15 tendere promoscides suos, ut caperent eos. Macedones autem videntes illos timore perterriti et nullo modo ibant super eos. Quibus Alexander dixit: „Viri commilitones fortissimi, nolite turbari, quia poterimus hos elephantos vincere, si non cessant stridere ipsi porci.' Factumque est. Nam, cum audissent ele-
20 phanti stridorem porcorum et sonitus buccinarum, ceperunt fugere. Alexander enim et milites eius ceperunt persequi eos et cum venabulis et ensibus subnervabant eos occideruntque ex eis multos et tulerunt dentes illorum et coria et reversi sunt ad castra.

25 94. Alio namque die amoto exercitu cepit ire per ipsas silvas Indie et invenerunt ibi mulieres habentes barbas usque

---

1. Indie] in die *S*. siccam *G*. 2. voluisset alexander et eius exercitus tr. *S*. 3. ippopot.] optamo *G*, ypocamo *S* (ippotamo *B*). ippop.: *Punkt GS*. cocodrillus *S*. in dorso] dorsum *S*. 4. vero *fehlt S* (= *B*). 5. tardus *G*. testudo: *Punkt GS*. in eius exercitu *S*. 6. milites: *Punkt GS*. illam] eam *S* (= *B*). sed *fehlt S* (= *B*). 7. illam: *Punkt GS*. 93. 8. Et: *Initiale G*. Indie] in die *S*. 9. Buhemar: *Punkt GS*. 10. hora undecima *G*. hor. vero *S*. de ipsis s. *S*. 11. eos: *Punkt GS*. Statim ··] Tunc alexander ascendit caballum *S*. 12. ire *fehlt S*. econtra *S*. eos *fehlt S*. eos (econtra): *Punkt GS*. maced. suis *S*. equos suos *S*. 13. secum *fehlt S*. et] ut *S*. cum] eos *S*. elephantes *S*. elephant.: *Punkt GS*. 14. est: *Punkt GS*. autem *fehlt S*. 15. promoscid.] per muloscides *S*. eos: *Punkt GS*. 16. illos] eos *S*. et *fehlt S*. eos: *Punkt GS*. 17. dix. alexand. *S*. dix. (alex.): *Punkt GS*. 18. elephantes *S*. 19. porci: *Punkt GS*. est: *Punkt GS*. ipsi elephantes *S* (ipsi elefanti *B*). 20. stridore *G*. bucinar. *G*. fugere: *Punkt GS*. enim] autem *S*. 22. et vor cum *fehlt S*. eos: *Punkt GS*. 23. illor.] eorum *S*. 24. castra: *Punkt GS*. 94. 25. Alio: *Initiale G*. Illo *S*. 26. Indie] in die *S*. Indie: *Punkt G*. habent. corpora magna et barb. *S*.

ad mammas, caput planum; pellibus vestite. Quas insequentes apprehenderunt ex eis aliquantas. Quas cum vidisset Alexander, iussit illas interrogare Indica lingua, quomodo viverent in silvis, ubi nulla habitatio hominum esset. Ille autem dixerunt: ‚Quia
5 ex venatione ferarum vivimus et sumus semper in silvis.'

95. Deinde exierunt in campos patentes, unde supradictus fluvius exiebat, inveneruntque ibi viros et mulieres nudas, habentes corpus totum pilosum sicut bestie. Consuetudo illorum erat in flumine et in terra habitare. Cumque appropinquasset
10 eis ipse exercitus, statim merserunt se in ipso flumine. Deinde ingressi sunt in silvas plenas de Kynokephalis. Videntes enim eos ipsi Kynokephali fecerunt impetum contra eos. Alexander enim et milites eius cum sagittis interficiebant eos. Interfecti sunt ex Kynokephalis maxima pars, reliqui vero, qui reman-
15 serant, dispersi ceperunt fugere per silvas.

96. Et exinde ambulantes venerunt in campos desertos et castra metati sunt ibi. Statimque circa horam undecimam tanta virtus euri venti flare cepit, qui omnes tentorias et papiliones de ipso exercitu ad terram dedit. Et erat magna angustia ad
20 ipsos milites eo, quod tollebat ventus scintillas et ticiones de ipsos focos, quos accensos habebant, et feriebant illis et incende-

---

1. mammas: *Punkt GS.* plan. cap. *S.* vestite: *Punkt S.* Venatrices optime. bestias pro canibus ad uenationem nutriunt. Que insequ. macedones *S.* Quas] que *G.* 2. apprehendentes *S.* eis] eas *G.* ex eis *fehlt S.* aliquant.: *Punkt GS.* allexand. *S.* 3. illas] eas *S.* interrogari *S.* 4. hominum *fehlt S.* esset: *Punkt GS.* dixer.: *Punkt G.* 5. semp. sum. *S.* silvis: *Punkt GS.* 95. 6. Deinde: *Initiale G.* campo *GS.* 7. exiebat] veniebat *S.* inuenerunt *S.* masculos et feminas *S* (fem. et masc. *B*). nud.: *Punkt GS.* 8. bestie: *Punkt GS.* illor.] horum *S.* 9. habit.: *Punkt GS.* 10. exercit. ips. *S.* imers. *S.* flum.: *Punkt GS.* Deinde ambulantes inuenerunt mulieres. dentes habentes usque ad prorum. capillum usque ad talos. reliquum corpus pilosum quasi strucio et camelus. et in lumpis caudas bouinas habentes. statura earum alta pedibus duodecim. Et amoto exercitu. uenerunt ad alias siluas. Inde et deambulantes per eas. inuenerunt ibi mulieres. que dicuntur lamie. pulcras ualde. capillos usque ad talos pedes habentes equorum. statura earum alta. pedes septem. quas insequentes macedones apprehenderunt ex eis et statuerunt ante alexandrum. Cumque vidisset alexander. mirabatur ualde in eis, quia erant tam pulore a uertice capitis usque ad plantam pedis *S, wo sich gleich anschliesst:* Et deinde ambulantes exierunt in campos desertos u. s. w. (*s. cap. 96*). 11. Kynok.: *Punkt G.* 12. eos: *Punkt G.* 13. eos: *Punkt G.* 15. silvas: *Punkt G.* 96. 16. Et: *Initiale G.* exinde] deinde *S.* vener.] exierunt *S.* 17. castra metatus est *S.* ibi *fehlt S.* ibi (est): *Punkt GS.* Statimque *fehlt S.* hora undecima *G.* h. uero v. *S.* 18. venti *fehlt S.* qui] quod *S.* tentor.] tendas *S* (= *B*). 19. ipso exerc.] ipsis castris *S.* dedit: *Punkt GS.* 20. scintille *G.* 21. ipso foco *S* (= *B*).

bant eos. Tunc exercitus murmurantes ceperunt dicere inter se, quia propter iram deorum hoc accidisset. Tunc Alexander cepit confortare eos dicens: ‚Viri commilitones fortissimi, nolite terreri, quia non accidit hec tempestas propter iram deorum,
5 sed pro autumnali equinoctio accidit, quod nunc factum est.' Cum autem cecidisset ipse ventus, continuo ceperunt milites eius recolligere omnia, que ipse ventus disperserat.

97. Et amoto inde exercitu venerunt in quandam vallem maximam et castra metatus est ibi. Tunc precepit Alexander
10 accendi focos plurimos. Tunc cepit magnum frigus accrescere ceperuntque cadere nives sic maiores sicut lane. Alexander enim timens, ne cresceret ipsa nix, statim precepit militibus suis, ut calcarent eam pedibus. Adiuvabant enim eos multum et ipsi foci, quos accensos habebant, sed tamen mortui sunt ex
15 militibus eius quingenti ex ipsa nive, quos iussit Alexander sepelire. Deinde venit maxima pluvia, quod fuit causa salutis illorum, et cessavit ipsa nix. Inter hec venit super ipsa pluvia nubes maxima obscura ita, ut tres dies sine claro sole essent eo, quod nubes obscure pendebant super eos, ceperuntque cadere
20 de celo ardentes nubes sicut facule, ita ut totus campus arderet incendio illarum. Statimque Alexander fecit diis suis victimas et orante eo continuo serenitas celo reddita est.

---

1. eos: *Punkt GS.* omnis exercit. *S.* 2. accidisset. pro eo quod nos homines mortales intraremus in terram deorum *S.* accid. (deor.): *Punkt GS.* 3. cōfort. *G.* dicens: *Punkt GS.* 5. autumpnali *GS.* et equin. *S.* accid.] factum est *S.* nunc] modo *S.* fact. est] accidit *S.* est (accid.): *Punkt GS.* 7. disparserat *S.* disp.: *Punkt G. folgt Abschnitt S.* 97. 8. Et: *Initiale G.* Deinde am. exerc. uenit *S.* 9. est *fehlt G.* ibi: *Punkt GS.* et antequam ueniret ad illam uallem inuenit in itinere vnum ex suis militibus etate confectum nimis que oppressum a niuibus. et statim a semetipso descendens eleuauit eum. et ad castra duxit eum. et calefaciens recepit eum *S.* Et tunc *S.* Alexander *fehlt S.* 10. Tunc *fehlt S.* cepitque *S.* 11. cep.] et ceperunt *S.* cadere *fehlt S.* sic *fehlt S.* sicut] ut *S.* lans *S* (= *B*). lan.: *Punkt GS.* Alexander - -] Continuo precep. milit. suis ut calefacerent pedibus. quia timebat ne accrese. i. nix *S.* niues *G.* 13. pedib. (nix): *Punkt GS.* enim *fehlt S.* 14. et *fehlt S.* accensus accensi *S.* habeb.: *Punkt GS.* tam.] tm̄ *S.* mortui s. - -] perierunt quing. milites ex i. n. *S.* 15. nive: *Punkt GS.* 16. sepel.: *Punkt GS.* 17. illor.] eorum *S.* cessauerunt ipse niues *S* (cessarunt ipsi niues *B*). niues *G.* nix: *Punkt GS.* super] cum *S.* 18. *Vor ita steht durchgestrichenes* ut *S.* 19. eos: *Punkt GS.* ceper.] et ceperunt *S.* 20. nubes *fehlt G.* faculas *G* (uidimus cadere de celo ardent. nub. sic. faculas *B*), facula *S.* camp.] mundus *S.* 21. de incend. *S* (= *B*). illar.] eorum *S.* illar. (eor.): *Punkt GS.* Statim *S.* suis *fehlt S.* 22. eo *fehlt G.* celo] ce *S.* redita *S.* est: *Punkt G, in S folgt der Abschnitt:* Deinde amoto exercitu venit ad Oxi. u. s. w. (*s. cap. 90*).

98. Et exinde amoto exercitu venerunt ad fluvium magnum Gangen et castra metatus est ibi; et respicientes ultra ipsum fluvium viderunt ibi duos vel tres homines, quos iussit interrogare Alexander Indica lingua, quis essent. At illi dixerunt,
5 quia Bragmani essent. Habebat enim Alexander desiderium loqui cum Bragmanos, sed minime poterat transire ipsum fluvium cum suo exercitu eo, quod erant ibi ippopotami multi et scorpiones et corcodrilli, qui omni tempore ambulant per ipsum fluvium excepto mense Julio et Augusto. Nescio, qua pro causa non
10 apparent ibi. Cumque vidisset Alexander, quia nullo modo potuisset transire ipsum fluvium propter beluas, vocavit ipsos Bragmanos, quos viderat ultra ipsum fluvium. Statim unus ex ipsis cum parva navicula navigans quiete venit ad eum. Dedit autem illi Alexander unam epistolam, ut portaret eam ad
15 Dindimum regem Bragmanorum, continentem ita: „Rex regum Alexander filius dei regis Ammonis et regine Olimpiadis Dindimo regi Bragmanorum gaudium. Audivimus denique per multas vices, quod vita vestra et mores multum essent separati ab aliis hominibus. Etiam nuntiatum est, ut nullum adiutorium
20 queratis neque de terra neque de mari, quod minime credimus. Sed tamen, si hoc verum est, multum estis mirabiles homines. Proinde per has litteras te multum rogando mandamus, ut, si verum est, nuntietis hoc nobis et, si per sapientiam hoc facitis et potest fieri, sequar et ego vitam vestram, quia semper [enim]
25 ab infantia mea studium habui discendi. Sic etenim docemur

---

98. 1. Et: *Initiale G.* Et exinde] Deinde *S.* venit am. exerc. *S.* 2. Gang.] gatgen *G.* g. quam physon sacra scriptura omemorat. *S* (Hic autem fluuius qui ganges dicitur ille est quem sancta scriptura syson nominat unus de illis quattuor fluminibus que de paradiso exeunt *B bl. 219 d im Commonitorium Palladii*). ibi *fehlt S.* ibi (est): *Punkt GS.* et respicient.] Respicientesque *S.* 3. viderunt --] videntes homines deambulare. quos fecit alex. interrog. *S.* 4. quia] qui *S.* essent: *Punkt GS.* 5. essent: *Punkt GS.* 6. c. bragmanis *S.* poterat] potuit *S.* transire *G.* 7. yppotami *G.* ypotami *S.* scorpio *G.* 8. cocodrilli *S.* ambulabant *S.* 9. excepto] expto *S.* mense *fehlt S.* pro *fehlt S.* 10. ibi: *Punkt GS.* quia] quod *S.* 13. quiete *fehlt S.* cum: *Punkt GS.* Mox autem alex. dedit ei epist. vn. *S.* 15. regem Bragman. *fehlt S.* ita: *Punkt G, folgt Abschnitt S.* Rex: *Initiale G.* 16. regis *fehlt S.* olymp. *S.* 17. gaud.: *Punkt GS.* 18. qu. mores vestri ac uita v. *S.* 19. hominib.: *Punkt GS.* nuntiat. est ut.] ut et *G,* et ut *S.* adiutor. *mit Abkürzung der Endung* orum *geschrieben S.* 20. credimus: *Punkt GS.* 21. homin.: *Punkt GS.* 22. ut *fehlt S.* si hoc *S.* 23. hoc *fehlt S.* nobis: *Punkt GS.* 24. vit. uestr. et ego *S.* vestr. (ego): *Punkt GS.* enim *fehlt S.* 25. discendi: *Punkt GS.* etenim] et oũ *S.*

a nostris doctoribus, ut vita nostra inreprehensibilis sit a bene
viventibus. Sed quia audivimus de vobis, quia supra sapientiam,
quam didicistis a vestris doctoribus, aliam observatis doctrinam,
pro quo iterum valde rogando te mittimus, ut sine aliqua
5 tarditate hoc nobis dicendo mandetis, quia vobis nullum damnum
exinde adveniet et nobis forsitan aliquid utile exinde accrescet.
Bona autem causa et utilis est, quod habet homo commune cum
altero homine, quia nullum damnum est homini de sua bonitate,
quando alterum hominem sic facit bonum, quomodo est et ille.
10 Talis namque causa est ista, quomodo, si habuerit homo faculam
accensam et plures homines suas faculas in ipsa accenderint,
et illa non perdit suum lumen et alias faculas lucere facit. Sic
est et de bonitate hominis. Unde iterum atque iterum valde
rogamus, ut sine aliqua tarditate innotescatis nobis hoc, unde
15 interrogando mandamus.'

99. Recepta itaque [igitur] Dindimus ipsa epistola legit et
statim scripsit ei epistolam continentem ita: ‚Dindimus
Bragmanorum didascalus Alexandro regi gaudium. Cognovimus
per tuas litteras, quia desideras scire, quid sit perfecta sapientia;
20 verumtamen in hoc mundo cognoscimus et scimus multum te
esse sapientem, et valde laudamus, quia scire desideras per-
fectam sapientiam, quod melius est de omni regno, quia impe-
rator, qui nescit sapientiam, non dominatur ille subiectis, sed
dominantur illum subiecti. Tamen impossibile nobis videtur, ut
25 possetis tenere vos vitam et mores nostros, quia nostra doctrina
multum est separata a vestra, quia neque deos colimus, quos
colitis vos, neque vitam, quam vos tenetis. Voluissem denique

---

1. a vestris autoribus *S*. nostra] vestra *S*. irrepreh. *S*. 2. viventib.|
utut ibus *S*. vivent. (ūtut.): *Punkt GS*. Sed] et *S*. 3. dicitis *S*. doctor.]
autoribus *S*. al. observ. doctr.] aliis dicatis doctr. *S*. doctrin.: *Punkt GS*.
4. te *fehlt S*. ut] quod *S*. sine] si *G*. 5. mandet.: *Punkt G*. vob.]
nobis *S*. dampnum *G*, malum *S*. 6. inde *S*. aliqd *S*. accrescit
S (= *B*). accresc.: *Punkt GS*. 7. ǒuem *S*. 8. dampnum *GS*. 9. ille:
Punkt GS. 10. Tal. n.] Nam tal. *S*. est c. *S*. 11. homin. suas *fehlt S*.
ipsa *G*. 12. perdidit *G*. facit: *Punkt GS*. 13. est *fehlt G*. et *fehlt S*.
homiu.: *Punkt GS*. 15. interrog.] te rogando *S* (uos rog. *B*). mandam.: *Punkt GS*.
99. 16. itaque *fehlt S*. ipsam epistolam *G*. hac epistola *S*. 17. ita: *Punkt G*,
folgt Abschnitt S. Diudim.: *Initiale G*. Dyndim. *S*. 18. r. regum *S*. gaud.: *Punkt
GS*. 19. tu desid. *S*. sit] scit *G*. sapient.] scia *S*. sap. (sc.): *Punkt GS*.
20. mundo *fehlt S*. coguouimus *S*. te mult. *S*. 21. sapient..: *Punkt GS*.
22. sapient.] sciam *S*. regno: *Punkt GS*. imperat.] in tempore *S*. 23. sed
subiecti domin. illi *S*. 24. dominant *G*. subiecti (illi): *Punkt GS*. Tamen
bis inclus. nostros *fehlt G*. 26. vestra doctrina *S*. vestra (doctr.): *Punkt GS*.
quos] quod *G*. 27. vos col. *S*. tenet.: *Punkt GS*. Voluisse *G*.

tibi petere veniam pro hac causa, unde nos rogando mandasti
super omnia, quia nihil prodest, si tibi scribo de vita et con-
suetudine nostra, quia tu tempus non habes ad legendum eo,
quod es occupatus in causis bellorum. Sed ne dicas, quia pro
5 invidia hoc facio, quantumcumque possum de hac re scribere,
unde nos rogasti, scribamus. Nos enim Bragmani simplicem et
puram vitam ducimus, nulla peccata facimus et non volumus
plus habere, nisi quantum ratio nostre nature est. Omnia
compatimur et sustinemus. Illud dicimus esse necessarium, quod
10 non est superfluum. Apud nos illicitum est arare campum cum
vomere et terram seminare et boves ad carrum iungere et retia
in mare mittere ad comprehendendos pisces aut aliquas venationes
facere sive de quadrupedibus terre sive de avibus celi. Abundanter
enim annonam habemus. Nullam aliam annonam ad man-
15 ducandum querimus, nisi quam mater terra producit sine hominis
laborem. De talibus cibis implemus mensas nostras, qui nos
non nocent. Etiam et de ipsis cibis non implemus multum
ventrem nostrum, quia illicitum est apud nos extensio ventris.
Proinde sumus sine aliqua egritudine. Dum vivimus, sanitatem
20 semper habemus. Nullam medicinam nobis facimus, nullum
adiutorium querimus pro sanitate corporum nostrorum. Uno
termino mortis vita nostra finitur, quia non vivet plus unus de
altero, sed secundum ordinem nativitatis uniuscuiusque terminus
mortis sue succedit. Nullus autem ex nobis ad focum sedet
25 pro frigore, nullos dolores aliquando corpora nostra sentiunt

---

1. hac] ac *G.* mandasti: *Punkt G.* 2. si *fehlt S.* tibi: *Punkt S.*
3. tu *fehlt S.* 4. bellor.: *Punkt GS.* quia] quod *S.* per inuidiam *S.*
5. facio: *Punkt S.* Quantumque *S.* tibi scrib. *S.* 6. rog.] rogando
mandasti *S* (rogando misisti *B*). scribam *S* (— *B*). scrib.: *Punkt GS.*
etenim dragmani *S.* 7. vitam duc.] mentem habemus *S.* facim.: *Punkt GS.*
non volum.] nolumus *S* (— *B*). 8. nisi *fehlt S.* nostre *fehlt S.* est:
Punkt GS. 9. opatim. *S.* sustin.: *Punkt GS.* 10. superfl.: *Punkt GS.*
11. terram *fehlt S.* karrum *S.* retia] rethe *S.* 12. mari *S.* oprehenden-
dum *S.* aut] et *S.* 13. celi: *Punkt G.* habuudanter *S.* 14. enim
fehlt S. habem.: *Punkt GS.* 16. labore *S.* labor.: *Punkt GS.* im-
pleuimus *S.* nos] uobis *S.* 17. nocent: *Punkt GS.* 18. ventris:
Punkt GS. 19. egritud.: *Punkt GS.* sed dum *S* (et d. *B*). 20. habem.:
Punkt GS. facim.: *Punkt GS.* 21. querimus *fehlt G.* corpor. *fehlt G.*
nostror.: *Punkt GS.* 22. finit.: *Punkt GS.* vivit uu. pl. *S.* 23. natiui-
tatem *G.* 24. mort. sue *fehlt S.* succed.] cedit *G.* succed. (oed.):
Punkt GS. autem *fehlt S.* ex] de *S.* sedit *S.* 25. frigore: *Punkt GS.*
null. dolor.] Nullus *G.*

frigore et stamus nudo corpore semper contra ventum et desideria corporis non facimus et omnia per patientiam subportamus.

Tu autem imperator omnia ista vince et istos inimicos, quos intra corpus habes: iam foris inimicos habere non poteris. 5 Propter hanc causam pugnas cum inimicis, quos foris habemus, ut istos inimicos nutrias, quos intus portas. Nos autem Bragmani omnes inimicos, quos in corpore nostro habuimus, occisos habuimus et ideo inimicos, quos foris habemus, non timemus, nec adiutorium contra illos a quopiam non volumus neque de 10 mari neque de terra, sed securi semper et sine timore vivimus. Corpora nostra cooperta habemus de frondibus arborum et fructus earum comedimus, lactem manducamus, aquam de Tabobeno fluvio bibimus. Laudes deo semper canimus et desideramus vitam futuri seculi et non desideramus ullam 15 causam audire, que ad utilitatem non pertinet, et non loquimur multum, sed, cum locuti fuerimus, — non dicimus nisi veritatem — et statim tacemus. Divitias non amamus; est enim insatiabilis causa cupiditas, que solet ad paupertatem ducere homines, cum non possint finem acquirendi facere. Inter 20 nos nulla invidia, nullus inter nos fortior est de altero et paupertatem, quam habemus, per eam divites sumus, quia omnes illam communem habemus. Litem non facimus, non apprehendimus arma. Pacem habemus per consuetudinem non per virtutem. Iudicia non habemus, quia malum non facimus, unde ad 25 iudicium ire debeamus. Una lex est contraria nostre nature, quia misericordiam nullam facimus eo, quod nec nos talem

---

1. frigore *fehlt* S.   sent. (frig.): *Punkt GS*.   ventum: *Punkt GS*.
2. facim.: *Punkt GS*.   subportam.: *Punkt GS*.   3. Tu : *Initiale G*.   ista omn. S.
inimic. tuos S.   4. corp. tuum S.   poter.: *Punkt GS*.   5. inimic. tuis S.
habem.] habes S.   6. portas: *Punkt GS*.   7. corpores nostros G.   nostro
fehlt S.   ociosos G.   8. habemus S.   hab.: *Punkt GS*.   ideo *bis inclus.*
habem. *fehlt* S.   timém. *und Punkt G*.   9. adiut. quippiam contra ill. nol. S,
quispiam G.   10. mari] celo S.   terra: *Punkt S*.   aliquo tim. S.   vivim.:
Punkt GS.   11. coopera (per *abgekürzt*) G.   de *fehlt* S.   12. comedim.:
Punkt G.   Lacte G, lac S.   manduc.: *Punkt GS*.   13. tababeno S.
bibim.: *Punkt GS*.   desisider. G. et vit. fut. sec. optamus S.   seculi (opt.): *Punkt GS*.
nullam G.   15. pertinet: *Punkt GS*.   17. tacem.: *Punkt GS*.   amam.:
Punkt GS.   18. insaciabili G.   19. dvcere *corrigirt aus* dic. S.   non *fehlt* G.
possint] pt S.   facere: *Punkt GS*.   20. inuid. est S.   invid. (est):
Punkt GS.   de *fehlt* S.   altero: *Punkt GS*.   22. omuniter S.   habem.:
Punkt GS.   Lites S.   arma n. appreh. S.   apprehendemus G.   23. arma
(appreh.): *Punkt GS*.   Pacem non habem. *doppelt geschrieben G.   per c.*]
pro c. G.   virt.: *Punkt GS*.   25.   deb.: *Punkt GS*.   contrarie G.
26. nulli S.   eo *bis inclus*. ire debeamus *fehlt* S.

causam facimus, unde ad misericordiam ire debeamus. Culpas
alicui non dimittimus, ut per eas deus nobis remittat peccata
nostra, nec damus divitias nostras pro peccatis nostris, sicut vos
facitis. Nullum laborem facimus, qui ad avaritiam pertineat.
5 Membra nostra libidini non tradimus. Adulteria nulla committi-
mus, nec aliquod vitium facimus, unde ad penitentiam ire
debeamus sicut vos, qui de malo, quod facitis, quando peni-
tentiam exinde levatis; sic loquimini contra vos ipsa mala, que
facitis, velud contra inimicos soletis loqui. De fatis nihil
10 querimus, quia omnes rectum facimus. Subitam mortem non
patimur, quia per sordida facta ipsum aerem non corrumpimus.
Nullum vestimentum in varios colores tingimus. Femine nostre
non ornantur, ut placeant nobis. Ipsum etiam ornamentum pro
pondere computant, quia nolunt esse pulchre pro ornamentis,
15 sed tantum in ea natura, qua nate sunt. Nam quis potest
nature opus mutare? Quod si aliquis illud mutare voluerit, crimi-
nosum est eo, quod non est rectum factum, seu quod non potest
stare. Balnea non facimus neque aquam calidam, ut corpora
nostra lavemus. Sol nobis calorem dat et de rore infundimur.
20 Nullam cogitationem habemus. Non dominamur super homines,
qui sunt nostri similes. Alioquin crudelitas est premere hominem
ad servitium, quem nobis ipsa natura fratrem dedit et qui est
creatus ab uno patre celesti, sicut et nos sumus. Petras non
resolvimus in calcem, ut faciamus nobis demos ad habitandum,
25 neque vascula de terra facimus. In fossis aut speluncis montium
habitamus, ubi nullus sonus ventorum auditur et ubi nulla

---

1. deb. (facim.): *Punkt GS.* 2. dimittat p. *S.* 3. nostra: *Punkt
GS.* nostr.] uestris *G.* nostr. peccat. *S.* 4. facit.: *Punkt GS.*
pertin.: *Punkt GS.* 5. Membra *G.* tradim.: *Punkt GS.* 7. qui
fehlt *S.* 8. levat.] agitis *S.* 9. loqui: *Punkt GS.* fatis] factis *G.*
10. facim.: *Punkt GS.* 11. sordidam factam *G.* aërem *G.* corrump.:
Punkt GS. 12. tingim.: *Punkt GS.* 13. nobis *fehlt S.* nob. (plac.):
Punkt GS. eciam ips. orn. *S.* 14. oput. *S.* pulcre esse *S.* 15. tant.]
tā *S.* sunt: *Punkt GS.* 16. mut. op. nat. *S* (= *B*). op.] corpus *G.*
mut.: *Fragezeichen G*, *Punkt S.* illud] illicitum *S.* voluer. *corrigirt in*
nol. *S.* 17. seu] sed *G.* 18. stare: *Punkt GS.* 19. nostra *fehlt S.*
lavem.] lauaremus *S.* lav.: *Punkt GS.* Sol] sed *S.* infundim.: *Punkt GS.*
20. habem.: *Punkt GS.* Nullum hominem in seruicio nostro habemus. Non
dominam. *S* (= *B*). 21. sunt nostri] non sunt *S.* simil.: *Punkt GS.*
crudelitas *G.* premere] preuenire *S.* hom. venire *S.* 22. quem] que *S.*
23. celestis *G.* sum.: *Punkt GS.* Petram *S.* 24. habitand.: *Punkt GS.*
25. facim.: *Punkt GS.* aut] autem *G.* 26. audimus *G.* nullam pluuiam
S (= *B*).

pluvia timemus. In terra dormimus absque sollicitudine. Non
enim tales domos habemus, in quibus, dum vivimus, habitamus,
et, dum morimur, habemus illas pro sepultura. Nos autem ad
negotiandum per mare non navigamus, ubi et multa pericula
5 sustinent, qui illuc navigant, et multa misera cognoscunt. Nos
arte non discimus, ut bene loquamur; per simplicitatem omnia
dicimus, que numquam nos permittit mentiri. Scolas philosophorum
non frequentamus, in quorum doctrina discordia est et nihil
certum definiens atque stabile sed semper mendacia, sed illas
10 scolas frequentamus, in quibus discimus vitam et que demonstrant
nobis hoc, quod in scripturis ostendunt, et non docent nos ali-
quem ledere, sed secundum veram iustitiam iuvare docent, et
non discimus in eis causam, que nobis aliquam tristitiam faciat.
Ludos nullos amamus. Si autem volumus scire aliqua, que ad
15 ludum pertinent, legimus facta predecessorum vestrorum et
vestra et, cum debemus exinde ridere, nos inde flemus. Tamen
videmus alia, in quibus ammiramur et delectamur, hoc est:
celum optime resplendere ex stellis, solem rubicundum in curru
suo, radios eius illuminare totum mundum. Videmus semper
20 mare in colore purpureo esse et, quando illi tempestas surrexerit,
non dissipat vicinam terram, sicut in vestris partibus facit, sed
amplectitur eam sicut sororem suam. Et ibi cotidie videmus
varia genera piscium saltum dare et ludere delfinas. Nec non
et delectamur videre florentes campos, de quibus in nostris
25 naribus suavissimus odor ascendit, unde et oculi nostri videndo

---

1. timemus *G*. tim.: *Punkt GS*. absque omni timore in solitudine *S*.
sollic. (sol.): *Punkt GS*. 2. habitam.: *Punkt G*. h. ibi *S*. 3. sepulcris *S*. sepult.
(sepulcr.): *Punkt GS*. autem] et *S*. 4. navigam.] ambulamus *S*. navig.
(ambul.): *Punkt GS*. 5. miseria *G*, mirabilia *S*. cognosc.: *Punkt GS*. 6. autem
artem *S*. 7. pmittit *S*. mentiri: *Punkt GS*. Scola *G*. phylosoph. *S*.
8. est: *Punkt G*. 9. defin.] diffinientes *S*. sed] et *G*. mendac.:
Punkt GS. illa scola *G*, illam scolam *S*. 10. frequent. *corrigirt aus* frrequ. *S*.
quibus] qua *S*. bonam scimus vit. ac discimus *S*. et *fehlt S*. demonstrat
G. 11. ostenditur *S*. ostend.: *Punkt GS*. 12. iuvare] viuere *S*.
13. dicimus *G*. aliqua tristicia *G*. faciat: *Punkt GS*. 14. amam.: *Punkt GS*.
15. depressor. *G*. vestror.] nostrorum *S*. et vestra *fehlt S*. 16. vestram *G*.
nos exinde *S* (= *B*). flem.] plangimus *S* (= *B*). flem. (plang.): *Punkt GS*.
17. alia] illa *S*. amiram. *GS*. delect.: *Punkt GS*. est. Videmus
S (= *B*). 18. splendere *S*. ex] de *S* (= *B*). stell.: *Punkt G*. et rad.
S (*B*). 19. mundum: *Punkt GS*. 20. tempest. illi *S* (= *B*). 21. dis-
cipat *S*. 22. suam: *Punkt GS*. ubi *G*. cottidie vidimus *S*. 23. varia]
diuersa *S*. et saltum *S*. delphynes *S*. delf.: *Punkt GS*. 24. et] est
G, *fehlt S*. nostris] uestris *G*. 25. ascend.: *Punkt GS*. et *fehlt S*.

satiantur et corpora nostra. Similiter delectamur in optimis
locis silvarum et fontium, ubi audimus cantilenas avium. Hanc
ammirationem semper habemus. Nostra etenim natura hanc
consuetudinem habet, imperator, quam si tenere volueris, credimus,
5 quam durum tibi esse videtur, et si nolueris eam tenere, nostra
culpa non est, quia omnia, unde nos rogando mandasti, per has
litteras scriptum tibi dirigimus. Sed tamen, si placet, dicimus
in aliquantulum de vestra doctrina, propter quod nostra dura
tibi esse videtur. Vos Asiam, Europam et Africam in parvo
10 termino concludere dicitis, vos lumen solis deficere facitis, dum
cursus sui terminos armis exquiritis. Vos Pactoli atque Ermi
fluvios splendidos auro currentes absque colore et pauperes
reddidistis, vos Nilum fluvium bibendo a cursu suo minuistis, vos
monstrastis, ut horribilem oceanum navigaret homo, ut Tartareum
15 custodem, id est canem Tricerberum sopiri posse, pretio confir-
mastis, vos omnia manducantes vultum semper ieiunum portatis,
vos in sacrificio filios vestros interficitis, vos facitis adulterare
matres vestras, vos mittitis discordiam inter reges, qui sunt
humiles, etiam et per vos superbi facti sunt, vos suadetis homines,
20 ut nequaquam sufficerent eis spatia terrarum, sed celi querere
habitacula preparatis atque provocatis, vos et per vestros deos
multa mala committitis, sicut illi fecerunt. Nam testimonium
potestis accipere a Jove deo vestro et a Proserpina dea vestra,
quam colitis, quia ille multas feminas adulteravit et illa multos
25 viros secum concumbere fecit. Vos homines non dimittitis in sua

---

1. saciant *S.* et *fehlt GS.* nostra: *Punkt GS.* 2. lucis *G.* siluar.
et frondium et fonc. *S.* avium: *Punkt GS.* Hanc autem *S.* 3. ammir. | animi
racionem *S.* habem.: *Punkt GS.* etenim *fehlt S.* 4. imperat.: *Punkt GS.*
5. esse *fehlt S.* videt.: *Punkt GS.* (i. est] erit *S.* est (er.): *Punkt GS.* rogasti *G.*
mand. petens *S.* has *fehlt S.* 7. tibi *fehlt S.* dirigim.: *Punkt GS.*
8. in *fehlt S.* vestra] nostra *S.* dura *fehlt S.* 9. videt.: *Punkt GS.*
Asyam *S.* affric. *S.* 10. termino] tempore *S.* dicitis: *Punkt GS.*
dum] cum *S.* 11. suo (?) *G.* termini *S.* armis] arcius *S.* exquirit.:
Punkt GS. hermi *S.* 12. et *fehlt S.* paupepe's *S.* 13. reddid.: *Punkt GS.*
nylum *S.* bibendum *S.* s. cursu *S.* min.] innuistis *S.* min (inn.): *Punkt
GS.* 14. orribilem *G.* ocean.] occasum *S.* homo: *Punkt S.* ut] Vos *S.*
tarthareum *S.* 15. id est.] idem (?) *G.* confirm.: *Punkt GS.* 16. portat.:
Punkt GS. 17. v. interficit. in sacr. f. v. *S.* interfic. (v.): *Punkt GS.* 18. v.
matr. *S.* vestr. (matr.): *Punkt GS.* 19. vos] nos *G.* sunt: *Punkt GS.* 20. suffi-
spatium *S.* 21. habitaculum *S.* preparat. atque *fehlt S.* provocat.:
Punkt GS. 22. et illi *S.* fecerunt: *Punkt GS.* 23. vestra] vestro *G.*
24: colit.: *Punkt GS.* multos *corrigirt aus* multas *G.* 25. cōcumb. *S.*
fecit: *Punkt GS.* hom. in s. lib. n. permittit. v. *S.*

libertate vivere, sed servos illos habetis, vos non iudicatis recta iudicia, vos iudices mutare legem facitis, vos multa dicitis, que debeant fieri, et non facitis, vos autem alium non tenetis sapientem, nisi qui habet facundiam loquendi. Omnem sensum
5 vestrum in lingua vestra habetis, et tota vestra sapientia in ore vestro consistit et, quamvis potestatem habetis in lingua vestra multa loquendi, multum tamen meliores sunt illi, qui sciunt tacere. Vos aurum et argentum colligitis et desideratis habere maximas domos et multos servos. Et tantum manducatis et bibitis,
10 quantum et alter homo manducat et bibit. Omnia tenetis et dominamini super illas divitias, quas vos habetis, sed sola sapientia Bragmanorum vincit vos in omnibus, quia, sicut nos consideramus, illa mater vos genuit, que et lapides genuit. Vos ornatis sepulcra vestra et in vasis gemmarum cineres
15 vestros ponitis. Quid enim peius esse potest, quam ossa, que terra recipere debet? Vos ea incenditis et non dimittitis, ut in sinu suo recipiat terra, quos genuit, quando miseri homines delectabilem sepulturam tollitis. Discant homines, quale meritum vestris amatoribus post mortem redditis. Nos in honorem deorum
20 pecudes non occidimus, neque templum facimus, ubi statuam auream vel argenteam ponamus de qualecumque deo, sicut vos facitis, neque altaria de auro et gemmis facimus. Vos autem talem legem habetis, ut de omnibus bonis vestris honoretis deos vestros, ut vos exaudire debeant. Vos non intelligitis, quia deus
25 non pro pretio neque pro sanguine vituli neque pro sanguine hirci aut arietis exaudit hominem aliquem, nisi per bona opera,

---

1. habet.: *Punkt GS.* v. indicia r. n. iudicat. *S.* 2. iud.: *Punkt GS.* leg. mut. *S.* facit.: *Punkt GS.* dicit.] locis *S.* que] quod *G.* 3. deberent *S.* facit.: *Punkt GS.* autem *fehlt S* tenet.] habetis *S.* 4. nisi *doppelt geschrieben G, fehlt S.* qui non *S.* habeat *S.* facundā *S.* loquendi: *Punkt GS.* omnis sensus vester in ligwa habitat *S.* 6. consistat *S.* consist.: *Punkt GS.* habeatis *S.* 8. tacere: *Punkt GS.* collitis *G.* 9. servos: *Punkt GS.* 10. bibit: *Punkt GS.* 11. divitias *fehlt G.* quas] que *G* (super illa uitia que uos ipsi hab. *B*). vos *fehlt S.* hetis *S.* habet.: *Punkt GS.* 12. omnib.: *Punkt GS.* quia *fehlt S.* 13. consideram.: *Punkt S.* mat. que v. *G.* vos] nos *S.* et que *S.* uos gen. *G.* gen.: *Punkt GS.* 14. vase *S.* cineres *fehlt G.* 15. vestrorum *S.* reponitis *S.* pon. (repon.): *Punkt GS.* 16. ea] eā *G.* 17. gĕnuit *G.* gen.: *Fragezeichen G.* *Punkt S.* 18. sepulcrum *S.* tollit.: *Punkt GS.* Dicant *S.* 19. reddit. p. mort. *S.* redd. (mort.): *Punkt GS.* honore *S.* 20. occidamus *S.* ubi] neque *S.* 21. ponimus *S.* qualicūque *S.* 22. facim.: *Punkt GS.* 23. vestris *fehlt S.* 24. exaudiri *G.* debeant: *Punkt GS.* 26. hyrci *G.* aries *G.* aliqu. homin. *S.* per] propter *S.*

que deus diligit, et per verba orationis exaudit hominem orantem, quia de verbo tantummodo homo similis est deo, quia deus verbum est, et verbum istum mundum creavit, et per hoc verbum vivunt omnia. Nos autem hoc verbum colimus, hoc adoramus, hoc amamus. Nam et deus spiritus et mens est. Ideo autem non amat aliud nisi mentem mundam. Quapropter nimium vos insipientes esse dicimus pro eo, quod tenetis, ut natura vestra celestis sit et cum deo habeat communitatem, sed sordidatis illam de adulterio et fornicatione et de servitute ydolorum. Vos istas causas amatis, istas facitis semper, quas cum facitis, quousque vivitis, mundi non estis et post mortem exinde tormenta sustinetis. Vos denique speratis habere deum propitium pro carne et sanguine, que ei offertis. Vos non servitis ad unum deum, qui solus regnat in celo, sed ad multos deos servitis. Vos tantos deos colitis, quanta membra habetis in corpore, nam hominem dicitis esse mundum parvum, et sicut corpus hominis multa habet membra, ita dicitis diversos deos in celo consistere et unicuique partes corporis vestri diversas habetis et proprias singulis victimas occiditis et nomina illis exquisita donatis confirmantes. Minervam pro eo, quod fuit inventrix malorum operum, dicitis eam de capite Jovis natam et tenere sapientiam, proinde dicitis eam tenere summitatem capitis. Junonem pro eo, quod fuit iracunda, dicitis deam cordis esse. Martem pro eo, quod fuit preses bellorum, dicitis illum esse deum pectoris. Mercurium pro eo, quod multum loquebatur,

---

1. que] quā *G.* orant.: *Punkt GS.* 2. verba *G.* homo *fehlt S.* 3. est: *Punkt G.* istum] illud *S.* 4. viuit *und darüber geschrieben* vinificat *S.* omnia: *Punkt GS.* colim.] credimus *S.* 5. et h. amam. *S.* amam.: *Punkt GS.* deus noster *S.* spiritus et *fehlt S.* est: *Punkt GS.* 6. mund. ment. *S.* mund. (ment.): *Punkt GS.* 8. cum] hoc *G.* ouitat. *S.* 9. adulteria *und dabei* d *aus* b *corrigirt G.* 10. ydolor.: *Punkt GS.* semp.: facit. *S.* semp.: *Punkt G.* 11. viuetis *S.* 12. tormenta] penam *S.* sustinet.: *Punkt GS.* deum prop. hab. sper. *S.* 13. saguine *S.* offert.: *Punkt GS.* Vos n.] nec n. *S.* 15. servit.: *Punkt GS.* quanta] quot *S.* 16. corpore: *Punkt GS.* 18. *Bei* unicuique *ist* que *und ausserdem* sp *deo übergeschrieben S.* diuersa *S.* 19. propria *G.* singularis *S.* uictimis *G.* illis *doppelt geschrieben S.* 20. donat. *corrigirt aus* donantes *G.* confirmant.: *Punkt GS.* Minerv. *corrigirt aus* Nin. *S.* quod *fehlt S.* 21. inuentricem *G,* ibi ventrix *S.* mult. op. *S.* operum: *Punkt GS.* eam esse *S.* de cap.] deam capitis *S.* 22. tenentem *S.* proinde] pro eo *S.* sumitat. *G.* 23. capit.: *Punkt GS.* Junon.] In nomino *S.* iracunda: *Punkt GS.* eam esse d. cord. *S.* 24. esse (cord.): *Punkt GS.* presidem *G,* presilis *S.* bellor.: *Punkt S.* 25. pector.: *Punkt GS.* q. fuit mult. loquax *S.* loqu.: *Punkt S.*

dicitis esse deum lingue. Herculem vero pro eo, quod duodecim mirabiles virtutes fecit, dicitis illum esse deum brachiorum. Bacchum pro eo, quod fuit inventor ebrietatis, dicitis illum esse deum gutturis et sic stare supra guttur hominis, quomodo stetisset
5 supra cellam de vino plenam. Cupidinem pro eo, quod fuit fornicator, dicitis eum tenere facem ardentem in manu, cum qua accendat libidinem, pro eo dicitis illum esse deum iecoris, ubi habitat maxima pars ignis corporis. Cererem pro eo, quod fuit frumenti inventrix, dicitis eam deam esse ventris. Venerem
10 pro eo, quod fuit mater luxurie, dicitis esse deam membrorum genitalium. Totum enim corpus hominis dividitis inter deos, nullam partem corporis vestre potestati relinquitis et non tenetis, quia corpora vestra unus deus, qui in celo est, creavit. [Qui] tamen exinde nec gratiam vobis reddunt ipsi dii vestri sicut
15 ad liberos homines, sed ut colonis subiectis imponunt vobis tributum atque alius alia tributa a vobis offertur (!). Marti offertis aprum, Baccho offertis hircum, Junoni offertis pavonem, Jovi mactatis taurum, Apollini occiditis cygnum, Veneri immolatis columbam, Minerve noctuam occiditis, Cereri farra sacrificatis,
20 Mercurio mella solvitis, altaria Herculis coronatis ex frondibus arboris populi, templum Cupidinis rosis ornatis et, si necessitas vobis evenerit, non volunt commune sacrificium nec communia

---

1. cum esse *S.* ligwe *S.* lingue: *Punkt GS.* vero *fehlt S.* 2. fecit: *Punkt S.* brachior.: *Punkt GS.* 3. Bachum *S.* ebrietat.: *Punkt S.* deum esse *S.* 4. staret *S.* quomodo] quasi *S.* aliquis si (?) stetiss. *S.* 5. plenam: *Punkt GS.* 6. qua] quo *G.* 7. incendit *S.* libidin.: *Punkt GS.* pro eo] Proinde *S.* d. esse *S.* 8. habitat *corrigirt aus* habitatat *S.* maxima] vna *S.* corpor.: *Punkt GS.* 9. frum. inventr.] inuentr. segetis *S.* inuentricem *G.* seget.: *Punkt S.* esse d. *S.* ventris: *Punkt GS.* matrem *G.* luxurie: *Punkt S.* eam esse *S.* deum *corrigirt aus* deum *S.* 11. genital.: *Punkt G und S, wo folgt* Jouem (*am Innenrande steht roth geschrieben* Junonem) dicitis autem tenere spiritum aeris. Proinde dicitis illum esse deum mauuum. (ioue autem dicitis esse deum naris. pro eo quod dicitis eum tenere spiritum aeris. apollinem uero. pro eo quod inuenit ipse primum medicinam et musicam. dicitis illum esse deum manuum *B*). enim] autem *S.* divid.] diuitis *G.* 12. relinquentes *S.* relinqu.: *Punkt GS.* 13. vestra] nostra *S.* creav.: *Punkt GS.* 14. vobis *fehlt S.* redeut *S.* 15. liber.] lib'e *G.* coloni subiecti *G*, ad collum subiectum *S.* nobis impon. *S.* 16. offert.: *Punkt GS.* 17. aprum: *Punkt GS.* Bacho *S.* yrcum *G.* hirc. (yrc.): *Punkt GS.* pavon.] pan *corrigirt aus* pao *G.* pavon. (pau): *Punkt GS.* 18. offertis thaur. *S.* taur.: *Punkt GS.* Appollini *GS.* cign. *S.* cygn.: *Punkt GS.* ymmol. *S.* 19. collumb. *G.* columb.: *Punkt GS.* occid.: *Punkt GS.* far *S.* sacrif.: *Punkt GS.* 20. solvit.: *Punkt GS.* coronat.] ornatis *S.* 21 popʳli *G.* pop.: *Punkt GS.* rosis] sic mensis *S.* ornat.: *Punkt G.* 22. aduenerit *S.* non *fehlt S.* vol. a vobis sacrific. *S.* communes *G*, omun. *S.*

templa, sed unusquisque deus proprium sibi premium datumque
assequitur. Unusquisque autem deus de his, quos colitis,
sive avem sive frumenta sive quadrupedem sive aliam
qualemcumque causam consecratam habet; in illis est
5 illorum potestas, non in corpore vestro. Et vos quomodo illos
dicitis habere potestatem in corpore vestro, qui non habent
potestatem nisi in animalibus, que illis offeruntur. Certe digna
vota et digna tormenta sustinebitis post mortem propter vestros
errores. Re etenim vera non rogatis deos adiutores, sed carni-
10 fices, qui membra vestra per diversa tormenta dividunt. Necesse
est enim tanta tormenta sustinere corpora vestra, quantos deos
dicitis habere potestatem in corporibus vestris. Unus deus vos
facit fornicare, alter bibere, alter litigare; omnes vos imperant
et vos omnibus servitis, omnes colitis et miserum corpus vestrum
15 debet deficere propter tanta servitia, que facitis ad multos deos.
Et rectum est vos talibus diis servire propter tanta mala, que
facitis, et, quia non vultis cessare a malis, ideo servitis talibus
diis. Sine causa enim servitis ad tales deos, qui vobis imperant
omnia mala facere. Si vero exaudierunt vos ipsi dii vestri,
20 quando eos rogatis, damna faciunt in conscientia vestra, si autem
vos non exaudierint, erunt contrarii desideriis vestris, quia vos
non de alia causa illos rogatis nisi de malo. Ergo sive vos
exaudierint, sive non exaudierint, vobis semper nocent. He
sunt dee vestre ille, que dicuntur furie, que et peccata hominum
25 per furorem post mortem vindicant. Hec sunt illa tormenta,
que vobis doctores vestri dixerunt, que vos velut mortuos iam
in illo seculo cruciant. Etenim, si bene volueritis considerare,
non peiorem causam aliquis potest in inferno sustinere, quam

---

1. templa: *Punkt GS.* propr. sibi *fehlt S.* 2. assequit.: *Punkt GS.* de his *fehlt S.* 4. habent *G.* 5. vestro: *Punkt GS.* dicit. illos *S.* 7. nisi *übergeschrieben S.* offerunt.: *Punkt GS.* Certe] Ecce *S.* 8. post mort. sustinetis *S.* 9. error.: *Punkt GS.* deum adiutorem *S.* 10. divid.: *Punkt GS.* 11. tanta] diuersa *S.* nostra *S.* quantos] quia tot *S.* 12. vestris: *Punkt GS.* 13. fac. nos *S.* alter manducare a. b. *S.* litigare: *Punkt GS.* vos] vobis *S.* 15. facit *G.* deos: *Punkt GS.* 17. facit.: *Punkt GS.* malis: *Punkt S.* 18. diis: *Punkt GS.* 19. facere: *Punkt GS.* exaudierint *S.* vos *fehlt S.* ipsi *fehlt S.* 20. quando] quo *S.* eos *fehlt S.* vestra: *Punkt S.* 22. ill. de a. c. rog. *S.* Vor de ist sp *durchgestrichen S.* malo: *Punkt GS.* 23. nocent: *Punkt GS.* Hee *GS.* 24. ille *fehlt S.* et pecc.] ē facta *S.* hom.] homī *S.* 25. vindic.: *Punkt GS.* Hec] Hee *S.* tormenta *fehlt S.* 26. velud *S.* iam *fehlt S.* 27. in i. sec.] in patibulo *S.* cruc.: *Punkt GS.* 28. pot. aliqui. *S.* sustinet.: *Punkt GS.*

modo vos sustinetis, et quanta simulacra dicunt doctores vestri esse apud inferos, vos estis. Pene sunt in inferno et vos modo penas patiemini, quando vigilatis propter committenda adulteria et fornicationes et furta. Dicunt autem Tantalum esse in inferno,
5 qui semper sitit et numquam satiatur, et vos tantam cupiditatem habetis acquirendi divitias et nullo tempore satiamini. Dicunt enim Cerberum esse in inferno, qui habet tria capita. Et venter vester, si conspicere vultis, sic est quomodo Cerberus propter multum manducare et bibere. Similiter et dicunt, ut
10 sit in inferno serpens, qui vocatur Ydra, et vos propter multas divitias, que per saturitatem ventris habetis, Ydra dici potestis. Et omnia alia, que doctores vestri dicunt esse in inferno, si considerare vultis, propter vestra mala vos estis. Heu vos miseri, qui talem fidem tenetis, unde post mortem tormenta
15 sustinere debetis.'

100. Recepta itaque Alexander ipsa epistola iratus est valde propter iniuriam deorum suorum, sed tamen scripsit epistolam continentem ita: „Rex regum Alexander filius dei regis Ammonis et regine Olimpiadis Dindimo dicendo mandamus.
20 Si ita sunt omnia, ut dicis, ergo soli vos estis in hoc mundo boni homines, qui nulla mala facitis, ut dicitis, qui non habetis in consuetudine facere ea, que humana natura facere solet, qui dicitis peccatum esse omnia, que facimus, qui diversas artes, que apud nos sunt, peccata esse denuntiatis, volentes destruere
25 omnes consuetudines, quas humana natura hactenus habuit. Vos autem secundum nostram considerationem aut deos vos

---

1. sust.: *Punkt G.* simul. vestra *S.* doctor.] autoros *S.* 2. estis: *Punkt GS.* Pene] Penes *G.* 3. patimini *S* (= *B*). pat.: *Punkt G.* propter *fehlt G.* 4. furta: *Punkt GS.* autem] enim *S* (= *B*). Tant.] tantum malum *G,* tantulum *S.* esse *fehlt S.* 5. sitit] sint *G.* satiat.: *Punkt GS.* et] ut *S* (= *B*). 6. saciemini *S* (= *B*). sat.: *Punkt GS.* 7. capita: *Punkt G.* 8. ventrem vestrum *S.* Cerber.: *Punkt GS.* 9. bibere: *Punkt GS.* ut] quod *S.* 10. Ydra: *Punkt GS.* propter *fehlt S.* mult. divit.] multa vicia *S* (= *B*). 11. dicere *G* (*so auch ursprünglich in B, doch ist daraus* dici *corrigirt*). potest.: *Punkt GS.* 12. esse apud inferos dic. *S.* 13. vult.: *Punkt S.* estis: *Punkt GS.* 14. tenet.: *Punkt S.* 15. debet.: *Punkt GS.* 100. 16. ipsam epistolam *G.* ips. epist. *fehlt S.* 17. suorum: *Punkt GS.* 18. ita: *Punkt G,* folgt *Abschnitt S.* Rex: *Initiale G.* regis *fehlt S.* 19. regi *G.* olymp. *S.* mandam.: *Punkt GS.* 20. sunt] est *G.* 21. qui] quia *S.* dicit.: *Punkt GS.* 22. solet: *Punkt GS.* 23. nos facim. *S* (= *B*). facim.: *Punkt GS.* qui] et *S.* que] quas *G* (= *B*). 24. peccata] parata *G.* volent.] qui wltis *S* (qui uolunt *B*). 25. actenus *GS.* habuit: *Punkt GS.* 26. Vos] Nos *S.* nostr.] vestram *S.* aut deos] sine deo *S.*

esse dicitis, aut invidiam contra eos habetis: proinde ista dicitis. Tamen non pretermitto vobis scribere singula de ordine vite vestre, quantum nos exinde intelligere possumus. Dicitis enim, ut non habeatis consuetudinem terram arare et seminare et vites
5 ad arbores ponere aut edificia pulchra facere. In hoc manifesta ratio est, quia non habetis ferrum, cum quo laborare possitis ista, que diximus. Aliunde navigationem navigii habere non potestis, ideo necesse est, ut pascatis herbas et duram vitam ducatis sicut pecora. Numquid non et lupi hoc faciunt? Cum
10 enim non potuerint predare carnes, quas manducent, saturantur de terra pro penuria famis. Quod si liceret vos in nostras venire terras, non requireremus sapientiam vestram de penuria, quam habetis, sed in suis finibus remanserat ipsa penuria. Aut si nos in vestras fines habitassemus, pauperes fueramus facti
15 similes vobis. Non est enim laudandum vivere hominem in angustia et paupertate, sed si vixerit in divitiis temperanter. Sed tamen si laudandum fuisset, ergo cecitas et paupertas ipsa solo haberent gloriam: cecitas, quia non videt, quod desiderat, paupertas, quia non habet, ut faciat. Dicitis enim, quia femine
20 vestre non ornentur, etiam et pro pondere habeant ipsum ornamentum. Similiter dicitis, ut apud vos non sint fornicationes et adulteria. Miranda causa fuisset, si hoc fecissetis voluntarie, sed ideo hoc facitis propter ieiunia, inde et vos et ille in castitate permanetis. Dicitis vero, quod studium discendi

---

1. aut] autem *S.* eos] deos *S* (= *B*). habet.: *Punkt S.* dicit.: *Punkt GS.* 2. pretermittam *S.* vobis *fehlt S.* sing. scrib. *S.* de] die *G.* 3. possum.: *Punkt GS.* 4. ut] quod *S.* habetis *S.* vitem *S.* 5. Vor arbor. ist al *durchgestrichen S.* hedificia *G.* pulcra *S.* facere: *Punkt GS.* manif. rat.] manifestacio *S.* 6. est *fehlt G.* possit.: *Punkt S.* 7. dixim.: *Punkt G.* Aliunde: *Punkt S.* 8. potest.: *Punkt S.* erbas *G,* herbam *S.* 9. ducat.] habeatis *S.* peccora *G.* pec.: *Punkt GS.* et *fehlt S.* faciunt: *Fragezeichen G,* *Punkt S.* 10. potuerit *S.* predari carnem quam manducet saturatur *S.* quas] quod *G.* 11. famis: *Punkt GS.* 12. requiremus *S.* vestr. sapient. *S.* 13. *In* remans. ist e *übergeschrieben S.* penuria: *Punkt GS.* 14. nos] uos *G.* vestros *S.* habitassem.: *Punkt GS.* facti fuer. *S.* 15. vobis: *Punkt GS.* vivere] uere *G.* 16. et] an *S.* diuicia *S.* temperant.: *Punkt GS.* 17. et paupert. *fehlt G.* ipse *S.* 18. solo *bis incl.* cecitas *fehlt G.* sole(?) *S.* gloriam. Sciatis quia n. vident *S.* desiderant *S.* 19. paupertates *S.* habent quod faciant *S.* fac.: *Punkt GS.* enim] autem *S.* 20. ornantur *S.* habent *S.* ornament.: *Punkt GS.* 22. adult.: *Punkt GS.* volunt.: *Punkt GS.* 23. faciebant *S.* propt. ieiuu.] ieiunia q̄ habetis. Et femine vestre ideo pro pondere habent ipsum ornamentum. et non ornantur propter eadem ieiunia. et vos *S.* 24. permanet.: *Punkt GS.*

non habeatis et misericordiam non queratis, neque alteri faciatis.
Omnia hec communia habetis cum bestiis, quia, sicut non habent
naturaliter, ut aliquid bonum sentiant, ita nec in aliquo bono
delectantur. Nobis autem rationabilibus hominibus, qui liberum
5 habemus arbitrium, ad bene vivendum dedit nobis ipsa natura
multas blanditias. Inpossibile est enim, ut tanta mundi magni-
tudo non haberet temperamentum moderationis, ut post tristitiam
adveniret letitia. Siquidem voluntas humana varia est, que
etiam cum celi mutatione mutatur, similiter et ipsa mens hominis
10 diversa est et, quando sincerus dies est, et voluntas et mens in
gaudio sunt et, quando tenebrosus dies fuerit, tristes sunt.
Similiter et sensus hominis per diversas etates immutantur.
Hinc est, quod infantia gaudet in simplicitate et iuventus in
presumptione, senectus tardatur in stabilitate. Quis enim querit
15 in puero astutiam aut in iuvene constantiam aut in sene
mutabilitatem? Multa enim delectabilia sunt, que ad usum
nostrum occurrunt, alia visui nostro, alia in auditu, alia ad
odorem vel tactum vel saporem. Et modo saltationibus de-
lectamur, modo cantilenis, aliquotiens suavitate odoris aut in
20 gustu dulcedinis aut in tactu mollitie delectamur. Si enim omnes
fructus bonos habemus de terra et abundantiam piscium habemus
de mari et delitias avium habemus de aerem, si volueris te ab his
omnibus abstinere, aut superbus iudicaberis eo, quod talia dona
despicis, aut invidiosus pro eo, quia nos, (!) qui sumus meliores
25 quam vos, donata nobis esse videntur. Hanc causam secundum
meum iudicium dico de vita et moribus vestris, quia plus pertinet
ad stultitiam quam ad sapientiam.'

---

1. habetis *S*. queritis *S*. facitis *S*. fac.: *Punkt GS*. 2. Omn. enim *S*. cum best. hab. *S*. best. (hab.): *Punkt GS*. 3. boni *S*. iu *fehlt S*. 4. delectant.: *Punkt GS*. 4. qui] quibus *S*. 5. habem. *fehlt S*. dedid *G*. nobis *fehlt S*. 6. blandit.: *Punkt GS*. Imposs. *S*. est *fehlt S*. 7. habet *S*. 8. non aduenerit *S*. letitia: *Punkt GS*. Si siquid. *S*. volunt.] nouitas *S*. varia] verax *S*. 9. mutat.: *Punkt GS*. m. ipsa *S*. 10. est: *Punkt GS*. et vor mens *fehlt G*. 11. sunt: *Punkt GS*. sunt: *Punkt GS*. 12. imutatur *S*. immut.: *Punkt GS*. 14. presumpsione *G*. pres.: *Punkt GS*. et senect. *S*. stabilit.: *Punkt GS*. queret *S*. 15. astut.: *Fragezeichen G*. cōstantant. *G*. 16. motabilitate *G*, mobilitatem *S*. mut. (mob.): *Fragezeichen G, Punkt S*. 17. occurr.: *Punkt GS*. in aud.] auditui *S*. aud.: *Punkt GS*. ad *fehlt S*. 18. vel] alia *S*. sapor.: *Punkt GS*. del.: *Punkt S*. 19. modo *bis inclus.* delectamur *fehlt S*. cantilen.: *Punkt G*. suauitatē *G*. 20. delectam.: *Punkt G*. 21. bon. fruct. *S*. habundanc. *S*. abundantia *G*. abemus *G*. 22. de] in *S*. avium *fehlt S*. de] in *S*. aere *S*. omnib. hiis *S*. 23. iudicau. *S*. 24. aut *fehlt S*. invidios.: *Punkt G*. qui *fehlt S*. 25. donata] bona *S*. vident.: *Punkt GS*. 26. de morib. vestr. et vita vestra *S*. 27. sapient.: *Punkt GS*.

101. Recepta vero Dindimus ipsa epistola legit et statim scripsit Alexandro epistolam continentem ita: „Dindimus Bragmanorum didascalus Alexandro regi regum gaudium. Non sumus nos habitatores istius mundi, quasi semper hic esse
5 debeamus, sed sumus peregrini in isto mundo, quia morimur et pergimus ad domus patrum nostrorum. Non gravant nos peccata nostra, nec manemus in tabernaculis peccatorum. Nullum furtum facimus et pro nostra consuetudine, quam habemus, in publicum eximus. Non enim dicimus, ut dii simus, aut invidiam
10 contra deum habemus. Deus autem, qui omnia creavit in mundo, varias operatus est causas, quia non poterat stare mundus sine varietate multarum rerum, et dedit arbitrium homini ad discernendum de omnibus, que in mundo sunt. Quicumque ergo dimiserit peiora et secutus fuerit meliora, hic non est deus sed amicus
15 dei. Nos enim, qui sancte et continenter vivimus, propter quod diceretis, quia aut dii essemus aut invidiam deo haberemus. Ista suspicio, quam de nobis habetis, ad vos pertinet. Nam, cum tantum inflati sitis de nimia prosperitate, quam habetis, obliti estis, quia ex hominibus nati estis; ponitis super vos
20 gloriosum ornatum, mittitis aurum in digitis vestris sicut femine. Unde sciatis, quia de hac causa, unde speratis vos esse maiores, ad veram utilitatem nihil vobis prodest. De auro enim non fiunt beate anime neque corpora humana exinde satiantur, sed magis de hac causa vitiantur. Nos autem, qui veram humili-
25 tatem cognovimus et scimus ipsam naturam auri, quando sitimus et imus ad fluvium, ut bibamus aquam, ipsum aurum cum

---

101. 1. dindimo *G*. ipsam epistolam *G*. hac epistola *S*. legit: Punkt *GS*. scrips. stat. *S*. 2. ita: Punkt *G*, folgt Absatz *S*. Dindim.: Initiale *G*. 3. gaudium: Punkt *GS*. 4. istius] huius *S*. 5. sed *nicht ganz ausgeschrieben G*. mundo: Punkt *GS*. 6. domum *S*. patruum *G*. nostror.: Punkt *GS*. nos] non *S*. 7. nostra] vestra *S*. nec *steht über durchgestrichenem* sed *S*. peccator.: Punkt *GS*. 8. facim.: Punkt *GS*. nostra consuet.] bona conscientia nostra *S* (b. nostra conscientia *B*). 9. exim.: Punkt *GS*. sumus *G* (*so ursprünglich auch B*). 10. habemus sed non facimus ea que contra deum sunt. deus *S* (sed non .. *auch in B*). hab.: Punkt *G*. 11. causas: Punkt *GS*. mund. stare *S*. 12. variet.] veritate *S*. multorum *G*. rer.: Punkt *GS*. 13. sunt: Punkt *GS*. 14. meliora: Punkt *S*. 15. dei: Punkt *GS*. quod] quid *G*. 16. aut *vor* dii *fehlt S*. deo] contra deos *S*. haberem.: Punkt *GS*. 17. pertinet: Punkt *GS*. 19. ponitus *S*. 20. ornamentum *S*. fem. faciunt *S*. fem. (fac.): Punkt *GS*. 21. sciatis] facitis *S*. quia *fehlt S*. 22. utilitat.] humilitatem *S*. vobis *fehlt S*. prodest: Punkt *GS*. enim *fehlt S*. 23. fiunt] erunt *S*. 24. vitiant.: Punkt *GS*. humilitat.] veritatem *S*. 25. ips. nat. auri] nat. ipsius auri *S*. 26. et *doppelt geschrieben G*. ad fluu. et im., *jedoch geben Transpositionszeichen die*

pedibus calcamus. Aurum enim non tollit famem neque sitim, non venit aliqua egritudo ad hominem propter aurum. [Qui] si sitierit homo et biberit aquam, tollitur sitis eius. Similiter et, si esurierit et comederit, cessat famis eius. Si igitur de eadem
5 natura aurum esset, cum acceperit illud homo, sine dubio cessaret cupiditas illius; sed ideo malum est aurum, quia, cum incipiet homo illum habere, plus augescit cupiditas illius. Quicumque est malus homo, honoratur et colitur a vobis, quia omnis homo cum tale homine habet dilectionem, qualis et ille est. Vos enim
10 dicitis, ut non curet deus mortalia. Edificatis vobis templa, statuitis altaria et delectamini, quando occiditis ibi pecora et nomen vestrum nominatur. Hoc factum est patri tuo, hoc avo tuo cunctisque parentibus, hoc etiam et tibi promittitur. Pro qua causa veraciter dico, quia, quod agitis, ignoratis et nobis,
15 qui recta videmus, vultis adducere tenebras cecitatis vestre et non nos dimittitis, ut plangamus de miseriis vestris. Nam tantum beneficium prestat homo homini perdito, quantum si plangit eum. Quicumque se non agnoverit mortalem esse, de tali honore remuneratur, quali honore remuneratus est Salmoneus, qui iuste
20 occisus est a fulmine propter vim fulminis celi, quod imitatus est, vel Enceladus, qui per vim ausus est celum manibus incipere. Propter hoc sepultura eius igneo monte retinetur, sicut dicunt fabule philosophorum vestrorum.'

102. Relecta ab Alexandro ipsa epistola continuo scripsit
25 ei epistolam continentem ita: ‚Rex regum Alexander filius dei regis Ammonis et regine Olimpiadis Dindimo dicendo mandamus.

Wortfolge von G an S.   1. calcam.: *Punkt GS.*   tollet *G.*   sitim: *Punkt GS.*   2. aurum: *Punkt GS.*   Qui] quia *S.*   3. sitierit *S.*   et *fehlt S.* eius: *Punkt GS.*   4. et *fehlt S.*   omeder. *S.*   fames *S.*   eius: *Punkt GS.* 5. ess aur. *S.*   aur (ess.): *Punkt GS.*   cum] Si *S.*   acciperit h. ill. *S.* 6. illius: *Punkt GS.*   incipit *S.*   7. illud *S.*   illius: *Punkt GS.*   8. vobis: *Punkt GS.*   9. est et ille *S.*   est (i.): *Punkt GS.*   10. d. cur. *S.*   mortal.: *Punkt GS.*   Hedificat. *G.*   11. statutis *S.*   ibi occiduntur *S.*   pecora *G.*   12. nominant *S.*   nom.: *Punkt GS.*   13. et *fehlt S.*   promittit.: *Punkt GS.*   14. ignoratis *fehlt G.*   15. quia *S.*   16. nos non dimittimus *S.*   vestris: *Punkt GS.* 17. prestat] pret *G.*   homo *fehlt S.*   eum: *Punkt GS.*   18. se a. c. m.] non agnouer. se m. *S.*   esse *fehlt S.*   mortal.: *Punkt S.*   19. remunerati sunt *S* (remunerati sunt salmoneus et encelades *B*).   recte et iuste *S.* 20. est *corrigirt aus* et *G.*   flumine *G.*   fluminis *G.*   quod] que *G.* qu. imitat. est *fehlt G.*   celi: *Punkt S.*   21. Encelad.] enchela *S.*   aus. est --] cel. manib. incip. uellet *S.*   incip. (uell.): *Punkt GS.*   22. hac *G.*   sepulcrum *S.*   23. phylos. *S.*   vestror.: *Punkt GS.*   102. 24. ipsam epistolam *G.*   hac epist. *S.*   25. ita: *Punkt G, folgt Abschnitt S.*   *Vor* Rex *überdies vom Rubricator R eingefügt G.*   26. regis *fehlt S.*   mandam.: *Punkt GS.*

Proinde dicitis vos esse beatos, quia in ea parte mundi naturaliter sedem habetis, ubi nec extranei valent intrare nec vobis inde exire permittitur, sed inclusi in illis partibus sic permanetis et, dum non potestis dimittere terram vestram, laudatis illam et
5 penuriam, quam patimini, dicitis, quia per continentiam eam patiamini. Itaque secundum vestram doctrinam et illi, qui in carcere positi sunt, beati dicendi sunt, quia penalem vitam in carcere usque ad senectutem habent. Neque enim dissimilis est a talibus doctrina vestra et bona, que habere dicitis, similia sunt
10 cruciatibus eorum, qui in carcere sunt, ut diximus. Et illud, quod de malis hominibus lex nostra iudicat, vos naturaliter illud patimini. Propter hoc ita fit, ut, qui a vobis sapiens dicitur, apud nos reus nuntiatur, et certe convenit nobis, ut pro vestris miseriis plangamus et pro tantis vestris malis longa suspiria
15 trahamus. Que enim peior afflictio hominis potest esse, quam cui negata est potestas in libertate vivere? Noluit vos deus in eternis suppliciis servare, sed vivos iudicavit vos tantam sustinere penuriam, quamvis philosophos vos esse dicitis. Pro hoc tamen nullum fructum laudis habetis.' Interea precepit Alexander
20 poni in eodem loco columnam marmoream mire magnitudinis et iussit scribere ibi hunc versum: Ego Alexander perveni usque huc.

103. Deinde amoto exercitu pervenit in campum, qui dicitur Actea, et castra metatus est ibi. Eratque in circuitu ipsius campi condensa silva ex arboribus fructiferis, ex quibus vivebant
25 homines agrestes, habitantes in eadem silva, et erant ibi ipsi homines habentes maxima corpora ut gigantes, induti

---

1. dicitis - -] vos dic. beatos. quia S.   quia] qui G.   3. quasi incl. S (— B).   permanet.: *Punkt GS*.   4. laudastis G.   5. penuria qua G. 6. patimini S.   pat.: *Punkt GS*.   vestr.] veram S.   7. sunt pos. S. penal.] castam S.   8. habent: *Punkt GS*.   9. vestra: *Punkt GS*.   10. dixim.: *Punkt GS*.   12. patim.: *Punkt GS*.   fit: *Punkt S*.   13. renus S.   pronunciat. S (— B).   nunt. (pron.): *Punkt GS*.   conenit G.   15. traham.: *Punkt GS*.   Que] Quid S.   peyor S.   esse pot. S.   quam *fehlt* S.   16. libertatē S.   vivere: *Fragezeichen G, Punkt S*.   Voluit S. 17. tanta s. penuria G.   18. penur. *corrigirt aus* penir. S.   vos phyl. S. dicit.: *Punkt S*.   19. fructum laudem G.   fruct. hab. laudis. Verius ergo cōfirmo quia non est beatitudo vestra vita sed castigacio et miseria S (— B, *wo nur et mis. fehlt*).   habet. (mis.): *Punkt GS*.   nterea *mit Raum zur Initiale G*.   20. columpn. S.   21. scr. ibi] in ea scribi S.   versum: *Punkt GS*.   Ego *bis* inclus. huc *roth geschrieben G*.   huc: *folgt Abschnitt S*. 103. 22. Deinde: *Initiale G*.   am. ex. perv.] venit am. ex. S.   23. ibi: *Punkt GS*.   Erantque S.   fructiuer. G.   25. agrestes *bis incl.* homines *fehlt* S. silva: *Punkt G*.   26. habentes *fehlt GS*.   maximo corpore S.   gyg. GS.

vestimenta pellicia. Qui cum vidissent exercitum Alexandri castra metari ibi, continuo exierunt ex ipsa silva maxima multitudo ex illis cum contis longis in manibus et ceperunt pugnare cum exercitu Alexandri. Videns autem Alexander suos deficere ante
5 illos continuo precepit militibus suis, ut omnes vociferarent magnis vocibus, factumque est. Statim, ut ceperunt milites omnes magnis vocibus acclamare, timuerunt valde eo, quod non erant cogniti audire humanas voces, ceperuntque dispersi fugere per silvas. Alexander enim et milites sui insequentes illos
10 occiderunt ex eis sexcentos triginta quatuor. Mortui sunt ex militibus eius centum viginti septem steteruntque ibi tres dies comedentes poma ipsorum arborum.

104. Deinde amoto exercitu venit ad quendam fluvium et castra metatus est ibi. Hora vero incumbente nona venit super
15 eos quidam homo agrestis corpore magnus et pilosus ut porcus. [Qui] cum vidisset eum Alexander, statim precepit militibus suis, ut illum vivum apprehenderent et ducerent ante eum. Impetum autem facientes super eum, ut illum apprehenderent, neque timuit neque fugit, sed stetit intrepidus. Videns autem hoc
20 Alexander precepit venire puellam et iussit eam expoliari nudam et mittere ante illum. Ille autem impetum faciens contra puellam apprehendit eam et stetit ex parte. Statimque Alexander iussit militibus, ut tollerent eam illi. Ille autem mugiit ut fera, sed tamen cum magna angustia apprehenderunt illum et duxerunt
25 ante Alexandrum. [Qui] cum vidisset eum Alexander, miratus

---

1. vestimentis pelliciis *S.* pellic.: *Punkt GS.* castrametati sunt ibi *S.*
2. m. mult. ex ill.] multit. hominum max. *S.* 3. comptis *S.* longis *fehlt S.*
4. Alexandri: *Punkt GS.* autem *fehlt S.* def. a. ill.] inter ill. def. *S.*
5. mil. s.] suos militibus. ut dicerent ad pugnantes. ut *S.* 6. est: *Punkt GS.* Statimque *S.* milit. eius omn. *S.* 7. exterriti sunt ipsi homines. timuer. *S.*
8. humanis vocibus *G.* et ceperunt *S.* 9. silvas: *Punkt GS.* sui] eius *S.*
10. sexcent.] centum *S.* quattuor *G.* quatuor: *Punkt GS.* ex militib.] et milites *S.* 11. XXVII *S.* v. septem (XXVII): *Punkt GS.* dies tr. *S.*
12. omedent. *S.* ipsar. *S.* arborum: *folgt Abschnitt S.* 104. 13. Deinde: *Initiale G.* 14. ibi: *Punkt GS.* 15. porcus: *Punkt GS.* 17. adducerent *S.* eum: *Punkt GS.* 18. milites facient. *S.* 19. fugiit *G.* intrepid.: *Punkt GS.* Vid. autem - -] Tunc precep. alexand. *S.* 20. expol. nud.] nudari *S.*
21. illum: *Punkt GS.* 22. apprehend. eam et] arripiens eam *S.* parte: *Punkt GS.* Statim *S.* 23. militibus *fehlt S.* eam] illam *S.* illi: *Punkt GS.* autem] vero *S.* fera seuissima *S.* fera (seuiss.): *Punkt GS.*
24. sed tam. c.] At illi *S.* illum] eum *S* (= *B*). 25. Alexandrum: *Punkt GS.*

est valde in figura eius et continuo precepit illum ligari et occidi in ignem. Factumque est.

105. Indeque amoto exercitu venit in alium campum, in quo erant arbores mire excelsitatis, qui cum sole oriebantur et
5 cum sole occidebant. Idem ab hora diei prima exiebant subtus terram et crescebant usque in horam sextam, ab hora autem sexta usque ad occasum solis descendebant subtus terram. Iste enim arbores ferebant fructus odoriferos et statim, ut vidit eos Alexander, precepit cuidam militi suo, ut tolleret
10 ex fructu ipsorum arborum et adduceret ei. Ille vero abiit, ut tolleret ex fructu eorum, statimque percussit eum spiritus malignus et mortuus est. Et continuo audierunt vocem de celo precipientem illis, ut ne unus quidem accederet propius ad ipsas arbores, quia, quisquis propius ad eas accesserit, statim morietur. Erant enim
15 similiter in ipso campo aves mitissime, qui autem volebant eas tangere, exiebat ignis ex eis et incendebat eos.

106. Et exinde amoto exercitu venerunt ad quendam montem adamantinum, in cuius ripa pendebat catena aurea, habebatque ipse mons gradus ex lapide saphiro duo milia
20 quingentos, per quos ascendebant homines in ipsum montem, et castra metatus est ibi. Alia vero die fecit Alexander diis suis victimas et assumptis secum aliquantis principibus suis ascendit per gradus sursum in ipsum montem et invenit ibi palatium nimis mirabile, habentem limitarem et fenestras et regias ex
25 auro et vocabatur ipsum palatium domus solis et erat ibi templum totum aureum, ante cuius fores erat vinea aurea,

---

1. figuram *S*. 2. occidi] incendi *S*. ignem: *Punkt GS*. est: *Punkt G*, folgt Abschnitt *S*: Et exinde amoto exercitu, venerunt ad quendam montem adamantinum u. s. w. (s. cap. 106). 105. 8. Indeque: *Initiale G*. Deinde *S*. in] ad *S*. alium *fehlt S*. 4. celsitudinis *S*. 5. occidebantur *G*. ab] ex *S*. 6. crescebant *fehlt S*. sextam: *Punkt GS*. 7. terram: *Punkt GS*. 8. enim] autem *S*. odiferos *G*. odorif.: *Punkt GS*. 9. suo *fehlt S*. 10. fructibus *S*. ipsarum *S*. ei: *Punkt GS*. 11. ex. fruct. eor.] fructus *S*. 12. est: *Punkt GS*. ill. precipieut. *S*. 13. quidem *fehlt S*. arbor.: *Punkt GS*. 14. ad eas *fehlt S*. moriet.: *Punkt GS*. 15. ipso *fehlt S*. aves] pauones *S*. autem] cum *S*. nolebat *G*. 16. attingere *S*. ex eis *fehlt S* (= *B*). eos: *Punkt G, folgt Abschnitt in S*: Deinde venit amoto exercitu ad fluuium magnum gangen u. s. w. (s. cap. 98). 106. 17. Et: *Initiale G*. 18. cathena *S*. aurea: *Punkt GS*. 19. Habebat *S*. zaphiro *S*. 20. montem: *Punkt G*. et *bis incl.* montem *fehlt S*. 21. ibi: *Punkt G*. 22. victim.: *Punkt G*. 23. montem: *Punkt G*. 24. habens *S*. liminaria *S*. et *vor* regias *fehlt S*. 25. auro: *Punkt GS*. solis: *Punkt G*. 26. aureum: *Punkt GS*. Et ante *G*.

ferens botros ex margaritis et unionibus. Et ingressus est
Alexander et principes eius in ipsum palatium inveneruntque
ibi unum hominem iacentem in lecto aureo, ornatum ex pallio
aurotextili. Et erat ipse homo corpore magnus et speciosus
5 valde, barbam et caput habens albam sicut nix, indutus
bambacinam vestem. [Qui] cum vidisset eum Alexander, adoravit
eum ipse et principes sui. Quibus senex dixit: ‚Forsitan voletis
videre sacratissimas arbores solis et lune, qui annuntient vobis
futura?‘ Quo audito Alexander gaudio repletus est magno et
10 dixit illi: ‚Etiam, domine, volumus illas videre.‘ Tunc ille
respondit ei dicens: ‚Si mundus es tu et principes tui a com-
mixtione femine, licet te intrare in ipsum locum, quia deorum
est.‘ Alexander respondit: ‚Mundi sumus a commixtione femine.‘
Statimque erigens se ipse senex de lecto, in quo iacebat, et dixit
15 illis: ‚Ponite anulos et vestes et calciamenta vestra et sequimini
me.‘ Alexander enim iussit principibus suis stare et ille de-
posuit anulos et vestes et calciamenta una cum Ptholomeo et
Antigono et Perdica et secutus est eum. Igitur ceperunt ambu-
lare per ipsam silvam, que inclusa erat intra maius artificium,
20 erantque ipse arbores ex ipsa silva similes lauro et olive, ex
quibus currebat largissime thus et opobalsamum. Et erant ipse
arbores alte pedes centum. Deinde ambulantes per ipsam
silvam viderunt inter ipsam unam arborem excelsam nimis et
sedebat in ea avis magna. Ipsa vero arbor neque folia neque

---

1. ferentem *G*. unionib.: *Punkt GS*. 2. innenerunt *S*. 3. pallei *G*.
ex palliis ornat. aurotextilibus qui thus vescebatur. et opobalsamum bibebat *S*.
4. aurotext. (bib.): *Punkt GS*. magn. nimis *S*. speciosus *S*. 5. valde:
Punkt . GS. caput *G*. habentem *G*, *fehlt S*. 6. ueste bambacia *S*.
vest. (bamb.): *Punkt GS*. 7. eum *fehlt S*. sui: *Punkt GS*. Quibus]
Qui *S*. dixit: *Punkt GS*. fforsit. *S*. velletis *S*. 8. qui (*unten durch-
strichenes* q)] que *S*. annunciant nobis *S*. 9. futura: *Fragezeichen G*,
Punkt S. 10. illi: *Punkt GS*. videre: *Punkt GS*. ille *fehlt S*. 11. dicens:
Punkt GS. omixc. masculi et f. *S* (= *B*). 13. est: *Punkt GS*. Alexand.
respond. *fehlt S*. respond.: *Punkt G*. et a masculi et fem. omixc. *S*.
fem. (omixo.): *Punkt GS*. 14. Statimque - -] Tunc surrexit ipse senex *S*.
15. illis: *Punkt GS*. anul. et *fehlt S*. vestimenta *S*. 16. me: *Punkt GS*.
stare: *Punkt GS*. i. deposuit - -] ipse posuit vestimenta et annulum *S*. 17. una
fehlt S. ptolem. *S*. 18. et *vor* sec. *fehlt S*. eum: *Punkt GS*. 19. er. inclusa
S (= *B*). intra] in t'ra *S*. artific.] edificium *S* (= *B*). art. (edif.):
Punkt GS. 20. similis *G*. ex qua *G*. 21. opobals.: *Punkt GS*. 22. centum:
Punkt GS. Deinde] Denique *S*. 23. silv.: *Punkt S*. vider. *corrigirt aus*
viderent *S*. ipsam *S*. exc. nimis. que nec folia nec fructus habebat *S*.
24. magna: *Punkt GS*. Ipsa *bis incl.* avis habebat *fehlt S*.

fructus habebat. Illa vero avis habebat in capite cristam similem pavonis et fauces cristatas circa collum fulgore aureo, postera parte purpureus, extra caudam roseis pennis, in qua erat ceruleus nitor. Cumque vidisset eam Alexander, miratus est valde in
5 figuram eius. Respondit eis senex dicens: ‚Hanc avem, quam ammiramini, ipsa est avis fenix.' Deinde ambulantes per ipsam silvam venerunt ad arbores solis et lune. Dixit ei ipse senex: ‚Sursum respice et, de quali causa interrogare volueris, in corde tuo cogita palam non dicere.' Dixit ei Alexander: ‚Et per
10 qualem linguam mihi responsum dant ipse arbores?' Cui senex respondit: ‚Arbor solis Indico sermone incipit loqui et Grece finit, arbor vero lune Grece incipit loqui et Indico finit.' Tunc Alexander osculavit ipsas arbores et in corde suo cogitare cepit, si triumphans reverti potuisset Macedoniam ad suos.
15 Tunc subito arbor solis respondit Indico sermone dicens: ‚Sicut interrogasti nomen meum, Alexander, dominus eris orbis terrarum, sed Macedoniam nullo modo videbis eo, quod fata tua sic definierunt.' Deinde dixit arbor lune: ‚Alexander, iam plenam finem etatis habes, et decipere habet te, quem minime speras.'
20 Cui Alexander ait: ‚Dic mihi, sacratissima arbor, quis me decipere debet?' Tunc arbor respondit: ‚Si dixero tibi, quis te decipere debet, tu illum occides et iam mutabitur, quod de te ipsa fata ordinaverunt et irascentur mihi — tres sorores sunt, que sunt dee fatorum, id est Clyto, id est evocatio, Lachesis, sors sine
25 ordine, et Atropos — eo, quod impedimentum fecerim ego in eo, quod statuerunt ille. Igitur non morieris per ferrum, sicut

---

1. fr. habeb.: *Punkt G.* 2. paonis *G.* pav.: *Punkt GS.* cristae *G.* collo *G.* fulgebat aurum *S.* 4. nitor: *Punkt GS.* Cumque bis inclus. figur. eius *fehlt S.* 5. eius: *Punkt G.* ipse sen. *S.* dicens: *Punkt GS.* avem] autem *G.* 6. amiram. *S.* av. phenix est. hec est illa avis que est in paradiso *S.* fen. (parad.): *Punkt GS.* ipsam *fehlt S.* 7. arborem *S.* lune: *Punkt GS.* ipse *fehlt S.* senex: *Punkt GS.* 9. dicere: *Punkt GS.* Al.: *Punkt GS.* 10. qual. lingu.] quem *S.* respons. mihi *S.* arbor.: *Fragezeichen G*, *Punkt S.* 12. finitur *G.* fin.: *Punkt GS.* indice *S.* finit: *Punkt GS.* 13. osculav. *G,* osculatus est *S.* 14. cepit: *Punkt GS.* rev. potuiss.] reuertisset *S.* 15. subito *fehlt S.* dicens: *Punkt GS.* nom. m.] sensum tuum *S.* 16. Alex.: *Punkt S.* 18. definitur *G.* finierunt de te *S.* (defin. de t. *B*). defin. (te): *Punkt GS.* Deinde] Denique *S.* lune: *Punkt GS.* 19. te hab. *S.* speras: *Punkt GS.* 20. ait *fehlt S.* arbor: *Punkt GS* 21. debet: *Fragezeichen G, Punkt S.* respond.: *Punkt GS.* 22. deb. decip. *S.* occidis *S.* mutatur *S (= B).* te *fehlt G.* 23. irascerentur *S.* mihi: *Punkt G.* sunt *nach* soror. *fehlt S (= B).* 24. fatarum *G,* futurarum *S.* Klitos *S.* id e. evoc. *fehlt S (= B).* sors s. ord. *fehlt S (= B).* 25. Atrop.: *Punkt GS.* 26. ille: *Punkt GS.*

speras, sed per venenum et in parvo tempore eris dominus terre.' Inter hec dixit illi ipse senex, qui ducebat eum: ‚Alexander, noli amplius molestare ipsas arbores interrogando, sed revertamur post tergum.' Et exinde tornavit post tergum ipse senex, unde
5 venerat, similiter Alexander et principes eius secuti sunt eum. Cumque venissent ad ipsum palatium, ingressus est ipse senex in eum, Alexander enim et principes sui descenderunt per gradus ad castra.

107. Alia vero die amoto exercitu perrexit per continuos
10 dies quindecim et venit in terram, que dicitur Prasiaca, et castra metatus est ibi. Homines autem terre ipsius audientes adventum Alexandri adduxerunt ei xenia, pelles ex piscibus habentes figuram ex pelle pardoleonis et pelles murenarum habentes per singulas per longum cubita sex. Eratque in illis partibus civitas
15 in montem ex precisis lapidibus sine calce, in qua primatum tenebat quedam mulier vidua nomine Candacis, habebatque tres filios, primi nomine Candaulus et secundi nomine Marsippus et tertii nomine Carator, statimque direxit Alexander ei epistolam continentem ita: ‚Rex regum Alexander filius dei regis Ammonis
20 et regine Olimpiadis Candacis regine gaudium. Ecce dirigimus vobis templum et statuam Ammonis dei regis ex auro purissimo, ut veniatis et eamus simul ad montes et sacrificemus ei.' Cum autem legisset Candacis ipsam epistolam, statim direxit ei missos suos cum xenia et epistolam continentem ita: ‚Candacis regina
25 Meroum Alexandro regi regum gaudium. Scimus, quia revelatum

---

1. terre: *Punkt GS.*   2. illi] ille *S.*   ipse *fehlt S.*   eum: *Punkt GS.*
3. interrogandi *GS.*   4. tergum: *Punkt GS.*   postergum *G.*   5. vener.: *Punkt GS.*   eum: *Punkt GS.*   6. venisset *S.*   7. eum: *Punkt GS.*   sui] eius *S.* descendunt *G.*   8. castra: *Punkt G, folgt Abschnitt S.*   107. 9. Alia: *Initiale G.*   Alio die *S.*   continuo quindec. d. *S* (continuos qu. d. *B*).
10. quindec.: *Punkt G.*   que] qui *G.*   prasyaca *S.*   11. ibi: *Punkt GS.*   ips.] illius *S* (= *B*).   12. exenia *S.*   piscib.: *Punkt GS.*   13. per sing. *fehlt S* (= *B*).   14. singule *G.*   cubitos *S.*   sex: *Punkt GS.*   15. monte *S* (ex monte *B*).   preciosis l. *S.*   calce: *Punkt GS.*   16. teneb.] erat *S.*   vidua *fehlt S.*   cleophilis. candac. regina *S.*   Cand. (reg.): *Punkt GS.*
17. filios: *Punkt GS.*   caudaul. *G.*   et *vor* secundi *fehlt S.*   18. nomen *S.* Carator: *Punkt GS.*   stat.] Tunc *S.*   ei alexand. *S.*   19. ita: *Punkt G, folgt Abschnitt S.*   Rex: *Initiale G.*   regis *fehlt S.*   20. olymp. *S.* Cleophilis (*corrig. aus* Cheoph.) reg. candac. meroum *S.*   gaud.: *Punkt GS.*
22. in montem *S.*   ibi ei *S.*   ei: *Punkt GS.*   23. Candac.] regina *S.* ips.] hac *S.*   24. exenia *S.*   et *fehlt S.*   ita: *Punkt G, folgt Abschnitt S.* Candac.: *Initiale G.*   Cleophilis cand. r. merorum *S.*   25. gaud.: *Punkt GS.* revelat. t. f.] relatum est t. *S.*

tibi fuit ab Ammone deo tuo, ut pugnares Egyptum et subiugares Persidam et Indiam et alias gentes plurimas. Proinde hoc fecisti, quia non solum ab Ammone tibi concessum fuit, sed etiam ab omnibus diis. Nos itaque, que claras ac lucidissimas
5 habemus animas plus quam vos, non est nobis opus cum Ammone et templo eius ire et sacrificare ei in montibus. Scias, quia dirigo Ammoni deo tuo unam coronam auream, ornatam ex lapidibus pretiosis, videlicet margaritas et decem catenas insertas de lapidibus pretiosis. Vobis namque dirigimus aureos bipedes
10 centum et aves psithacos ducentos inclusos intra decem clunias aureas, nec non et cantras aureas viginti, vectes eneos mille quingentos, sed et Ethiopes infantulos centum et simias ducentas, elephantos quadringentos quinquaginta, rinocerotes octoginta, pantheros tria milia, pelles pardoleonis quadringentas et valde
15 rogamus, ut dirigatis nobis dicendo, si subiugasti totum mundum.'
Inter ipsos missos, quos ad Alexandrum direxerat ipsa regina, direxit unum pictorem peritissimum, ut diligenter consideraret et depingeret figuram Alexandri et adduceret eam illi. Factumque est. Interea reversi sunt ipsi missi Candacis regine ad eam,
20 obtulerunt ei figuram Alexandri depictam in membrana. [Que] cum vidisset eam Candacis regina, gaudio gavisa est magno pro eo, quia desiderabat videre figuram eius.

108. Post hec autem unus ex filiis Candacis regine, cui nomen erat Candaulus, exivit cum uxore sua et paucis suis
25 fidelibus exercendi causa, rex autem Bebricorum sciendo pulchri-

---

1. egipt. *S.* subiug.] pugnares *S.* 2. et Indiam *fehlt S.* gentes *fehlt S.* plurim.: *Punkt GS.* hec *S.* 3. tibi *fehlt S.* fuit] est *S.* 4. etiam] ex *S.* diis: *Punkt GS.* itaque] Denique *S.* que *fehlt S.* preclaras *S.* lucidas anim. hab. *S* (= *B*). 6. montib.: *Punkt GS.* 7. ornat. *fehlt S* (= *B*). 8. zmaragdis et margaritis *S.* cathen. *S.* 9. de] ex *S* (= *B*). pretios.: *Punkt GS.* aureo *G.* 10. centum: *Punkt GS.* spithac. *G*, psythac. *S.* inclisos *S.* infra *G.* 11. aureas: *Punkt GS.* nec *bis inclus.* aureas *fehlt S.* viginti] triginta *S* (= *B*). eneos] aienos (?) *G.* 12. quingent.: *Punkt GS.* et *fehlt S.* infant.] paruulos *S.* centum: *Punkt G.* simeas *S.* ducent.: *Punkt GS.* 13. Helephant. *S.* quinquag.: *Punkt GS.* Rinoceratas *S.* octag.: *S.* octog.: *Punkt GS.* 14. milia: *Punkt GS.* quadring.: *Punkt GS.* 15. dicendo: *Punkt S.* mundum: *Punkt GS.* 16. ips. itaque m. *S.* quos *fehlt S.* ad Alex.] alexandro *S.* 17. direxit *fehlt S.* peritum *S.* 18. duceret *S.* illi: *Punkt G.* 19. est: *Punkt G, folgt Abschnitt S.* sunt *fehlt S.* reg. Candac. *S.* 20. membrano *S.* membr.: *Punkt GS.* Que] Qui *S.* 21. Candac. *fehlt S.* 22. quia] quod *S.* eius: *Punkt GS.* 108. 23. Post: *Initiale G.* P. hec aut.] Interea *S,* Candac. *fehlt S.* eiusdem reg. *S.* 24. suo *S.* 25. causa: *Punkt GS.* ebricorum *S.* pulcritud. *S.*

tudinem uxoris eius venit super eum cum multitudine hostium et occidit plurimos ex eius fidelibus et tulit eius uxorem. Ille vero remanens cum paucis suis fidelibus et statim abiit ad castra Alexandri, ut preberet ei adiutorium. Custodes enim castrorum
5 apprehenderunt eum et adduxerunt illum Ptholomeo, qui secundus erat ab Alexandro. Cui dixit Ptholomeus: ‚Quis es tu?' Et ille respondit: ‚Filius sum Candacis regine.' Ptholomeus ait: ‚Quare huc venisti?' Et ille narravit ei, qualiter passus est a rege Bebricorum vel quemadmodum tulit uxorem eius. Cum autem
10 hoc audisset Ptholomeus, iussit ipsum iuvenem detineri et ille exiliens de tabernaculo suo abiit ad tabernaculum, in quo iacebat Alexander. Erat autem iam obscura nox, et ingressus est Ptholomeus et excitavit eum et narravit illi cuncta per ordinem, que a Candaulo audierat. Quo audito Alexander dixit ei: ‚Re-
15 vertere in tabernaculum tuum et pone coronam capiti tuo et sede in sedilio regali et dic illi ‚Ego sum Alexander' et precipe cuidam homini tuo, ut venire faciat Antigonum quasi hominem tuum, et veniat ille ad me et adducat me ad te sub persona Antigoni. Et, dum venio ante te, enarra mihi ante ipsum iu-
20 venem omnia, que ille dixit tibi, et post hec interroga me sub persona Antigoni, ut dem tibi consilium, quemadmodum exinde agere debeas.' Factumque est. Et ivit Ptholomeus et fecit cuncta, que precepit illi Alexander, nec non et interrogavit Alexandrum sub persona Antigoni, quid exinde facere deberet.
25 Cui Alexander respondit adstante Candaulo: ‚Maxime imperator, si placet vestre potestati, ego vadam una cum isto iuvene et hora noctis supervenio ipsam civitatem et, si non reddunt ei

---

2. eius] eis *S*.   uxor. eius *S*.   ux. (ei.): *Punkt GS*.   3. reman.] fugiens *S*.   et stat. *fehlt S*.   4. adiutor.: *Punkt GS*.   5. duxerunt *G*. ill.] eum *S*.   ptolom. *immer S* (= *B*).   6. Alex.: *Punkt GS*.   Pthol.: *Punkt GS*.   tu: *Fragezeichen G*, *Punkt S*.   7. respond.: *Punkt GS*.   Cand. reg.] cleophis cand. *S*.   reg. (cand.): *Punkt GS*.   ait: *Punkt GS*.   8. venisti: *Fragezeichen G*, *Punkt S*.   Et] At *S*.   ilbe *G*.   9. ebricorum *S*.   vel] et *S*. eius: *Punkt GS*.   10. detineri: *Punkt GS*.   11. iaceb.] dormiebat *S* (= *B*). 12. Alex.: *Punkt GS*.   nox: *Punkt GS*.   13. illi] ei *S*.   per ordin. *fehlt S* (= *B*).   14. audier.: *Punkt GS*.   ei: *Punkt GS*.   16. sedilio] solio *S*. (= *B*).   et dic - - -] et fac ingredere ipsum iuuenem ante te. et precipe *S*. illi: *Punkt G*.   Alex.: *Punkt G*.   17. fac. ven. *S* (= *B*).   18. et ven. i. ad me *fehlt S*.   ad te *fehlt S*.   19. Antig.: *Punkt GS*.   ante ips. iuv. *fehlt S*.   20. tibi: *Punkt GS*.   21. dem t. consil.] dicam t. *S*.   inde *S*. 22. debeamus *S*.   deb.: *Punkt GS*.   est: *Punkt GS*.   et] ē *S*.   24. deberet: *Punkt GS*.   25. astante *S* (= *B*).   Candaulo: *Punkt GS*.   26. ego vad. - -] u. c. ist. iuuen. vado *S*.

uxorem eius, succendo eam igni.' Audiens autem hoc Candaulus statim adoravit Alexandrum et dixit ei: ‚O sapientissime Antigone, optime decuerat, ut tu fuisses imperator Alexander et non fuisses subiectus illi.' Et exiens Alexander una cum
5 Candaulo et hora noctis supervenerunt ipsam civitatem. Evigilantes autem homines ipsius civitatis exclamaverunt omnes, milites vero Alexandri respondentes dixerunt illis: ‚Candaulus est cum plurima hoste et venit, ut reddatur ei uxor eius; sin alias incendimus vos et civitatem vestram.' Homines autem
10 ipsius civitatis audientes hoc statim fregerunt portas palatii et per vim abstraxerunt exinde uxorem Candauli et reddiderunt eam illi. Tunc Candaulus adoravit Alexandrum et dixit ei: ‚Optime Antigone, plurimum, mi carissime, rogo te, ut venias mecum ad matrem meam, quatenus reddat tibi dignum meritum
15 de hoc, quod in me fecisti, insuper et det tibi dona regalia.' Quo audito Alexander gavisus est gaudio magno pro eo, quod desiderabat videre Candacem reginam et civitatem eius, et dixit ei: ‚Eamus ad imperatorem Alexandrum et postula me illi et ego venio.' Factumque est. Et accepta licentia Alexander ivit
20 cum Candaulo. Cum irent insimul per viam, venerunt ad altos montes pertingentes usque ad nubes et arbores excelsos nimis, stantes in eisdem montibus, similes cedri, portantes poma grandia. Cumque vidisset eas Alexander, mirabatur valde. Videbat enim ibi etiam et vites habentes botros uvarum maximos valde,
25 quales portare non poterat unus homo, et nuces ferentes fructus sic maiores quomodo pepones. Et erant in ipsis arboribus dracones et simie multe.

---

1. succendam S (= B). igni: *Punkt GS.* Audiens - -] Quo audito C. S. 2. ei: *Punkt GS.* 3. fuisses] esses S. 4. fuisse.] esses S. illi: *Punkt GS.* 5. Candaulo: *Punkt S.* ipsam *fehlt S.* civitat.: *Punkt GS.* 6. omnes: *Punkt GS.* 7. Alexandri *fehlt S.* illis: *Punkt GS.* 8. eius: *Punkt GS.* 9. alias] autem S. vestram: *Punkt GS.* autem] vero S. 10. ipsius *fehlt S.* hoc audient. S. 11. inde S (= B). Candauli *fehlt S.* 12. illi: *Punkt GS.* ei: *Punkt GS.* 13. kariss. *GS.* 14. mecum *fehlt S.* reddam S. 15. in me] nunc S. det] donet S. regal.: *Punkt GS.* 17. vid. Cand. regin.] eam vid. S. eius: *Punkt GS.* et] Tunc S. 18. ei: *Punkt GS.* 19. veniam S. ven.: *Punkt G.* est: *Punkt GS.* lic.: *Punkt S.* ibat S. 20 Cand.: *Punkt GS.* Cum autem S (= B). altos] dydalas S. 21. nub. *corrigirt aus* mub. S. nub.: *Punkt G.* excelsos] altas S. 22. cedris S. grandia: *Punkt GS.* 23. Cumque - -] Que cum vid. Al. S. valde: *Punkt GS.* Videntes S. enim *fehlt S.* 24. etiam *fehlt S.* 25. non poter.] valebat minime S. homo: *Punkt GS.* 26. quomodo] sicut S (= B). pepon.: *Punkt GS.* 27. symie S. multe: *Punkt GS.*

109. Deinde ambulantes venerunt ad civitatem Candacis regine. Audiens autem Candacis regina, quomodo Candaulus revertebatur incolumis cum uxore sua, et quomodo veniebat missus Alexandri imperatoris, gaudio gavisa est magno. Statim-
5 que induit se vestimenta regalia et posuit capiti suo coronam auream ornatam ex lapidibus pretiosis et una cum suis magnatibus exivit ei obviam ad gradus palatii sui. Erat autem predicta regina pulchra nimis. Cumque vidisset eam Alexander, visum est illi, ut matrem suam videret. Palatium vero eius
10 erat optimum valde et fulgebat tectum illius palatii valde ex auro. Et ascendit Alexander una cum Candaulo in ipsum palatium et ingressus est in triclinium, in quo erant lectisternia ex auro purissimo, et erat ipsum triclinium totum ornatum ex auro et stratum ex lapidibus onichinis et mense et scamna erant
15 omnia eburnea et pocula erant ex lapidibus pretiosis, scilicet smaragdis et amethistis, et columne ipsius triclinii erant ex lapide porphiretico et habebant sculptos falcatos currus apparentes hominibus quasi currentes, nec non et elephantos sculptos, conculcantes homines cum pedibus. Subtus ipsum palatium currebat
20 fluvius dulcissimus, et erat claritas aque illius quasi de auro. In die vero illa comedit Alexander cum Candace regina et filiis eius. Alio namque die Candacis regina apprehendit Alexandrum per dexteram et sola cum eo introivit in cubiculum, quod erat totum investitum de auro et ornatum ex lapidibus,
25 margaritis et unionibus, et stratum ipsius cubiculi erat ex lapi-

---

109. 1. Deinde: *Initiale G.* Cand. reg.] cleophilis cand. *S.* 2. regine (cand.): *Punkt GS.* Audiens - -] Cum aut. audisset reg. quomodo C. filius eius *S.* 3. incolomus *S.* quom. venieb. *fehlt S.* 4. imperat. veniret cum eo *S.* magno: *Punkt GS.* Statim *S.* 7. sui: *Punkt GS.* 8. pulcra *S.* nimis: *Punkt GS.* Cum *S.* 9. vider.: *Punkt GS.* vero *fehlt S.* 10. optime *S.* valde: *Punkt GS.* ill.] ipsius *S* (== *B*). valde ex *fehlt S.* 11. auro: *Punkt GS.* ipso palacio *S.* 12. pal.: *Punkt G.* lectis stern. *G.* 13. puriss.: *Punkt GS.* ex aur. ornat. *S.* 14. strat.] statuam *S.* onichin.: *Punkt G.* scamna *G*, scampna *S.* 15. omnia *fehlt S.* eburn.: *Punkt GS.* er. omnia *S.* 16. amechist. *S.* ameth.: *Punkt G.* columpne *S.* ipsius *fehlt S.* lapidibus porphireticis *S.* 17. porphir.: *Punkt G.* habebat *S.* 18. currerent *S* (== *B*). curr.: *Punkt GS.* et *fehlt S.* elephantes *S.* cöculo. *S.* 19. cum] sub *S.* pedib.: *Punkt GS.* Suptus *G.* Sub triclinio ipsius palacii *S.* 20. aque *fehlt S.* de *fehlt S.* auro: *Punkt GS.* 21. illa v. die *S.* (illo namque die *B.*) Candace *fehlt S.* 22. filios *G.* eius: *Punkt GS.* Candac. reg. *fehlt S.* 23. dextram *corrigirt aus* dextrum *S.* 24. quod] qui (*unten durchstrichenes* q) *G.* lapidib. *fehlt S.* 25. union.: *Punkt GS.*

dibus pretiosis et lucebat intus ad instar splendoris solis. Deinde ingressa est cum eo in alium cubiculum constructum ex lignis ebenis et buxinis et cipressinis eratque positus ipse cubiculus super rotas per artem mechanicam et trahebant eum viginti elephanti. Cum
5 autem introisset Candacis regina in eodem cubiculo cum Alexandro, continuo commotus est ipse cubiculus et cepit ambulare. Alexander vero in hoc facto cepit obstupescere nimisque mirari et dixit regine: ‚Iste cause mirande et digne fuerant, si apud nos Grecos fuissent.' Regina respondit: Bene dicis,
10 Alexander; plus fuerant digne apud Grecos quam apud nos.' Et statim, ut audivit Alexander nomen suum, turbatus est valde nimisque turbata est facies eius. Cui dixit regina: ‚Pro eo, quia vocavi te ex nomine, mutata est facies tua?' Alexander respondit: ‚Domina, Antigonus nomen est mihi, non Alexander.'
15 Regina dixit: ‚Verius tibi dico et ostendo, quomodo tu es Alexander.' Et hec dicens apprehendit eum per dexteram introducensque illum in cubiculum et monstravit illi imaginem eius depictam in membrana et dixit illi: ‚Alexander, agnoscis hanc imaginem?' Cumque vidisset eam Alexander, cepit pallescere et contremescere.
20 Cui regina dixit: ‚Quare mutatus est color tuus et expavescis? Destructor totius orbis, destructor Perside et Indie, superans Parthos et Bactros modo sine interfectione hominum et sine omni altercatione cecidisti in manus regine Candacis. Unde scias, Alexander, quia nullo modo debet exaltari cor hominis in

---

1. adinstar intus *mit Transpositionszeichen versehen S.* solis: *Punkt GS.*
2. aliud cub. constructum ex lign. aspitis que nullomodo incenduntur ab igne (*dies auch in B.*) Et inde ingressa cum eo in aliud cubiculum constructum ex lignis enenis et buxinis et ciprinis S. ex *doppelt geschrieben G.* 3. cipr.: *Punkt GS.* positum ipsum cubiculum S. 4. XX elephantes S. eleph.: *Punkt GS.* 5. Candac.] ipsa S. 6. cōtin. comotum e. ipsum cubiculum S. ambul.: *Punkt GS.* 7. nimis et S. 8. mir.: *Punkt GS.* regine: *Punkt GS.* cause] ēō S. 9. nos *fehlt* S (= B). fuiss.: *Punkt GS.* Cui regin. S. respond.: *Punkt GS.* 10. In Grecos *ist* o *übergeschrieben S.* nos: *Punkt GS.* 11. ut aud.] cum audisset S. suum] eius S. 12. et nimis mutata est S. eius: *Punkt GS.* dix. reg.] reg. ait S. reg. (ait): *Punkt GS.* 13. quia] quod S. ex nom.] nom. tuo S. tua: *Fragezeichen G, Punkt S.* 14. respond.: *Punkt GS.* Domina *fehlt* S. A. est nom. meum S. Alexand.: *Punkt GS.* 15. Verius - -] veniemus cōtinuo ostendo tibi S. ostende G. (At illa ego ostendo tibi qu. Al. es. Introduxitque eum cubical. B.) 17. ymag. S. 18. membr.: *Punkt GS.* illi: *Punkt GS.* cognosc. S. ymag. S. imag.: *Fragezeichen G, Punkt S.* 19. pallesc.] expauescere S. contrem.: *Punkt GS.* 20. dixit *Punkt GS.* mutatus e. c. t.] mutata est facies tua S. expav.: *Fragezeichen G, Punkt S.* 21. mundi S. orb. (m.): *Punkt GS.* 22. Parth. et Bactr.] prothos et barbaros S. et s. o. altercat. *fehlt* S. 23. manu regine cleophilis reg. candao. S. Candac.: *Punkt GS.* 24. cor tuum siue cor hom. S.

elatione pro qualicumque prospera, que eum secuntur, neque cogitet in corde suo, quod non inveniat alium hominem, qui eum superabundet aut in sapientia aut in virtute.' Audiens enim hec Alexander cepit stridere dentibus et tornare caput in
5 una et alia parte. Cui regina dixit: ‚Ut quid irasceris et turbaris apud temet ipsum? Quid nunc facere poterit imperialis gloria et virtus tua?' Alexander respondit: ‚Irascor, regina, quia non habeo gladium.' Regina dixit: ‚Et, si habuisses gladium, quid nunc facere poteras?' Alexander respondit: ‚Pro eo, quia traditus
10 sum per meam voluntatem, primum interficerem te et postea memet ipsum.' Cui illa dixit: ‚Et hoc, quod dixisti, sicut sapiens imperator dixisti? Attamen ne contristeris, quia, sicut tu adiuvasti et liberasti uxorem Candauli filii mei de manibus regis Bebricorum, ita et ego liberabo te de manibus barbarorum, quia
15 certissime scito, si notum fuerit illis de adventu tuo, interficiunt te, sicut tu interfecisti Porum regem Indorum, quia et uxor Caratoris filii mei filia Pori est.' Et hec dicens apprehendit eum per dexteram et eduxit eum foras in triclinio et dixit filiis suis: ‚Filii carissimi, ostendamus bonitatem in hunc missum
20 Alexandri et demus ei dona regalia propter bonitatem, quam ostendit ille in nobis.' Respondens Carator iunior filius eius et dixit ei: ‚Mater mi, verum est, quia Alexander direxit illum et abstraxit uxorem fratris mei de manibus inimicorum nostrorum et salvum apud nos reduxit fratrem nostrum cum uxore sua,
25 sed uxor mea compellit me hunc Antigonum occidere pro Alexandro, ut recipiat exinde dolorem in corde pro eo, quia

---

1. secunt.: *Punkt GS.* 2. inueniatur *G.* 3. superhabund. *S.* virt.: *Punkt GS.* Audiens - -] Tunc alexand. cep. strid. *S.* 5. al. p.] in altera parte *S.* parte: *Punkt GS.* dixit: *Punkt GS.* 6. apud] intra *S.* ipsum: *Fragezeichen G, Punkt S.* 7. tua: *Fragezeichen G, Punkt S.* respond.: *Punkt GS.* 8. glad.: *Punkt GS.* Reg. dix. *fehlt S.* 9. potueras *S* (= *B*). pot.: *Fragezeichen G, Punkt S.* respond.: *Punkt GS.* quia] quod *S.* 10. per] propter *S.* primo *S.* interficeram *G.* post *S.* 11. ipsum: *Punkt GS.* Cui i. dix.] Et illa ait *S.* dix. (ait): *Punkt GS.* Et] Ecce *S.* 12. imp. dix.: *Fragezeichen G, Punkt S.* ne c.] non contristaris *S.* 13. adiuv.] Inuisti *S.* manu r. ebricorum *S.* 14. libero *S.* barbar.: *Punkt GS.* 15. scio *S.* notum] certum *S.* de adv. t.] aduentum tuum *S.* interficerent *S.* 16. tu *fehlt S.* regum *S.* Indor.: *Punkt GS.* 17. est: *Punkt GS.* 18. dextram *S.* 19. suis: *Punkt GS.* ffilii *S.* karriss. *und nachher Punkt GS.* Vor miss. *ist* hominem tatem *durchgestrichen S.* 21. nobis: *Punkt GS.* Respondit *S.* et dix.] dicens *S.* 22. ei *fehlt S* (= *B*). ei (dic.): *Punkt GS.* Mi mat. *und nachher Punkt S.* atraxit *S.* 24. apud nos *fehlt S.* nostr.] meum *S.* sua: *Punkt S.* 25. opell. *S.* antigonem *G.* occid.] interficare *S.* 26. alexander dolor. *S.* quod interfecit *S.*

occidit Porum patrem eius.' Candacis dixit: ‚Et quod nomen
acquirimus, fili, si hunc in tali fide occiderimus?' Audiens autem
hec Candaulus iratus est valde et dixit ei: ‚Me iste salvavit et
uxorem meam iste mihi reddidit et salvum me adduxit ille us-
5 que huc salvumque eum ego reduco usque ad castra imperatoris
sui.' Cui Carator respondit: ‚Quid est hoc, quod dicis, frater?
Vis, ut in isto loco interficiamus nos utrique?' Cui Candaulus
ait: ‚Ego nolo hoc, frater, sed, si tu vis, paratus sum.' Videns
autem Candacis regina, quia volebant se alterutrum interficere
10 filii sui, tristis facta est nimis et apprehendens Alexandrum per
dexteram portansque eum in loco secreto et ait illi: ‚Rex
Alexander, ut quid non ostendisti in hoc facto aliquod ex
sapientia tua, ut non interficiantur inter se filii mei pro te?'
Cui Alexander ait: ‚Dimitte me loqui cum eis.' Et illa
15 statim dimisit eum. Abiit ergo Alexander et dixit Caratori:
‚Si me occidis hic, nihil laudis acquiris, attamen habet Alexander
imperator multos principes meliores mei, proinde nihil doloris
recipiet de meo interitu. Sed, si vis, ut tradam tibi ipsum inter-
fectorem soceri tui, iurate mihi, ut detis, quod postulo, et ego
20 iuro vobis, quia hic in vestro palatio adduco vobis Alexandrum.'
Audiens enim hec Carator gavisus est et credidit ei et pacificati
sunt inter se fratres et promiserunt ei per singulos facturos hoc,
quod ille poscebat. Iterum vocavit Candacis regina Alexandrum
secreto et dixit ei: ‚Beata fuissem ego, si te cotidie pre oculis

---

1. eius: *Punkt GS.* Cand.] Cui regina *S.* dix.: *Punkt GS.* quod]
quam *G.* 2. acquiramus filii *S.* occidamus *S.* occid.: *Fragezeichen G,
Punkt S.* Audiens - -] Quo audito candaul. *S.* aut *G.* 3. ei: *Punkt GS.* 4. meam
iste *fehlt S.* conduxit *S.* ille *fehlt S.* 5. huc: *Punkt GS.* ego eum
reducam *S.* 6. sui: *Punkt GS.* respond.: *Punkt GS.* frater: *Frage-
zeichen G, Punkt S.* 7. utrique: *Fragezeichen G, Punkt S.* 8. ait] dixit *S.*
ait (dix.): *Punkt GS.* fate[1] *S.* sum: *Punkt GS.* Videns - -] Cum vidisset regina
quia *S.* 10. nimis: *Punkt GS.* Alexandr. *fehlt G.* 11. dextram eius *S.*
et *fehlt S.* illi: *Punkt GS.* 12. Alex.: *Punkt GS.* ostendis *S* (= *B*).
aliquid *S.* 13. interficient *S.* inter *fehlt S.* te: *Fragezeichen G, Punkt S.*
14. ait: *Punkt GS.* me ire l. *S* (= *B*). cum *fehlt S.* eis: *Punkt GS.*
stat. illa *S.* 15. eum: *Punkt GS.* Carat.: *Punkt GS.* 16. occid.] inter-
ficis *S.* laude *G,* laudes *S.* acquir.: *Punkt GS.* attam.] quia *S.*
17. mei] me *S.* dolorem *G.* 18. recipit *S.* de] pro *S.* interitu:
Punkt GS. interfect. ips. *S.* 19. quod] que *S.* 20. hic] huc *S.* vestrum
pallacium adducam *S.* Alexandrum. factumque est *S.* Alex. (est): *Punkt
GS.* 21. enim *fehlt S.* hoc *S.* ei: *Punkt GS.* 23. i. posceb.] ipse
postularet *S.* posc. (post.): *Punkt GS.* Iter.] Item *S.* Candac. *fehlt S.*
24. ei: *Punkt GS.* Beatā *G.* ego *fehlt S.* cottidie *S.* pre ocul. m.
fehlt S.

meis habere potuissem quasi unum ex propriis filiis, ut tecum
vicissem omnes inimicos meos'. Et hec dicens dedit ei dona
regalia, id est coronam auream, ornatam ex lapide pretioso ada-
mantino, seu et clamidem imperialem aurotextilem, stellatam
5 ornatamque ex pretiosis lapidibus et iussit eum abire.

110. Exiensque inde Alexander una cum Candaulo et pro-
fecti sunt iter diei unius et venerunt ad quandam speluncam
magnam et castra metati sunt ibi dixitque Candaulus ad
Alexandrum: ‚In hanc speluncam, quam vides, epulati sunt
10 insimul dii.' Cum autem hoc audisset Alexander, statim fecit
diis suis victimas et ingressus est solus in speluncam et vidit
ibi caligines maximas nubis et inter ipsas caligines nubis vidit
lucentes stellas et apparitionem deorum et inter ipsos deos
quendam deum maximum recumbentem habentemque oculos
15 sicut lucerna. Que cum vidisset Alexander, timore perterritus
factus est quasi in estasi. Tunc dixit ei ille maximus deus:
‚Ave Alexander.' Et Alexander ad eum: ‚Quis es tu, domine?'
Et ille dixit: ‚Ego sum Sesonchosis regnum mundi tenens et
mundum subiugans, qui feci tibi omnes subiectos. Nomen quo-
20 que in mundo mihi non est, sicut tibi, qui fabricasti civitatem
in nomine tuo. Sed tamen ingredere amplius.' Et ingressus est
Alexander et vidit aliam caliginem nubis et quendam deum
sedentem in sedilio regali et dixit illi Alexander: ‚Quis es tu,
domine?' Et ille dixit: ‚Ego sum origo omnium deorum et ego
25 te vidi in terra Libie, et modo huc esse videris?' Cui Alexander

---

1. potuissem. preoccupans te quasi *S.*   fil. meis *S* (ex fil. m. *B*).
2. meos *fehlt S.*   meos (inim.): *Punkt GS.*   3. prec. lap. *S* (= *B*). 4. auro
text. *G.*   5. ornatam *S.*   lap. prec. *S.*   abire: *Punkt GS.*   110. 6. Exiens-
que: *Initiale G.*   7. vn. diei *S.*   un. (diei): *Punkt GS.*   et ven.] Veneruntque
S.   quand.] vnam *S.*   8. ibi *fehlt S.*   ibi (sunt): *Punkt GS.*
9. Alexandr.: *Punkt GS.*   hac spelunca *S.*   quam vides *fehlt S.*   epul.]
sepulti *S.*   10. insim.] pariter *S.*   dii: *Punkt GS.*   Cum autem --] Quo
audito alexand. *S.*   11. diis suis *fehlt S.*   victim.: *Punkt GS.*   12. nub.:
Punkt GS.   13. apparicio *S.*   deor.: *Punkt GS.*   14. habensque *S.*   ocul.
lucentes *S* (lucidos hab. oculos *B*).   15. lucerna: *Punkt GS.*   Que] Qui *S.*
16. extasi *S.*   est. (ext.): *Punkt GS.*   maxime *S.*   deus: *Punkt GS.*
17. Alexand.: *Punkt GS.*   eum: *Punkt GS.*   domine: *Fragezeichen G,
Punkt S.*   18. Et] at *S.*   dix.: *Punkt GS.*   et *fehlt S.*   19. subiugas *S.*
subiect.: *Punkt G.*   quoque] que *S.*   20. mihi in m. *S.*   21. tuo nom. *S.*
tuo (nom.): *Punkt GS.*   ampl.: *Punkt GS.*   22. nubis: *Punkt S.*   23. sedil.]
sede *S.*   reg.: *Punkt GS.*   Alexand.: *Punkt GS.*   24. domine: *Frage-
zeichen G, Punkt S.*   dix.: *Punkt GS.*   deor.: *Punkt GS.*   25. lybie *S.*
vider.: *Fragezeichen G, Punkt S.*

respondit: „Rogo te, Serapis, ut dicas mihi, quantos annos adhuc victurus sum.' Serapis dixit: „Hanc causam, unde interrogas, iam me exinde interrogasti, sed oportet, ut nullus mortalium eam sciat, quia, si cognitum fuerit homini de die mortis sue, tanta
5 tribulatio ei accidisset, quasi omni die moriatur. Fabricasti enim civitatem gloriosam, que debet existere in toto mundo. Plurimi vero imperatores pugnaturi sunt eam. Ibi fabricabitur sepulcrum tuum, ibi recondetur et corpus tuum'. Exiensque inde Alexander et valedicens Candaulo reversus est ad milites suos.
10   111. Altera autem die amoto exercitu pervenit ad quandam vallem, que erat plena ex magnis serpentibus, habentes in capitibus maximos smaragdos. Ipsi namque serpentes vivunt de lasere et pipere albo, quem gignit ipsa vallis, et singulis annis pugnant inter se et multi ex ipsis moriuntur.
15   112. Deinde amoto exercitu venit in quendam locum, in quo erant bestie, que habebant ungulas duas in pede sicut porcus, erantque ipse ungule late pedes tres, cum quibus feriebant ad milites Alexandri. Similiter habebant ipse bestie caput sicut sues, caudam sicut leo, erantque mixti inter eas et grifes, qui
20 cum magna velocitate feriebant in facies militum. Alexander vero currens huc atque illuc confortando milites suos, ut cum sagittis et contis starent viriliter et defenderent se. Factumque est. Sed tamen mortui sunt in ipso certamine milites numero ducenti et octo.

---

1. respond. *fehlt* S.   resp. (alex.): *Punkt GS.*   Serap.: *Punkt GS.* per quant. S.   2. sum: *Punkt G.*   dix.: *Punkt GS.*   unde] qua me S. interrog.: *Punkt GS.*   3. eam] hoc S.   4. sciat: *Punkt GS.*   de die] diem G (dies *aus ursprüngl.* diem B).   5. accidit S (— B).   moriat.: *Punkt GS.* ffabric. S.   enim *fehlt* S.   6. glor. que] que gloriosa S.   in toto] vuiuerso S. mundo: *Punkt GS.*   7. vero *fehlt* S.   eam: *Punkt GS.*   sepulchr. G. 8. et *fehlt* S.   tuum: *Punkt GS.*   Exiensque] Et exiens S.   9. milit. s.] castra S.   suos (c.): *Punkt G, folgt Abschnitt S.*   111. 10. Altera: *Initiale G.* perv. ad] venit in S (peru. in B).   12. smaragd.: *Punkt GS.*   13. lasere S. quem] q̃ S.   gingnit S.   vallis: *Punkt GS.*   singulos annos S.   14. moriunt.: *Punkt G, folgt Abschnitt S.*   112. 15. Deinde: *Initiale G.*   16. porcus: *Punkt GS.*   17. latas G (habeb. ungul. d. latas B).   lat. ped. tr.] per singulos ped. translate S.   ferieb.] erigebant S.   ad *fehlt* S (— B).   18. Alex.: *Punkt GS.*   19. sues] porcus S (= B).   leo: *Punkt GS.*   er. mixti] mixtique er. S (mixti er. B).   eos GS (= B).   frifes G, gripes S.   20. volocit. apprehendebant milites alexandri et interficiebant S.   milit.: *Punkt G.* 21. discurrens S.   22. comptis S.   viril. star. S.   et *übergeschrieben* S. se: *Punkt GS.*   23. est: *Punkt GS.*   milites --] ex militibus alexandri num. c. XX. et VIII.   24. octo (VIII): *Punkt G, folgt Abschnitt S.*

113. Et exinde amoto exercitu venit ad quoddam flumen maximum, cuius latitudo erat quasi stadia viginti, eratque ipsa ripa fluminis plena ex arundinibus, habentes altitudinem et grossitudinem maximam. Quas cum vidisset Alexander, precepit
5 militibus suis, ut facerent naviculas ex ipsis arundinibus et transfretarent ultra ipsum fluvium. Factumque est. Et transfretavit Alexander et eius exercitus ultra ipsum fluvium. Homines autem terre ipsius audientes adventum Alexandri adduxerunt ei xenias: spongias albas et purpureas mire magnitudinis et concas marinas,
10 capientes per singulas duos vel tres sextarios, nec non et tunicas de vitellis marinis seu et vermes, quos de ipso flumine trahebant, quorum grossitudo erat plus de una coxa hominis, et gustus illorum erat dulcior de omni pisce. Adduxerunt etiam ei et fungos rubicundos maximos valde seu et murenas, quas trahebant
15 ex ipso oceano, qui erat illis vicinus; pensantes ipse murene per singulas libras ducentas quinquaginta. Et erant in eodem flumine mulieres speciose nimis, habentes capillos multos et longos usque ad talos. Ipse mulieres, si videbant homines extraneos natare super ipso flumine, apprehendebant et suffocabant illos
20 aut trahebant eos in ipso arundineto et tam diu faciebant eos secum concumbere, quousque sine animas remanerent. Insequentes eas Macedones apprehenderunt ex ipsis duas, et erant albe sicut nix, statura earum erat alta pedibus decem, dentes habebant caninos.
25 **114.** Deinde amoto exercitu venit in finibus terre ad mare oceanum, in quo sunt cardines celi. Eratque in ipso mari insula,

---

113. 1. Et: *Initiale G.* quodd.] q̃ndam *G.* fluuium *S.* 2. quasi *fehlt S.* XX. id est miliaria duo et dimidium *S.* viginti (dimid.): *Punkt GS.* ipsa r. fl.] rippa ipsius fl. *S* (= *B*). 3. harundin. *S.* 4. maxim.: *Punkt GS.* Alex.: *Punkt S.* 6. per vor ultra *getilgt S.* fluv.: *Punkt GS.* est: *Punkt GS.* 8. t. ips.] illius t. *S.* exenias *S.* xen.: *Punkt GS.* 9. et *fehlt S.* 9. magnitud.: *Punkt GS.* conchas *S.* 10. singule *GS.* sentar.: *Punkt GS.* 11. factas de vitulis *S* (= *B*). marin.: *Punkt GS.* seu *fehlt S.* ips. flum.] fluuio *S.* 12. grosit. *G.* 13. dulcius *corrigirt aus* dulci⁸ *G*, plus dulcius *S.* pisce: *Punkt GS.* ei eciam *S* 14. valde: *Punkt G.* 15. ex] de *S.* occeano *S.* illis] ipsis *S.* morene *G.* 16. per singule *GS.* libre *G.* quinquag.: *Punkt GS.* 17. mult.] plurimos *S.* 18. talos: *Punkt GS.* Ipse] Iste enim *S* (iste *B*). extr. nat. sup.] extranei nature in *S.* 19. apprehend. illos *S* (apprehendentes ill. *B*). ill.] in ipso flumine *S* (= *B*). 20. aut] et *S.* in i. arund.] inter ipsos harundines *S* (inter ipsas cannas *B*). 21. cōcumb. *S* anima *S.* ramaner. *G.* reman. (raman.): *Punkt GS.* 22. eas] autem *S.* 23. ped. dec. *fehlt S.* 24. canin.: *Punkt G, folgt Abschnitt S.* **114.** 25. Deinde: *Initiale G.* ad mare *fehlt G.* 26. occean. *S.* celi: *Punkt GS.* et ibi gesonas uideque quos hercules condidit subegit Et exinde ambulans per littora

in qua audierunt homines loquentes linguam Grecam, statimque iussit Alexander militibus suis, ut aliquanti ex ipsis nudi ingrederentur in ipso mare, ut pervenirent ad ipsam insulam. Tunc quidam ex Macedonibus exuentes se vestimenta sua cum gladiis in 5 manibus ingressi sunt in mare. Continuo surrexerunt de profundo maris cancri, qui apprehenderunt ipsos Macedones et submerserunt eos in profundum maris.

115. Deinde amoto exercitu secutus est litora oceani maris contra solstitium brumale veneruntque ad mare rubrum et castra 10 metatus est ibi. Eratque ibi mons excelsus valde, in quo ascendit Alexander et visum est ei, quasi esset in celum. Tunc cogitavit in corde suo, ut instrueret tale ingenium, cum quo

---

occeani maris venit ad quendam (!) insulam ipsius maris. in qua aud. S. 1. ligwam S. Grec.: *Punkt GS*. Statim S. 2. ipsis] eis S. ingredentur S. 3. ipsum mare S. ut perven.] et natando peru. S. insul.] siluam S. insul. (sil.): *Punkt GS*. 4. vestimentis suis S (= B). 5. in ipsum m. S. mare: *Punkt GS*. 6. sicut maiores cancri S. 7. maris: *Punkt G, folgt Abschnitt S*. 115. 8. Deinde: *Initiale G*. littus occ. S. brunialem. venit ad mardos et subagras gentes. Que gens cum octaginta milibus peditum et sexaginta milibus equitum et in prelio occurrit. et pugna omissa per partes interficiebantur plurimi. Tandem macedones et alexander cum magno labore et periculo victoriam adepti sunt. interficientes ex eis plurimos et capientes. nec non et rex illorum Calamus nomine captus est. Qui cum rogo īponeretur. interrogauit eum Alexander ridendo dicens. Hic quid uellet aut mandaret. Respondit ei indus dicens. Cito te videbo. factumque est. Nam alexander non diu superuixit. Igitur alexander ad ciuitatem eiusdem exercitum duxit et cum multis primum ascendisset murum. vacuam ciuitatem sperans esse. solus iutra desiliit. Tunc homines ipsius ciuitatis vndique ipsum circumstantes. non est territus pro multitudine eorum. Qui cum ccumdederunt eum aut pro armis aut uocibus eorum. solus tot milia cedit et fugauit. Sed tamen se vbi circumspectum, a multis vidit post murum se miserunt isti non valenter hastas (hast. *corrig.* aus host.) nisi a facie eius veniret et tam diu eos sustinuit quousque ipse populus per portam muri ciuitatem ingrediebatur. Cumque (que *übergeschrieben*) eo prelio cum sagitta sub manu tractus fixo genu tam diu pūgnauit donec interficeret eum a quo wlnaratus est

Deinde amoto exercitu venit ad quendam insulam vicinam terre, in qua erat ciuitas, cuius rex vocabatur ambira. et cepit expugnare eam Tunc ibi magnam partem de suo exercitu sagittis hostium veneno inlitis perdidit. Eadem igitur uocte apparuit ei iu sompnis deus ammon in forma mercurii. ostendensque illi herbam. et dicens. ffili alexander. Hanc herbam tuis wlneratis in potum dabo. et nocebit (in noc. ce *übergeschrieben*) eis venenum. Exurgens autem alexander a sompno iuuenit herbam. et tundens portauit wlneratis. et non nocebat eis venenum. Mox autem ciuitatem expūgnans. cepit a fundamentis dirui

Deinde amoto exerc. venit ad mare rubr. S (Abinde uen. ad m. r. B). 10. ibi *fehlt* S. est (ibi): *Punkt GS*. valde: *Punkt GS*. 11. celo S. cel.: *Punkt GS*. Tunc] Satim S.

possent eum grifes sublevare in celum, ut videret, quod esset hoc
celum, quod supra nos est. Et continuo descendit de ipso monte
et iussit venire architectonicos et precepit eis facere currum et
circumdari eum cancellis ferreis, ut posset ibi securus sedere.
5 Deinde fecit venire grifas et cum catenis firmioribus fecit ligari
eas ad ipsum currum. Et in summitatem de ipsum currum poni
fecit cibaria illarum. Et tunc ceperunt ipsi grifes sublevare
eum in celum. Tanta autem altitudine ascenderunt ipse grifes,
quod videbatur Alexandro orbis terrarum sicut area, in qua
10 conduntur fruges. Mare vero ita videbatur tortuosum in circuitu
orbis sicut draco. Tunc subito quidem virtus divina obumbravit
easdem grifes et deiecit eas ad terram in loco campestri longius
ab exercitu suo iter dierum decem nullamque lesionem sustinuit
in ipsis cancellis ferreis. Et sic cum magna angustia iunctus
15 est militibus suis. Videntes autem eum milites eius exclama-
verunt omnes una voce laudantes eum quasi deum.

116. Post hec autem ascendit in corde eius, ut perquireret
profundum maris et videret, qualia genera beluarum essent in
profundum maris. Statimque iussit venire ante se vitriarios et
20 precepit eis, ut facerent dolium ex splendidissimo vitro, ut posset
omnia clare conspicere a foris. Factumque est. Deinde iussit
ligari eum catenis ferreis et teneri ipsum a fortissimis militibus

---

1. gripes *S.* subleuari *G.* in] ad *S.* cel.: *Punkt GS.* quod] quid *S.* ess. h. cel.] cel. ess. *und nachher Punkt S.* 2. quod s. n. est *fehlt S.* est: *Punkt G.* Et cont.] Mox autem *S.* 3. venire *fehlt S.* architecto Nykos *S.* eis] ei *S.* 4. concell. *S.* secur.] absque metu *S.* sed.: *Punkt GS.* 5. gripas *S.* cathen. ferreis f. *S.* ligare *S.* 6. curr.: *Punkt GS.* sumitatem *G*, sumitate *S.* ipso curru *S.* 7. illar.: *Punkt GS.* spongiasque cum vasis aqua plenas ante nares illarum. Tunc ceper. *S.* ipse gripe *S.* subleuari *G.* 8. in] ad *S.* celum: *Punkt GS.* habensque secum vas cum spongia aqua plenum. quod sepius odorabat. Tunc in tanta altitud. ascend. *S.* gripe *S.* 9. videbat *S.* alexander *S*, alexandri *G.* orbem *S.* area] aeram *S.* 10. fruges: *Punkt GS.* videb. ei *S.* 11. draco: *Punkt GS.* quidem *fehlt S.* 12. gripas *S.* 13. decem: *Punkt GS.* sustinut *S.* 14. concell. *S.* ferr.: *Punkt GS.* 15. suis: *Punkt GS.* autem *fehlt S.* 16. omnes *fehlt S* (= *B*). eum *fehlt S.* deum: *Punkt G, folgt Abschnitt S.* 116. 17. Post: *Initiale G.* hoc *S.* eius] suo *S.* 18. maris: *Punkt S.* et *bis inclus.* prof. maris *fehlt S* (= *B*). 19. mar.: *Punkt G.* Stat.] Tunc *S.* 20. eis] continuo *S.* doleum *G.* plendid. *G.* vitro: *Punkt GS.* possit *S.* 21. clare *fehlt S.* cōspic. *S.* afforis *S.* for.: *Punkt GS.* et precepit exterius ligari eum cum chathenis ferreis. qui custodirent vitrum a cōfractione lapidis qui forte essent in profundo maris. factumque *S.* est: *Punkt GS.* 22. eum lig. *S.* cathen. *S.* fereis *G.* et] ac *S.* tenere *S.* ips.] eum *S* (= *B*). a *fehlt G.* milit. et fidelissimis *S.*

et ille introivit in eum et descendit in profundum maris viditque ibi diversas figuras piscium ex diversis coloribus, seu et beluas habentes imagines bestiarum terrarum, ambulantes per fundum maris cum pedibus sicuti bestie per terram, comedentes fructus
5 arborum, que nascuntur in profundum maris. Ipse autem belue veniebant usque ad eum et fugiebant eum. Vidit et ibi alias ammirabiles causas, quas alicui dicere noluit pro eo, quia fuerant hominibus incredibilia.

117. Et exinde amoto exercitu secutus est litora maris
10 rubri et castra metatus est in locum, ubi erant fere, que habebant in capite ossa serrata et acuta ut gladius, cum quibus feriebant ad milites Alexandri et transfodiebant clipeos eorum. Tamen occiderunt ex ipsis usque ad octo milia quadringentas quinquaginta.

15 118. Indeque amoto exercitu venerunt in loca deserta inter mare rubrum et Arabiam, in quibus nascitur multitudo piperis, erantque ibi serpentes mire magnitudinis habentes cornua in capite sicuti magni arietes, cum quibus feriebant ad milites Alexandri. Sed tamen interfecerunt Macedones ex ipsis maxi-
20 mam partem.

119. Deinde amoto exercitu castra metatus est in locum, in quo erant Kynokephali multi habentes cervices similes equorum et corpora maxima inmensiaque dentibus flammas ex ore exspirantes. Cumque vidissent exercitum Alexandri castra metari
25 ibi, fecerunt impetum super eos. Alexander enim huc illucque discurrens confortabat milites suos, ut in tali certamine non

---

1. maris: *Punkt GS.*   2. bel.] bubas *S.*   3. habentes *G.*   ymaginem *S.* terrenarum bestiar. *S.*   per f.] profundum *G*, in profundum *S.*   4. sic *S.* cōmed. *G*, omed. *S.*   5. in *fehlt S.*   maris: *Punkt GS.*   aut.] et *S.*   alie bel. *S.*   6. venieb.] uenie *G.*   fugebant *G.*   eum (eo): *Punkt GS.*   alias *fehlt S.*   7. mirabil. *S.*   nol.: *Punkt S.*   quia] quod *S.*
8. incredib.: *Punkt G, folgt Abschnitt S.*   117. 9. Et: *Initiale G.*   einde *S.* littora *GS.*   10. rubri: *Punkt G.*   ferrata *G.*   11. quib.] quo *G.*   12. ad *fehlt S.*   clip.] scuta *S.*   eor.: *Punkt GS.*   13. quadringente *G* (= *B*), quadingentos *S.*   14. quinquag.: *Punkt G, folgt Abschnitt S.*   118. 15. Indeque: *Initiale G.*   Deinde *S.*   venit *S.*   des. loc. *S.*   inter *bis inclus.* Arabiam *fehlt S.*   16. quibus] qua *G.*   piper.: *Punkt GS.*   17. er.] et erant *S.*   18. sicut *S.*   In ariet. *ist* i *übergeschrieben S.*   quib.] quo *G.* ferieb.] percuciebant *S.*   ad *fehlt S.*   19. Alex.: *Punkt G.*   et statim moriebantur. sed tam. *S.*   interficiebant *S.*   20. part.: *Punkt G, folgt Abschnitt S.*
119. 21. Deinde: *Initiale G.*   loco *S.*   22. chynoceph. *S.*   equis *S.*   23. inmens.] et magnis *S.*   flamma *G.*   aspirant. *G.*   exspir. (asp.): *Punkt GS.*
25. eos: *Punkt GS.*   illucque] que illuc *S.*

deficerent, et ille pugnabat cum eis viriliter. Sed tamen mortui sunt ex militibus Alexandri plurimi, ex Kynokephalis autem interfecti sunt multitudo maxima.

120. Et exinde amoto exercitu venit in quendam campum
5 et castra metatus est ibi stetitque in eodem campo aliquantis diebus eo, quod equus eius, qui vocabatur Bukephalas infirmaverat, ex qua etiam infirmitate mortuus fuerat. Cumque vidisset eum Alexander mortuum, dolore ductus angustiabatur plurimum et plorabat eo, quod ipse equus semper Alexandrum ex durissi-
10 mis preliis ope sua tollebat, ex qua re defuncto exequias ei Alexander duceret et sepulcrum faceret et super sepulcrum eius

---

1. deficer.: *Punkt GS.* eis *fehlt G.* virilit.: *Punkt GS.* multi mort. *S.* 2. plurimi *fehlt S.* plur. (alex.): *Punkt GS.* obynoceph. *S.* aut.] vero *S.* 3. maxima: *Punkt GS.* ceteri qui remanserunt ceperunt dispersi per siluas fugere *S*, *worauf in dieser Hs. folgt:*

Deinde amoto exercitu venit ad quendam fluuium. et transiens eum castrametatus est. Subito exierunt de terra formice magnitudinis catulorum. et cinaras quasi locte maxime. dentes maiores habentes ut canes. et colorem nigrum. Tunc de exitu earum de sub terra. interfecerunt multitudinem animalium in ipso exercitu. Ipse formice fodiunt aurum de sub terra. et proferunt ad lucem. que cum hominem uel aliud animal inuenerunt deuorant. Sunt enim velocissime in cursu ut putes eas volare (*vor* vol. *ist* .volca *durchgestrichen*) hec tota nocte usque ad horam quintam diei (*vor* d. *ist* de *durchgestrichen*) sub terra sunt et fodunt aurum. Ab hora autem quinta usque ad occasum solis super terram manent.

Deinde amoto exercitu venit ad quandam vallem maximam et castrametatus est. Et subito exierunt de ipsis montibus ciclopes. et cum magno murmure irruerunt super castra alexandri. Erant autem ipsi ciclopes corpore ut gygantes. virtutes et voces maximas. vnum oculum habentes in fronte Cumque vidisset alexander cepit confortare milites suos in tali certamine ut non deficerent. et ille cum eis cepit pugnare viriliter. Tandem alexander et macedones cum magno periculo et labore inciderunt eos.

Deinde amoto exercitu venit ad quendam fluuium. in quo erat insula. in qua erant homines sine capite. oculos et os habentes in pectore. quorum longitudo erat pedes duodecim latitudo et largitas pedes septem Colore auro similes. Deinde ambulantes per siccam siluam. inuenerunt similes equis. pedes habentes leonum. quorum altitudo erat pedes . XXX. grossitudo pedes . XII. reliquum (*vor* rel. *ist* vero *durchgestrichen*) vero corpus pedes sex. condida brachia usque ad femora. coxa et crura nigra. pedes rubei. caput rotundum et magnum. nares longas.

120. 4. Et: *Initiale G.* 5. ibi *fehlt S.* ibi (est): *Punkt GS.* 6. caballus suus *S.* dicebatur bucephal. infirmatus erat *S.* 7. mort. fuer. infirm. *S.* fuer. (infirm.): *Punkt GS.* 9. caballus docuerat in preliis. prelibens plurima documenta. et per illa documenta que habebat ipse quod semper *S.* ex duriss.] erudissimis *S.* 10. ope s.] suo auxilio *S.* extollebat et neminem nūquam preter alexandrum portare dignabatur *S.* toll. (dien.): *Punkt GS.* defunctum *G*, functo *S.* ei *fehlt S.* 11. sepulchr. *G.*

monumentum mire magnitudinis construeret urbemque etiam conderet, quam in eius memoriam Bukephalam nominavit.

121. Indeque amoto exercitu venit ad fluvium, qui dicitur Tytan, obviaveruntque ei homines terre illius ferentes ei elephantos 5 quinque milia et currus falcatos centum milia.

122. Deinde amoto exercitu venit ad palatium Xersen regis et invenit in ipso palatio cubiculos ad videndum mirabiles, erantque in eodem palatio aves magne et albe ut columbe, que previdebant de homine infirmo, si viveret aut moreretur, id est, si 10 respiciebat in faciem egroti, convalescebat de infirmitate, sin autem nolebat aspicere contra faciem egroti ipsa avis, certissime moriebatur ipse egrotus de ipsa infirmitate.

123. Indeque amoto exercitu venit in Babiloniam civitatem magnam et stetit ibi usque in diem mortis sue. Statimque 15 scripsit epistolam Olimpiadi matri sue et Aristoteli preceptori suo de preliis, que fecit cum Poro rege seu et angustiis hiema-

---

1. cōstruer. *S.* urbem *S.* et. cond. *fehlt S.* 2. bucephaliam *S.* nominav.: *Punkt G, folgt Abschnitt S.* 121. 3. Indeque: *Initiale G.* Inde *S.* 4. Tytan] sol *S.* Tyt. (s.): *Punkt GS.* obviav. ei] obviamque ei venerunt *S.* elephantes *S.* 5. cent.] quinque *S.* milia: *Punkt G, folgt Abschnitt S.* 122. 6. Deinde: *Initiale G.* regis: *Punkt GS.* 7. cubuli *G.* mirabilia *S.* mirab.: *Punkt GS.* Erant enim *S.* 8. eod.] ipso *S.* col.: *Punkt GS.* 9. viv. aut mor.] viuiturus erat aut mortuus *S.* 10. cōval. *S.* de infirm.] ipse egrotus *S.* infirm. (egr.): *Punkt GS.* Si aut. non cōualescebat ipse egrotus. tunc nequaquam respexit in faciem ipsius egroti et certiss. *S, wo dann* ipse egr. de i. inf. *fehlt G.* 12. infirm. (mor.): *Punkt G, folgt Abschnitt S.* 123. 13. Indeque: *Initiale G.* Deinde *S.* Babil. civ. m.] in terram babilonie *S.* 14. magnam: *Punkt G.* et stetit ---] in qua inuenerunt serpentes mire magnitudinis. atque horridos et nimis seuissimos habentes duo capita. quorum oculi lucebant ut lucerna. Et erant ibi nec non echumiles bestiole quasi symie. habentes oculos octonos et totidem pedes. cornua in capite duo. cum quibus feriebant hominem siue aliud animal. interficiebant eos.
Deinde alexander ingressus est ciuitatem magnam que dicitur babilonia. In qua inuenit ex prouinciarum tocius mundi apocrisarios eum expectantibus id est ex karthagine. et tocius ciuitatis affrice. sed et yspanie et ytalie. nec non et insularum sylicie et sardie. Tantus timor in sumpto oriente de alexandro cōstituto (*vor* -tuto *ist* tudi *durchgestrichen*) duces et populos vltimi occidentis inuaserat. Vnde peregrinam toto mundo cerneres legacionem quo vix crederes peruenisse rumores Igitur magnus alexander trementem sub se mū ferro pressit.
Principes uero eius post mortem ipsius infra quatuordecim annos dilaniauerunt. et uelud optimam predam a magno leone prostratam. rapaces discerpere catuli id est se ipsos inuicem mutatos (*eine Lücke gelassen*) prede emulacione fregerunt *S mit folgendem Abschnitte*. Statimque] Interea Alexander *S.* 15. Olymp. *S.* aristotili *S.* 16. rege *fehlt S, wo indem Raum für ein Wort frei gelassen ist.* et] in *S.* hyemal. *S.*

libus et estivis, quas passus est in Indiam, nec non et de multis
certaminibus, que habuit cum bestiis et monstris in eadem India.
Aristoteles denique rescripsit epistolam ei continentem ita:
‚Regi regum magno Alexandro Aristoteles dirigit gaudium.
5 Legendo epistolam vestre magnitudinis obstupefactus sum nimis.
Pro qua causa toto desiderio opto invenire laudem, quam tibi
referam. Testes sunt mihi dii Jupiter et Neptunus, quia ex
precipuis et preclaris causis, quas egisti, dignus sis plurimis
laudibus. Quapropter inmensas gratias referimus omnibus
10 diis, qui tantas victorias talemque virtutem tribuerunt tibi,
pro eo, quia omnes vicisti, te autem nullus vincere potuit.
Cum autem legissemus, quomodo cecidisti in maximis angustiis
hiemalibus et estivis, et de preliis, que cum serpentibus et
monstris et feris egisti, valde mirati sumus. Sed tamen omnis
15 operatio tua mirabilis est. Beati sunt itaque principes tui, qui
obaudierunt tibi in omnibus tuis angustiis. Scithes et Ethiopes
obtemperaverunt tibi. Tu autem imperator, ut videmus, equalis
es diis.‘

124. Et, cum esset Alexander Babylonia, peperit quedam
20 mulier ex eo filium, qui a capite usque ad umbilicum habebat
similitudinem hominis et erat mortuus, ab umbilico autem usque
ad pedes similitudinem diversarum bestiarum et erat vivus.
Cum autem peperisset ipsa mulier hunc filium, cooperuit
eum linteaminibus et portavit eum secreto ad Alexandrum.
25 [Quem] cum vidisset eum Alexander, miratus est valde statim-

---

1. quas] que *G*. India *S*. Ind.: *Punkt GS*. 2. monstr. et serpen-
tibus *S*. eadem *fehlt S*. Ind.: *Punkt GS*. 3. Aristotilis *S*. denique
fehlt S. ei epistol. *S*. ita: *Punkt G, folyt Abschnitt S*. 4. Regi: *Initiale
G*. Rex *S*. aristotilis *S*. gaud.: *Punkt GS*. 5. nimis: *Punkt GS*.
6. quam] qua *S*. 7. refer.: *Punkt GS*. Juppit. *G*. 9. laudib.: *Punkt GS*.
īmens. grates *S*. 10. talesque uirtutes *S*. 11. pro eo *fehlt S*. potuit:
Punkt GS. 13. hyemal. *G*, yemal. *S*. que] quas *G*. 14. egisti] fecisti *S*.
sum.: *Punkt GS*. 15. est: *Punkt GS*. itaque *fehlt S*. 16. obedier. *corrigirt aus*
obaudier. *S*. angust. t. *S*. ang. (t.): *Punkt GS*. Setthes *G*. Syche et Ethyop.
obtemptauer. *S*. optemp. *G*. 17. tibi: *Punkt GS*. 18. diis: *Punkt G, folgt
Abschnitt S*: Inter hec Alexander precepit fieri statuas aureas fusiles duas in
honore suo. pedes XXV. et scribere iussit in eas omnia facta sua. et vnam
ex ipsis posuit in babilonia. et aliam in persida.

124. 19. Et] *Initiale G*. Et] Igitur *S*. babyloniam *G*, in babilonia *S*.
peper. ex ea *S*. 20. mulier ex eo *fehlt S*. fil. monstrum. et statim cooper.
eum lintheamin. et mandauit eum secrete ad alexandrum. Erat autem a cap.
usque ad vmbil. perfectus homo et er. mortuus. Ab vmbil. vero usque ad ped.
similitudo diuers. best. et er. viuus. Quod cum vid. *S*. 21. mort.: *Punkt G*.
22. viv.: *Punkt G*. 23. Alex.: *Punkt G*. 24. cum l. *S*. 25. eum *fehlt S*.
valde: *Punkt GS*.

que iussit venire ariolum et ostendit ei illum occulte. Ariolus vero, cum vidisset eum, suspirans cum gemitu dixit: „Maxime imperator, appropinquabit tibi tempus, ut exeas ex hoc seculo.' Cui Alexander ait: „Dic mihi quomodo'? Ariolus respondit:
5 „Maxime imperator, medietas corporis, que habet similitudinem hominis et est mortua, significat, quomodo debes ex hoc seculo transire, et alia medietas, que est similis bestiarum et est viva, significat reges, qui post te venturi sunt; sicque nihil sunt adversus te, quomodo nihil est bestia adversus hominem.' Audiens
10 autem hec Alexander tristis effectus est valde et suspirans dixit: „Jupiter omnipotens, oportuerat enim, ut modo nullatenus dies mei finirentur, ut hoc, quod cogitavi, perficerem. Sed, quia non placet tibi, ut hoc perficiam, rogo te, ut recipias me tertium mortalem.'
15   125. Tunc in illo tempore erat quidam homo in Macedonia nomine Antipatrus, qui fecerat coniurationem cum multis hominibus, quatenus occiderent Alexandrum, sed minime hoc perficere potuit, tamen afferebat illi malum nomen et per hanc causam dubitabat Antipater Alexandrum. Olimpiadis vero mater
20 Alexandri multis vicibus scripserat ei de Antipatro, ut caveret se a filiis eius, et angustiabatur plurimum. Antipater vero cogitabat, ut per venenum occideret Alexandrum. Abiit ad quendam medicum peritissimum et emit ab eo potionem venenosam, et non erat vas, quod sustineret eam, tantummodo

---

1. Ariolum S.   ill. ei S.   occulte: *Punkt GS.*   Ariol. v.] Tunc Ariol. S.   2. cum vid. eum *fehlt* S.   dix.: *Punkt GS.*   3. appropinquauit G. apropinqu. S.   tibi *fehlt* S.   tempus] finis tua S.   ut - -] ut debeas obire S. seculo (obire): *Punkt GS.*   4. ait: *Punkt GS.*   quomodo: *Punkt* S.   Ariol. resp.] Cui ariol. S.   resp. (ariol.): *Punkt GS.*   5. Max. imperat. *fehlt* S. 6. significat - -] celeriter sigt venire obitum tuum.   7. transire (tuum): *Punkt GS.*   bestiis S.   8. vent. s.] veniunt S = (B).   nih. s.] erunt nich. S. aduersum S.   9. quom.] sicut S.   nihil *fehlt* S.   homin.: *Punkt GS.* Audiens - -] Quo adito alex. S.   10. trist. eff.] cōtristatus S.   dix.: *Punkt GS.*   11. Juppit. G.   12. finir.: *Punkt GS.*   ut illud qu. optaui facere perfic. S. perfic.: *Punkt GS.*   13. hoc] illud S.   perficiar G.   rogo te] neque S. 14. mortal.: *Punkt G, folgt Abschnitt S.*   125. Tunc: *Initiale G.*   Eodem denique tempore erat S.   17. quaten. occid.] vt interficeret S.   Alex.: *Punkt GS.*   18. pot.: *Punkt GS.*   Attamen sepius S.   nomen: *Punkt* S. et *bis inclus.* Alexandrum *fehlt* S.   per] pro G.   19. Alex.: *Punkt* G. Olymp. S.   20. Alex. affligebatur de hoc plurimum. et mult. sepissime vicib. S. ei] alexandro S.   antipantro G.   21. eius] suis S.   eius (s.): *Punkt GS.* et angust. pl. *fehlt* S.   Antipatrus autem cogitauit S.   22. Alexandr.: *Punkt GS.*   Et statim abiit S.   23. venenos.: *Punkt GS.*   24. et *fehlt* S. eam: *Punkt GS.*   tantum.] lllem autem S.

cantrella ferrea, et ibi collocavit eam deditque eam Casandro filio suo et mandavit eum in servitio Alexandri dixitque illi, ut loqueretur Hyolo fratri suo, qui vocabatur Jobas, et deliberaret cum eo, qualiter ipsam potionem venenosam daret ad bibendum
5 Alexandro.

126. Erat autem iste Jobas etate adolescens et speciosus valde familiariusque Alexandri diligebaturque plurimum ab Alexandro. Accidit autem illo tempore, ut percuteret Alexander iam dictum Jobas in capite non habentem culpam. Ex qua re
10 dolore ductus ipse adolescens consensit in morte Alexandri et grato animo recepit potionem a fratre suo de interitu Alexandri, qui diligebat eum.

127. Quadam vero die, cum esset Alexander Babylonia et sederet in convivio cum principibus ac militibus suis, cepit
15 letari atque iocundus esse ultra modum. In medio autem convivio factus est valde hilaris et cepit amplius atque amplius letari cum principibus et militibus suis, continuo petiit bibere. Jobas autem infector tanti mali temperavit venenum in poculo et miscuit cum vino et dedit ei bibere. Alexander enim, cum
20 bibisset venenum, subito exclamavit voce magna et inclinavit se in dextra parte corporis sui et sic ei visum est, quasi cum gladio transforasset ei aliquis suum iecorem. Sed tamen conti-

---

1. cantrellam ferream *G.* faciens cantram ferream collocansque eam ibi *S.* eam (ibi): *Punkt GS.* Dedit *S.* eam *fehlt S.* cassandro *S.* 2. et mand.] madansque *S.* Alex.: *Punkt GS.* dixit. i] cui et dixit *S.* 3. loqueretur---] daret eam yoli filio suo qui dicebatur iobas. quatenus eam daret bibere alexandro *S.* 5. Alexandri *G.* Alex.: *Punkt GS.* Hiis itaque diebusvi derat alexander in sompnis interfici se cum gladio cassandri. Tunc vocauit Ariolum (*vor Ar. ist* ali *durchgestrichen*) et narrauit ei sompnium quod viderat Cui Ariolus ait Maxime alexander perquire et intellige. quia cogitacio cassandri non est aduersum te recta. Veniens quippe Alexander in baboloniam (*in* bab. *das zweite i übergeschrieben*). dedit ipsam pocionem fratri suo. **126.** 6. Erat: *Initiale G.* ist robas *S.* adolescentulus *S.* et specios. *bis inclus.* ipse adolescens *fehlt S.* et dil. *G.* 8. Alexandro: *Punkt G.* 9. culpam: *Punkt G.* 10. alex. qui diligebat eum *S.* 11. accepit *S.* de *bis inclus.* eum *fehlt S.* 12. eum (suo): *Punkt G, folgt Abschnitt S.* **127.** 13. Quadam: *Initiale G.* Igitur quad. die dum ess. *S.* babyloniam *G*, babil. *S.* 14. princip. suis *S.* suis *nach* milit. *ist durchgestrichen S.* 15. vltra modum let. *und nachher fehlt* ultra mod. *S.* mod. (esse): *Punkt GS.* In med.---] Mediante aut. ipso conv. *S.* 16. hylar. *und nachher Punkt GS.* 17. princip. et militib. *fehlt S.* suis: *Punkt S.* continuo pet.] Statimque pecii *S.* bibere: *Punkt GS.* 18. aut.] vero *S.* interfector *S.* 19. vino: *Punkt GS.* et ded.] Deditque *S.* ded. *G.* bibere: *Punkt GS.* Alexander---] Cumque bibiss. alex. *S.* 20. venen. subito *fehlt S.* magna: *Punkt GS.* 21. dext'a *S.* corpor. *fehlt S.* ei vis. est] videbatur sibi *S.* 22. ei *fehlt S.* iecur *S.* iec.: *Punkt GS.* Sed t.] Attamen *S.*

nuit se paululum et sustinuit dolorem surrexitque a convivio et
dixit principibus ac militibus suis: ‚Rogo vos, sedete et comedite
et bibite atque letamini.' Ipsi vero turbati sunt et surrexerunt
a mensa steteruntque forinsecus, ut viderent finem. Alexander
5 vero ingressus est in cubiculum et quesivit pennam, ut mitteret
eam in gutture suo, ut vomeret ipsum venenum. Jobas caput
tanti mali linivit ipsam pennam ex ipso veneno et dedit ei.
Ille vero misit eam in gutture suo, ut vomeret ipsum venenum.
Statim cepit eum ipsum venenum urguere amplius et iussit
10 cuidam, ut aperiret regiam palatii, que erat super descensu
fluminis Eufraten, totamque noctem illam duxit insomnem.
Mediante enim nocte illa erexit se de stratu suo, in quo iacebat,
et extinxit candelabrum, quod ante eum lucebat, et, quia non
valebat erectus ire, manibus pedibusque per terram cepit per-
15 gere contra descensum fluminis, ut mergeretur in eo et tolleret
eum cursus ipsius fluminis, ut non inveniretur. Cumque abiret
supra descensum fluminis, ecce Roxanen uxor eius sequebatur
eum cursu validissimo et appropinquans illi eiecit se super eum
et amplexans illum cepit flere amare et dicere: ‚Heu me, mi-
20 sera, obscura, dimittis me, domine Alexander, et vadis temet
ipsum occidere?' Cui Alexander respondit: ‚Rogo te Roxanen,
mi cara plurimeque dulcissima, ut non sciat aliquis finem meum,
quamvis non fuisses digna gaudere mecum.' Tamen reduxit eum
Roxanen ad lectum suum et amplexavit collum eius et oscula-

---

1. dolor.: *Punkt GS.* conviv.: *Punkt GS.* et *fehlt S.* 2. suis: *Punkt GS.* Rogo vos *fehlt S.* et vor comed. *fehlt S.* 3. letam.: *Punkt GS.* continuo surexer. *S.* 4. a mensa *fehlt S.* finem: *Punkt GS.* Allexand. *S.* 5. vero] quidem *S.* cubiculo *S.* quēs. *G.* 6. venen.: *Punkt GS.* Job. vero *S.* 7. ipsam *fehlt S.* ei: *Punkt GS.* 8. vero *fehlt S.* ips. venen. *fehlt S.* venen. (vom.): *Punkt GS.* 9. urg. ampl.] plus vrgere *S.* urgueri *G.* ampl. (urg.): *Punkt GS.* et] Tunc *S.* 10. quidam ex suis *S.* regia *G.* supra *S.* descensum *S.* 11. Eufrat.: *Punkt S.* factumque est Et tota nocte uix (*oder* iux) insompnis *S.* insomn.: *Punkt GS.* 12. Igitur noct. illa med. erex. se alex. *S.* 13. et *fehlt S.* extincx. *G.* lucēb.: *Punkt GS.* 15. flum. eufraten *S.* demerger. *S.* vt tolleret virtutem veneni. sin at tolleret eum cursus ips. fl. *S.* 16. invenir.: *Punkt GS.* Cumque] Cum autem *S.* 17. descensu *G.* flum. eufraten *S.* Roxan *S.* 18. apropinqu. *S.* eiecit] misit *S.* 19. dicere: *Punkt GS* 20. obscura: *Punkt S.* 21. occid.: *Frayezeichen G, Punkt S.* respond.: *Punkt GS.* Rogo te *zweimal geschrieben, doch das zweite Mal durchgestrichen G.* Roxionem *S.* 22. plurimaque *G,* plurimumque *S.* 23. fuisti *S.* mecum: *Punkt GS.* 24. Roxonem *S.* ad] in *S.* amplexata est *S. nochmaliges* eius *nach* eius *durchgestrichen S.* obsculab. *G.* et oscul. eum *fehlt S.*

batur eum ploransque amarissime et dicens illi: ‚Si finis tua venit, ordina primum de nobis.' Statimque vocavit Jobas et precepit ei, ut vocaret Simeonem notarium suum. Cumque ingressus fuisset Simeon notarius eius ante eum, precepit ei scribere
5 testamentum hoc modo: ‚Precipimus tibi Aristoteli, carissime magister, ut ex thesauro nostro regali mandes ad sacerdotes Egypti, qui serviunt in templo, in quo conditurus est corpus meum, auri talenta mille. Quia et in vita mea cogitavi, quis recturus sit vos post meam mortem: custos corporis mei et
10 gubernator vester Ptholomeus erit. Non sit vobis in oblivione testamentum meum. Iterum dico atque dispono vobis, ut, si Roxanen uxor mea genuerit masculinum filium, erit vester imperator et inponite illi nomen, quale vobis placuerit; quod si feminam genuerit, eligant sibi Macedones regem, qualem voluerint,
15 et Roxanen uxor mea sit domina super omnes facultates meas. Arideus frater meus, filius Philippi patris mei, sit princeps in

---

1. illi] ei S. illi (ei): *Punkt GS*. Si *fehlt S*. ffinis S. 2. nobis: *Punkt GS*. Stat.] Tunc S. ◆oban S. 3. Symeon. S. notar. enū S. suum: *Punkt GS*. 4. Sym. S. ante] ad S. statim precep. ei alexander S. 5. testament. *fehlt* S. hoc] tali S. modo: *Punkt G, folgt Abschnitt S*. Precipim.: *Initiale G*. Aristotiles S. kariss. *GS*. 6. thesauro] auro S. mandēs S. 7. Egipti *GS*. 8. meum: *Punkt GS*. mille. i. libras centum viginti milia S. mille (mil.): *Punkt GS*. quis] qui S. 9. mort. m. S. mort. (m.): *Punkt GS*. 10. uestri G. ptolom. amicus noster S. erit: *Punkt GS*. obliuionem S. 11. meum: *Punkt GS*. atque] et S. vobis: *Punkt S*. 12. Roxinen G. mascul. *fehlt* S. imperat.: *Punkt GS*. 13. impon. S. qualem G. plac.] videtur S. plac. (vid.): *Punkt GS*. 14. filiam femin. S. eligat s. macedonem reg. quem voluerit S. voluer.: *Punkt GS*. 15. meas: *Punkt GS*. 16. Arideus frater ----] Ptolomeus lagi sit princeps egipti et affrice arabieque. et super omnes satrapas orientis. et usque baccaran. et det. ei vxor caliopatra quam (*vorher* quem *durchgestrichen*) nups. phylipp. genit. meus. Phyton sit princeps (*in* pr. *ist e übergeschrieben*) syrie maioris. Phylotas sit princeps cilicie. Phylo sit princeps ylirie Apropatus soter perdice sit princeps medie. Scino sit princeps susamane (*oder* susaniane?) gentis Antigonus philippi filius sit princeps frigie maioris Symeon notar. meus sit princ. capodocie et phelagie Nearcus sit princeps lycie et pamphylie. Cassander sit princeps carie. Meander sit princeps lybie. Leonnatus sit princeps frigie maioris. Lismiacus sit princeps tracie et regionum ponti maris. Phylippus et arideus frater meus sint principes ypoloponeusium. Selencius (*oder* Seleuc.) nichanor anthiochi filius sit princeps in suprema castrorum. Jobas et filii antipatri sint principes supra stipatores et satellites reḡ In bactriana vlceriore et indie regionibus sint principes quos ordinatos habemus Taxiles sit princeps super seres. qui inter duo fluuis id est ydasten et uit'dum constitutos. Pythonagenoris filius sit princeps in colonias conditas Indie. Oxiarces sit princeps super tripecineos et usque finem montis caucasi. et super aracos et sychedros Tathanus sit princeps super

Peloponenses, Symeon notarius meus sit princeps Capadocie et Pephlagonie, Nikoyte sint liberi et eligant sibi seniorem, qualem voluerint, Licie et Pamphilie atque Frigie sit princeps Antigonus. Casandro et Jobas teneant usque ad fluvium, qui
5 dicitur Sol, Antipater genitor eorum sit princeps Cilicie, Siriam magnam Pithonus teneat, Ellespontum Lisimachus, Seleucus autem Nicanor Babyloniam gentesque vicinas obtineat, Fenices et Syriam Meneagrus, Ptholomeus Lagi Egyptum et detur ei in uxorem Cleopatra, quam nupsit Philippus genitor meus, et sit
10 princeps super omnes satrapas orientis usque Bactran.' Quando autem hoc testamentum scribebatur ante Alexandrum, tunc subito facta sunt tonitrua et fulgura horribilia et contremuit tota Babylonia.

128. Et tunc diffamata est per totam Babyloniam mors
15 Alexandri, statimque erexerunt se cuncti Macedones cum armis et venerunt in aulam palatii ceperuntque vociferare dicentes ad principes: ‚Scitote, quia, si non ostenditis nobis imperatorem nostrum, in hac hora moriemini omnes.' Audiens autem Alexander vociferationem militum interrogavit, quid hoc esset. Principes
20 autem eius responderunt dicentes: ‚Congregati sunt omnes Macedones cum armis et dicunt: ‚Si non ostenditis nobis imperatorem nostrum, interficiemus vos omnes in hac hora.' Cum ergo hec audisset Alexander, precepit principibus suis, ut levarent eum in triclinio palatii. Factumque est. Et post hec iussit aperire

---

drancheos et areos. Aminas sit princeps super pat'anos. Schycheus sit princeps super sodianos Ithacanor sit princeps super parthos Phylippus sit princeps super hyrcanos. ptolomeus sit princeps super persas. procestes sit princeps super pelausos chelaris sit princeps super pelbusos Archelaris sit princeps super mesopotaniam. Niciote sine (*oder* sine) lileri et eligant sibi (*s. corrigirt aus* sibe) seniorem qualem voluerint. Et omnes qui sunt ex sua patria exules. sint liberi. et vnusquisque suam ciuitatem et suam substantiam *Hs.* (sb---am) recipiat *S, wo nun ein Abschnitt folgt:* Igitur quando h. testam. *u. s. w.*

1. Symeonem *G.* 6. ten.: *Punkt G.* Lisim.: *Punkt G.* 7. optin. *und nachher Punkt G.* Feuicis et suriam *G.* 8. Meneagr.: *Punkt G.* in *fehlt G.* 9. meus: *Punkt G.* 10. Quando aut.] Igitur quando *S.* 11. tunc *fehlt S.* 12. fulgōra orrib. *G.* horrib.] terribilia *S.* 13. babil. *S.* Bab.: *Punkt GS.* 128. 14. Et: *Initiale G.* Et t.] Tunc et *S.* per t. Babylon. *fehlt S.* 15. Alex.: *Punkt GS.* mac. et greci *S.* 16. pal.: *Punkt GS* dic.] et dicere *S.* 17. princip.: *Punkt GS.* Scit.: *Punkt S.* quia *fehlt S.* 18. omnes: *Punkt GS.* autem *fehlt S.* 19. milit.] eorum *S.* esset: *Punkt GS.* 20. aut.] vero *S.* eius *fehlt S.* respond. ei *S.* dicent.: *Punkt GS.* mac. et greci *S.* 21. dicunt: *Punkt GS.* 22. in hac hora interf. *und dann fehlt* in h. h. *S.* hora (omn.): *Punkt GS.* Cum --] Quo audito alexand. *S.* 23. princip. s. *fehlt S.* leuarent eum cum lecto in quo iacebat et portarent eum in tricl. *S.* 24. pal.: *Punkt GS.* est: *Punkt GS.* hec *fehlt S.*

portas triclinii et precepit, ut ingrederentur omnes Macedones
ante eum, quod et factum est. Tunc cepit eos Alexander monere,
ut omnes pacifici essent inter se. Macedones autem cum lacrimis
clamaverunt ad eum dicentes: ‚Maxime imperator, volumus scire,
5 quis recturus erit nobis post tuam mortem.‘ Quibus Alexander
respondit: ‚Viri commilitones Macedones, ille sit rex vester post
mortem meam, quem volueritis vos.‘ At illi omnes una voce
petierunt Perdicam proconsulem. Tunc iussit Alexander venire
Perdicam proconsulem ante se tradensque ei regnum Macedo-
10 nicum et commendans illi Roxanen uxorem suam.

129. Deinde cepit omnes Macedones per singulos osculari
et suspirans flevit amare. Fletus ingens ac ploratus magnus erat
in eodem loco quasi tonitruum. Credo equidem, quia non solum
homines ploraverunt ibi, sed etiam pro tam magno imperatore
15 sol contristatus est et reversus est in eclypsim. Quidam homo
ex Macedonibus, cui nomen erat Speleucus, stabat prope lectum
Alexandri et cum gemitu ac ploratu magno dicebat: ‚Maxime
imperator, Philippus rex genitor tuus bene gubernabat nos et
regnum nostrum, sed largitas tua et bonitas tua, quod in ore
20 et opere habuisti, quis estimare poterit'? Tunc erexit se
Alexander in stratu suo et sedit deditque sibi alapam in fronte
et cepit flere amare et Macedonica lingua dicere: ‚Heu me, miser,
heu me infelicem. Alexander moritur et Macedonia minuetur.‘
Tunc omnes Macedones ceperunt voce magna flere et dicere:

---

1. triclin.] palacii *S.* ingderent. o. macedoni et greci *S.* 2. eum: *Punkt GS.* quod - - -] Intuens autem illos alexander suspirans cepit flere amare. et mon. eos *S.* 3. pacifice *S.* se: *Punkt GS.* Mac. aut.] Tunc mac. omnes *S.* 4. ad eum *fehlt S.* dicent.: *Punkt GS.* 5. regiturus *S.* nobis *fehlt S.* mort. t. *S.* mort. (t.): *Punkt GS.* 6. respond.: *Punkt GS.* Viri] O *S.* vest. r. *S.* 7. vol. v.] uos elegeritis *S.* vos (eleg.): *Punkt GS.* 8. pro consule *S.* procons.: *Punkt GS.* 9. proconsul. *fehlt S* tradens ei macedonum regn. *S.* Macedonic. (regn.): *Punkt GS.* 10. omend. *S.* suam: *Punkt GS.* **129.** 11. Deinde: *Initiale G.* ceperunt *S.* maced. et greci osculare dexteram eius *S.* obsculari *G.* oscul. (eius): *Punkt GS.* 12. flebat *S.* amare: *Punkt GS.* Flet.] Flens *G.* 13. eodem] eo *S.* tonitr.: *Punkt GS.* 15. versus *S.* eclips. *S*, eclypsis *G.* ecl.: *Punkt GS.* 16. spelencus *S.* prope l. A.] pr. alexandrum in lecto *S.* 17. ac plor. m.] et voce magna *S.* diceb.: *Punkt GS.* 18. imperat.: *Punkt GS.* rex *fehlt S.* gubernauit *S.* 19. nostr.: *Punkt GS.* sed et largitatem et bonitatem tuam quis more uel opere habuit *S.* 20. extim. *G.* potuit *S.* pot.: *Fragezeichen G, Punkt S.* 21. strat *G.* sed.: *Punkt GS.* ded.] et dedit *S.* 22. suspirans cep. *S.* dicere: *Punkt GS.* Heu me miser *fehlt S.* 23. infel.: *Punkt GS.* et *fehlt S.* minuet.: *Punkt GS.* 24. flere et *fehlt S.* dicere: *Punkt GS.*

‚Melius fuerat nobis omnibus mori tecum, quam tuam mortem videre, quia scimus, post tuam mortem regnum Macedonicum non stabit. Ve nobis miseris, ubi nos dimittis, domine Alexander, et solus pergis sine tuis Macedonibus!' Alexander vero plorans sepius et suspirando dicebat: ‚O Macedones, amodo nomen vestrum super barbaros non dominabitur.' Tunc direxit Athenam in templum Apollinis peplona aureum, idem indumentum travis (!) seu et auream sedem. Similia direxit et omnibus templis et precepit afferri mel dinosia (sic!) terra et murram terre Trocloditice et iussit, ut post mortem illius exinde ungeretur corpus eius, quia he due cause dicuntur, ut incorrupta servent corpora humana. Deinde precepit Philippo fratri suo, qui vocatur Arideus, ut de centum talentis auri sepulcrum illi faceret in Alexandria, quod et factum est. Cum autem obisset Alexander, principes eius levaverunt corpus eius et induerunt eum vestimentis regalibus ponentes coronam capiti eius posueruntque eum in curru suo et portaverunt eum a Babylonia usque Alexandriam. Ptholomeus autem pergebat ante currum eius clara voce plorando et dicendo: ‚Heu me, domine Alexander, vir fortissime, non occidisti tantos in vita tua, quantos occidisti post mortem tuam.' Principes et milites eius omnes lamentantes secuti sunt eum usque Alexandriam.

130. Fuit enim Alexander statura mediocre, cervice longa, letis oculis, illustribus malis ad gratiam rubescentibus, reliquis

---

1. fuerat] valuerat S. post mort. t. S. 2. vid.] viuere S. mort. t. (m. *steht über durchgestrichenem* po) S. 3. stabit: *Punkt G, folgt Abschnitt* S. miser.: *Punkt* GS. 4. Macedon.: *Punkt* GS. plorabat s. amare S. 5. diceb.: *Punkt* GS. ammodo S. 6. dominab.: *Punkt* GS. athena G. 7. appollin. S. pleponam G, popln *und mit dem folgenden* aur. *zusammengeschrieben* S. aur.: *Punkt* G. idem].i. S. tranis S. 8. aur. sed.] aurea.c. S. sedem: *Punkt* G. Simil.] milia S. templ. greoie S. templ. (gr.): *Punkt* GS. 9. meldiuosinam terram S. murr. t. troclodicie G. mirr. terrē trocloticie S. Trocl.: *Punkt* GS. 10. ungerentur S. eius: *Punkt* GS. 11. he] hec G, hee S. dicunt G. ut *fehlt* S. incorrupte seruare S. 12. humana: *Punkt* GS. vocabatur S. 13. cent.].c. S. auri. id est mille librarum S. sepulchr. G. fac. illi S. 14. Alex.: *Punkt* GS. est: *Punkt* GS. obiisset S. Alexander *fehlt* S. 15. princeps eius. laueruut corp. S. 16. eius: *Punkt* GS. 17. et portav.] portantes S. eum *fehlt* S. babil. S. Alexandr.: *Punkt* GS. 18. plor.] clamando S. 19. dicendo: *Punkt* GS. me] m̄ S. domine *fehlt* S. vir fortiss. *fehlt* S. 20 occidit vita tua tantos S. occidit mors tua S. tu.: *Punkt* GS. 22. alexandriam in (in *übergeschrieben*) qua sepelierunt eum S. Al. (eum): *Punkt* G, *folgt Abschnitt* S. 130. 23. Fuit: *Initiale* G. *In* Fuit *ist* i *übergeschrieben* S. mediocrem G. stat. med.] stature breuiore S. 24. ocul.: *Punkt* G, *Strich* S. illustris G. mal.: *Punkt* GS. rubesc.: *Strich* S. reliqiis S.

membris corporis non sine maiestate quadam decoris, victor
omnium, sed vino et ira victus. Fuerunt anni vite illius triginta
tres. Ab octavo decimo anno nativitatis sue cepit committere
bellum et septem annis pugnavit acriter et octo annis quievit
5 et vixit in letitia et iocunditate. Subiugavit sibi gentes barbar-
orum viginti septem. Natus est sexto Kal. Januarii, obiit quarto
Kal. Aprilium. Fabricavit civitates duodecim, que hactenus
habitantur. Prima Alexandria, quo dicitur Yprosiritas; secunda
Alexandria, que dicitur Jepiporum; tertia Alexandria, que
10 dicitur Jepybukephalon; quarta Alexandria, que dicitur Ricra-
tisti; quinta Alexandria, que dicitur Jeraricon; sexta Alexandria,
que dicitur Scithia; septima Alexandria, quo dicitur sub fluvio
Tigris; octava Alexandria, que dicitur Babylonia; nona Alexan-
dria, que dicitur apud Troadam; decima Alexandria, que dicitur
15 Masatrugas; undecima Alexandria, que dicitur Yproxanthon;
duodecima Alexandria, que dicitur Egyptus.

1. maiest.: *Strich* S. quodam G. quondam decorus S. dec.: *Punkt* GS.
2. ira et vino S. vict.: *Punkt* GS. XXXIII S. tr. tres: *Punkt* GS. 3. in-
grediente S. omitt. S. 4. et *vor* octo *fehlt* S. annos S. quiev.: *Punkt* GS.
5. iocund.: *Punkt* S. 6. septem: *Punkt* GS. Natus - - -] N. est quinto die mensis
decembris stante. defunctus est secunda die stante mensis marcii S. 7. April.
(marc.): *Punkt* GS. XII. S. actenus GS. 8. habitant.: *Punkt* G, *folgt Abschnitt* S,
wo statt des Städteregisters steht: Igitur magnus Allexander trementem (*corrig. aus*
teem.) sub se mundum ferro pressit. Principes vero eius post mortem ipsius
infra XIIII annos dilaniauerunt et velud optimam predam magno leone pro-
stratam. rapaces discerpere catuli. id est. se ipsos inuicem mutatos in rixam.
prede emulacione fregerunt. Et sic est finis. *Nach* Yprosiritas u. s. w. *Punkt* G
12. sul G.

Am Schlusse steht Explicit historia Alexandri magni imperatoris. et
natiuitas cius *in Majuskel* G. Explicit hystoria magni Alexander Imperatoris
sub anno domini 1433 in vigilia ascensionis (*roth*) S.

Anmerkung: 238, 5; 264, 7 *wird* idē *der Handschriften nicht in* idem *sondern
richtiger in* id est *aufzulösen sein*.

www.ingramcontent.com/pod-product-compliance
Lightning Source LLC
Chambersburg PA
CBHW031956230426
43672CB00010B/2171